U0464892

武当赵堡太极拳探究

（修订本）

刘登信 著

人民体育出版社

图书在版编目（CIP）数据

武当顾式太极拳探究 / 刘登信著. -- 修订本. 北京：人民体育出版社, 2025. -- ISBN 978-7-5009-6505-3

Ⅰ. G852.11

中国国家版本馆CIP数据核字第20242HP861号

*

人民体育出版社出版发行
天津中印联印务有限公司印刷
新 华 书 店 经 销

*

787×960　16开本　22印张　392千字
2025年3月第1版　2025年3月第1次印刷
印数：1—3,000册

*

ISBN 978-7-5009-6505-3
定价：81.00元

社址：北京市东城区体育馆路8号（天坛公园东门）
电话：67151482（发行部）　　邮编：100061
传真：67151483　　邮购：67118491
网址：www.psphpress.com

（购买本社图书，如遇有缺损页可与邮购部联系）

修订说明

2017年6月，人民体育出版社出版了《武当顾式太极拳探究》。此书问世后，给太极拳史学研究提供了新的资料，更有助于找回此拳的本来面目。因该拳理根道家、原始古朴、技击精湛、延年益寿等特点，加之书中动作规范、线路标示清晰、文字通俗易懂，所以深受国内外太极拳爱好者喜爱和有关专家的好评。同时，受众多同仁志士的支持和帮助，使顾式太极拳这一珍贵的道家文化得以发扬光大。近年来，武当顾式太极拳传播普及速度飞快，各地慕名前来的学习者络绎不绝，他们通过亲身体验领悟到了顾式太极拳的精髓。为满足广大太极拳爱好者的需求，更好地弘扬武当顾式太极拳，惠泽桑梓，造福人类，笔者对本书作了修订，力求完美。并且补充了部分弟子、学生的“实修感悟”篇章，以期用崭新的面貌惠及新老读者。

本书顾问及优秀弟子

顾问

张国胜　胡书仟

优秀弟子（按姓氏笔画排序）

丁　瑞	于金鲁	于水勇
于延浩	王振中	王蓬蓬（女）
王　辉	王　征	朱　敏（女）
刘　东	孙　伟	李晓东
李永忠	杨绍刚	何基原
沈亚桥	宋丽娟（女）	张桂莲（女）
张明聚	陈永资	郑雅楠（女）
饶鸿雁（女）	袁　满	高寿良
曹　钰	曹德兴	廉法吉

作者简介

刘登信，1965年出生，河北省邯郸市鸡泽县双塔镇西申底村人。自幼酷爱武术，先后学过通背拳、六合拳及刀、枪、棍、鞭等器械。14岁时被张斌看中，收为门徒，悉心练习武当顾式太极拳及推手。刘登信秉承师父的苦练精神，经40年不懈练习，悟其道，受其功，达炉火纯青、出神入化之境界。

刘登信多次参加国家体育总局主办的“中国·邯郸国际太极拳运动大会”。他登台打擂，崭露头角，使鲜为人知的武当顾式太极拳公诸于世，受到中外爱好者之青睐。

刘登信比赛中获得的成绩：1995年5月，在邯郸精英选拔赛中获得重量级冠军。1995年，在第3届“中国邯郸（永年）国际太极拳联谊会”中担任竞技集训队队长，率队迎战国内外太极高手。在擂台角逐中技压群雄，获套路表演、重量级推手双项冠军。1998年，在第5届“中国邯郸

（永年）国际太极拳联谊会”比赛中，获重量级推手、散手擂台赛双项冠军，并被大会授予“太极大师”称号。

1999年，在第6届“中国永年国际太极拳比赛大会”中，以绝对的优势获得重量级推手冠军。2000年10月，第7届“中国邯郸（永年）国际太极拳运动大会”，刘登信再次担任竞技集训队队长，全队获得5金、5银、3铜的骄人成绩，他本人仍然获得重量级散手冠军。

刘登信因屡屡夺冠，名声大振，被组委会称为“邯郸太极拳擂台赛的台柱子、当今太极拳界的翘楚”。

刘登信在成绩面前并没有停留，而是不负师父嘱托，勇敢挑起弘扬武当顾式太极拳的重担，相继多次应邀到南京、信阳、青岛、石家庄、北京及部分高校巡回讲学，传拳授艺，并于2004年在青岛创办了“登信太极会馆”，领全国太极拳界之先。在此期间，忙里偷闲，挑灯夜战，著书立说，用了两年时间，于2007年5月出版《武当顾式太极拳》（人民体育出版社）一书。同年，人民体育音像出版社发行了《武当顾式太极拳教学》双碟光盘。

“登信太极会馆”成立20年来，以青岛为中心广传武当顾式太极拳，学生弟子人才济济，盛况空前，是邯郸拳师在外地办馆中最成功的范例。2013年中央电视台第五频道《体育人间》对登信太极会馆作了深度采访和全面报道。青岛电视台《民生开讲》栏目，从2011年起就以会馆为基点开播了登信先生主讲的太极拳系列讲座，2015年又以登信先生为主讲人创办了《太极与养生》栏目，已连播了55期 “武当顾式太极拳”讲座。如今，顾式太极拳已传及海内外，“登信太极会馆”更是蜚声山东半岛，成为海外青少年和青岛市民学习太极拳的渴求之地。会馆会员中不乏专家、学者、企业精英、社会名流和成功人士，学生、弟子更是遍及海内外30多个国家和地区。

披闪担搓歉粘黏，随钩搂拘挂牵拿。拨撮坠缕搠挤摊，骨节相对为阴开劲，扳稍合披坑窑相照分阴阳之义，开合引进落空分宽窄老嫩，入榫不榫，有擎灵之意。斤对斤，两对两，不丢不顶，五指紧聚，六节表正，七节要合，八节要叩，九节要活，十节要长，十一节要静，十二节抓地，三尖相照，上照鼻尖，中照手尖，下照足尖，能顾元气不跑不滞，妙灵其熟，牢牢心记，能以望手望健，不动如山，动如雷霆。数十年论拳，皆言天下无敌手，果然信手，高来高打，低打低应，跟进跟打，开进低定，粘黏不脱，拳打立根。

静柔松速圆活和匀

习拳八字法诀 丙申秋

白鹤亮翅

狮子张嘴

倒插步

分手

金鸡独立

弯弓射虎

收式

作者教弟子推手

作者指导弟子练习推手

作者带领学员练功

作者指导学员练功

作者讲解拳论

作者与弟子、学员合影

序一

太极拳是中国古老的拳术和中华民族智慧的结晶，历史悠久，源远流长。在历史的长河中，太极拳呈现出多种形态、多种风格，异彩纷呈，百花齐放。武当顾式太极拳就是其中一枝奇葩，“源流有序，拳理明晰，特点突出，自成体系”，三四百年前由武当云游道人顾殿一传到邯郸，长期是单传、秘传，广为人知才20余年。

1991年，邯郸作为太极拳圣地向全世界发出倡议，召开了首届“河北·永年国际太极拳联谊会”。这是改革开放以来，国内外首次关于太极拳的大型盛会，国内15个省市、国外17个国家和地区派出了代表和运动员。不仅陈、杨、武、吴、孙、赵堡六大流派的著名拳师、代表性人物悉数参加，其他流派也纷纷派出代表。会上，一位年轻人格外引人注目，他的形象高大，英俊健硕；他的套路演练柔似水，刚似箭，缓如蛇行，疾似脱兔，蹿蹦跳跃，高低起伏，错落有致；身法斜中带直，步法溜冰滑行，起落如潮起潮落，开合如藕断丝连，折叠如鱼儿戏水；变化之多，变化之快，变化之大，令人耳目一新。他的推手静如山岳，动若蛟龙，闪展腾挪，搭手即发；粘黏连随、引进落空的功夫令人叹服。这个年轻人就是本书作者刘登信先生。自1991年起，他不但把顾式太极拳带出乡间，走向邯郸、石家庄、信阳、南京、青岛、北京等大中城市，而且在数届永年国际太极拳联谊会和大赛中获得套路、推手、散打冠军。

2004年，他在青岛创办了“登信太极会馆”，这也是顾式太极拳有史以来第一个会馆，开启了传承、传播顾式太极拳的新阶段。全天候开放、会员制习练、定制式学习、个性化教学、生活化环境、朋友化交流的办馆理念和办馆模式，贴近时代，贴近社会，贴近学员，灵活方便，因人而异，吸引了众多不同年龄、不同职业、不同基础、不同学习需求的求学者。不久会馆就门庭若市，至今兴盛不衰。先后被青岛市人民政府和青岛市体育局授予“海外华裔青少年中华文化传承基地”和“青岛市全民健身优秀辅导站”。2013年，中央电视台第五频道《体育人间》对其作了深度采访和全面报道。青岛电视台《民生开讲》栏目从2011年起，就以会馆为基点开播了登信先生主讲的太极拳系列讲座；2015年，又以登信先生为主讲人创办了《太极与养生》栏目，已连播了55期“武当顾式太极拳”讲座。如今，顾式太极拳已传及海内外，“登信太极会馆”更是蜚声山东半岛，成为海外青少年和青岛市民学习太极拳的渴求之地。会馆会员中不乏专家学者、企业精英、社会名流和成功人士，学生弟子更是遍及海内外30多个国家和地区。这是登信的骄傲，也是邯郸人的骄傲，因为他带了一个好头，率先开辟了一条邯郸太极拳人走出家乡推广传播太极拳的成功之路。

登信先生勤奋好学，志向远大，不但勇于实践，而且善于思考，尤其注重理论的总结和研究。近年来，结合教学带徒和读书学习，撰写了大量经验体会和理论感悟文章。涉及拳史、拳理、拳法的研究，教学方法的改进，传播模式的革新等多个方面。2007年和2011年出版了专著《武当顾式太极拳》及教学光盘，是对顾式太极拳的全面总结和宣传。新作《武当顾式太极拳探究》又即将付梓，这是对顾式太极拳深入系统研究的又一成果。

这一成果，研究的虽是顾式太极拳，实则对邯郸太极拳，乃至对整个太极拳拳史、拳理、拳法的研究都具有借鉴和推动作用。众所周知，以传播最早、最广和理论卓越完备著称的杨式太极拳和武式太极拳都发源于邯郸市永年县的广府镇，其创始人杨露禅（1799—1872）和武禹襄（1812—1880）都生活在清朝中晚期。杨式第二代传人杨班侯（1837—1892）人称“杨无敌”，武式第二代传人李亦畲（1832—1892）世称“太极拳理论圣人”，都是拳界赫赫有名之士。顾式太极拳自明末清初传到邯郸后，一直在邯郸东部几个县的乡村单传秘授，大约在清朝中期传至广平县卢董村人陈华，陈华又传同村人卢鸣金（1830—1900）。陈华和卢鸣金都是一代大师。卢鸣金小杨露禅31岁，小武禹襄18岁，大杨班侯7岁，大李亦畲2岁，其生活成长的卢董村仅距广府镇几十公里。可以说，陈华与杨式、武式太极拳创始人是同乡同时代人，卢鸣金与杨式、武式第二代传人是同乡同龄人。应该说，顾式太极拳与杨式、武式太极拳应该有着千丝万缕的联系，应该有着许多需要探知的事情。杨式、武式太极拳很早就走出了家乡，走向了京城和世界，而顾式太极拳却一直秘传单传并传在乡间，恪守着传统和“原汁原味”，存留着很强的原始性。探究顾式太极拳的拳史、拳理、拳法，不仅是在挖掘顾式太极拳这座宝藏，而且为研究杨式、武式太极拳提供了新途径，为研究武当太极拳提供了新资料，也为研究太极拳的整体历史风貌和渐次发展过程提供了新思路。所以说，研究顾式太极拳就是在研究邯郸太极拳，就是在研究武当太极拳，就是在研究中华太极拳。所以说，对顾式太极拳的研究、《武当顾式太极拳探究》一书的出版不仅是一门一派之幸事，也是太极拳界之幸事。是为序。

郭振兴

2016年6月

（郭振兴：河北省太极拳协会副会长，河北省太极拳健康学会顾问，邯郸学院原副校长，太极文化学院首任院长）

序二

古老的拳种　晚开的奇葩

刘登信先生的太极拳力作《武当顾式太极拳探究》终于杀青了，这是他几十年心血的凝结，也是中国太极拳史上的一个重要事件。我对此书的这个评价是恰当的，因为这部书是代表一个古老的拳种填补了中国太极拳史上的一个空白，而且是重要的填补。太极拳界的同仁们如果对中国太极拳史有所了解，看了这部书之后，应该认同我的这一评价。

一

我之所以称武当顾式太极拳是“古老的拳种”，首先是说此派太极拳是正脉传承，且此脉拳种的诞生时间早于国内流传的几支重要太极拳流派。我之所以说它是“晚开的奇葩”，是因为此脉太极拳虽然诞生较早，但是在国内大面积传播的时间却很晚。

武当顾式太极拳诞生于明末清初，由道长顾殿一祖师传于河北邯郸魏县，之后又传到广平县、曲周县和鸡泽县。还有说传到了晋、冀、鲁、豫四省交界的许多地方。然此拳真正显名并产生全国影响，却是在20世纪90年代的初期，大大晚于国内现今流传的几个重要流派。武当顾式太极拳是从邯郸的“中国邯郸（永年）国际太极拳联谊会”上开始大面积传向全国的。这与杨式和武式太极拳早在19世纪下半叶就已扬名全国不同。因此我说顾式太极拳虽然古老，但如果没有创办于1991年的“中国邯郸（永年）国际太极拳联谊会”的平台推动，真不知它潜于局部地区还会有多久。

“是金子总会闪光的”。自“中国邯郸（永年）国际太极拳联谊会”诞生25年来，尽管在这个国际平台上亮相的新的太极拳种不少，却鲜见有如武当顾式太极拳这样广泛传播和引人注目的。因此我说它是一朵中国太极拳史上的奇葩是不为过的。

武当顾式太极拳在邯郸地区东部各县的传播很广泛。由于历史上的多种原因，这朵美丽的奇葩却有几个不同的名字。在魏县称“龙虎太极拳”和“滑拳”，在成安县称“六合通背太极拳”，在广平县称“卢式太极拳”，在鸡泽县称“顾式太极拳”。值得注意的是，虽然各县太极拳师将此拳命了不同的名称，然以他们所练拳架、器械和功法来看，却是大同小异，经几百年的演变仍是一家之拳。更值得关注的是，不管各支脉在拳的名称上有多少争论，但都毫不含糊地共认拳祖是顾殿一。因此，我当然希望此脉各支应加强交流，多亲多近，如果可能的话，早晚将此拳的名称统一起来，归在拳祖顾殿一的名下。如此，将有巨大的益处，并惠及此脉拳种的所有分支。

二

武当顾式太极拳之所以是中国太极拳史上的一朵奇葩和劲旅，不仅是因为它有自己正脉的传承，有自己清晰的历史和传承脉络，有自己古老的拳谱和确定的传承地，还因为它的传承历史比起国内其他几支重要太极拳流派更早、更古老。这对整个中国太极拳史是极为有益的补充。2007年5月，刘登信先生出版了《武当顾式太极拳》一书，从而结束了这脉伟大的太极拳种没有专著记载的历史。2013年3月，由卢奎恩、卢奎镇和张东海先生主编的《卢氏太极拳》正式出版。之后，2015年1月，由马希平先生编著的《龙虎太极拳》一书紧跟问世。从以上有关顾式太极拳的三部专著看，它们的作者均将此拳传于邯郸地区的最早时间指向明末清初，且刘登信和马希平先生二人共同认为顾殿一道长到邯郸魏县的时间是明朝崇祯（1628—1644）初年。显然，中国太极拳的历史专家们知道国家承认的陈、杨、孙、吴、武五大流派它们各自的创拳时间。对比其中几支重要流派（如杨式和武式），历史更早的武当顾式太极拳，应该引起国家有关部门的关注。

对比后出的《卢氏太极拳》和《龙虎太极拳》两部专著，刘登信先生的《武当顾式太极拳探究》在2007年版的基础上做了更有创建和更加丰满的研究，突出阐明了武当顾式太极拳的特点和魅力，读之使人耳目一新。概括起来是以下三点。

第一，顾式太极拳是一门完全“原生态”的太极拳。比较国内现今流传的“五大派”太极拳，顾式太极拳更具原生态，保留了很多早期太极拳的文化元素。这种原始的基因，对我们研究中国太极拳数百年来的演变轨迹是十分难得的。在全国主要流派太极拳日益“趋同化”和为了传播的需要而日益“市场化”的今天，顾式太极拳的“原始性”将为保留古老太极文化的传统价值而体现出它的独特魅力。

第二，顾式太极拳的问世，给中国太极拳的百花苑增添了一枝奇异的花朵。较之当今传世的陈、杨、孙、武、吴、赵堡六式太极拳，顾式太极拳有着几乎完全不同的拳架风格。该拳套路完备，并具鲜明特点，将108式的传统拳架分为七节。套路中除一小部分式子的名称与其他太极拳相同外，多数拳式是顾式自己独有的；即便是少数与其他拳派名称相同的拳式，其动作外形和练法也截然不同。当今其他门派太极拳的基本动作大致都在37个左右，而顾式的基本动作却有59个。可以说顾式太极拳从架型名称到内外练法都是独特的。

第三，武当顾式太极拳具有十分惊人的技击功能。自20世纪以后，中国各大派太极拳的发展方向无一例外地走向了健身功能，中华人民共和国成立之后更是如此。然而中国的国术——太极拳的强大生命力远远不只局限在健身，相反，如果太极拳的原始技击功能被抛弃，太极拳的健身功能和其他一切附属功能都将成为无源之水和无本之木，最终的结局将是太极拳的消亡。

因此，中国当今太极拳运动的发展方向必须是健身与技击并重，这是完全符合太极拳运动发展规律的。

武当顾式太极拳的一个巨大优点在于它保留了精湛的技击功能。它重实战、善技击，拳架长功快，腰裆劲足。练起拳来，身似游龙，臂如藤鞭，二目如灯，两脚似钻；蹿蹦跳跃，轻灵快捷，化打合一，简捷实用。在邯郸市举办的历届“中国邯郸（永年）国际太极拳联谊会”上，无论推手和散手，顾式太极拳总是领先于全国水平，战绩辉煌，战例精彩传神。如果全世界的太极拳家们不是亲眼所见，是难以相信顾式太极拳这一晚出的小拳种竟有如此大的实战价值。

三

《武当顾式太极拳探究》的作者刘登信先生是此脉太极拳的杰出代表人物。20世纪90年代初，刘登信先生开始在邯郸举办的“中国邯郸（永年）国际太极拳联谊会”上亮相，当初他只是以一个杰出技击家的形象让拳界相知。自那时至今已有25年了，如今的登信先生已年届5旬，然而作为一位杰出的太极武术家，他已然成长为一位全面型的武术达人。25年来，他以精湛的武学思想和愈益超越的文化、武功修为，俨然已经成为中国当代太极武学的泰斗级人物。对此，《武当顾式太极拳探究》一书的出版也从一个侧面做了印证。

刘登信先生最可贵的品质是他那为中华武术之发扬光大而百折不挠的进取精神。20世纪90年代初，登信先生以20出头的年龄初登邯郸太极拳联谊会的赛场，便以他精湛的武功夺得国际大赛推手的金牌，令全国太极武术界洗目赞叹。自那以后，直至2000年的太极拳运动大会，登信先生都以邯郸太极拳大赛擂主的身份参加，从无败绩。他的努力为太极故乡的圣地地位奠定基础。不但如此，登信先生还有太极大家的儒雅和谦和，在十几年的擂台生涯中，他战胜了难以计数的国内外太极高手，却又交上了无数的太极界朋友，擂台上的对抗成了登信先生以武德服人的平台。他以对手为朋友为老师，真正做到取长补短，不以胜败论英雄，大家共同为中华武术的发展而献力。

作为“中国邯郸（永年）国际太极拳联谊会”的常务副秘书长，我在几十年间眼看着刘登信先生的发展和成熟，心里对他由衷地赞佩。因为登信先生后来发展道路之艰辛和出彩是出乎我意料的。我没有想到的是，刘登信先生以一己之努力，先是在太极拳故乡邯郸创造了极为突出的业绩，之后又将武当顾式太极拳传向全国和世界多地，并最终在青岛市创办了全国一流的太极会馆。他的会馆开办得十分成功，13年来在全国的影响越来越大。我没有想到，他从一位太极技击家又转而深入地研习了中国传统文化，并把他的研究成果天然地融入他的太极武学中，从而使他的太极拳教学达到了很高的境界。我没有想到他后来又对太极养生术颇有心得，并在青岛和各地的电视台上开播了自己几十场的养生讲座。我更没有想到，如今他的学生已遍及全国和世界各地且数量巨大。目前，在他的身边已聚起了一大批顾式太极名家，且这些名人都长久地跟在他的身边不离不弃，和他一起创造着中国武当顾式太极拳的辉煌。如今的登信先生已然成长为一位全面型的太极拳专家，他的太极会馆风清气正，充满了正能量。如果就太极文化的传播成果来看，刘登信先生已是中国太极拳界当之无愧的代表人物。

武当顾式太极拳这支中国太极拳的奇葩由刘登信而发扬光大；刘登信也因这脉伟大的拳种而走向了他人生的理想殿堂。值此《武当顾式太极拳探究》一书问世之际，特写出以上文字，以作为我对刘登信先生的衷心祝贺！是为序。

张国胜

2016年8月5日　于邯郸

（张国胜："中国邯郸（永年）国际太极拳联谊会"常务副秘书长，邯郸市武术协会副主席，杨式太极拳第五代传人）

前言

武当顾式太极拳自20世纪90年代公开向社会传播以来，以其独特的魅力和原始古朴的风格深受人们的喜爱。在不同的阶段、不同的地域都得到了很多同仁志士的鼎力相助，使这一珍贵的太极文化伴随着东方辩证思维得以飞速发展，如今已遍及全球百余个国家和地区。同时也引起了专家、学者的关注和研究，提出了一系列的问题，如源流、特点、养生、技击功能与其他流派是否存在着联系等。这些问题也促使着作者不断思考、探索、研究，并得出一些感悟，记录下来整理付梓，供读者参考探讨，以求共同进步，这就是本书出版的初衷。

本书有以下几个特点。

第一，梳理传承，正本清源。在武当顾式太极拳的源流问题上，作者走访了本门数位德高望重的传人，查阅了有关各家拳谱资料。在2007年5月出版的《武当顾式太极拳》基础上，依据翔实的史料，本着“不曲解古人，不欺骗今人，不贻误后人”的原则作了大量的补充，增添了很多内容，以正本清源，铭记历史，缅怀先贤。

第二，凝练歌诀，教学创新。作者在长期的教学中因人施教，不断归纳，尽可能地用简洁明了的语言，使学生尽快地掌握动作要领，日积月累，总结出“四字口诀”教学法，如搬拳扣脚、抬腿变掌、仆步下蹲、拧腰提腿等。经实践验证，“四字口诀”既概括了动作要点，又容易使学生牢记招式，起到事半功倍的效果。这种教学中的“四字口诀”贯穿于书中的各个招式中，使读者一目了然，易懂易学。

第三，繁简备述，体用结合。遵循“由招熟而渐悟懂劲”的拳理，在书中除对动作要领详述外，还对每招每式配加了技击含义图解并拆解一二，为初学者尽快登堂入室打开了方便之门。

第四，强功健身，武医一家。该拳健身养生功能显著，很多人通过学练一段时间的顾式太极拳，身体都有了明显的改善。还有些慢性病患者更是出现奇迹，产生了药物所不能达到的疗效，不仅给自己带来了快乐，还给家庭带来了和谐。武当顾式太极拳为何有此养生健身效果？只因其各招各式都符合气血经络之说。人体的十二正经、奇经八脉都在拳中的起伏转承带动引导下得以调理疏通，化瘀排浊，逐步达到“通则不痛”，远离疾病之境界。书中对各招式动作与经脉走向都在意念环节中作了详细的阐明，印证了“武医一家”之理念，使不了解中医的人通过学习此拳，能对人体经脉走向和框架构造有初步了解，受益终生。

第五，特点突出，独立鲜明。太极拳的共同点很多，如果没有了共同点，那就难以说是太极拳了，但各个门派也有自己的特点，这个特点是自己门派固有的，是支撑一个门派独立于拳林之中的基石。本书对共同点不再赘述，只设专门章节对该拳特殊用语予以解释，如斤对斤、两对两、藕断丝连、体厚身浑、钢勾劲、甩鞭劲等，相信这些古老带有原生态的术语一定会给读者耳目一新的感觉！

第六，诚字为要，崇尚武德。作者经过深入的调研，写了一篇《心诚才有得》的文章附录于后。指出无论老师还是弟子都应心中存“诚”，去掉私欲心去教、去学，绝不能失去“正意”。共同营造师爱徒、徒尊师的良好氛围，使我们在尊师重道光芒的照耀下共同进步成长，同时将传统美德代代相传!

武当顾式太极拳是一座取之不尽、用之不竭的宝库，每个修炼者都可以从中得到自己所想得到的“宝物”。“仁者见仁，智者见智”，每个人站的角度不同，理解和得到的自然也不尽相同。本书只是记录了作者在教学中的点滴感悟，难能齐全，更不敢称为 “大全”“述真”“正宗”，仅是个人探索、研究之观点，故书名定为《武当顾式太极拳探究》。书中不当之处在所难免，还望方家不吝赐教，批评指正。

谢谢！

刘登信
2016年6月3日

目录

第一章　武当顾式太极拳概述……（1）

一、武当顾式太极拳渊源及主要传人……（2）

二、武当顾式太极拳特点和蕴含……（10）

三、武当顾式太极拳在各地的传播……（13）

第二章　武当顾式太极拳套路图解……（29）

一、动作名称顺序……（29）

二、关于图解的几点说明……（31）

三、套路图解……（32）

四、站、坐、卧功法……（230）

第三章　武当顾式太极拳推手……（234）

一、推手图解说明……（235）

二、平圆推手……（236）

三、立圆推手……（240）

四、活步推手 …………………………………………………………（242）
五、大捋推手 …………………………………………………………（248）

第四章　武当顾式太极拳拳诀与功理 ……………………………（254）

一、武当顾式太极拳八字诀 …………………………………………（254）
二、武当顾式太极拳的特殊术语解 …………………………………（257）
三、练拳中易出现的错误及纠正方法 ………………………………（262）
四、用意念的几个层面 ………………………………………………（263）
五、习练法则 …………………………………………………………（266）
六、习练要义 …………………………………………………………（270）
七、传统文化之共性 …………………………………………………（275）
八、第四代传人陈华拳论 ……………………………………………（279）

第五章　武当顾式太极拳养生保健 ………………………………（282）

一、太极拳之修身修心 ………………………………………………（282）
二、练功“秘笈” ………………………………………………………（283）
三、武当顾式太极拳对高血压的特殊疗效 …………………………（286）
四、原始古朴拳韵　健身养生奇效 …………………………………（287）
五、健身歌诀 …………………………………………………………（288）
六、春季太极拳养生 …………………………………………………（289）
七、夏季太极拳养生 …………………………………………………（290）
八、秋季太极拳养生 …………………………………………………（292）
九、冬季太极拳养生 …………………………………………………（295）

第六章　武当顾式太极拳实修感悟 ……（297）

一、我与武当顾式太极拳之缘——武当顾式太极拳第十代传人李永忠 ……（297）

二、武当顾式太极拳练学之我见——武当顾式太极拳第十代传人于延浩 ……（300）

三、简析顾式太极拳对人体“增氧”的作用——武当顾式太极拳第十代传人陈永资 ……（304）

四、武当顾式太极拳与心理健康——武当顾式太极拳第十代传人于金鲁 ……（306）

五、习练太极拳感悟——武当顾式太极拳第十代传人张桂莲……（310）

六、我与武当顾式太极拳——武当顾式太极拳第十代传人何基原 ……（312）

附录一　心诚才有得 ……（317）

附录二　武当顾式太极拳流派考……（322）

附录三　走进“登信太极会馆”——《青岛早报》记者访谈录 ……（327）

附录四　武当顾式太极拳问答……（329）

后记 ……（335）

第一章

武当顾式太极拳概述

武当顾式太极拳，于明末清初由湖北武当山云游道长顾殿一传至河北省邯郸市魏县，在民间秘传密授，至今已历经十代，流传近400年。在漫长的传承岁月中，薪火不断，高手辈出，因种种缘故，称谓不同。曲周县称“顾式太极拳”，代表人张松林、张新海、牛晨红；鸡泽县称“顾式太极拳”，代表人刘登信、王民学；魏县称“龙虎太极拳”“滑拳”，代表人马希平、马锴果、任瑞林；成安县称“六合通背太极拳”，代表人景茂东；广平县卢董村称“龙虎太极拳”，陈华下传的代表人卢振山、卢守贤、卢素玲、肖金宝、卢成恩、卢尚武、来国志等。20世纪90年代，广平县第五代传人卢鸣金的后代开始称“卢式太极拳”，代表人卢奎恩。此拳在邯郸地区的各支派都有很多传人，尽管称谓不同，但从拳的风格和各自掌握的拳谱来看，同根同源，皆来自祖师顾殿一创传。对此，各支派均予以认可。稍有不同处，也只有功夫细节上的差异，没有脱体离根之别。

练拳务求严谨，不可有丝毫懈怠和马虎随意，必须合规合矩，否则差之分毫，谬之千里。如果擅自删减，那似乎是让求学者买椟还珠。文武相通，写干勾于时，如漏掉“勾”，意思就偏离于千里之外了；练“跨虎”要脚尖点地，如误练成脚掌着地，就失去脚趾上应产生的钢锥劲和刺激大脑反射区的养生作用了。故而，历代武当顾式太极拳传人都把毕生精力放在技艺继承上，保持了原始古朴的风貌和技击训练方法，对拳的架式、风格没有做过任何删改。

“欲灭其国，先灭其史；欲灭其史，先乱其心；欲乱其心，毁灭太祖。”先哲告诉世人，忘记过去等于犯罪，忘记过去等于背叛。传承伟大的精神之魂不可丢，就是保证希望和明天。武当顾式太极拳伟大的传承精神没有丢，更没有忘记拳史，也没有谁胆大妄为做毁灭拳史的举动。各代传人都尽心尽责，不但将拳艺代代相传，同时各代宗师的高尚品格也在潜移默化中影响着后人，使之在习武中学会做人，懂得感恩！

现在，武当顾式太极拳似一棵茂盛的参天大树，向四面八方无限延伸。顾殿一祖师就是这棵树的树根和树身，大树所滋生出的各枝叶，犹如各支派的传人。在大家的共同努力下，以冀南大地、漳河两岸为中心，正在向全国乃至世界各地快速传播。

一、武当顾式太极拳渊源及主要传人

祖师顾殿一。门内各代前辈均有口传，顾殿一，身高六尺，面如古月，慈眉善目，白须飘胸，手执拂尘，行走如飞。明末清初时，他云游到河北魏县小户村（今张辉屯村），看到一帮歹徒正在抢劫一户刘姓人家。顾道长路见不平，用娴熟的武功轻松制服了这伙劫匪。刘家感激不尽，要报顾道长大恩。顾道长见刘家的小儿子刘丙发育匀称，身骨健壮，天资聪颖，就说："我云游的目的就是寻觅接法传人，要报恩就将此子跟我为徒，习练太极功夫和道法吧。"全家人喜出望外，从此顾道长就住在刘家教刘丙太极拳。8年过去，顾道长见刘丙功夫精纯，就要告辞继续云游。临走时告知刘丙："本门拳法传自湖北武当山丹士张三丰。为师家住山西，云游以来，连你在内共收徒3人。河南有你大师兄，他学的是上节，又叫天拳；山东有你二师兄，他学的是下节，又叫地拳；你学的是中节，又叫人拳。将这三节合起来，取天、地、人三才之意。只要勤学苦练，哪一节都可以得到上乘功夫。以后有机会，你们师兄弟见面，要互相学习，取长

祖师顾殿一画像

补短，团结共进。”后来，刘丙约师兄弟3人，一同按照师父所说的地址，赴山西寻找师父。不知何故，师父的家乡一片废墟，荒无人烟，只好无功而返。因时间久远，河南的大师兄和山东的二师兄准确的住址是何县何村，已模糊不清。

另一种说法来自马希平著的《龙虎太极拳》一书中。顾殿一，精心修炼了峨眉山玉女拳法；精心修炼由武当丹士张三丰创立的十三势软手，深得峨眉、武当太极、少林拳等各家拳派的真谛。不知何故，或犯了何罪，顾殿一在河南洛阳授拳期间（明朝末期崇祯年间，约1630年），被处以流放民间，终生不准入寺庙的重罚。顾殿一被定为有罪时，已是花甲之年，无奈之下只好隐姓埋名或称隐士，来无踪去无影，开始了他的流浪生涯。这年又恰逢中原地区闹饥荒，沿途逃荒要饭的饥民无数，顾殿一不胜伤感。到了秋后，顾殿一由邺城（河北临漳县）进入魏郡府大呼村一带（古漳河南，现属河北魏县境内）。此时秋霜降临，冬天将至，他只好选择在这一带落脚过冬。到魏县大呼村时，听说村里有一户刘姓人家，家境殷实，在当地是一个数得着的富裕户，曾多次见义行善，救助过本乡本土和路过的一些难民，因此刘家在当地人缘不错，但也经常遭受兵、匪的敲诈勒索。于是，顾殿一装扮成一位走街串巷的算命先生，巧妙地接近了刘姓人家，并因给刘家算命、相面而受到热情款待。高兴之余，顾殿一针对刘姓人家当时的处境给支了一招，这就是“习武强丁”、保卫家园，随即许诺将自己平生所学的拳法传授给刘家子弟。就这样顾殿一在刘家住下来，专门授徒，长达8年之久。

祖师顾殿一画像

以上两种说法存在共同处：①顾殿一的功夫来源主要是武当丹士张三丰；②顾殿一姓名一致，无论是云游还是落难都居住在魏县漳河南面（这里所说的河南，是指漳河南面而非现在的河南省，切不可混淆）的大、小呼村刘姓人家；③居住8年期间教出的出类拔萃的弟子是刘家小儿子刘丙。这三点客观公正地证明了顾殿一这个人物的存在，传拳于魏县的事实。

第二代传人刘丙（刘老柄）。生卒年不详，据史料推算，他大约生于明朝末期，卒于清朝中前期。刘丙在顾殿一长达8年多时间的精心指导下，终日练功不辍，比较系统地掌握了顾殿一所传授的拳法和功理功法。与师父分手后，刘丙按照师父所传授的秘言要诀，闭门苦练，日积月累，功夫逐渐成熟。刘丙开始主动与外界武林豪杰交流切磋，多次比武，从无败绩，也没有恃强伤人。在此基础上，为了展示这门功夫，扩大影响，在自家门前立擂较技，组织了长达100天的大赛，自己充当擂主，迎接各路英雄豪杰的到来，并在擂台上方大书“谁能打赢刘老柄，输与骡子三挂、地两顷！”口气之大，惊动了方圆百里的武林高手纷至沓来，但皆败北而归。擂台撑到第99天中午，还是没有人能打下来。眼看这个“擂”就要宣告鸣金收兵了，这时，刘丙家杂院中一位住了几年的花甲外乡人执意要打擂。刘丙怕有误伤，好言相劝无果，被迫与其交起手来。几个回合过后，刘丙觉得老者非常了得，最终打了个平手，未见输赢。紧接着比器械，刘丙用大枪，老者用烟袋杆，一来二去，刘丙败于老者。事后得知，老者是太监王承恩。刘丙为提高自己器械方面技艺的不足，又拜王承恩为师，学习多种器械，但拳还是继承顾殿一所创传的拳理拳法，没有什么变化。

第三代传人杨老凤。生卒年不详，他与师父刘丙邻村，自幼熟读经书，以圣贤为榜样，处事谨慎，诚信善良，助人为乐，性格温柔，庄重大方，深得师父厚爱。拜师后，勤学苦练，一丝不苟，精益求精。数年后，功力大成，名扬一方。在择徒授拳时，不仅要求学者身体素质条件好，更重要的是要思想品质好，也就是古代“要桃李，不要蒺藜”的选徒方式。他的弟子皆文武兼修，德艺双馨。众多弟子当中令他最满意的是广平县卢董村的陈华。

第四代传人陈华。字老利，人称利先生。他跟随师父杨老凤习武数年，不但在武功上有所建树，而且对儒道思想理解通透，可谓是“大儒武术家”。在一次与来访者的交流切磋时，他运用以绵克刚技法将凶猛来力一一化解，一会儿对方就累得气喘吁吁。陈华为了不伤害对方，就以他高超的内力加细腻的听力展示了“雀不飞”“人难脱”的绝技，先是诱使对方出手，佯装败退，对方看有机可乘，飞腿踹来，说时迟，那时快，陈侧身躲过，同时用手顺接其脚，上托使其悬空，随即顺势托住其脚底随之起伏。陈华笑呵呵地说："你能从我手中跳下来吗？"对方几欲跳下，皆未能如愿。陈师深厚的内力和粘黏功夫折服了对方，使其心悦诚服地认输。

杨式太极拳鼻祖杨露禅以"雀不飞"绝技威震江湖。这个绝技是指以高超的轻灵懂劲、不支撑麻雀起飞时爪下蹬的力，并随之起伏，使雀既不能飞出，又无法脱离，如漆似胶黏于手掌。会这样绝技的也不乏高人，如武式太极拳第三代传人魏佩林先生，也能做到单臂擒鹰。即将捕兔之鹰放于前臂上，同样道理随鹰之起伏，黏之于臂。

陈华与杨露禅为同时期人，又都是邯郸区域内的人，广平与永年广府只有几十公里，具备接触交流的条件。据前辈传说，他们都在武术界享有盛名，是很好的朋友。

细分析，没有超人的内力是难于用一只手托起100多斤重的人体的。而且，在对方欲跳下来时，还要听准他瞬时用力蹬的刹那，不早不迟随之起伏，游刃有余，控制他既不能跳下，又不能离开手掌。陈华的展示难度更大，不像雀、鹰那样只须细腻听力，无须力量过人。就是说，陈华既有超人的力量，还不失其灵动劲。

陈华在传授弟子时，先考察品质，后传拳授艺。一方面为了保证此拳能够纯正地延续发展；另一方面又要防止学此拳者因武德、技艺等方面有不良行为，从而在社会上、武术界造成负面影响，所以规定出六不传，即不入道者不传，不勤学苦练者不传，体弱质钝者不传，有嫖、赌、吸（指吸毒）等劣迹者不传，不忠不义不孝和无经济基础者不传。陈华在长期教学中不断总结经验，归纳立论，在现存的古拳谱中还可以清晰地看到"陈华，利先生注"的拳论，是本门后学者奉为经典之作。故而，曾一度又将此拳称为"陈式太极拳"。他的弟子中，非常优秀者有本村的卢鸣金、魏县张辉屯村的任来庆和他自己的儿子。他们各自门下的传人都很多。

第五代传人卢鸣金。字警众，广平县卢董村人，生于道光十年（1830），卒于光绪二十六年（1900）。卢鸣金童年时读过几年私塾，因家道日趋贫困辍学跟戏班子学艺，后改学医术。为支撑门户又弃医学武，拜本村太极名师陈华为师。卢鸣金跟随师父学艺七载有余，不离前后，情如父子，得师真传，再加上自己超常刻苦，进步很快，成为此拳的集大成者。卢鸣金在培养弟子时注重武德教育，提出“忤逆不孝者不教，做贼称霸者不教”，要求弟子正直为人。他一生教徒众多，功夫最好且能承其衣钵者乃为曲周县白寨村的张奇。

第六代传人张奇。生卒年不详，他稳重厚实，性格直率，不求捷径，按部就班，坚信勤能补拙，熟能生巧。练功方面，无论行功走架，还是推手问劲，都能持之以恒，数十年如一日；拳理方面，无论本门拳论，还是别门拳论，都能认真读研，相比较、求精华。张奇练功不辍，不断思考，入纯入微，精益求精，常使周围的同道有几日不见便刮目相看之感觉。他的发力极其巧妙，有一次，借助牛前攻后撤之劲顺势而发，竟将这头壮牛打得腾空而起，摔出数丈之外，四蹄朝天，惊得围观者目瞪口呆，佩服不已。在教授弟子时，常亲带亲领，尤其推手问劲，总要让弟子在自己身上找出感觉来，再详细阐解拳理拳法，以使弟子彻底明了。他的弟子主要分布在曲周县周围，代代相传，新人不断，高手辈出。

第七代传人张明芹（1897—1970）。张明芹自幼在父亲张奇的精心培育下刻苦练功，寒冬酷暑，日无所辍，终于练成了一身精绝功夫，世所罕见。他可悬梁就食，即用绳子拴个活套套在自己脖子上，悬空吊在梁上照样进食；还可用手黏着马尾或马屁股随之奔跑不脱。他的高深武功当时在曲周县声名赫赫，无人不知。能接近他的人也都愿意亲身试试，体会一下太极真功。

有一次，张明芹去表哥家做客，不料家里一条凶狠的大黄狗看有陌生人进来，挣脱脖套直扑张明芹面部。在这危急时刻，张明芹一个追风捶击在狗的脖颈上，将狗击出数丈外，当场毙命。表哥这时才从惊慌中缓过劲来，连连说：“对不起！对不起！兄弟没事就好。”张明芹幽默地说：“这就是哥哥给我的见面礼啊！”兄弟俩哈哈笑起来。吃过午饭，张明芹的表哥给他的4个儿子说：“你表叔的武艺高强无比，你们4个可以试一试，敢吗？”四兄弟面面相觑，不敢答应。张明芹看透他们怕挨打的恐惧心理，就说：“我不会像打狗一样打你们，我只走化而不发力，你们4个可一起上。”这样4个壮小伙就一哄而上，欲把张明芹按倒在地。张明芹脚走八卦，手转太极，似燕子穿林、鱼儿悠游，使四兄弟如捕风捉影，处处扑空，相互碰撞，乱作一团。类似这样的故事数不胜数。

张明芹一生虽将太极拳艺悉数传给子侄，然能得其精髓、功夫独到者，当数其徒张斌。

第八代传人张斌。字敬贤，曲周县霍桥乡（现城关镇）张厂村人，生于1913年，卒于1997年。张斌出身商人世家，中华人民共和国成立之前就开过“亨通车行”，卖自行车及配件，家境富殷。他自幼好武，青少年时即拜邻村牛呈祥为师，学习炮捶与推手。牛呈祥功力深厚、性格刚烈，曾是阎锡山部下的武术教官，专门训练士兵杀敌绝技，打击日寇。他传授的推手方法与当今公开流传的太极拳流派均有很大区别，特别注重腰的拧转幅度和两臂的轻灵圆活，一旦用于技击，有发人致远的效果。张斌于30多岁时，得知本县白寨村的张明芹先生太极拳功夫精湛，于是带艺投师深造。

张斌学习非常刻苦。冬季户外积雪盈尺，寒气袭人，可他在室内练拳练得衣裤湿透，一个震脚，鞋中能溅出汗水来。功夫不负有心人，刻苦的修炼，换来了功夫飞速地长进和升华。有一次，张斌与师父张明芹推手，一搭手就知道师父哪个地方要动，乐得师父拍手说：“几十年来无人能听着我的劲，今天被你听着了！”

从此张斌功夫独步一时，在太极拳界影响较大，堪称“太极奇人”。因曲周县与杨式、武式太极拳发源地永年县广府很近，常常有拳师与他交流切磋，都自叹弗如。有一拳师曾说：“我和张师傅推手，他的胳膊轻得像蜘蛛网，黏住我的毫毛，似挨非挨，若有若无，而他的手臂重起来力逾千斤，引化捋劲，切肉入骨，使我全身散乱失去平衡前扑倒地，顺势外发，快如雷霆，不及反应腾空而起。”曾有一个力气很大的年轻人，总觉得“我能抱起几百斤重的石碾子，还抱不动你一个瘦老头？”说着就抓张斌的手腕。张斌坐着不见有什么动作，那年轻人就像触电一样飞出数丈外，把身后的壁橱门都撞碎了。张斌风趣地说：“我手上有蝎子蜇你？蹦那么高干嘛？”

张斌一生与人切磋无数，他说：“只动嘴皮子，别人是不会认可你的。”就在他去世前几个月，还接待了来自广平卢董村和曲周白寨村的同门后生。他坐在床边上和他们搭手，突然一个“金钩钓鱼”劲法将练了几十年的后生拿住，使其动弹不得，展现出深厚的内功。幸好被一旁带相机的人抢拍下武学中这巅顶一瞬，留下了珍贵的回忆。

中华人民共和国成立后，张斌加入了一家公私合营企业，成为一名工人。但他练功未辍，谨遵师训，家里始终供奉着祖师张三丰的牌位。不料在“文化大革命”中，被厂里的造反派头目诬告为“反革命会道门”成员，蒙冤入狱长达10年。在此期间，张斌被禁止练拳，但他坚持修炼看不见外形的内功，意在功不散，结果他非但功夫没丢，反而更加炉火纯青。党的十一届三中全会召开后，张斌被落实政策，就在10年刑期将满的前4天，得以平反，无罪释放；而诬陷他的人却以诬陷罪被依法逮捕，受到法律的严惩。

回首这段荒唐的岁月，张斌只能报以一声苦笑，而面对将来，他的心头又有一些沉重。武当顾式太极拳于明末清初由顾殿一道长传入魏县，至今已近400年，流传范围较小，怎样才能将这支珍贵的太极文化发扬光大，让更多的人了解它、练习它、受益它等问题，时时萦绕在张斌的脑海中。“可不能让祖师的技艺断在我手里啊！”继续传承的责任感促使他找传人的想法越来越强烈。于是，张斌就广收门徒，成绩显著的有鲍金章、张新海、牛晨红、王民学、刘登信。

收刘登信为徒时，还真有点天赐良缘。这天张斌骑自行车去外甥家走亲戚，发现正在和其外甥等伙伴一起练“通背缠拳”的刘登信踢腿、冲拳，身体灵活、基础良好，不禁眼前一亮，欲收为徒。为了解刘登信悟性如何，他从口袋里掏出一本徐致一早期著的《吴式太极拳》递给刘登信，并告诉这是太极拳，可以柔克刚、四两拨千斤等。刘登信得到这本书后，只用了一周时间就将全套八十四式学会，这令张斌大吃一惊！这么简略的文字注解、少量的图片排序，看者很多，还没有人能比划下来。至此张斌打定收徒的决心。

第九代传人刘登信。1965年出生，河北省邯郸市鸡泽县双塔镇西申底村人。自幼酷爱武术，先后学过通背拳、六合拳及刀、枪、棍、鞭等器械。14岁那年被张斌看中收为门徒，悉心练习武当顾式太极拳及推手。刘登信秉承师父的苦练精神，所以进步很快。经过近40年不懈练习，悟其道，受其功，达炉火纯青、出神入化之境界。

为了印证自己的功夫如何，刘登信多次参加国家体育总局主办的“中国邯郸（永年）国际太极拳运动大会”。大会设擂比赛的宗旨是，既不排外，又不排派，人人都有一展风采的机会。他抓住这个机会，登台打擂，崭露头角，使鲜为人知的武当顾式太极拳这一技艺公诸于世，受到中外爱好者之青睐。

刘登信在比赛中获得的成绩如下。

1995年5月，在邯郸精英选拔赛中获得重量级冠军。

1995年，在第3届“中国邯郸（永年）国际太极拳联谊会”中担任竞技集训队队长，率队迎战国内外太极高手。在擂台角逐中技压群雄，获套路表演、重量级推手双项冠军。

1998年，在第5届“中国邯郸（永年）国际太极拳联谊会”比赛中，获重量级推手、散手擂台赛双项冠军，并被大会授予“太极大师”称号。

1999年，在第6届“中国永年国际太极拳比赛大会”中，以绝对的优势获得重量级推手冠军。

2000年10月，再次担任竞技集训队队长，全队获得5金、5银、3铜的骄人成绩。他本人仍然获得重量级散手冠军。

1995年刘登信获奖照片

1998年刘登信获奖照片

1998年刘登信（左三）被评定为“太极大师”

1999年刘登信获奖照片

刘登信因屡屡夺冠，名声大振，被组委会称为“邯郸太极拳擂台赛的台柱子、当今太极拳界的翘楚”。

刘登信在成绩面前并没有停留，而是不负师父嘱托勇敢挑起传播弘扬武当顾式太极拳的重担，相继多次应邀到南京、信阳、青岛、石家庄、北京及部分高校巡回讲学、传拳授艺，并于2004年在青岛创办了“登信太极会馆”，领全国太极拳界之先。在此期间，忙里偷闲，挑灯夜战，著书立说，用了两年时间，于2007年5月出版《武当顾式太极拳》（人民体育出版社）一书，也是该拳历史上的第一本专著。同年，人民体育音像出版社出版发行了《武当顾式太极拳教学》双碟光盘，为加快传播武当顾式太极拳起到了积极的作用。“登信太极会馆”成立十余年来，以青岛为中心广传武当顾式太极拳，学生弟子，人才济济，盛况空前，是邯郸拳师在外地办馆中最成功的范例。

二、武当顾式太极拳特点和蕴含

（一）独特的风格

借道易之理，与天地相融，原始古朴，内涵深厚。架势低，起伏大，且有蹿蹦跳跃及弹抖发力、刚柔并济、快慢相间的特点。行功走架，犹如蛇行柔软而节节贯穿，又如鱼儿戏水往返折叠，悠游自在；推手听劲，周身犹如浑厚圆球而处处滚转，又如藕断丝连，谨慎进退，意念不断。整个套路势势相扣，内涵缜密，结构紧密，编排有序，一气贯通，内功明显，长功快捷，技击性强；外导内行，逆腹呼吸，循经通络，由内而外，按摩内脏，百病皆克，有助养生，延年益寿。

（二）独特的身法

身法的独特，体现出斜中带直，并要配合大弓步动作。要求在保持虚领顶劲、含胸拔背和腰背后塌的前提下，上身前俯，后腿蹬直，从头到脚形成一条直线，前脚承受大部分体重，如同木柱顶住一面将倒的墙。这种斜中带直的身法，对人体腰部肌肉有较强的刺激作用，故而初学者一般无法按标准动作打完一套拳；即使有一定习武基础和造诣的人练习此拳，在初级阶段也会感到腰部发酸吃力。

（三）独特的步法

步法的独特，多采用滑步，又称滑冰步。它要求周身一家，拧腰旋拉，前脚进，后脚跟，几乎同时滑行。这种步法，既能使力由脚而腿而腰再通过背部传递到手臂，通经活络，提高打击力道，又可稳固下盘重心而极为轻灵快捷，随五行生克变化多端，不同于“迈步如猫行”的练法。

（四）独特的手法

此拳手法灵活多变，手型分拳、掌、勾、剑指四种，尤以拳著称。拳型为拇指压在食指的第二节上，中指、无名指、小指斜蜷曲于掌心，形成尖状拳，有“拳似钻”之说。在技击上变换灵活，力点达尖，多用于点穴击要。

（五）独特的推手

武当顾式太极拳推手种类很多，有大捋、单缠双缠、乱搭手、活步圆形推手和九宫八卦推手等，但最精悍的是张斌传于刘登信的这种特别突出“腰似车轮”之灵劲推手。推手时其腰的转动幅度要比常见的各派太极拳大，所以更能将来力顺之引化使其跌仆，发劲时可将对手如掷皮球般凌空抛出。其中大捋的练法更是与众不同，采、挒、肘、靠劲路特别明显，六合清晰，连蹦带跳，动作起伏，强度大，出劲快，与散手无别，是迅速增长技击功效的一种极其精妙的训练方式。还有一类独具特色的“闪电黏手”练功方法，它主要训练人的距离感和爆发力，以便对付刚猛的进攻。

（六）命名的理论依据

三光：日、月（左右抱月）、星（七星捶）。

四大：地、火、水（海底捞月）、风（追风捶）。

六种动物：猿猴敬桃、狮子张嘴、跨虎、金鸡独立、白鹤亮翅、盖马三捶。

人：玉女穿梭。

意念：心（通心捶）。

天人合一是拳势命名的理论依据。套路中第一节第2、3、4式分别出现云、月、星。因云、月、星位居天上，所以第一节暗含“天”之意；其他六节以人和六种动物命名，因人和动物都位居地上，所以第二至第七节都暗含“地”之意。第一节第2式本应含有“日”，与3、4式组成日、月、星三光，因中国传统文化讲究敬天畏地，不可手指太阳，故用“云”代替。

（七）拳分七节体现象数成理

“七星”决定了拳分七节，共108式，并有了“时空”元素。

北斗星由天枢、天璇、天玑、天权、玉衡、开阳、瑶光七星组成，由此对应人体的七个攻防部位，即头、肩、肘、手、胯、膝、脚。道教里讲三十六天罡星加七十二地煞星，共计一百零八个星。也就是说，顾式太极拳之所以分为七节共108式，都是基于北斗星。北斗星是古代人非常尊崇的星辰，它可定方位指方向，还可确定四季变化，告知播、种、收、割之时节，帮助人们的生活生产。如斗柄指东，天下皆春；斗柄指南，天下皆夏；斗柄指西，天下皆秋；斗柄指北，天下皆冬。

（八）动作的数字依据

道家的“一生二，二生三，三生万物”是动作的数字依据。在拳势命名中出现的数字：①单腿悬躯；②双击掌、二起脚等；③盖马三捶、三摔手。动作设计也遵循3数，如左右栽捶、左右缠身、三摔手、云手动作皆为3次重复；步法中有回收丹田退三步、疾步回身右起脚进三步等。

（九）拳势衔接的方式

阴阳转换是拳势衔接的方式。欲左先右，欲前先后，欲上先下，反之亦然。如云手式，向右抱球时腰胯首先向左旋拉，向左抱球时腰胯首先向右旋拉；左右抱月、猿猴敬桃式皆为欲上先下、欲下先上。狮子张嘴式接退步跨虎式，先蹬右脚后坐，再蹬左脚前探，然后撤左脚，右脚跟随，实现欲后先前。

（十）套路编排遵循的原理

套路编排遵循易经中的阴阳互换原理。整个套路完全用肢体语言展现了无极生太极，太极生两仪，阴阳互生、互换，无断续，无凹凸，合为太极，最终复归无极的完整过程。具体表现在拳中，讲究圈圈为母、匝匝为主，左右对称，上下顺遂，难易相变，快慢相兼，刚柔并济等，最终复归到无极。

综上所述，祖师创拳时，通过借天地间具有代表性的事、物的名字来为拳势命名，使拳有了“象”的元素；引入“七星”使拳有了“时空”元素；拳势中的一、二、三有了“数”的元素；阴阳互生使拳有了“理”蕴含。武当顾式太极拳将以上四元素综合一体，践行了天地人合一的理论。其构思之巧妙，结构之严谨，气势之宏伟，内涵之丰富，无不使人击节赞叹。实乃中华之瑰宝，太极之“绝唱”！

三、武当顾式太极拳在各地的传播

（一）在鸡泽县的传播

刘登信的家乡在邯郸市鸡泽县，那里习武气氛浓厚，历史上有名的大刀会主要场所（那时叫大刀会局子）就坐落在他家的旁边；通背缠拳第三代传人施继文与他家是左右邻居。自幼常常听到前辈习武强身、除暴安良、匡扶正义，侠肝义胆、令远近土匪闻风丧胆的故事。这些故事激发了刘登信对英雄豪杰的崇拜、对武术的酷爱，先后学过多种拳术和器械。他悟性极高，师傅教拳时最多示范3遍，再难的招式都能熟练地掌握，并且经常代替师傅教授师兄弟，积累了丰富的教学经验，这也为以后传播太极文化打下了坚实的基础。刘登信学会了就持之以恒，练习不辍，进步特快且出类拔萃，受到很多青少年的追捧。刘登信还常常组织方圆几十里的各派武术爱好者利用农村庙会在大街上敲锣打鼓，各显峥嵘。故而，刘登信20岁左右就在家乡及周边很有名气了，所以当地向他学拳的青少年川流不息。

随着年龄的增长和对太极拳内涵的理解，尤其是经过张斌恩师精心调教后，刘登信对武当顾式太极拳更是情有独钟，立志要把这珍贵的道家文化继承下来并发扬光大。

有志者事竟成。刘登信练拳、教拳影响越来越大，同时也遭到一些非议，说孩子们练拳习武是不务正业。但通过练拳改变气质的学生的家长们力排众议，鼎力支持。1991年冬，这些家长聚集了50余人，集体到县体委申请开办武馆，主管领导派人实地考察后，得出结论：纯利而无一害，便立即拍板，在位于四个申底村地理位置中心地带的申底奶奶庙成立了“鸡泽县第一太极武馆”。有了自己的武馆场地，有了领导的支持和民众的拥护，刘登信传播顾式太极拳呈现出欣欣向荣的景象，求学者更是趋之若鹜，纷至沓来。一时间，田间地头，房前屋后，都能看到演练武当顾式太极拳的影子。

刘登信拳姿

1991年，邯郸地区召开了首届国际太极拳大会，搭起了既不排派又不排外、人人都可一展风采的舞台。刘登信闻讯如鱼得水，积极参赛。经过精英选拔赛，他夺得了重量级冠军。因他有着较强的组织能力，被“中国邯郸（永年）国际太极拳联谊会”组委会多次聘请为竞技集训队队长，训练邯郸区域内的各派太极选手，以东道主身份迎接国内外高手的挑战。

刘登信在此大赛中屡屡夺冠，名声大振。他将顾式太极拳之精妙的技击术展现给世界太极拳爱好者，使与会者耳目一新，越发好奇。因此很多外地太极拳协会、部分高校、武馆等组织纷纷邀请刘登信前去教学。

刘登信的杰出表现，引起了家乡鸡泽县主管领导的高度重视，由文体局出面，主管领导崔改朝主抓，从2001年至2003年连续3年，邀请刘登信利用暑假对全县体育教师进行培训，并严格考核，之后由体育教师回学校普及推广。

2003年夏，培训体育教师结业时刘登信（前排左七）与大家合影

为了提高教师们的兴趣，他在培训期间侧重讲解了一些招式的技击含义，这对年轻的体育教师来说非常有吸引力。但是其中一位教师，自幼练武，曾用他的“抱腿”绝招将鸡泽县各路拳手击败，对刘登信内心不服，提出与刘登信切磋一下。他这样一说，其他几十名教师都跟着起哄看热闹。这种场合既没有规则又不能回避，有着丰富擂台经验的刘登信微笑着说：“那你随便进招吧。”那人步法灵活，或左或右，如同猴子上蹿下蹦，想以此来扰乱刘登信的注意力。殊不知，太极拳讲究以静制动，后发先至等内家功夫，刘登信故意露出破绽，那人就猛扑过来，刘登信一个挒劲，对方扑空倒地，如是3次，这才心服口服，恢复到正常训练中。

体育教师身体素质高、柔韧度强，对技术掌握得快，并有丰富的、科学的教学方式方法，在学校普及推广速度之快超乎想象。

培训体育教师的同时，刘登信还利用早晨时间在县文化广场向社会公开教学。县直机关数百人参加学习，气氛热烈，盛况空前。

2010年初，在鸡泽县教育体育局的直接领导下成立了“鸡泽县太极拳协会”，聘请刘登信为技术总顾问。该会每年组织学校与学校、单位与单位、农村与农村太极拳团体比赛和单项个人比赛，将成绩优秀的团体、个人推荐参加邯郸市和河北省的比赛。有的团体选手不负重托，获得了优异的成绩。几年来，鸡泽县各个领域练太极、谈太极，填补了鸡泽县历史上太极拳的一大空白，对全民健身起到了极大的推动作用。

（二）在邯郸市区的传播

在邯郸市体育场集训期间，有很多太极拳爱好者追慕刘登信，虚心求教，从他手里得到不少“绝活”，在擂台比赛中尽情发挥，取得优异成绩。所以，在邯郸市太极拳界，无论何派都把刘登信看成同门亲人一样。一些德才兼备、成绩优秀者投到刘登信门下，在邯郸市主管领导和各派太极拳代表人的见证下成为武当顾式太极拳“第十代传人”，如李永忠、郑海燕等。

李永忠自幼患有严重的风湿性关节炎、滑膜炎，经常打针、输液、针灸、按摩、吃药，但始终未能根治。后跟随师父刘登信学习武当顾式太极拳，至今十余年，他的病症得到了彻底治愈，再没有犯过。他悟性好，常常能举一反三，再加上苦练研习，进步特别快，2005年，在“永年广府太极拳年会”上获得套路亚军；2008年，在邯郸市古武当山擂台选拔赛中获得70公斤级的冠军。他为人忠厚，诚恳和蔼，为提高技艺，广交朋友，善意交流，取长补短，以求共同进步。在邯郸与各派太极拳界交流切磋时，总是礼让三先，绝不逞强斗狠，人们与其接触后都对他的深厚功力和高尚品行大加赞赏。

李永忠在邯郸县纪委工作，查贪官、惩腐败，秉公办事，刚正不阿，为维护国家和人民利益作出了杰出的贡献。同时也得罪了一些违法分子，他们怀恨在心，伺机报复，但都被身怀绝技的李永忠一一化险为夷。

2004年，李永忠在一次参与整治邯郸西部小煤矿任务时，有一矿主对整治工作公然进行阻挠，并自称练过几十年的“一指禅功”，没有遇过对手。他听说李永忠在练武当顾式太极拳，就上前挑衅，结果一搭手就被发出3米之外，如是数次，于是彻底服气，乖乖接受整治。

还有一次，一个身体健壮、性格凶暴、受人怂恿的人纠集三四个同伙借助酒力包围住李永忠，一齐攻之。没想到一会儿就被李永忠运用娴熟的太极功夫将他们打翻在地，个个跪地求饶。从此，李永忠深厚的太极拳功夫威名远扬，令不法分子不敢轻举妄动。

李永忠牢记师父所倡导的“传播顾式太极拳法，弘扬民族文化精髓”的宗旨，分别在邯郸市鑫港广场、丛台广场、赵苑公园、河北工程大学医学院等场所义务授拳。同时还错开时间，在邯郸大剧院和师姐张付巧（张斌的孙女）一起义务教拳，从学者近百人，在邯郸太极拳界独树一帜。可喜可敬的是，他们这个群体基本上都是以家为单位，互相监督，互帮互学，互相促进，其乐融融，真正把太极阴阳平衡之理用到生活和工作中去，构建了和谐家庭，提高了工作效率。

（三）在南京的传播

1993年秋，因刘登信在“第2届中国邯郸（永年）国际太极拳联谊会”比赛中展现了武当顾式太极拳的独特风格并获得优异成绩，受到与会者的关注和好评。结束之后，受南京市武术运动协会精武武术馆之邀赴宁传授顾式太极拳。

刘登信刚到南京时，一方面是雄心勃勃，希望迅速地推广顾式太极拳；另一方面也有一些顾虑，毕竟顾式太极拳是陌生的拳种，不要说南京，就是在邯郸，知道的人也很少。南京在过去的国术馆里曾经云集了中国武术界各门派的顶尖高手，他们代表了中国武术的最高水平。虽然这些名家最后曲终人散，但影响力仍然存在。太极拳方面，六大派太极拳在南京都有传人，经过历代高手的辛勤传播，更是硕果累累。

1994年，南京长江大桥下刘登信（后排中）与部分学生合影

基于这种情况，刘登信先生开始并未专授太极拳，而是将太极拳、外家拳、散打一块教，在踢打摔拿之中体现太极拳的精髓。当时武术馆中教散打、硬气功的教练张某，原是少林寺某武校教练，精通散打。虽然见到刘登信都很客气，但是内心对太极拳的怀疑还是时有流露。为了迅速打开局面，刘登信就约他切磋。刘一拳打去，张闪身躲过。就在他闪身的刹那，刘前臂变向，略略一挤，张某便腾空撞到墙上。张对自己是怎样被掷出数丈外感到莫名其妙，百思不得其解。从此，改变了对太极拳的看法，深知其中奥妙无穷，随即拜刘登信先生为师，学习顾式太极拳。

虽然顾式太极拳没有什么知名度，刘登信先生也为人低调，但是南京太极拳界的高手还是时常找上门来，这些人现今均已是南京太极拳界的栋梁人物。

某人有南京推手第一的绰号，身材敦实，见了刘登信立刻塌下身子，两手按住刘登信的两臂，想逼退刘。刘一个挒劲，就将该人打倒。因为地面坚硬，为避免对方头部受伤，刘登信发力之后又扶起了该人。

又一陈式太极拳传人，身高体健。经人介绍与刘登信相识，握手之际想使擒拿手法，刘登信早已听住劲，并以内力缚住对方，令其不得动。正好现场有一张乒乓球桌子，刘登信就轻轻将其按坐在桌上。

还有一位专业举重教练，也擅长摔跤，力量之大是刘登信前所未见的。与刘登信较量时如猛虎扑食，刘也是内力猝发，刹那间将对方抛至墙上。此事之后，刘登信非常感慨，说当年常常问师父张斌，怎样才能应付大力士，师父总是说，练好拳自然就能。当时自己心里还有所怀疑，现在真的有了体会。

1994年夏，刘登信应安徽省凤阳地区武术界邀请赴该地交流。当地民风强悍，盛行散打格斗，对松柔的太极拳看不上眼。一日来了6个25岁左右的壮汉，要求切磋过招。因没有任何防护设施，开始刘登信担心伤着对方，怕影响感情，失去交流的意义，就婉言相拒。不料其越发嚣张，语气刚硬，咄咄逼人。无奈，刘登信就让随从的一个徒弟应付一下。刚开始是一对一的切磋，短短3分钟内刘登信的徒弟运用娴熟的技巧就将其中的2人挫败。此时，其领头的感觉丢了面子，恼羞成怒，大吼一声6人同时冲了上来，竟演变为群殴。刘登信见状，健步如飞，身似游龙，挥舞手中一条擦汗的毛巾，上下翻飞，穿插于众人之中，使他们眼花缭乱不能近身，并喝令他们住手。站在刘登信身后的两个人哪里听劝，认为是偷袭的大好时机，就同时出拳，却刚一出手就被刘登信的一个回手捋采劲制住，双双跪仆在地。刘登信轻拍着两人的后脑说："你们把友谊交流变成殴斗实在是太缺乏武德教育了，再动我就要伤你们了。"这样刘登信基本上镇住了整个局势，场面趋于平静。但其中还有一个不服，气势汹汹，非要再打。此时，跪在地上的一个同伙站起来一拳打在他的鼻子上，使其血流满面，倒地难起，并告诉他："不能打了，这位刘师傅背后像长了眼睛一样，我们偷袭都不成，再打是找死啊！"这样他们才从路上拦了一辆拖拉机，将那位受伤的同伙抬在车上往医院治伤去了。

刘登信轻轻松松就打退了6名高手的围攻，而且在得手时也不伤害他们，这种高超的技艺、高尚的武德至今仍在凤阳地区被传为佳话。

刘登信南下之初，交手事迹举不胜举，虽然所向披靡，但是他总是心怀仁厚，尽可能保护对方，所以朋友越打越多。南京老武术家葛本领，原为六合八法拳大家，对各派太极拳都有涉猎，功力深厚，与刘登信结交之后，折服于顾式太极拳的浑厚内力，加上原有的功底，葛老的推手水平更上一层楼。刘登信在南京期间，每逢重大场合，总是和葛配对表演乱采花，两人一个白衣，一个黑衣，进退往复，使表演高潮迭起，令人眼花缭乱。

刘登信在武术馆执教期间，除武术馆专业学员外，前来学拳的人主要有王宇光、沈亚桥、张寿年等人。其中王宇光是南汽集团的在职博士，后来移民加拿大，成为在加拿大推广顾式太极拳的第一人。

1994年夏，由傅明盛介绍，东南大学武术协会邀请刘登信先生赴该校教拳。傅明盛乃文武全才，身体素质极高，多次获得南京市的长跑冠军，在东南大学的学生中影响力很大。东南大学旧称中央大学，郝月如等名家曾经长期在此教拳，所以学校颇有尚武之风。有此基础，加上傅明盛的穿针引线，两天内就有50多人报名参加。但毕竟都是青年大学生，对软绵绵的太极拳是否有技击功能还是有疑虑。刘登信看透了学生的想法，第一节课并未教大家套路，主动说："哪一位的力量最大请站出来向我进攻，以体会太极拳的四两拨千斤之技巧。"说罢就有一小伙子冲了上来，只见其与刘登信先生的身体略一接触，就像断了线的风筝一样飞出数丈之外，在场的学生大开眼界，响起了一片喝彩声。紧接着刘登信将太极拳以小力胜大力、以柔克刚之力学原理讲与学生，使他们对太极拳从感性到理性上都有了新的认识。之后，学生们都心悦诚服地学习顾式太极拳，使这朵珍贵武术奇葩在东南大学一下呈现出爆发的态势。

当时东南大学师生学拳有多少人，现在已经无法统计。其中成绩突出的除傅明盛外，有何基原、王辉、杨俊宴、蔡勤、乔鹏、陈朝阳、朱馥艺等。在校学生之外，还有部分教师也投入学拳行列，最有特点的是美籍教师淡曼夫。淡曼夫是美国芝加哥人，身高力大，在美国曾经向杨式太极拳名家郑曼青的弟子学拳，来中国杭州之后，又跟当地太极拳高手请教，所以有相当的太极拳水平。尤其在推手方面，一般的拳师根本不是其对手。见到刘登信后，只一搭手，淡曼夫就腾空而起，于是他甘拜下风，虚心求教。

由于顾式太极拳从未被大规模传播，所以其教学方式还是传统的口传身授，主张说得多不如练得苦。这种教学方式吸引了这群二十出头的大学生，大家纷纷以吃苦为乐、以出汗为荣，在艰苦的磨炼之中悄悄地奠定了今后的人生成功之路。十几年之后，当年的莘莘学子已经成为各行各业的中流砥柱，回顾自己的成长历史，不禁感慨当年学拳的艰辛起到了举足轻重的作用。

东南大学是全国重点高校，在文化上辐射面很广。由于该校学生的带动，周边地区的太极拳爱好者也纷至沓来，著名的有南京军区空军某部的军官张鸣南、书法家于国年等。于国年是当代草圣林散之的再传弟子，对杨式太极拳有较深造诣，师从刘登信之后，不仅太极拳突飞猛进，书法水平也日趋完美。

在弟子们眼中，刘登信为人坦诚，性格直率，其拳如其人，拳架舒展大气，推手刚柔并济，内力浑厚。其教拳风格讲科学、重实践，从不拿高深的拳理忽悠学员。

刘登信教拳讲究循序渐进。他常讲：“饭要一口一口吃，功夫要一天一天地提高，练拳没有捷径可走，不要好高骛远，只有苦练才能出真功。”有的学员喜欢研究拳理，各种太极拳谱看了很多，练拳时总喜欢往拳谱上靠。刘登信跟他们说：“练拳本来是件简单的事，你不要把它搞得太复杂了。只要按要领练习，功夫到了，那些拳理你自然会明白。功夫不到，我说了你也很难明白。”

刘登信教拳重实践。当有学员练拳遇到不懂的地方时，他总是喜欢通过动作示范让人体会。他常说：“给你讲10遍拳理，不如打你个跟头”。他还说：“实践是检验真理的唯一标准，拳练得对不对，关键看功夫有没有长进。”

刘登信先生聪明好学，精研拳论，而且他长期参加国家级大型太极推手、散手比赛，对太极拳实战技术的理解远非一般拳师可比，所以他讲拳理通俗易懂，符合科学原理，不搞玄而又玄的理论。

学员问：“怎样才能做到我顺人背呢？”刘登信答：“通过太极八法的组合应用，在粘、黏、连、随中寻找机会将对手引进落空，使之失去平衡。当然，这需要经过长期的推手训练才能做到。”

学员问：“太极推手跟摔跤有什么区别？”刘登信答：“首先是目的不同，摔跤的目的是把对手摔倒，太极推手的目的是将对手引进落空，为击打对手创造条件；其次是技法不同，摔跤要抓把，太极推手不抓把。”

学员问：“为什么现在的太极推手比赛，好多练摔跤的上去能拿冠军？”刘登信答：“太极推手是训练听劲和柔化功夫的一种方法，是为散手服务的。现在把它变成一种独立的体育项目，对提高太极推手的水平有很大帮助，但是也必然会使太极推手偏离本来的方向，令推手与摔跤越来越接近。好多参加推手比赛的选手都是专业摔跤队出来的，在体能上是一般业余选手无法企及的，他们熟悉推手比赛的规则后，再有针对性地练一段时间，拿推手比赛冠军也正常。”

从1993年秋至1996年夏，是顾式太极拳传入南京的第一阶段。这个时期刘登信不过30岁出头，学生们也大多20来岁。师生年纪相差不大，思想也接近，所以大家呈现一种朝气蓬勃、积极向上的姿态，展望未来都是踌躇满志，为顾式太极拳在南京的进一步发展奠定了坚实的基础。

刘登信先生早期在南京的弟子，后来大多成为社会精英，由于其工作的保密性及其他缘故，这里不便一一公开，只能选择其中有代表性的做个介绍。

杨俊宴，博士后，东南大学教授，博士生导师。教育部“新世纪优秀人才支持计划”和东南大学“重大科技项目培育计划”重点支持对象，国家自然科学基金项目通讯评审专家。研究方向为城市与区域规划，研究重点为城市中心区发展与大尺度城市设计。曾荣获教育部“新世纪优秀人才”奖一等奖。参与主持设计了南京、广州、济南、杭州等省会城市的市中心规划，深受中外专家好评。

面对荣誉，杨俊宴极其谦逊，总是说，设计灵感很多来自自己长期对太极拳的领悟，来自顾式太极拳和刘登信老师的熏染。杨俊宴从1994年至今，一直练顾式太极拳。在刘登信移居青岛之后，他仍然定期飞赴青岛，继续深造。杨俊宴常常对人说，我虽然是博导，但是在刘老师面前，永远是个不成材的小学生。

2003年7月，刘登信接受东南大学授拳时的早期弟子王辉邀请赴青岛发展，创建了“登信太极会馆”。从此刘登信定居青岛，专业设馆授徒，事业蒸蒸日上，如今其太极拳会馆已跃居全国一流。在此大好形势的感召下，南京弟子纷纷前往青岛求学，继续深造，精益求精。

顾式太极拳在南京的传播和发展，前后20多年，这是顾式太极拳走出封闭、走向世界的第一步。有了这一步的扎实和成功，才有日后的精彩纷呈。今天，顾式太极拳这朵武林奇葩已经在南京生根，随着时代的发展，它必将开放得更加绚丽。

（四）在青岛的传播

2003年7月，刘登信应在东南大学授拳时期的早期弟子王辉之邀，来到海滨城市——青岛讲授太极拳，在短短的月余时间中，受众百人，得益匪浅。其中没有基础的学生受到了有益的启发，有基础的学生在拳理拳法上和推手技术上都得到了明显的提高。他们在一起练拳、谈拳、交流切磋，气氛融洽热烈，大有与老师相见恨晚之感。聪明睿智的王辉见此情景提出："中国传统文化都是开馆授徒，而今天的国粹太极拳却流落于街头、公园、小区，成了3人一伙、5人一团的闲耍，这样既失去传统文化之高雅，又因汽车尾气和嘈杂声的影响而不利于健康。所以，我建议一起帮师父建一会馆，让更多的人通过会馆学习了解真正的太极文化，也是我们为社会做点功德吧！"一呼百应，大家纷纷出力，考察市场、武馆选址、工商注册、装修馆舍等一系列的工作都有条不紊地进行，不到两个月的时间武馆落成，挂牌为"登信太极会馆"，成为中国第一个以太极命名的会馆。

2009年9月19日，青岛市、区有关领导前来祝贺新馆开业（前排中为刘登信）

青岛是胶东武术重镇，螳螂拳盛行，技击高手如林，外来的武术名家能在青岛站住脚的极少。开馆没多久，就来了位挑战者，这位高手精通金钟罩、铁砂掌等绝技，在青岛武林相当有实力。

“你就是太极拳冠军刘登信？”来者话语很硬。“我确实上过擂台，拿过冠军，有一定的实战能力，但不敢说是无敌。”刘登信的回答不卑不亢。

刘登信为表示对来访者的尊重，打了一小段拳。挑战者看后暗自吃惊，说：“你的身法轻灵，在擂台上我可能赢不了你，不过你恐怕也破不了我的金钟罩！”

刘登信笑着说：“那咱们就文比吧。太极拳刚柔并济，但一般只知其柔，我今天就展示太极拳中的刚，和你的金钟罩切磋切磋。”约定先以手掌击拍三下，再互击胸部三下，承受不住者为输。

啪、啪、啪！三掌击过，刘登信一副若无其事的神情，金钟罩的高手倒有些发麻了。紧接互击胸部，挑战者先出手，若在平时，他一掌能把几块砖打碎，可打在刘登信身上，却像打在棉花包上，有力用不上。轮到刘登信打了，他只用了三分劲，对手就退了好几步，内脏有说不出的难受。不愧是久经沙场的高手，他向刘登信一竖大拇指：“刘师傅，还是你的功夫好！”

推手演示

推手发力

消息传出后，前来“请教”的更是络绎不绝，刘登信总是来者不拒，但从来不轻易伤人。有一位杨姓拳师上门切磋，刘登信双手一“敷”对手臂膊，说：“你已双重背势了。”对手很要面子，对围观的人说：“我很顺，一直占优势。”刘登信接着一个引进侧提劲，使对手从右肩旁悬空跌仆，跌破了裤子，摔碎了眼镜，受了伤。那人后来给周边的人说：“刘登信身上的劲，我一点也听不到，差距太大。”

青岛是一个开放的沿海城市，从世界各地到这里来学习的、投资的、旅游的人很多，也经常有一些外国友人到武馆交流切磋。2013年夏天，一个身材高大、粗壮匀称的美国小伙子，在青岛大学老师的引荐下来到了武馆，要求体验一下太极功夫。一碰对方手臂，刘登信就感到他柔软多变的技能，非门外汉也，立即调整战术，快速引化，使其栽倒在地，膝关节碰破。他爬起来后，连连说：“OK，OK”。两天后，青岛大学的老师说：“美国小伙子练了8年巴西柔术，却对刘师傅佩服得五体投地啊！”

刘登信与外国友人交流并赠送书法作品

这样的切磋交流，刘登信经历了很多次，但每一次交流都会多出几位朋友，产生一批信奉者，有一些还拜刘登信为师，专心练习顾式太极拳。在青岛北方公司工作的赵鑫身体素质好，并且自幼习武，善于散手、摔跤等技术。2003年，他经同事介绍认识了刘登信，总想试试刘登信的功夫如何，又碍于朋友的面子不好直说，就设计开车拉着刘登信去李沧公园游玩，实际他们提前约定的习武同伴20余人早在那里等候了。

下车后走进公园，一看有一伙人在推手问劲，行功走架，个个功夫深厚，身手不凡。赵鑫向他们简单介绍来自邯郸的刘登信后，其中就有两个站出来要推手过招。这突如其来的举动，使刘登信马上明白了，这不是请我来游玩，而是变着法子想试探我的功夫。既然如此，只有接招，不可回避。眨眼功夫，第一个小伙子就栽倒在地，第二个中年壮汉也轻飘飘地退出丈外，众人看得都惊呆了，难懂其中奥妙。他们的师傅很明白，这样的功夫还是第一次看到，就热情地张罗大家在一起吃饭，交成了朋友。

刘登信青岛的弟子中有很多在全国取得优异的成绩，如于延浩于2012年获山东省武术锦标赛冠军，被评为武术六段，国家一级裁判员，山东省段位评审员；于金鲁于2007年获香港第5届武术节亚军；曹钰在2006年第11届“中国邯郸（永年）国际运动大会”擂台比赛中获女子60公斤级亚军，2008年在第12届“中国邯郸（永年）国际运动大会”擂台比赛中获女子60公斤级亚军。

刘登信先生不但传授学生时都能示范，而且在理论研究上也孜孜不倦，经常针对社会上对太极拳认识之误解，写了大量的文章，在青岛各报刊上发表数十篇，大大提高了人们学太极练太极的热情，同时也纠正了一些错误的练法。

鉴于刘登信先生对青岛普及太极拳和全民健身运动所做出的杰出贡献，有关部门予以表彰并挂牌肯定。

2009年2月，青岛市人民政府评定“登信太极会馆”为“海外华裔青少年中华文化传承基地”。2011年1月13日，青岛市体育局评定“登信太极会馆”为“青岛市全民健身优秀辅导站”。

从此，登信太极会馆每年都要接待数百名海外青少年学习武当顾式太极拳，他们皆对原始古朴的太极文化有着浓厚的兴趣。有的为了能学习到真功夫，利用假期多次申请到中国青岛来。有一些在青岛的留学生利用学习间隙到

证书

武馆非常认真地学习顾式太极拳，他们说：“这是中国国粹。我回国后要教给我们的朋友，让他们受益！”

为了加快传播速度，武馆每年还开设专门培训出国留学的特训班，以提高青少年对中国传统文化的了解和开启辩证思维的智慧。有的学生通过坚持不懈地练习，已达到了相当的水平，在省市比赛中获得了优异的成绩。他们在国外读书期间，传授武当顾式太极拳，并创办了“太极拳社团”，每期都有数百个不同肤色的外国学生、大学教授跟随其认真学习。

聚焦青岛晓望路“登信太极会馆”，每天都有几十个学员练习武当顾式太极拳，那场面甚是壮观，其姿态或静如山岳或矫若游龙。身材魁伟的刘登信屏神静气地站在一旁，认真观察学员的每一个动作，哪个学员姿势不准，就及时上前指点一二。他反复告诫弟子们，练顾式太极拳，切记不可太急，必须身心投入，狠下苦功。其步法虽然轻柔，却好似蕴藏着无穷的力量，能倏忽而至，倏忽而收，“太极两仪，天地阴阳，阖辟动静，柔之与刚。屈伸往来，进退存亡，一开一合，有变有常”。

几年间，从海外的青少年前来学习，到由去外国求学的留学生的传播，这样一来二去便把武当顾式太极拳带到了世界各地。

刘登信先生在长期教学中发现，练习者大部分都追求养生，这个现象也正符合张三丰“详推用意终何在？益寿延年不老春。愿天下豪杰益寿延年，不徒作技艺之末也”的宗旨。于是他从2007年开始苦读《黄帝内经》、中医经络学说、《道德经》、儒家养生、佛家素心等书籍。遇到不懂的地方就不耻下问，与他的弟子、学生达成了互相学习的氛围，快乐中练功，快乐中学习，其乐融融。功夫不负有心人，刘登信已将儒、释、道、中医与武当顾式太极拳结合在一起来阐述其所具备的功能，这个学术上的突破，引起了青岛电视台《民生开讲》栏目的重视，自2011年春季开始电视台邀请刘登信先生到演播室做客，讲授太极拳专业知识。练拳对病症，单式教学，易学易懂，一目了然，深受观众欢迎。每期半个小时，至今已讲了48期，在山东半岛引起强烈反响，提起武当顾式太极拳，家喻户晓，妇幼皆知。从此武当顾式太极拳成为人们茶余饭后所谈论的必不可少的话题，谈太极、话太极、练太极已在不经意间成为人们生活中的一部分。

刘登信做客青岛电视台

这股充满正能量的武当顾式太极拳热受到中央电视台五套“体育人间”栏目的关注，并于2013年8月初前来武馆做了为期3天的采访，于12月23日播出的节目介绍了刘登信创办的、在中国最早用太极命名的会馆，展现了其高雅的行功环境、深厚的传统文化底蕴和刘登信数十年来角逐赛场屡屡夺冠的风采，在国内外引起了强烈的反响，并对武当顾式太极拳的渊源、功理功法、健身作用、技击特点等做了系统报道。

2015年初，刘登信又应青岛电视台新创办的《太极与养生》栏目之邀请，作为首席嘉宾，详细阐解了武当顾式太极拳，共55期，每期半个小时。这个栏目是日播节目，已由青岛电视台1、4、5三个频道分早、中、晚不同时间同期播出，连播百余日，内容包括：逐势动作要领的分解，拳势名称的来由，技击含义，养生作用，气血经络走向，疾病与拳理的辩证关系，中国传统文化对拳的指导意义，老子的道家和儒家思想在拳论中的具体体现，与西方文化的差异等。节目构思新颖、由浅入深、简明扼要、具体入微、生动形象、内容完整、体系周全、引典引据、妙趣横生、底蕴深厚，能够使初学者深刻领悟太极拳的内在含义，尽快登堂入室，对于功夫较高者也可从中获得许多有益的启发。这档栏目的播放，使武当顾式太极拳的弘扬又登上了一个崭新的台阶。

桃李不言，下自成蹊。刘登信诚实谦和的为人，雄劲优美的拳架和精湛独到的太极武功，令太极拳界赞赏，令太极技击爱好者爱戴。他在青岛创办的“登信太极会馆”已发展了整整20年了，从弱小到壮大，历经3次搬迁，现已打造成全国一流的太极会馆，拥有数千名会员。尤其令刘登信欣慰的是，学生、弟子中相当一部分人是社会栋梁，有政府官员、将军、大学教授、工程师，还有企业家，他们都以武当顾式太极拳为精神食粮，来强健体魄、充实思想、开启智慧，提高了工作效率，铸就了辉煌业绩。

刘登信携众弟子，以青岛“登信太极会馆”为基地，顺应时代潮流，齐心合力将原始古朴的顾式太极拳弘扬光大，造福人类，未来必将会更加大放异彩！

第二章

武当顾式太极拳套路图解

一、动作名称顺序

预备势

第一节

第1式　起势　　第2式　云手

第3式　左右抱月　　第4式　七星捶

第二节

第5式　斜跨腿　　第6式　猿猴敬桃

第7式　左右挫掌　　第8式　双膀展翅

第9式　回收丹田　　第10式　插掌

第11式　退步狮子张嘴　　第12式　追风捶

第13式　通心捶　　第14式　追风捶

第15式　转身跨虎　　第16式　披身

第17式　狮子张嘴　　第18式　单七星

第三节

第19式　单腿悬躯　　第20式　反脱手

第21式　磕脚　　第22式　狮子张嘴

第23式　退步跨虎　　第24式　披身

第25式　狮子张嘴　　第26式　玉女穿梭

第27式　左右金鸡独立　　第28式　左右狮子张嘴
第29式　左分手　　第30式　左白鹤亮翅
第31式　海底捞月　　第32式　右分手
第33式　右白鹤亮翅　　第34式　海底捞月
第35式　摆莲脚　　第36式　双击掌
第37式　左右分脚　　第38式　七星捶

第四节

第39式　单腿悬躯　　第40式　反脱手
第41式　磕脚　　第42式　狮子张嘴
第43式　退步跨虎　　第44式　披身
第45式　狮子张嘴　　第46式　玉女穿梭
第47式　左右金鸡独立　　第48式　左右狮子张嘴
第49式　左分手　　第50式　左白鹤亮翅
第51式　海底捞月　　第52式　右分手
第53式　右白鹤亮翅　　第54式　海底捞月
第55式　二起脚　　第56式　双击掌
第57式　左右分脚　　第58式　七星捶

第五节

第59式　左右栽捶　　第60式　盖马三捶
第61式　斜踹脚　　第62式　正飞势
第63式　疾步回身右起脚　　第64式　追风捶
第65式　回收跨虎　　第66式　猿猴敬桃
第67式　三摔手　　第68式　右起脚
第69式　双击掌　　第70式　左右分脚
第71式　七星捶

第六节

第72式　单腿悬躯　　第73式　反脱手
第74式　磕脚　　第75式　狮子张嘴
第76式　退步跨虎　　第77式　披身
第78式　狮子张嘴　　第79式　玉女穿梭

第80式　左右金鸡独立
第81式　左右狮子张嘴
第82式　左缠身
第83式　猛突手
第84式　左右分脚
第85式　狮子张嘴
第86式　右缠身
第87式　猛突手
第88式　回身栽捶
第89式　双打膀
第90式　右起脚
第91式　双击掌
第92式　左右分脚
第93式　七星捶

第七节

第94式　单腿悬躯
第95式　反脱手
第96式　磕脚
第97式　狮子张嘴
第98式　退步跨虎
第99式　披身
第100式　狮子张嘴
第101式　玉女穿梭
第102式　左右金鸡独立
第103式　左狮子张嘴
第104式　追风捶
第105式　通心捶
第106式　追风捶
第107式　弯弓射虎
第108式　收势

二、关于图解的几点说明

1. 图中的虚线表示左手、左脚的动作趋势，实线表示右手、右脚的动作趋势，箭头表示本图过渡到下一图的动作趋向。

2. 姿势动作的方向分东、南、西、北四正方和东南、西南、西北、东北四隅方。

3. 图中技击陪练者为武当顾式太极拳第十代传人于延浩（着黑衣高者）、于金鲁（着黑衣矮者）。

三、套路图解

预备势

面向太阳冉冉升起的正东，取意紫阁生辉之象。两脚平行自然站立，脚尖向正前方，切忌外八字或内八字脚形。

头顶正平，虚领顶劲，下颌微收，嘴唇微闭，舌顶上腭，目光平视，神意内敛，威而不猛。

松肩坠肘，上虚下实，两臂下垂，指尖向下于两大腿外侧似挨非挨，然后身体重心右移，提左脚向左侧开一小步，略比肩宽。脚掌先着地，逐渐踩实脚跟，重心随之落于两脚中间；自然呼吸（图2–1）。

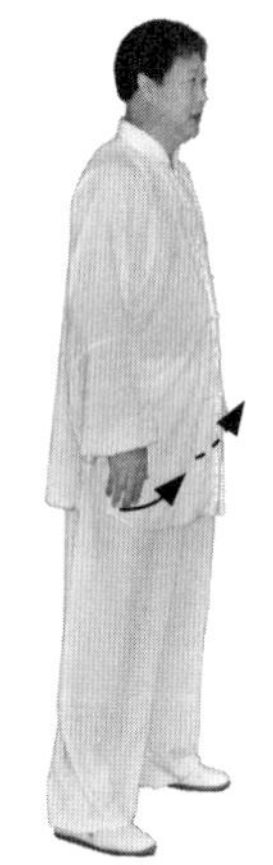

图2–1

要点

行功前不可草率举手投足，应对照要领仔细检查身体每一个部位，力求合规合矩，发现过之或不及处应及时修正。把错谬之处修改于萌芽状态中，避免给身体造成不良影响，如低头就会压堵任脉，仰脸就会使督脉上行受阻而难于与任脉交汇等，可谓“差之分毫，谬以千里”。

初学者可多练习一下“浑圆桩”，简单易学，少则几分钟，多则半个小时，可帮助尽快进入状态（注：本书后文有对桩功、坐功、卧功心法专述，可作参考）。

大多数人经过一段练习都能体会到“重为轻根，静为躁君”之精义，使自己变轻浮为稳重，去烦躁添静心，而由此很快提升到心静神安、神安气足、气足血旺的心情愉悦、身体健康的最佳状态。故而，不可轻视预备式的开端作用。

第一节

第1式 起势

（1）手指上翘。两手指翘起，与地面成45°，两掌心“劳宫穴”意行下按，直通地面，与“涌泉穴”相互呼应（图2–2）。

（2）两臂抬起。两手中指领意向前、向上慢慢拉起，如提重物，两臂含掤，引领背、腰、胯、膝、踝及各个关节上拔。在两臂将与肩平高时，重心上起，脚跟拔起离地3~5厘米，两脚掌受力（图2–3）。

（3）翻手回抱。两掌外旋翻手回抱，在胸前成抱圆球状；同时，两脚跟落实，松肩坠肘（图2–4）。

（4）徐徐下按。两手臂抱球回收到胸前约20厘米时，小手指内旋外挂，意在掌外沿与尺骨交合处，然后徐徐下按。当两手下按至小腹前时，两腿微屈；两掌由小腹前分至两髋外侧，同时与两腿圆裆都要含有外撑之意，以体验“气宜鼓荡”之意。松腰松胯，气沉丹田，重心落于两腿中间。劲由上而下沿两腿外侧下行至脚底“涌泉穴”，意入地生根；双目平视（图2–5）。

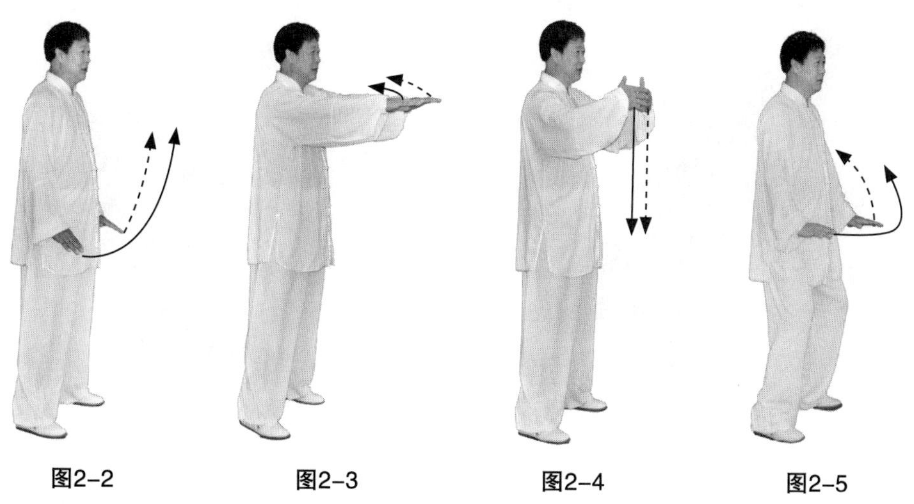

图2–2　图2–3　图2–4　图2–5

要点

（1）两臂上抬时不可太直或太曲，要自然舒展，既不僵硬又不软瘫，做到掤劲不丢。

（2）胸前抱球要圆，不可扁瘪。

（3）两手下按到小腹时，气即行至丹田处，紧接两腿微屈继而使气下行到脚底。所以要在两手按到小腹时才屈腿，次序不可混乱，以保证气沉丹田下行至脚底的通顺。

意念

手臂上抬时意念在两手中、食指上，如同这两指各系着橡皮筋的一端，另一端踩在两脚尖下，两手两脚形成两股无形对拉的劲力；两手下按时意念按住水上漂着的两个皮球，不让球转动，慢慢将球按入水中。

技击含义

（1）如对方两手按住我的手臂，我即用中、食指领意上掤，使对方脚跟拔起后仰跌出。运用得好，手臂任何一个点都可达到触及何处，何处可发（图2-6）。

（2）如对方两手猛力进攻我时，我即用小手指和尺骨交会处顺其来力的方向或左或右挂出，使其失重跌仆（图2-7）。

图2-6

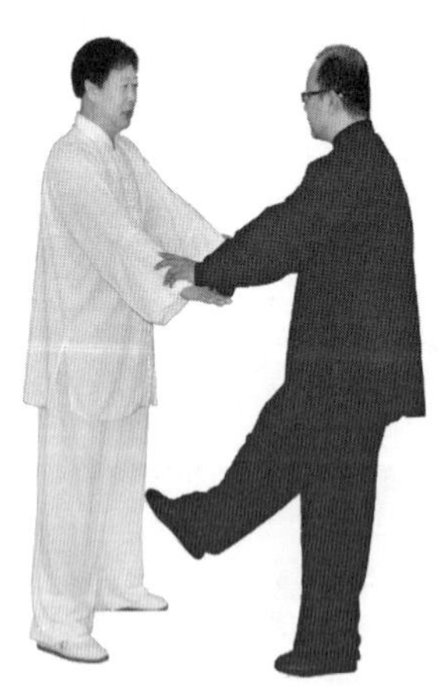

图2-7

第2式 云手

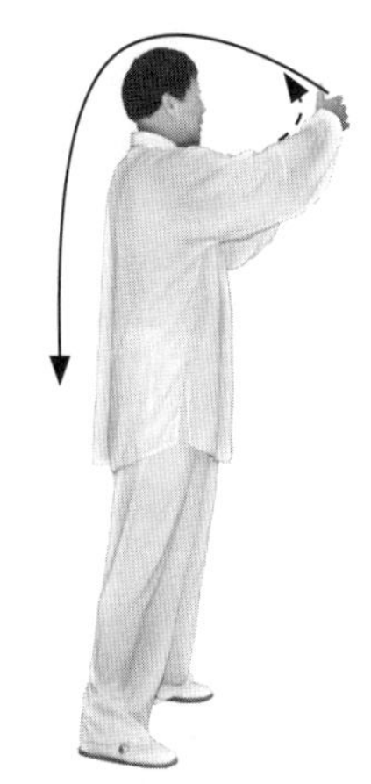

图2-8

（1）欲左先右。接图2-5动作右转腰，重心至右腿，再左转腰，重心移至左腿。两手臂由腰胯催劲沿身体左侧上举至面前时右手翻掌，左手与右手保持以自己前臂长短为尺度随之上行，不可太近或太远，此时身体上拔直起（图2-8）。

（2）蹲身抱球。继而向上过头部再向右划弧线蹲身抱球，身体转正站起，然后松肩沉肘、松腰松胯，节节贯穿，两腿膝盖外撑，气沉丹田。两手成抱球状，左手与膻中穴平行，扶于球上弧线，右手与肚脐相冲，托球下弧线，两手臂距离身体10～20厘米，不可贴于身体；眼随手环视，定势时目光平视（图2-9、图2-10）。

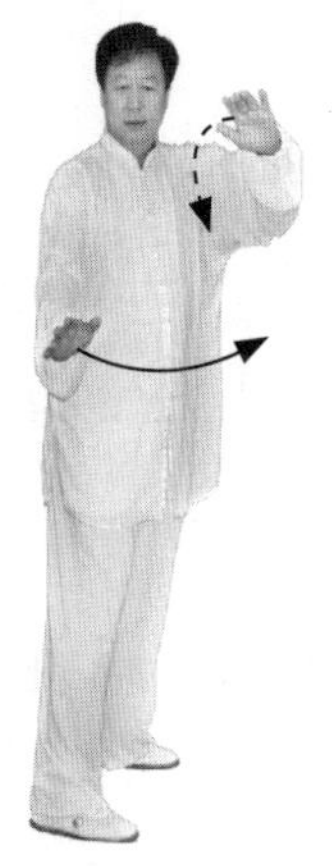

图2-9

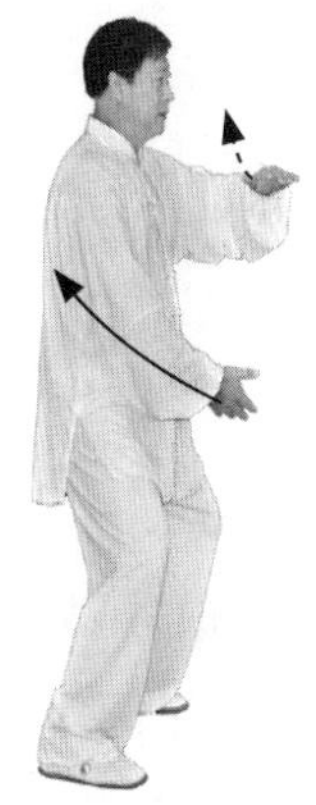

图2-10

（3）同“云手”（1）（2）解，唯左右相反（图2-11～图2-13）。

（4）同“云手”（1）（2）解（图2-14～图2-16）。

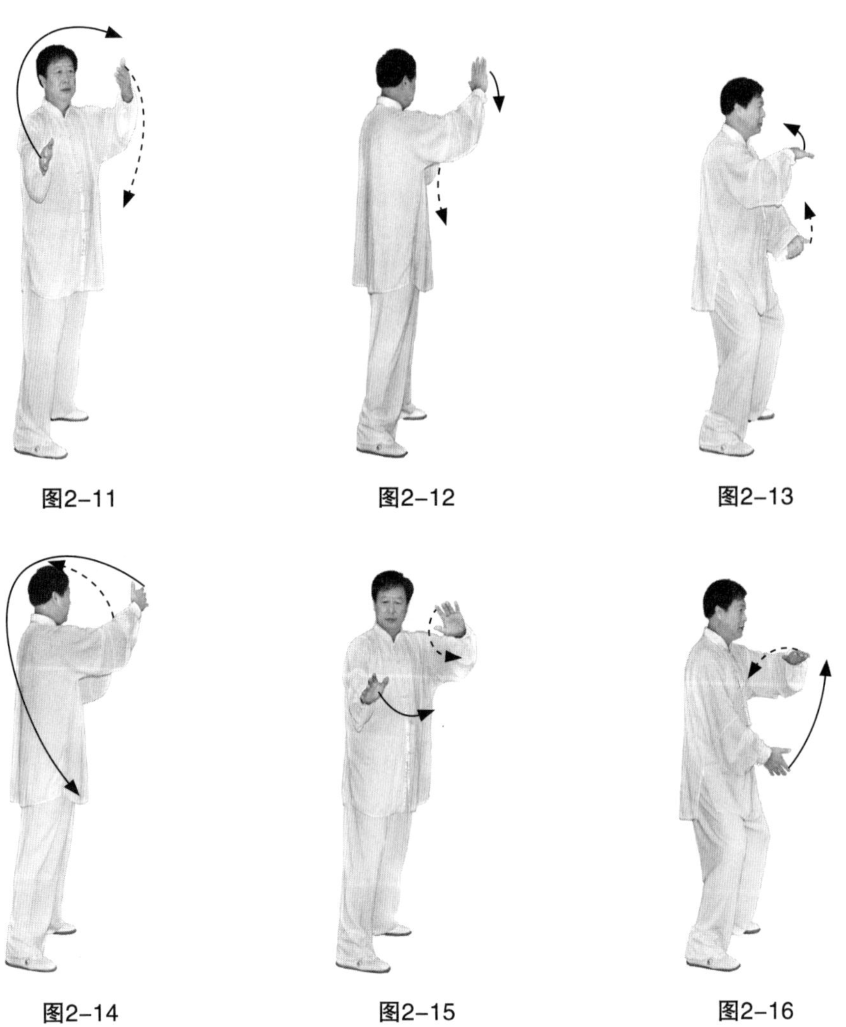

图2-11　图2-12　图2-13

图2-14　图2-15　图2-16

要点

（1）左右抱球要圆，不可凹凸，又不能抱得太大或太小，心悟“圈圈为母，匝匝为主，半圆不圆总走弧线”之拳意。

（2）眼神主光随手臂动作环视，余光兼顾周围，不可死盯着手呆视。

（3）抱球后突出上下起伏，自然引导逆腹式呼吸，即拳论中的“导引吐纳”。

技击含义

（1）如对方右手或掌或拳向我进攻时，我用右手腕黏接其手腕处；同时，左手掌扶托其右肘，继而向右下方拧转，含于胸腹前，两手上下合力，再加上身体下沉，将体重与力合并加大打击力度，使对方受制被擒（图2–17）。

（2）同技击含义（1）解，唯左右相反（图2–18）。

图2–17

图2–18

养生保健

教学实践中有很多亚健康的白领层学生，经过一段练习，在做动作的不经意间，就起到了预防、缓解腰椎、颈椎疾病的作用。之所以有这样的调理作用，是因为这个动作上下贯穿，劲起于脚，意走膀胱经，周身内外和顺，而非局部动作，练习者可连做10～20组都不会引起大脑缺氧而头晕。

第3式　左右抱月

（1）前后抱球。接图2–16动作，左转腰，重心移至左腿；同时，左手内旋反掌至左胸前20厘米处，指尖向上、掌心向前，右手由下向前、向上至与左手掌心相对，指尖向下，成抱球状（图2–19）。

图2–19

（2）两手同时轻握拳，再随右转腰向右上举过头顶，重心移至右腿；眼的主光看右手（图2–20、图2–21）。

图2–20　　图2–21

（3）两拳变掌，指尖向下随身体左转下落，左掌至胸前，指尖向下、掌心向里；右掌至身体右后侧，指尖向下、掌心向里，与左掌形成前后对称之势；双目平视（图2–22～图2–24）。

图2–22　　图2–23　　图2–24

（4）落手蹲身。左手沿身体中线（即任脉）下落至小腹前时随蹲身下行；右手于身体右后侧与左手同时下行落至右胯外，两膝外撑，成小马步（图2–25）。

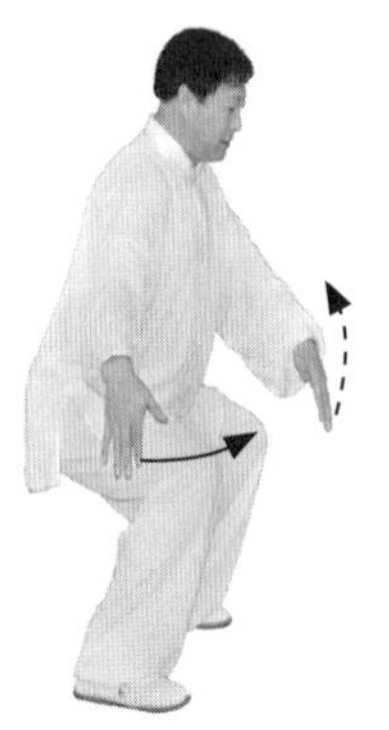

图2–25

（5）拧腰抱球。接上式左拧腰，重心转移到左腿上，身体慢慢长起，在腰的带动下右腿向前、向上直起，脚尖向前，再收回成独立步；同时，两手再成抱球状，左手掤劲在上，指尖向右，掌心向下，高于胸口；右手托劲在下，指尖斜向左前方，掌心向上与左掌心相对，放于右膝上；目光平视（图2–26～图2–28）。

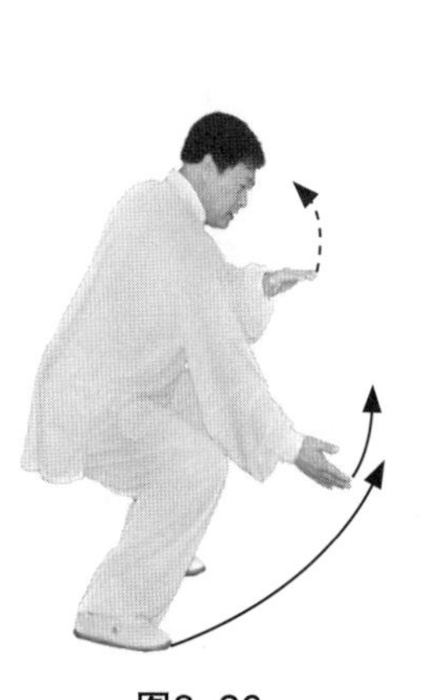

图2–26

图2–27

图2–28

（6）上步跟步。右脚向前迈一小步，左脚紧接跟上，两腿之间距离略宽于肩（图2–29）。

（7）转腰举手。腰左转带动左手向左上后方划弧，落于左胯外侧；同时，右手跟随左手向前、向左举于头顶上；眼光随左手环视（图2–30、图2–31）。

（8）右转落手。腰右转，身体回正，右手指蜷曲从右耳旁顺任脉下行至腹前，紧接蹲身；同时，左手向下、向前抱抄至左胯外侧（图2–32、图2–33）。

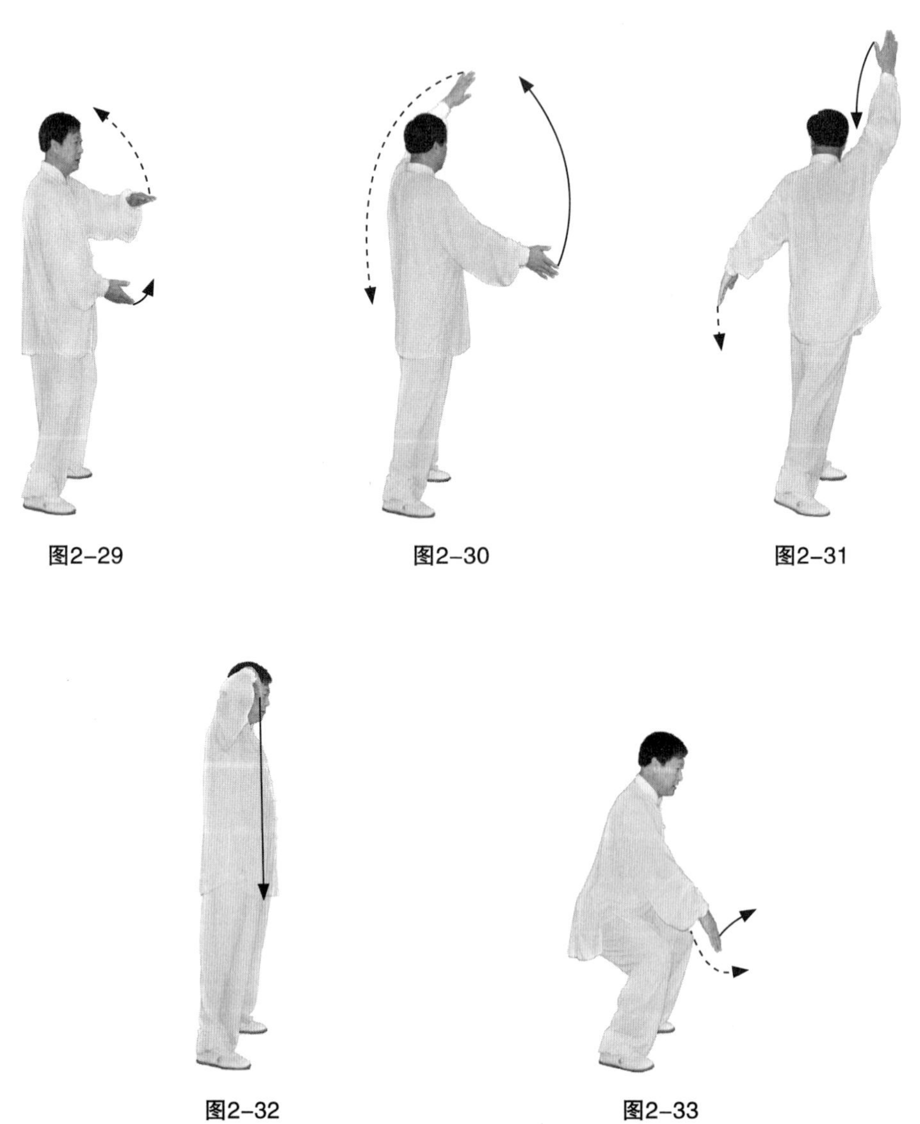

图2–29　图2–30　图2–31

图2–32　图2–33

（9）右转抱球。腰向右转，重心移至右腿，身体慢慢长起，在腰的带动下左腿向前直起挑出，脚尖领意，再收回成独立步；同时，两手成抱球状，右手掤劲在上，指尖向左，掌心向下，高于胸口；左手托劲在下，指尖斜向右前方，掌心向上与右掌心相对，放于左膝上；头上顶，脚下踩，对拔相争；目光平视（图2–34～图2–36）。

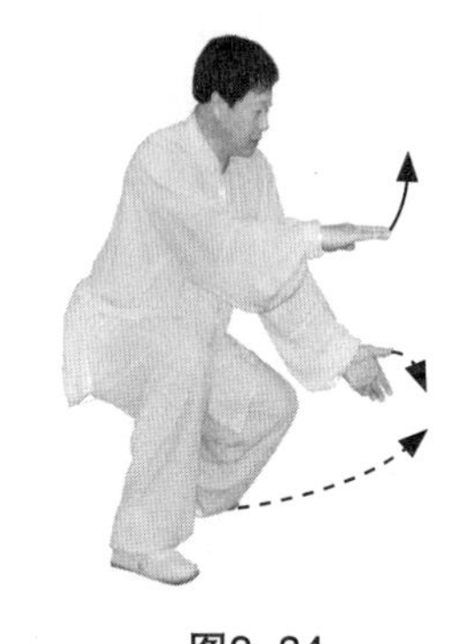

图2–34

图2–35

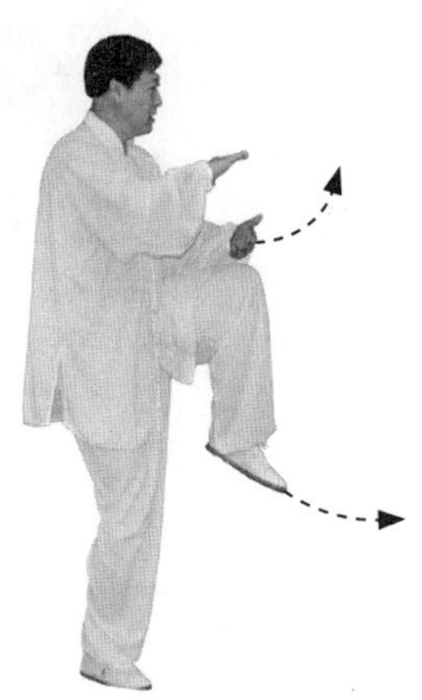

图2–36

要点

（1）无论左右，举手时，指尖领意，带动腕、肘、肩、背、脊椎、大腿、膝踝等关节，向上节节伸拔，意采日月之精华；蜷曲下行时，意再从手腕、肘、肩、背、脊椎、大腿、膝踝等关节，向下节节贯穿下行。

（2）下蹲时，大腿与膝关节平行成低马步，不可低过90°，避免身体散漫、元气外泄；从下抱球时，意念取大地之灵气，合于中丹田（即膻中穴）。

（3）抬腿提膝，先直后屈，脚尖绷直，但不刻意用力。整式动作左右对称，上下串通，自然领动逆腹式呼吸。将人体小宇宙与天地大宇宙相融合，寓天人合一之意。

技击含义

（1）如对方向我头、胸部攻击，我即用右手掤、左手拦截，脚尖直起撩点其阴部（图2-37）。

（2）同（1）解，唯左右相反（图2-38）。

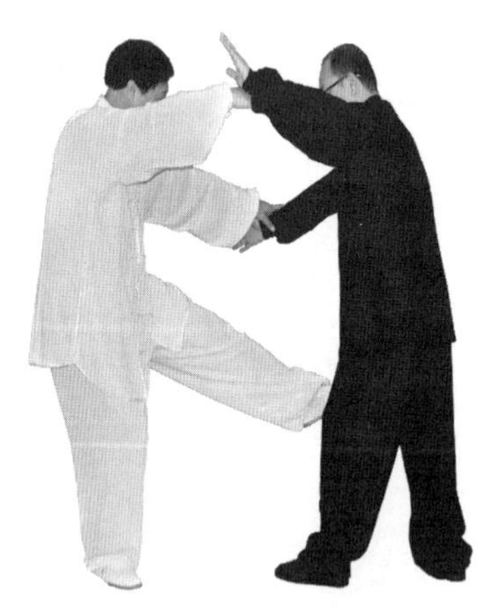

图2-37

图2-38

第4式　七星捶

（1）迈步握拳。接图2-36的动作，左脚向左前方15°迈出，脚跟虚着地，两手松握拳，坐实右腿（图2-39）。

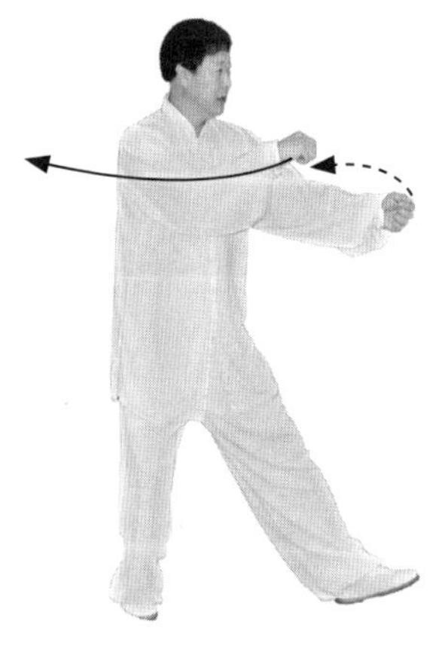

图2-39

（2）右后翻拳。右拳向下、向后先外旋至腰腹部再内旋滚转翻出，略高于肩，拳心斜向上；同时，左拳向上、向内划弧扣拳至右胸前；眼随右拳转视（图2–40）。

图2–40

（3）弓步冲拳。右拳回扣于右耳根处；同时，左拳由胸腹处向左下截出，劲点在尺骨。左拧腰，弓左腿，蹬右脚，劲下行由胯、膝、踝至脚底。右拳催劲由背、肩、肘、腕节节蠕动贯穿达于拳尖，向前下方击出；同时，左拳内旋回拉于右肘窝内；眼看右拳方向（图2–41、图2–42）。

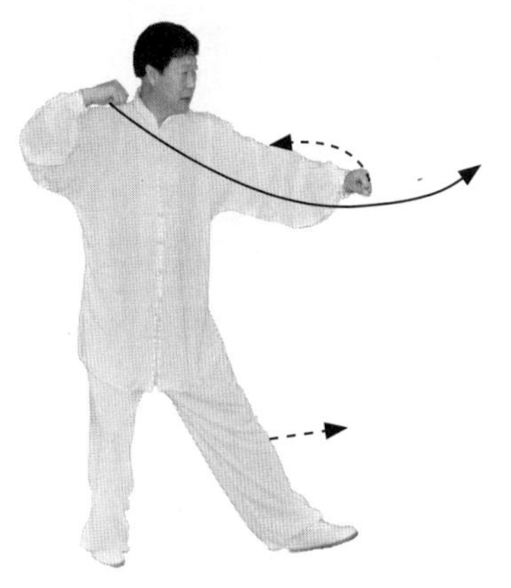

图2–41

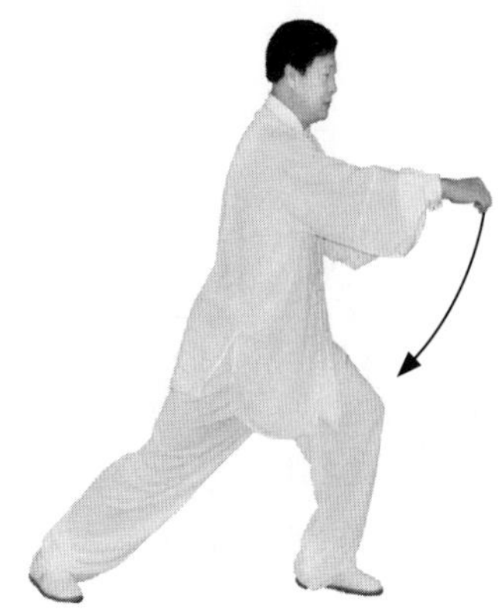

图2–42

（4）坐身落拳。重心后移于右腿，右膝外撑，开胯圆裆，两拳松沉回落于小腹前；左腿斜直，劲贯脚尖，虚中含实，小腿肚坚硬如铁（图2–43）。

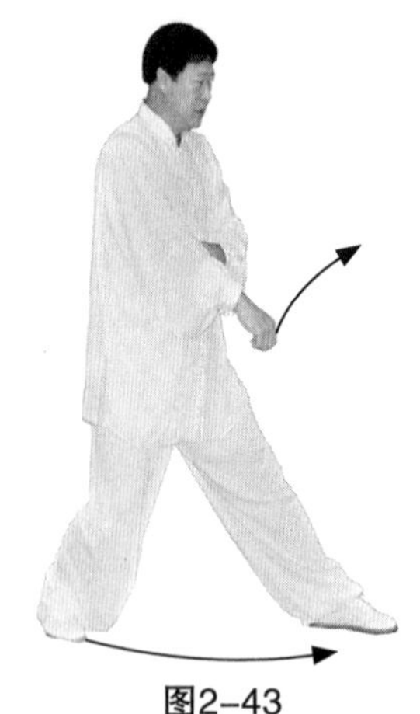

图2–43

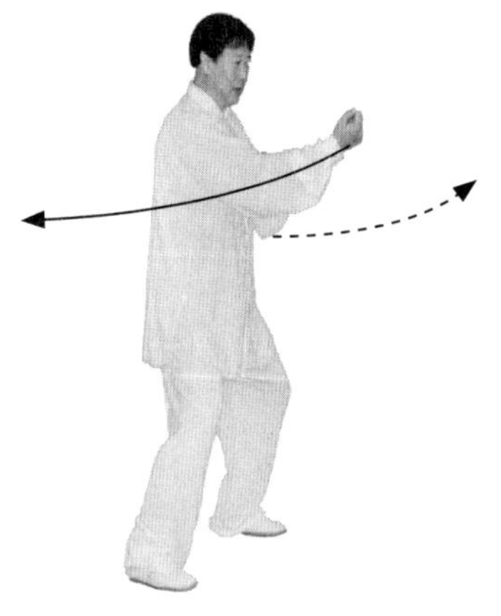

图2–44

（5）搬拳上步。重心前移，上右步与左脚平行，宽过于肩；同时，右拳外旋向右前方搬出，拳心向上（图2–44）。

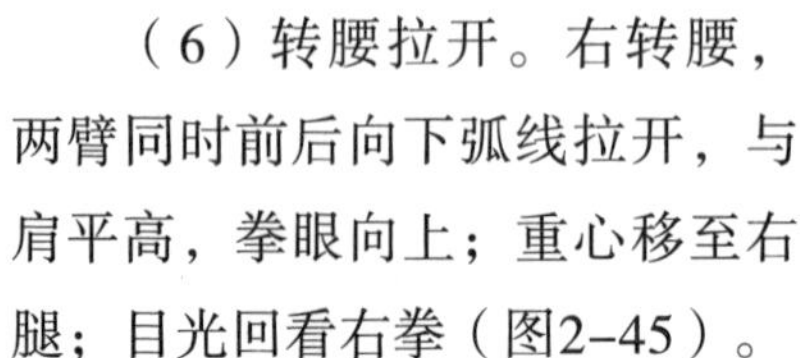

（6）转腰拉开。右转腰，两臂同时前后向下弧线拉开，与肩平高，拳眼向上；重心移至右腿；目光回看右拳（图2–45）。

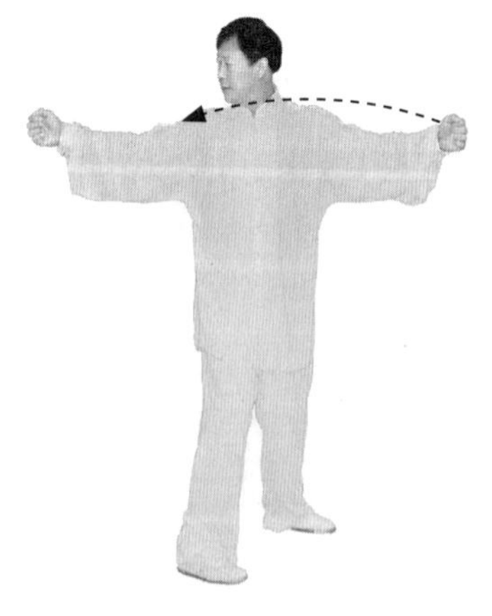

图2–45

（7）拧腰打拳。左拳向上、向内划弧回扣于右胸前（图2–46），右拳回扣于右耳根处；同时，左拳由胸腹处向左下截撩（图2–47），紧接向左拧腰旋拉，右拳催劲由背、肩、肘、腕贯穿于拳尖，向左前下方击出；同时，左拳内旋回拉于右肘窝内；重心由右腿转移到左腿（图2–48）。

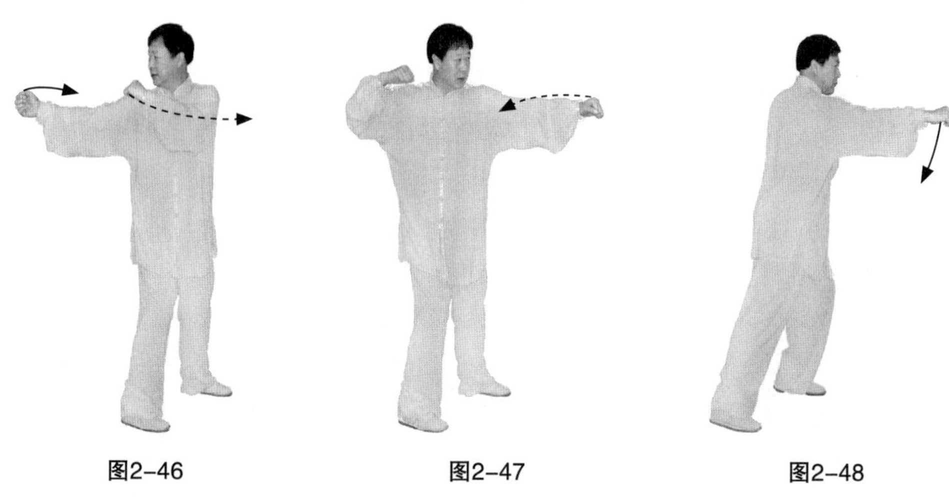

图2–46　　图2–47　　图2–48

（8）骑马蹲裆。身体右转回正，重心落于两腿中间，由上而下，松肩垂肘，松腰松胯，气沉丹田，两膝微屈外撑，圆裆开胯，尤似骑马；眼随手转，定势时目视右拳（图2–49）。

图2–49

要点

（1）上肢与下肢缜密协调，连贯缠绕内外翻转滚动无断续处，一动无有不动处，突显“转轴胳膊麻绳腰，腰似螺旋脚似钻”之要义，细悟对周身经脉挤压、刺激、按摩的作用。

（2）要理解身体的头、肩、肘、拳、胯、膝、脚7个进攻部位与北斗星布局的合拍，这是道家“象数成理”中的“象”在这个式子里的具体显现。

（3）呼吸自然，意贯拳尖，手眼相随，不可死视或呆视某一个地方。

技击含义

（1）如对方用右脚或踢或踹攻我下盘，我即用左前臂尺骨处拦截并往上黏起，右拳击其中点，使其仰跌（图2-50）。

图2-50

（2）如对方从身后将我抱住，我即刻右转腰带右肘击其软肋，如其脱逃后退，我顺之以右拳从下向上击其下颌（图2-51、图2-52）。

图2-51

图2-52

第二节

第5式 斜跨腿

（1）搬拳扣脚。接图2–49动作，重心右移，左脚尖内扣45°；同时，右拳落下从腹、胸前外旋划一立圆，拳心向上（图2–53）。

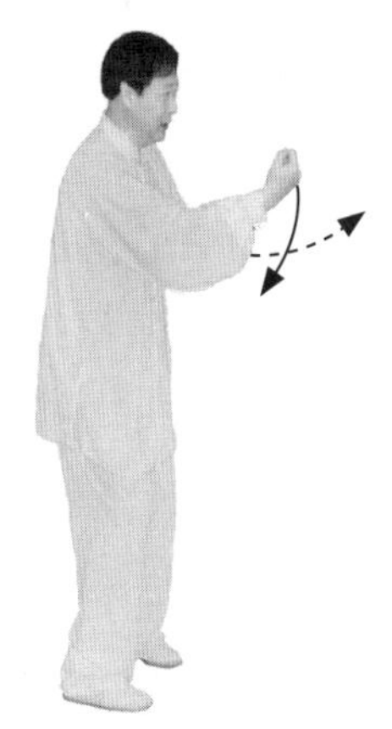

图2–53

图2–54

（2）提腿变掌。腰右转，提起右腿，膝盖平于右肋；同时，两手由拳变掌弧线前后搓开，左掌心向下，右掌心向内，左脚下踩，百会穴上顶，成上下对拔相争之势；双目平视左手方向（图2–54）。

（3）仆步蹲身。屈左腿，重心下沉，右脚向后方铲出成右大仆步，力点在脚外沿；右手指尖向下顺左腿内侧下插至踝骨处，导引足三阴（足太阴走脾经、足少阴走肾经、足厥阴走肝经，图2–55）。

图2–55

（4）弓步担山。上动不停，蹬左脚，弓右腿成右大弓步；同时，右手指尖领意，手臂从下向上、向前弧线掤出；左手臂向后展开，两手心都向下，前后对称；目视右手方向（图2–56）。

（5）拧腰跨腿。腰继续右转将左腿带起，左膝随之向右再向左回走一弧线，成正立独立步；同时，左手臂内旋，由左下划弧线立于胸前，掌心向右，与肘相合；右掌翻转回扣于左膝内侧，掌心向下，指尖与左膝似挨非挨；双目平视（图2–57）。

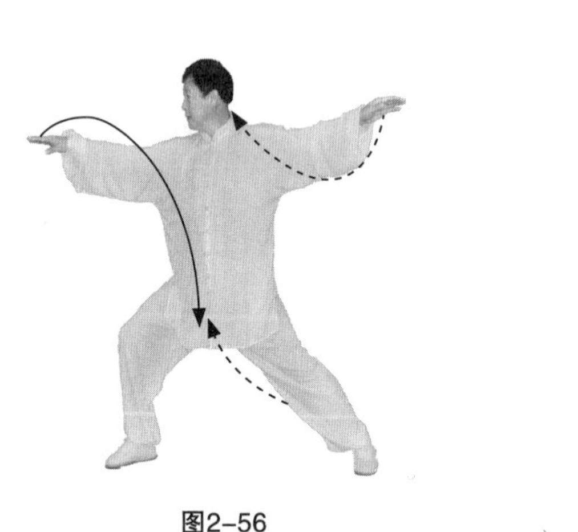

图2–56　　图2–57

要点

（1）虚实转换清晰，步法稳健，上顶下踩，扎地生根。

（2）仆步下蹲时，要保持躯干正直，切勿前倾。

（3）整个动作必须在腰旋、拉、拽的带动下将手脚合在一起完成，形成肘与膝合、周身一家的气势。

技击含义

（1）这是个指上打下的技法，虚晃其面部，扰乱其阵脚，快速仆步进攻，插进其裆内。右手挂搂其右脚腕，左手挂搂其左脚腕，两手臂同时反向发力，断其根，使其前仆或后跌（图2–58）。

（2）左手抓住其左手腕，右手插裆抱腿，右肩顶抗住其软肋，拧腰左转，向左上后方发力，使其被凌空甩出（图2–59）。

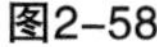
图2-58

图2-59

第6式　猿猴敬桃

（1）落腿伸手。接图2-57动作，左脚向左侧落下，脚内侧先触地，成虚腿状；同时，两手向右侧平抹一小平圆，右手心向下，左手心向上至右臂内侧肘窝处（图2-60）。

（2）反掌甩出。腰左转拧拉，重心渐渐移至左腿，踩实左脚。右脚随动提起落在左脚内侧，脚尖轻轻点地；同时，两掌翻转阴阳，劲贯尺骨向左胸部划一平圆削出，左手心向下，左臂自然伸直，但不失松肩沉肘；右手心向上，合于左臂内肘窝处；目视左手方向（图2-61）。

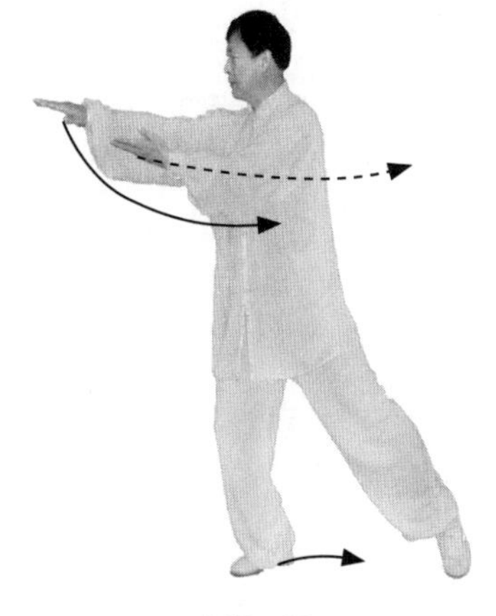

图2-60

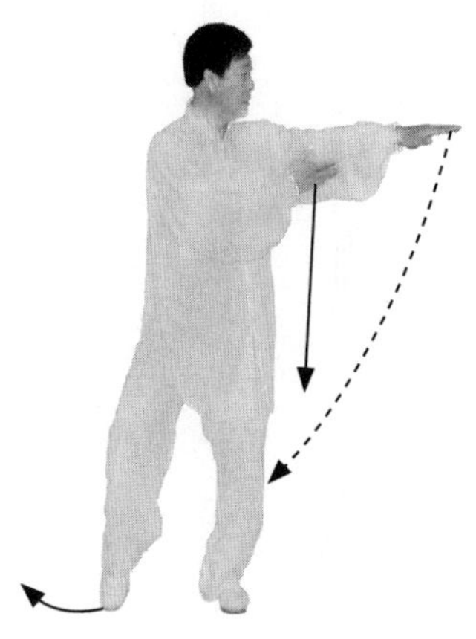

图2-61

（3）叠手仆步。左手落下，掌心向下，与右手掌掌背相对，叠于腹前；右腿顺势向右方伸出，腰胯下势成仆步（图2-62）。

图2-62

（4）环头一圈。腰右转拉，弓右膝成右弓步，两手臂随之向前、向上掤劲。左手心向里、右手心向外，举过头顶时再翻为左手心向外、右手心向里，随后，腰回向左转，再沿身体左侧弧线下落至左小腿内，两手心都向下，掌指向右方；腰胯劲下沉，左胯下坐与膝平成大仆步；目视右下方（图2-63~图2-65）。

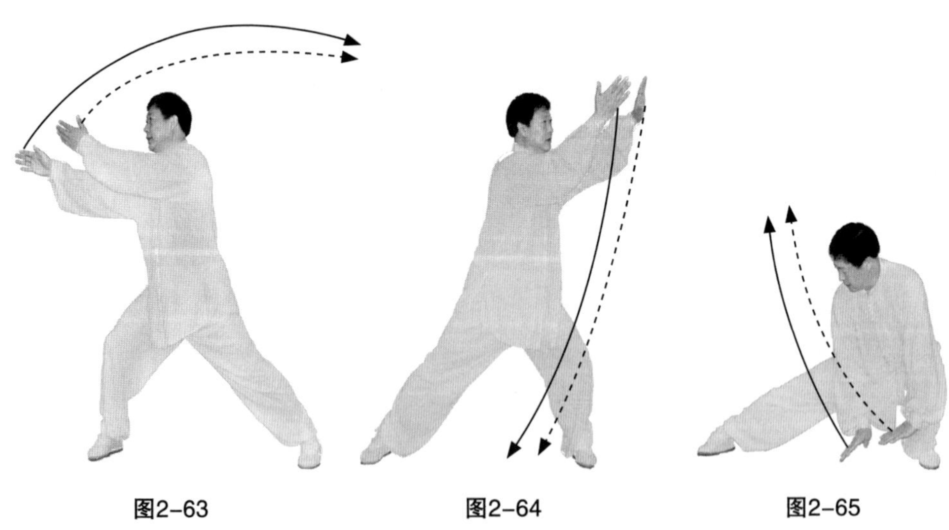

图2-63　图2-64　图2-65

（5）举手提腿。动作不停，腰胯右转，蹬左脚使重心移至右腿；同时，两手掌顺胯裆向右前上方举过头顶，掌心都向正前，以上拔之劲引领腰带胯、带腿、带膝走向右上再回之弧线成独立步形（图2–66）。

（6）合掌蹲身。上动不停，重心下沉，身体下蹲至胯与膝平，左脚尖即大脚趾垂直点地，与右脚平行，略宽于肩；同时，两手合掌，劳宫穴相对，随身体下蹲之势，松肩沉肘，垂直落下与两膝相合；双目平视（图2–67）。

（7）起身落手。身体站起，重心落在右腿；同时，两手落于右下方，如同游泳潜水手下按头上顶，瞬间使其露出水面一样（图2–68）。

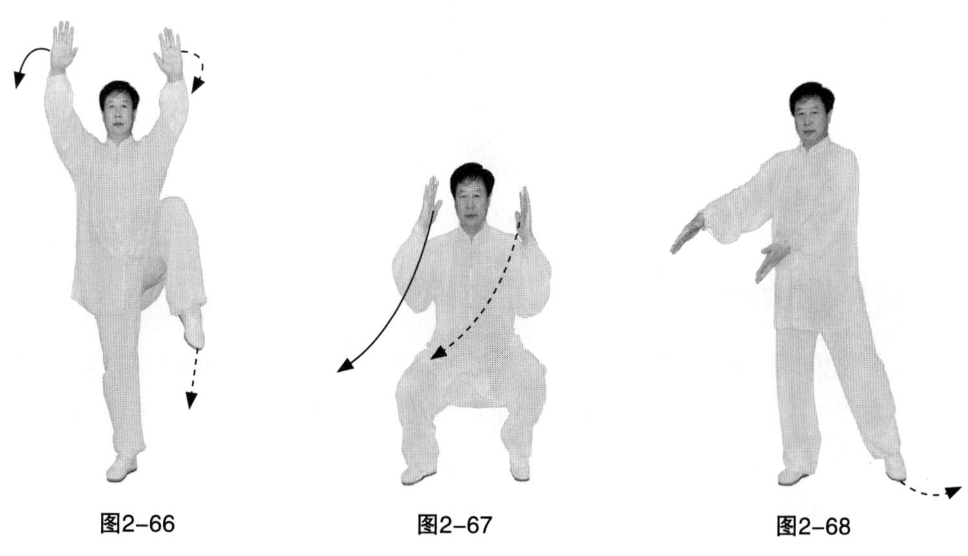

图2–66　　图2–67　　图2–68

要点

（1）下蹲时，突出上下起伏节节拔起，复而节节松下的连贯性，导引胆经贯通，提高决断力。要缓而曲，不可断也不可太快，断即散涣，快即滑飘。

（2）手法变化准确勿乱，身体虚实转换，清晰协调，做到完整一气。

（3）左脚趾点地，不可用脚掌代替。长期锻炼，在养生上脚趾是人的大脑反射区，对预防老年痴呆、健忘症等疾病有着非常好的效果；在技击上，脚趾上产生钢锥劲，坚硬灵活，以点、踢、勾、套等技法来克敌制胜。

技击含义

如对方进攻我上部，我即用多种手法变换黏其手臂，打开门户，使其露出破绽，然后用膝法击之（图2–69）。

图2–69

第7式　左右挫掌

（1）迈步平抹。接图2–68动作，左腿提起向左前方15°处迈出，重心左移，左膝微屈；左掌心向下横臂向左平抹划弧360°平圆收于右上臂内侧；同时，右掌心向上平划弧180°至身体正前方，劲贯掌根，随之右腿提起收贴于左腿弯处（图2–70、图2–71）。

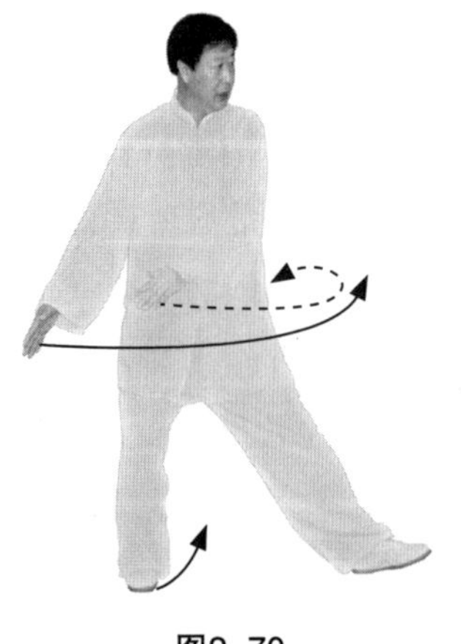

图2–70

图2–71

（2）弓步挫掌。右脚向右横开一步，与左脚平行，成大弓步；同时，右拧腰，左掌顺右臂内侧向正前方挫出，略比肩低；右手回抽于右腰间，掌心向上；目视左手方向（图2–72、图2–73）。

（3）坐身反手。重心左移，右脚尖翘起内扣45°，左脚尖外撇45°，随之左手翻为掌心向上，右手回扣于左上臂内侧（图2–74）。

（4）弓步再挫。腰胯左转，蹬右脚，弓左膝成左弓步；同时，右掌顺左臂内侧向正前方挫出，略比肩低；左掌回抽于左腰间；目视右手方向（图2–75）。

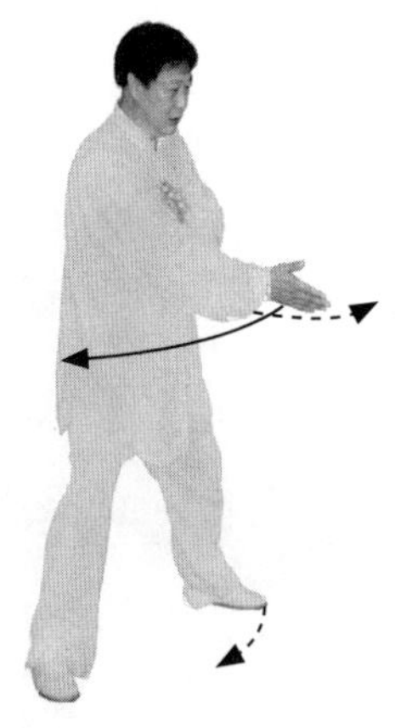

图2–72

图2–73

图2–74

图2–75

要点

（1）两手平抹要圆活、舒展无棱角，无凹凸。

（2）手法与腿法保持协调一致。

（3）两掌阴阳变化清晰，不可混乱。

（4）无论左手挫还是右手挫皆意念导引手三阴，即疏通心经、心包经、肺经。

技击含义

（1）如对方抓住我的手指大力往下拧按，我即挫拉逆向同时快速发力挣脱而破解（图2-76）。

（2）乘机意贯指尖或变拳直插、点其软肋（图2-77）。

图2-76

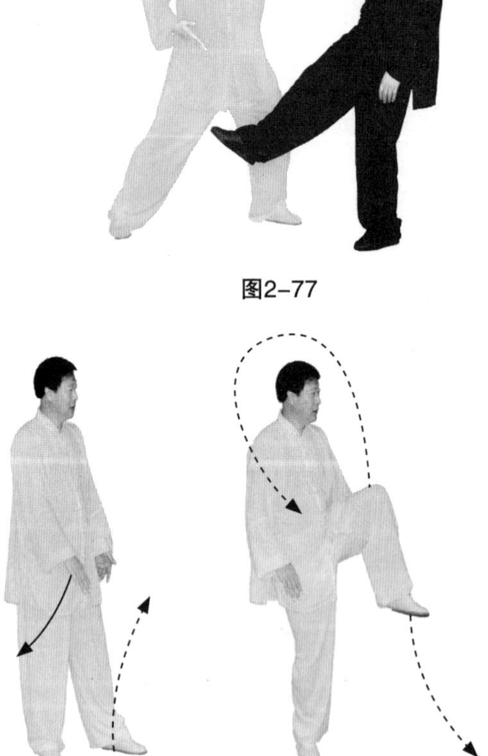

图2-77

第8式　双膀展翅

（1）退步落手。接图2-75动作，提右脚后退于左脚后约30厘米处，重心右移于右腿，右手弧线落于小腹前，指尖向下（图2-78）。

（2）抬腿独立。左膝向上顶起，平于胸口；目视正前方（图2-79）。

图2-78　　图2-79

（3）跨步扣盖。左脚向左前方迈出一大步，脚跟着地，左臂屈肘从头上划一圆扣至右腋处，掌心向下，随即重心左移，弓左膝、蹬右脚成左弓步；同时，右手反掌向上过头顶朝前盖出，高与肩平，掌心向下；眼看右手方向（图2-80、图2-81）。

图2-80

图2-81

（4）拧腰展臂。右脚尖外撇45°，向右拧腰开胯，随身体重心右转180°，左脚尖内扣45°成右弓步；同时，左手由下挪放于右臂上，与臂似挨非挨，顺抹前行，导引手三阳，意通大肠经、小肠经、三焦经；右臂回抽平行向右后横线展开，左手向左后方环绕，两手最后同时背于腰间，护于命门；目光循动作转动环视（图2-82、图2-83）。

图2-82

图2-83

（5）蹲身回转。腰胯下塌，重心降低成仆步，左脚尖外撇45°，腰胯左回旋180°（图2-84）。

（6）双掌齐插。弓左膝，蹬右脚，劲催两手从腰间同时平行向正前下方插出，两臂伸直，掌心向上；右脚随前插劲略向右滑步调整20厘米左右；目视左前下方（图2-85）。

图2-84

图2-85

要点

（1）右手前盖由肩、肘、腕节节松柔贯于梢节（手掌），含舒轻猿臂、放长击远之意，切勿僵硬直来直去。

（2）仆步下蹲时要保持尾闾中正，避免低头哈腰。两臂外展划大圈，舒展到极限，以体现气通周身。

（3）两掌从腰间插出意贯指尖（中、食指）。右脚向右前滑行时，整个脚掌与地面踏实摩擦，以借助地面反作用力产生更大的爆发力。

技击含义

（1）如对方以右手拳或掌进攻我中路，我即以左手臂意贯尺骨快速拦截，随之扬起右掌以松活劲力由上而下扑盖对方头部，引其出手格挡，然后反手腕用手背击其下颌（图2-86）。

图2-86

（2）如对方从右侧向我进攻，我即将其拦腰横截，用向右后转腰180°之劲力将其摔跌倒地（图2-87）。

图2-87

第9式 回收丹田

（1）坐身带腿。接图2-85动作，身体后坐，重心移至右腿而复移于左腿，右腿随动提起于左小腿处；同时，两手内旋，掌心相对如抱球状，大拇指领意，虎口向上，劲贯两桡骨向上、向内至面部再向下、向前划一立圆置于腹前，手心斜向上；眼随动环视（图2-88、图2-89）。

图2-88

图2-89

（2）快退三步。以右脚后退算一，左脚后退算二，右脚再退算三。退步时脚掌先着地再踏实，整个后退轻灵快捷，两手掌劳宫穴回合丹田（图2–90～图2–93）。

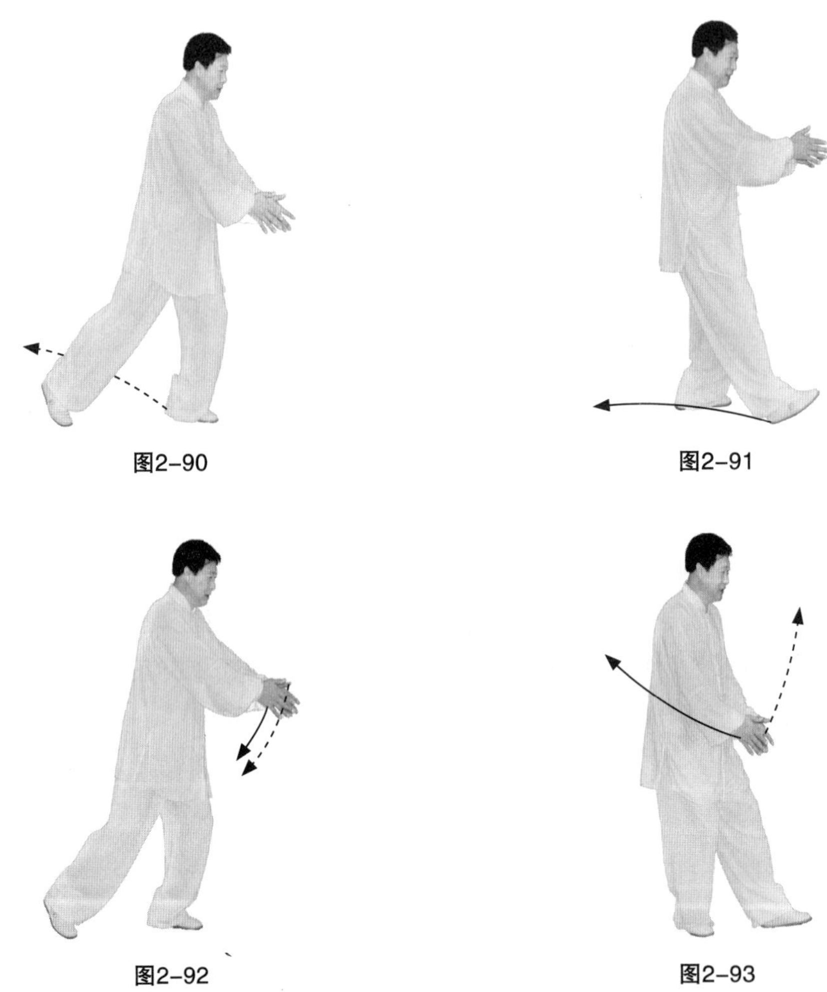

图2–90　图2–91

图2–92　图2–93

（3）提腿环抱。由快变慢，重心后坐，稳实右腿；同时，两手臂从外向里环抱，左腿随之，意贯脚内侧，由外向里屈膝勾挂划弧至身体正前方时小腿下落，脚尖垂直于地面；两掌变拳按于左膝盖上（图2–94、图2–95）。

（4）屈腿下蹲。松腰胯，屈膝下蹲，左脚大趾尖垂直点地，身体略向右侧；目视左前上方（图2–96）。

（5）剑指弹腿。身体直立，左腿随动向前绷弹，意贯脚尖；同时，两拳变剑指扶于膝盖两侧膝眼；目视脚尖（图2–97）。

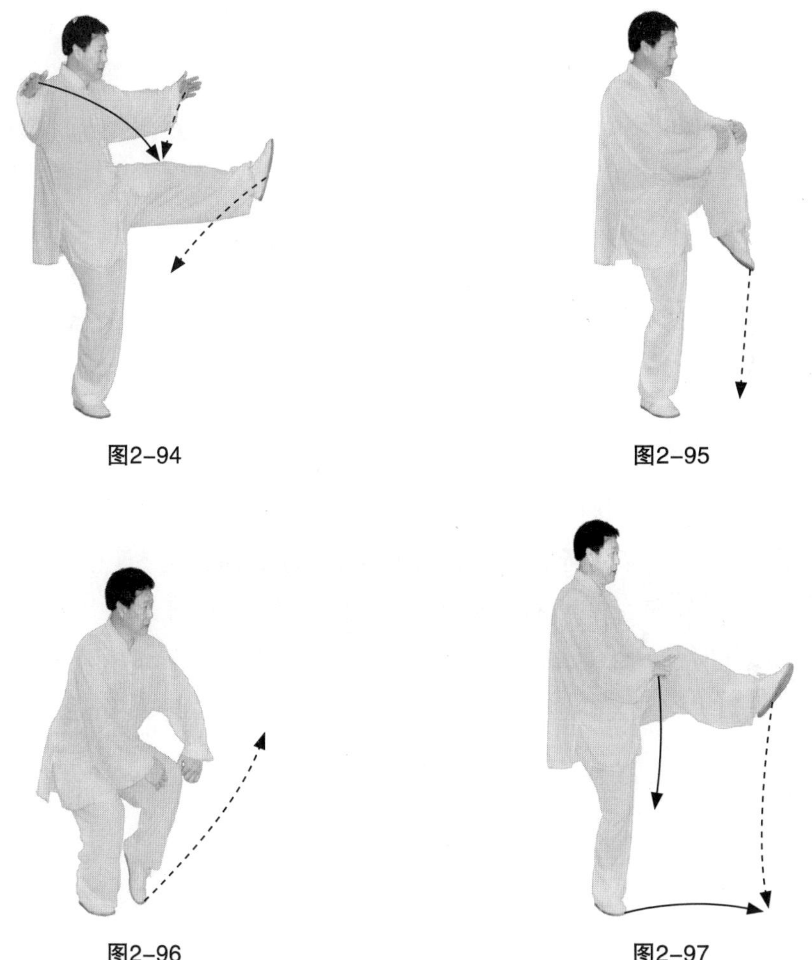

图2–94　图2–95

图2–96　图2–97

要点

（1）两手臂与左腿要同时由外向里划弧抱圆，开合顺序一致。意念气拢丹田，藏精聚气，纳固元气。

（2）退步应疾速快捷，并及时转化独立步形，稳控住重心，保持平衡。

（3）下蹲时不可太低，避免低头哈腰。

（4）多年的实践证明，坚持意念剑指扶于膝眼顺或逆时针按摩，对关节炎有很好防治作用。

技击含义

这一式是以退为进，败中取胜的招法。

（1）如对方用脚正面向我蹬来，我即用左脚内侧里合环绕拦截并意贯脚尖踢之。

（2）如对方双手抓拿我两手腕，我即虎口撑圆，意贯桡骨向上向前弧线掤出，使其脚跟拔起，腾空仰跌（图2–98）。

图2–98

第10式　插掌

（1）上步跟步。接图2–97动作，左脚收回落下，脚跟先着地，随即右脚跟进放平，与左脚平行，窄于肩宽，两手自然下垂，指尖向下（图2–99）。

（2）举手转腰。腰胯右上提转，带动两手臂向右前、向上、向后方划弧，两掌心都向右，身体上长；眼随右手环视（图2–100、图2–101）。

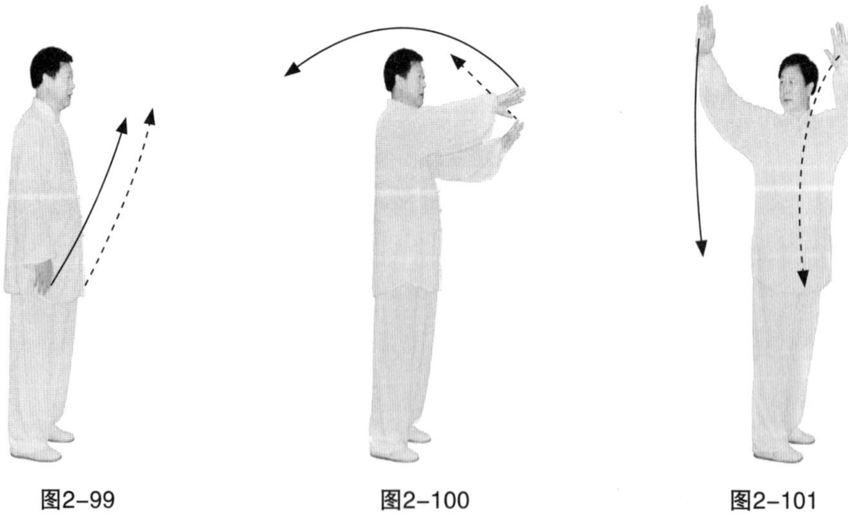

图2–99　　图2–100　　图2–101

（3）落手蹲身。动作不停，两腿屈膝微蹲，眼看右下方；同时，两手从右后侧下按至腰平（图2–102）。

（4）平抹站起。继而左转腰使身体直立，两手向左平抹，左掌下按。右手臂随身体上拔掤起，两手臂上下对称（图2–103）。

（5）右转撩臂。向右转腰，右脚尖外撇45°，重心落实，提左脚将脚背贴于右腿膝窝处，然后屈膝微蹲；同时，右手上撩举过头顶，手指向上，掌心向内；左手前刺，略低于肩高，手指向前，掌心向内，两臂成90°角（图2–104）。

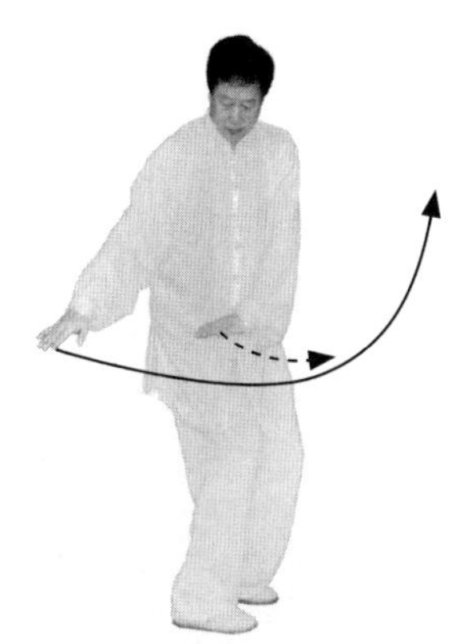

图2–102

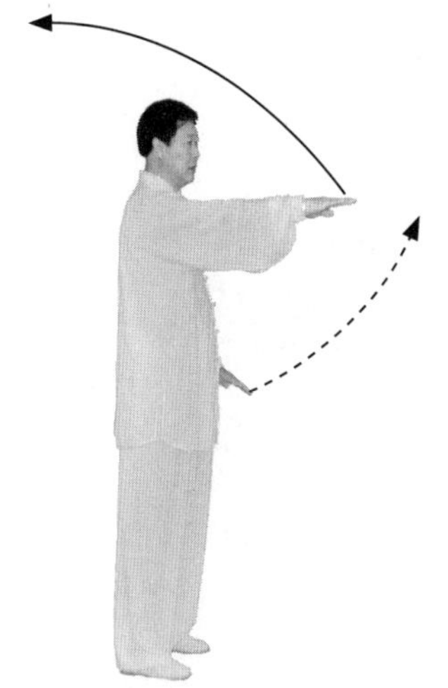

图2–103

图2–104

（6）弓步插掌。左腿向左前方迈出一大步，脚跟着地，塌腰松胯，弓左膝，蹬右脚成大弓步，左拧腰；同时，右手蜷曲旋腕从耳后顺右胸腹垂直下插过裆，指尖向下，掌心向内，导引任脉上下贯通；左手回合于右胸前，指尖向上，掌心向右（图2–105、图2–106）。

图2–105

图2–106

要点

（1）左脚上步，右脚跟步，要轻灵快捷，突显“迈步如猫行”之意。

（2）身法突显起伏，但保证中正安舒，不可前俯后仰。

（3）插掌时，两手上下对称，与地面垂直；定势时意念头上顶、脚下踩对拉拔长之劲力。

技击含义

这一式是擒拿反擒拿、守中有攻、攻中有守的招数，在此仅举一例。如对方右手抓住我右手指，左手控制我肘部合力拧压欲将我擒拿，我即右旋腕松肩、松肘下插解脱，左手扶于右胸前；同时，右腿进步插入其裆，用肩顶住其软肋向前上方发力，将其靠出（图2–107~图2–109）。

图2–107

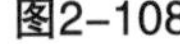

图2-108

图2-109

第11式　退步狮子张嘴

（1）前探后撩。接图2-106动作，弓左膝，蹬右脚，左掌向左前探，意贯指端，掌心向右；同时，右掌向右后方撩出，指尖向后，掌心向左，两臂一字展开；目视左手大拇指方向（图2-110）。

（2）回身歇步。右脚尖外撇45°，膝盖外撑，开胯下塌，腰右转拉带左腿倒插于右腿后，脚掌着地，膝盖顶在右膝窝处，成歇步；同时，左臂由下回挂，意贯小手指、掌外沿，屈臂护于右腋下，掌心向上；左手掌心随之外旋向下；眼随手动环视（图2-111）。

图2-110

图2-111

（3）翻臂退步。右手翻掌，变为掌心向上，与左手一同从头上向右下后方搂、扣弧线划出；右手臂划大圈，高与肩平，手心朝下；左手臂划小圈，辅助于右肘弯处；同时，提右腿往右后方撤一大步，弓右膝，左脚尖随动内扣再蹬成右弓步；眼看右手方向（图2–112）。

图2–112

图2–113

（4）左转劈掌。左脚尖外撇45°，腰左转，重心左移，右脚尖随移内扣45°成左弓步；同时，左手臂从面前过头劈向左前方，意贯手背，手心向上；目视左手（图2–113）。

（5）拧腰旋臂。右脚尖外撇45°，拧腰右转，重心右移，左脚尖随移内扣45°成右弓步；同时，右手臂外旋向右前上方穿出，略高于肩，变掌心朝上；左手臂内旋向左下方伸出，变掌心向下，左右手臂劲力旋转，对拔相争；目光由左及右，看右手方向（图2–114）。

图2–114

（6）握拳蹲身。右膝外撑，塌腰开胯，重心下沉蓄劲成低仆步；同时，两手变掌握拳，右拳扣于右耳旁，拳心向里（图2-115）。

图2-115

图2-116

（7）弓步定式。弓左膝，蹬右脚，右脚尖随重心前移内扣，膝盖内旋成大弓步；同时，右拳从耳根处内旋经下颌向前弧线打出，拳心向下，高与下颌平；左拳随动朝前下方伸出，肘膝相合，拳心斜向右上，与右拳心相吸相系；眼随右拳平视（图2-116）。

要点

（1）在腰的带动下上肢出拳要催劲，由背、肩、肘、腕节节蠕动贯穿直达拳尖；下肢要催劲经胯、膝、踝至脚入地三分。劲力贯于拳尖应瞬间松肩垂肘，避免停留时间长而导致僵滞。

（2）双目平视，威而不猛，不可仰脸或低头；动作的虚实转换要清晰，上下协调一致。

（3）身法斜中带直，与大弓步配合，从脚到头形成一条直线，上顶下踩，对拉拔长，并且无凹凸处；右脚掌外沿着力外撑，不可翘起，以提高开胯效果。

技击含义

（1）对方无论用何种手法进攻我中部，我即用两手臂滚动黏接，以拧钻劲避其锋芒，两拳可上下、左右地击其空当，将其发出（图2–117）。

（2）如对方从我后方进攻，我即迅速退步转身，以右手腕处准确发力，击其下颌（图2–118）。

图2–117

图2–118

第12式　追风捶

（1）上撩抬腿。接图2–116动作，左转腰，带右腿跟步，落于左脚跟后约30厘米处，随之两拳变掌，在腰背右上拔、旋拉的领带下，右手臂外旋，左手臂内旋，两掌心向外，向右上后方高过头顶抹划弧线，走右上捋劲；右臂伸向右后方，左手置右胸前，两掌心都向下；同时，左腿屈膝抬起（图2–119、图2–120）。

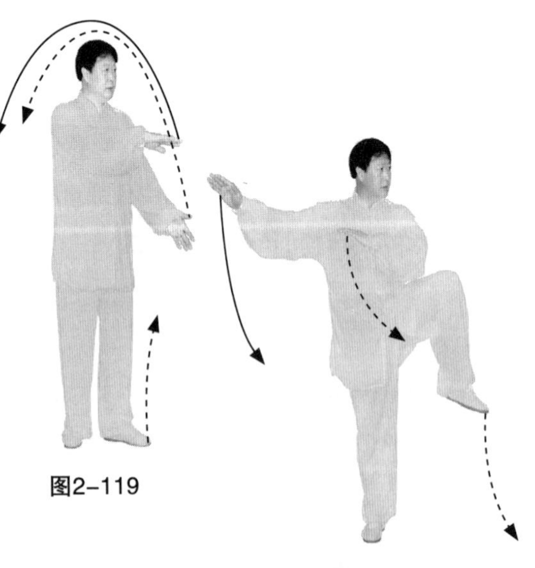

图2–119

图2–120

（2）落腿落手。左脚向左前方斜15°迈出，脚跟着地；同时，两掌下按于腹前（图2-121）。

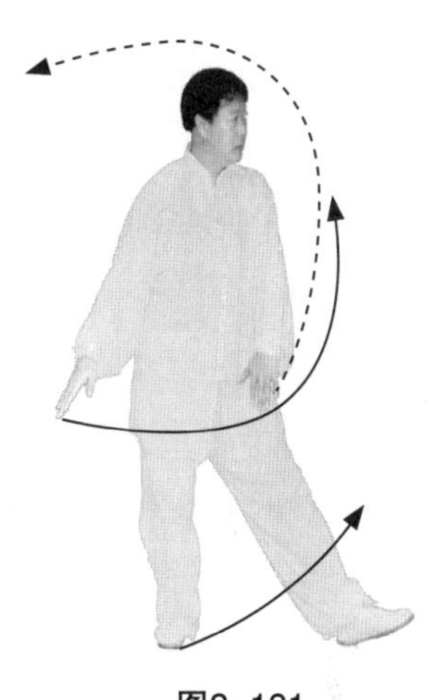
图2-121

（3）左转抬腿。接前动不停，左脚尖外撇45°，腰往左上斜拔，两掌向左上后方划圆，走左上捋劲，左臂伸向左后方握拳，拳眼向上，右前臂屈于右耳旁握拳，拳心向里；同时，体转180°，右腿屈膝抬起与右肘相合，脚尖自然下垂；目视右方（图2-122）。

（4）滑步冲拳。松腰松胯，略蹲身，迈右脚踏地将实未实时，右拧腰，左脚蹬催劲使右脚向前滑行，左脚随即跟进前滑（称滑冰步，是该拳中的独特步法），重心在两腿中间；同时，右拳如蛇行折头回转一样内旋由耳根处向前击出，高与肩平；左臂屈肘内旋与右拳劲力同向击出，合于右胸前；身体重心随步法前滑移向右脚；目视右拳方向（图2-123）。

图2-122

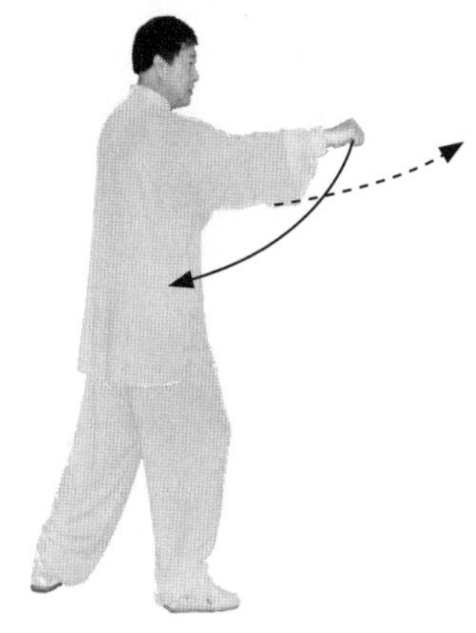
图2-123

要点

（1）两手要与左腿同起同落，肘与膝合，相吸相系，步调一致，身法左右转换不得小于180°。

（2）突出滑步。右脚进，左脚跟，两脚踏地，不离开地面，以便产生摩擦力。

（3）右拳从右耳旁划小圈打出，不可直来直去。

技击含义

与对方对阵，无论以静制动还是先发制人，出拳时意念不仅仅在拳尖上，而是用整个手臂的浑厚圆力向其冲击，使其如受到强大气流冲击一样腾空而出（图2–124）。

图2–124

第13式　通心捶

（1）托掌踢脚。接图2–123动作，左脚略后移，松腰胯，左拧腰，重心后坐；两手如抓长绳拔河旋转向左下回拉，紧接左拳变掌，掌心向上，向前上托起，右拳落于右腰间；随即左脚脚尖绷直向前上弹出；目视脚尖（图2–125、图2–126）。

（2）回转扣手。上动不停，腰右旋拉带动身体以右脚掌为轴回转180°；左脚悬空向内扣合落于右脚内侧，平行站立；同时，左掌从面前由上而下划弧搂按至小腹前，右拳随体右转置于腰间，拳心向上（图2–127）。

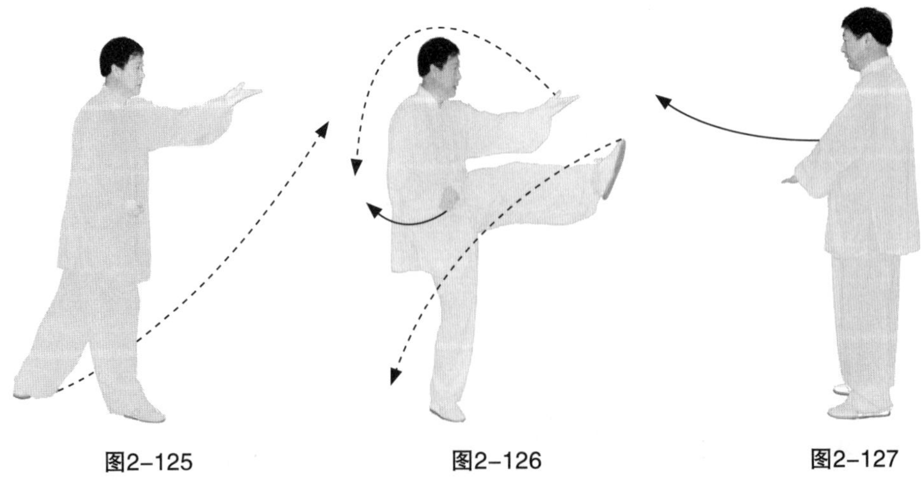

图2–125　图2–126　图2–127

（3）震脚出拳。左转腰，右拳经左手背上向前上拧钻击出，随之右转腰，身体略右上拔，提右脚略离地面，意贯涌泉穴平踏震脚；同时，右拳变掌，掌心向下，与震脚一同发力，意贯劳宫穴；双目平视（图2–128、图2–129）。

图2–128

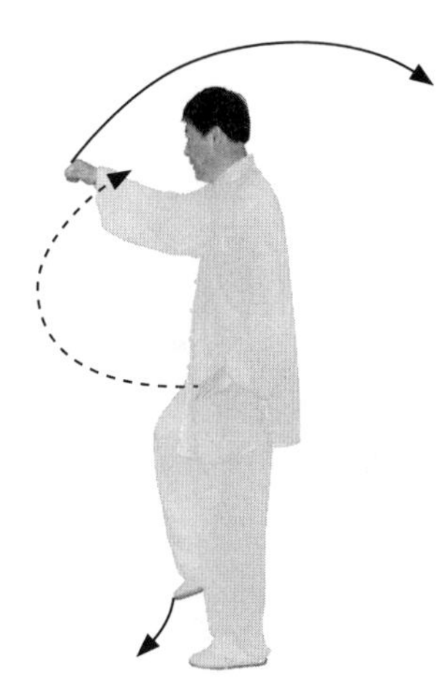

图2–129

要点

（1）左手从面前划弧要圆活舒展。

（2）右拳打出时，由拳心向上再翻转为拳心向下，然后滚动拳尖发力。

（3）右腿震脚时，必须保证与地面垂直，细悟"膝松踝固涌泉通"之拳理，不可前后、左右倾斜，并且要和右拳变掌同时发力。

（4）意念脚底下涌泉穴和手掌的劳宫穴。

技击含义

（1）如对方左拳打来，我即用左手由下而上托其手臂，接着起左脚踢之，可点裆、点软肋、踢下颌，看其对社会危害程度而掌握轻重，以制服为宜。

（2）如对方左拳进攻，我用左手臂由上而下扣截，随即出右拳如同钻头对准其胸口（膻中穴）点击（图2–130）。

图2–130

第14式　追风捶

接图2–129动作，右脚向前迈一小步，脚尖外撇45°，腰右上斜拉带动两手臂向右上后方过头划弧上捋；同时，左腿抬起膝盖上顶，与肘相合；目视左方。其他动作要领与“第12式追风捶”相同，唯方向相反（图2–131~图2–134）。

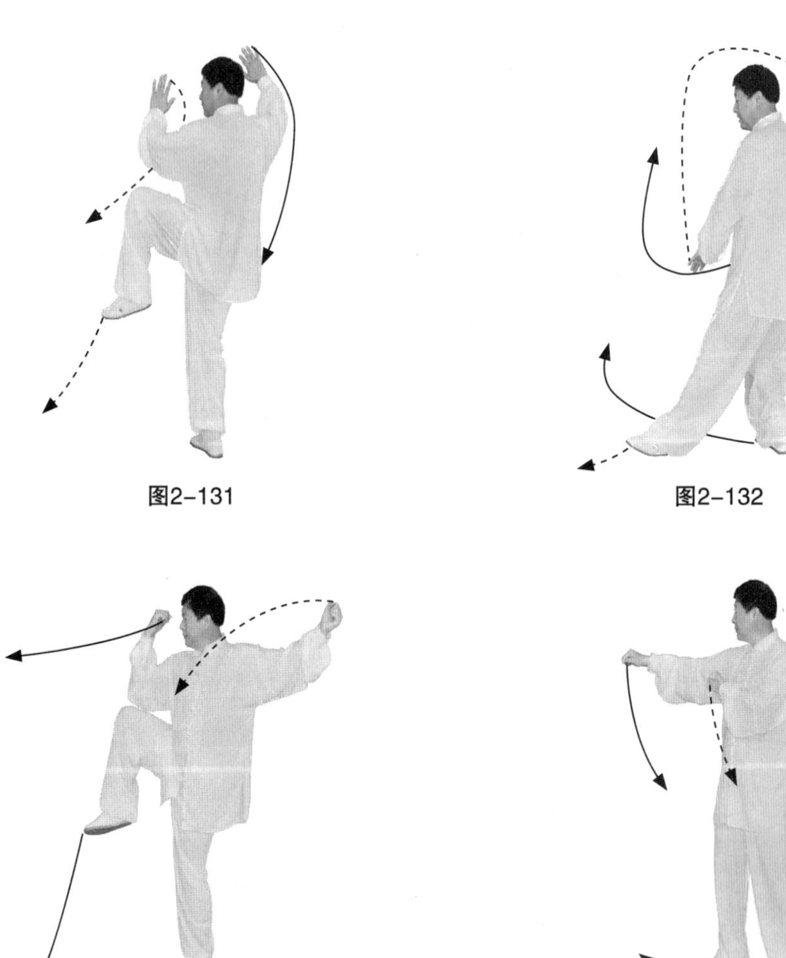

图2–131　图2–132

图2–133　图2–134

第15式　转身跨虎

（1）回身左捋。身体后坐，左转腰，重心移至左腿，右脚尖外撇45°；两拳变掌，向左下方捋，左掌心向下，右掌心向上；目视左下方（图2–135）。

（2）跳转仆步。腰脚旋拉，提左脚向右脚前跳迈，脚掌着地，紧接右脚略提起以脚后跟为力点向身后扫、铲成仆步，整个动作转体360°；同时，顺势左手下按于右掌下面，掌心向下，右手掌心向上、与左手背相对，置于左大腿内侧；随体转目视右下方（图2–136、图2–137）。

图2–135

图2–136

图2–137

（3）环绕立圆。腰右上斜拉，弓右膝，蹬左脚，随之左脚尖内扣45°成右弓步，两手臂向右上前方划出，左手心向里，右手心向外；动作不停，腰由右向左转，右脚尖内扣30° ，身体重心左移压在左腿上，复成大仆步；同时，两手向上、向左、向下在体前构成一大立圆（过头顶时，两掌阴阳交换，变为左手心向外、右手心向里。下落时，右掌外旋与左掌都变为掌心向下）置于左踝骨内侧前方，两掌心向下，指尖向右下方；眼随手转视（图2–138～图2–140）。

图2–138

图2–139

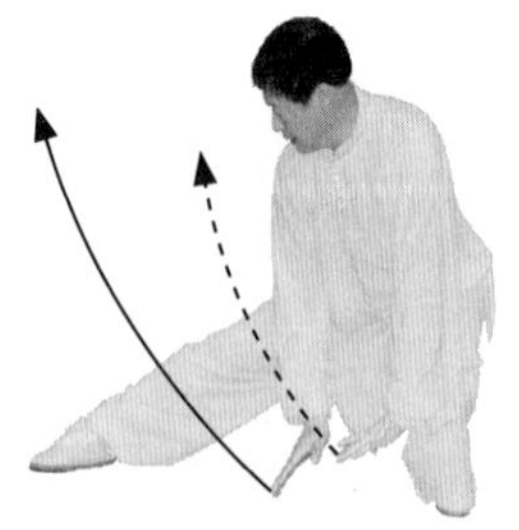

图2–140

（4）起身独立。弓右膝，蹬左脚，腰右旋拉引领重心右移，带胯、带膝、带脚，使身体节节拔起上顶下踩成独立式；同时，两臂向右上方托举，右手高过头顶，手心向外；左手由面前回按于右胸前，手心向下；目随手动环视（图2–141）。

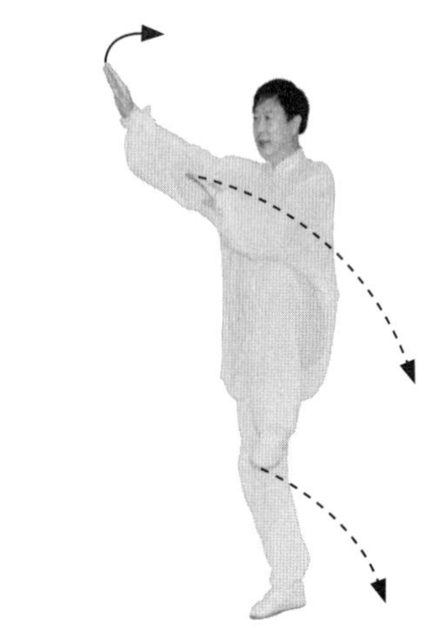

图2–141

（5）左转蹲身。动作不停，腰左旋拉带动身体正对前方，然后松腰胯屈膝蹲身，胯与膝平，脊柱正直；左膝随动向右再向左弧线开胯正顶，继而小腿垂直徐徐落下，略宽于肩，左脚大趾尖点地，与右脚跟平行；同时，右臂松肩垂肘，右掌内旋、掌心向里、指尖向上，屈肘使右前臂与地面垂直落下与右膝相合；左掌外旋向下置于左腋外侧，指尖向下；定势时尾闾中正，双目平视（图2–142）。

图2–142

要点

（1）360° 旋转时，两脚转换要轻灵快捷，紧接仆步下蹲，一气呵成。

（2）两手划圆要在腰的带动下与两腿同时左右上下转换，保证上下相随、混元一体之象。

（3）左脚趾尖点地，身法中正，勿前俯，两手臂与地面保持垂直。

技击含义

（1）如我将对方左手臂用捋劲黏住，因其力大往回抽身，我即顺势上左脚插于其左腿后；同时，右手以尺骨压其肘窝外侧（曲池穴），左手折其手腕，再旋转身体360°，使其仰跌受制。整个动作要快，发力时可以发声助力（图2–143）

图2–143

图2–144

（2）与对方正面交手，两手上下黏截住其两前臂，提膝内顶其裆和小腹、外击其大腿外侧软组织（图2–144）。

第16式　披身

（1）伸手伸腿。接图2–142动作，腰右转，左脚向左侧伸迈一大步成右大弓步；同时，右手臂向右侧落下，掌心向上；目视右手方向（图2–145）。

图2–145

（2）内捋左拍。左手抄下圆弧线至右手腕内关穴处，掌心向里，继而，左脚尖外撇45°，左转腰重心左移成左弓步，右脚尖随动内扣45°；同时，左手拇指翘起领劲，意贯桡骨顺右臂内导引手三阴回挂至右胸前，随身体左转以手背向左侧拍出，掌心向上；右手随拧腰内旋向右后伸出，掌心向下（图2–146、图2–147）。

（3）内捋右拍。右手抄下划弧至左前臂内侧，掌心向里。继而，右脚尖外撇45°，右转腰重心右移成右弓步，左脚尖随动内扣45°；同时，右手拇指翘起领劲，意贯桡骨顺左臂内侧导引手三阳回挂至左胸前，随身体右转以手背向右拍出，掌心向上；左手臂随拧腰内旋向左后伸出；眼随左手臂转视（图2–148、图2–149）。

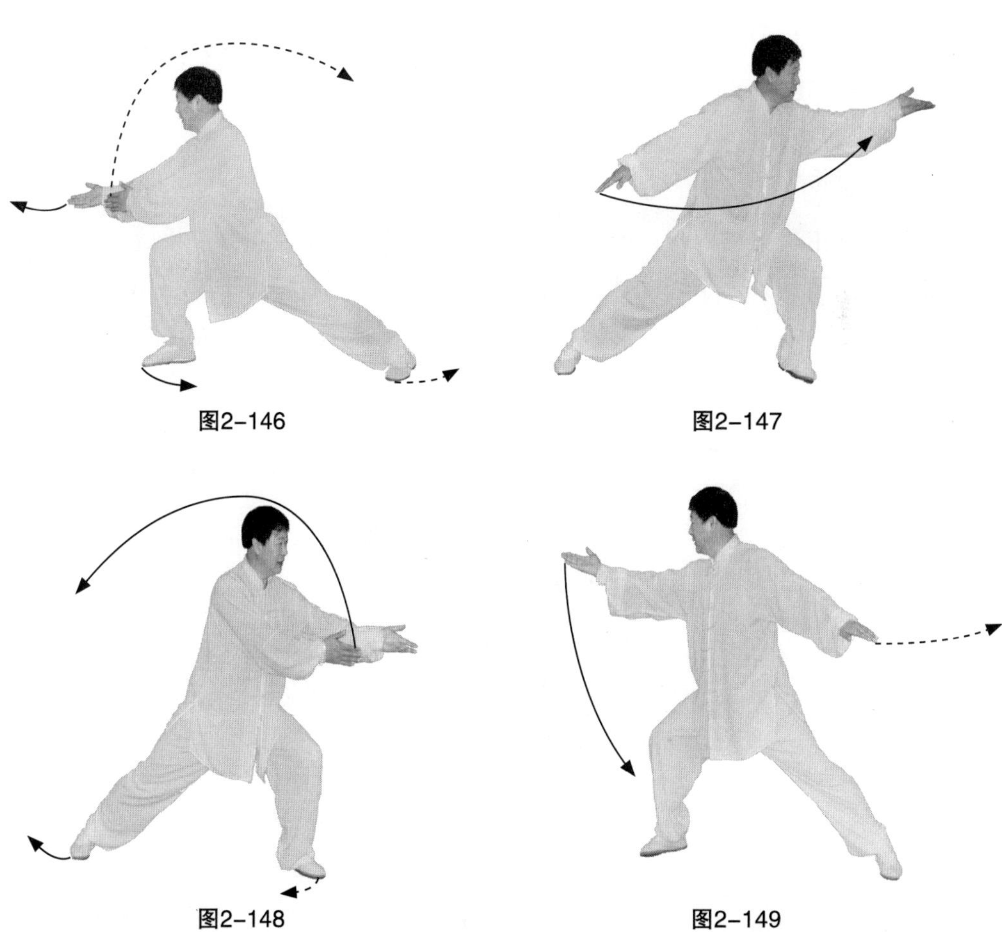

图2–146　图2–147

图2–148　图2–149

（4）反掌下抹。上动不停，开左胯，左转腰，重心移至左腿，由右弓步变为左仆步；同时，在腰左旋拉带动下左手臂外旋伸出，掌心向上，略高过肩；右手内旋反掌下按，掌心向下，与脚面垂直，突显手与足合之拳理；眼看右下方（图2–150）。

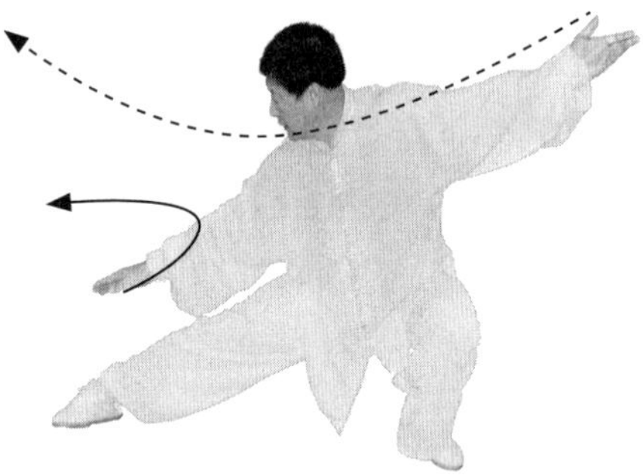

图2–150

要点

（1）右手与左腿同时向各自的方向伸出，不可前后不一。

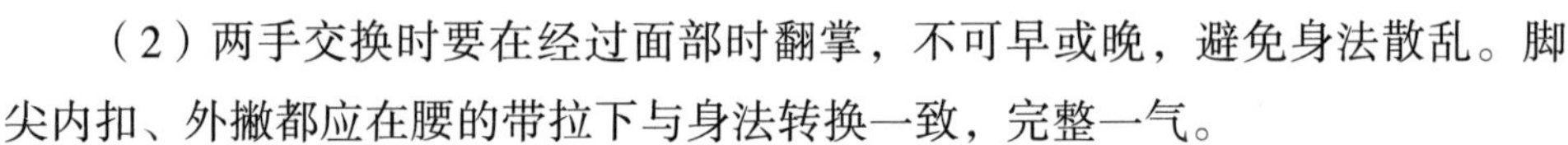

（2）两手交换时要在经过面部时翻掌，不可早或晚，避免身法散乱。脚尖内扣、外撇都应在腰的带拉下与身法转换一致，完整一气。

（3）意念在尺骨，眼神要贯注。

技击含义

此技法主要突出内捋，即对方向我进攻，我用左手抓扣其左手腕，右手臂趁势从其腋下插入，掌心向外，按住其小腹；同时，右脚迈于其裆部，控制其腿，然后，向左拧腰变颜、怒吼、发力将其向左下方跌仆。左右要领相同，可互换练习（图2–151）。

图2–151

第17式 狮子张嘴

弓步定式。接图2–150动作，右脚尖外撇正对前方，右转腰，弓右膝，蹬左脚成右大弓步，左脚随之内扣45° ；同时，两掌变拳，右拳从右腿内侧下落，以肘膝相合为轴心划一立圆向右下方搬出置于右膝前，拳心斜向左上方；左拳随动屈肘至左耳根处再沿下颌弧线向前打出，高不过口，拳心向下，与右拳心上下相对；目随左拳平视（图2–152）。

图2–152

要点

定势时与第11式退步狮子张嘴动作（7）相同，唯左右相反。

第18式 单七星

（1）坐身开胯。接图2–152动作，腰左旋拉，身体重心后移至左腿，左膝盖外撑，开胯圆裆，右脚全脚掌踏地、脚趾抓地体现虚中之实；同时，两拳随身法后撤劲左上右下拉开，如拉橡皮筋（图2–153）。

（2）缓冲跟步。动作不停，右前拧腰，借助惯性左足轻灵跟进，与右脚平行，略比肩宽；双目平视（图2–154）。

图2–153

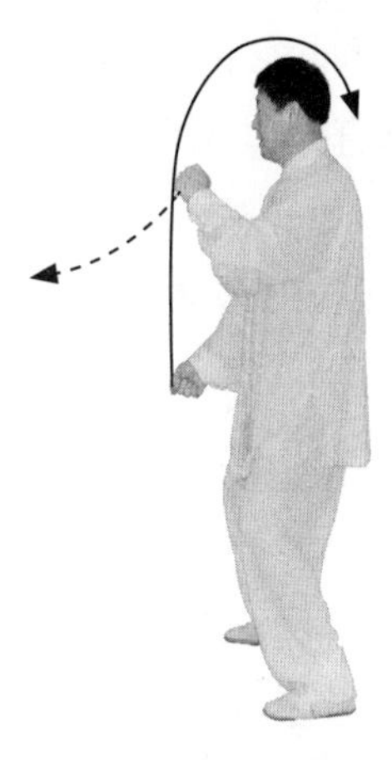

图2–154

（3）拧腰打拳。左转腰，重心至左腿，再右转腰，重心至右腿；同时，右拳随腰转向前、向上划弧过头顶屈肘合于右耳旁；左拳向前下方弧线走劲，高与肩平，拳心向下（图2-155）。

（4）回正蹲裆。左拧腰，重心由右腿移至左腿；同时，出右拳向正前方打出，意贯拳尖；左拳回收于右胸前，随后身体回正，由上而下松肩垂肘、松腰松胯，气沉丹田，两膝外撑圆裆，两脚掌外沿受力、脚趾抓地，重心落于两腿中间；平视前方（图2-156、图2-157）。

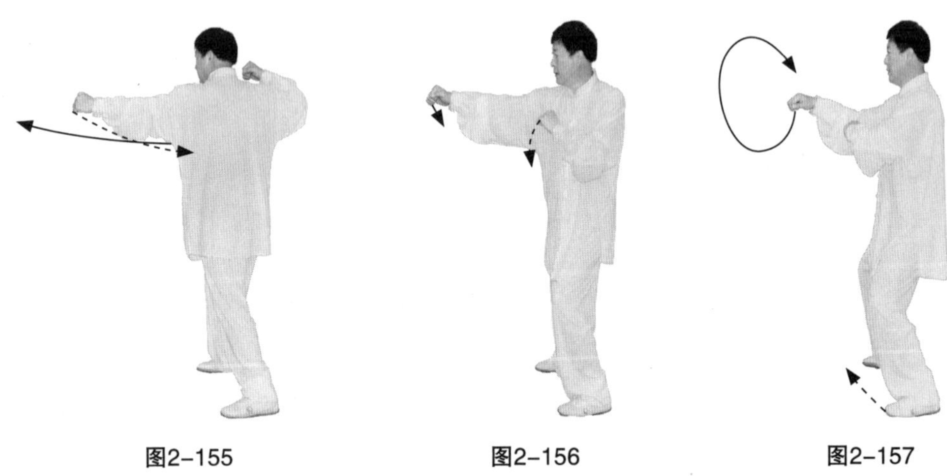

图2-155　　图2-156　　图2-157

要点

（1）坐身时，注意左膝关节外撑，保持与地面垂直，以免膝关节扭伤。

（2）上步要轻盈，扎稳马步。

（3）用腰带动肢体转换，达到节节贯穿，气宜鼓荡。

技击含义

如对方两手擒拿我右手腕和肘部，我即顺其劲力方向由右耳旁如同蛇头钻洞穴一样，避其力锋向下、向前直击其膻中穴（图2-158）。

图2-158

第三节

第19式　单腿悬躯

（1）搬拳扣脚。接图2-157动作，腰由左往右拧拉，身体重心右移，左脚尖内扣；同时，右拳下落至小腹处再从左往右搬出，高与肩平，意贯前臂外侧，拳心向上；左拳心向下，随动扶于右肘窝处（图2-159）。

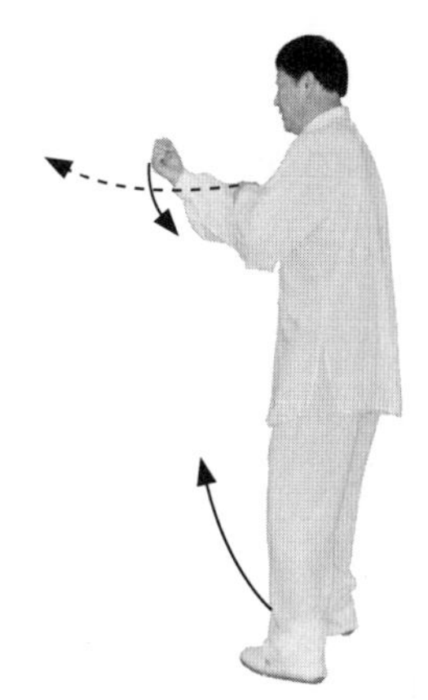

图2-159

图2-160

（2）抬腿变掌。腰向左回转，身体重心由右移至左腿，随势提右腿，膝盖上顶，高与胸口平；同时，两拳变掌，左掌向左侧砍出，意贯掌外沿及尺骨，掌心向下，高与肩平；右掌旋腕回抽，掌心向上平于左肘窝处，右肘与右膝相合；目视左手方向（图2-160）。

（3）仆步下蹲。松腰胯，屈左腿，右腿向右后方伸出，脚内侧先着地成大仆步，随即右掌指尖向下，劳宫穴对左膝内侧下插导引足三阴，至踝骨处变掌指向前，掌心向下；左手臂仍含掤劲伸在身体左侧；目视右下方（图2-161）。

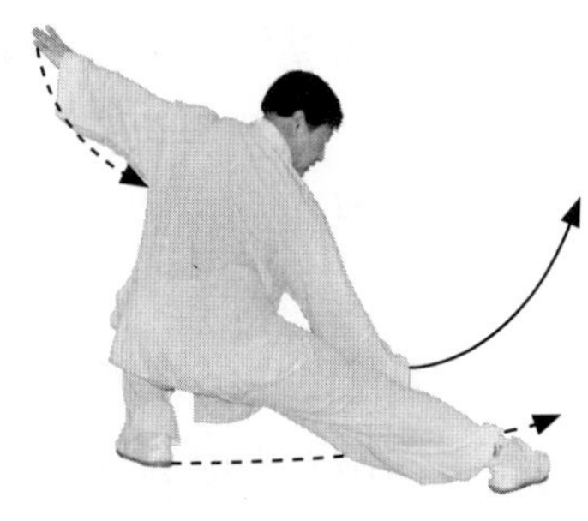

图2-161

（4）上步右掤。弓右膝，腰右拧拉，左脚蹬地前跟，与右脚平行，略窄于肩宽；同时，右手臂由下向前上掤起，与肩同高；左手顺势下落于左腰间，掌心向下（图2–162）。

（5）拧腰下按。拧腰右后上旋拉，右脚尖外撇45°，重心压于右腿；同时，两手向右下方抹按至右腰侧约30厘米处（图2–163）。

（6）提膝合手。动作不停，抬左腿，脚尖领意，然后小腿垂直落下，左膝上顶，高于胸口；同时，两掌返回往左从胸前朝左下划一椭圆置于膝盖两侧，指尖对膝盖，掌心都向下；目视前方（图2–164）。

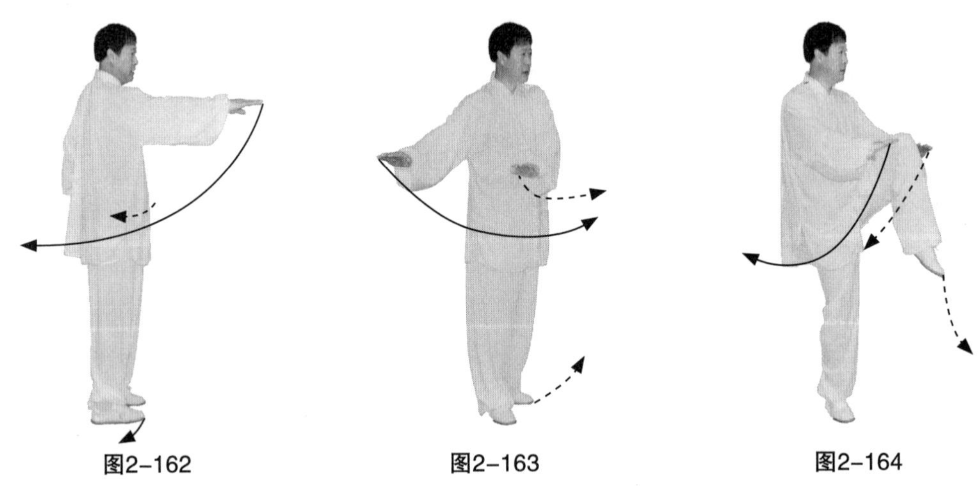

图2–162　　图2–163　　图2–164

要点

（1）马步转仆步时，左脚尖要最大限度地内扣；仆步转独立步时，右脚尖要外撇45°。

（2）两手须撑圆，勿出现棱角。

（3）身躯正直，百会穴上顶，腰背上拔，左膝上顶，右脚下踩，脚趾抓地，形成上下对拉拔长之势。

技击含义

如对方无论左右手进攻我中上盘，我先用手臂黏封之，再提膝击其空当处，如裆部、小腹、大腿外侧软组织等处。

第20式　反脱手

（1）迈步甩手。接图2–164动作，松腰胯，略蹲身，腰向右旋拉，左腿向左前方斜15° 迈出，脚跟着地；同时，两手往右后甩出至腰胯右侧，距身体30厘米左右，掌心都向下（图2–165）。

（2）上步翻掌。腰再往左转，身体前移带动右脚上步，与左脚平行，略比肩宽；同时，右手臂由右往前上左方走弧线内旋翻掌至左肩处，掌心向外；左手臂向左、向前走弧线外旋翻掌至正前方，掌心向上；眼随右手环视，再看左手方向（图2–166、图2–167）。

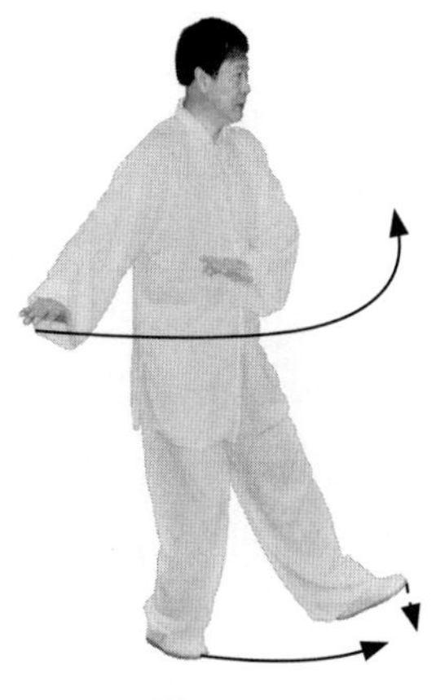

图2–165

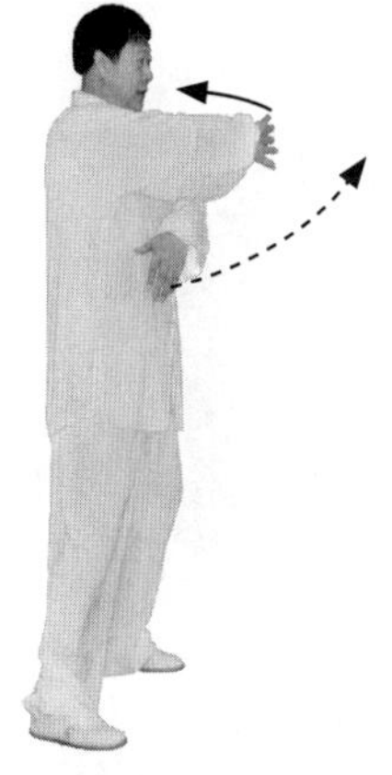

图2–166

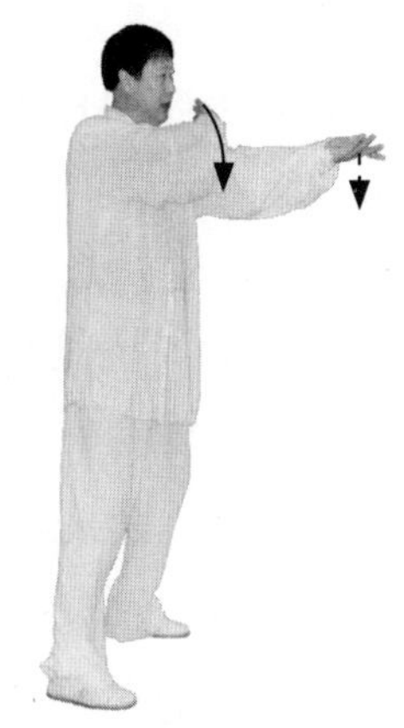

图2–167

（3）握拳蹲身。上动不停，两手握拳，右拳往内滚转，变为拳心向上；左拳往外滚转，变为拳心向下。整个身体由上而下，松肩垂肘，松腰松胯，劲力下沉，蹲身至大腿与小腿成90°，两膝外撑，开胯圆裆；目视左下方（图2–168、图2–169）。

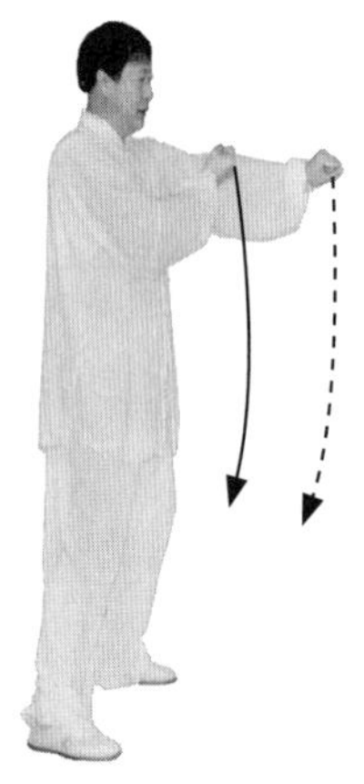
图2–168

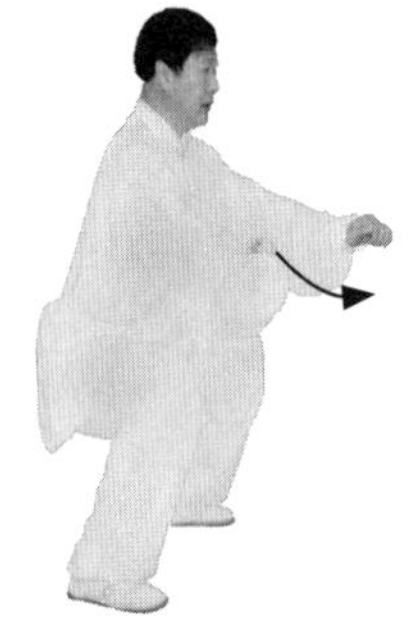
图2–169

要点

（1）上步跟步，轻盈灵活。

（2）两手交叉时，如在胸前滚转圆球，圆活自如，又似莲花绽放。

（3）蹲身下势应保持在大腿与小腿成90°角处，不可太低。

技击含义

（1）此式是擒拿与反擒拿招术。如对方左手与我右手相抓，我即拧腰转腕化解其力，紧接两手合力向前下拧压，将其制住（图2–170）。

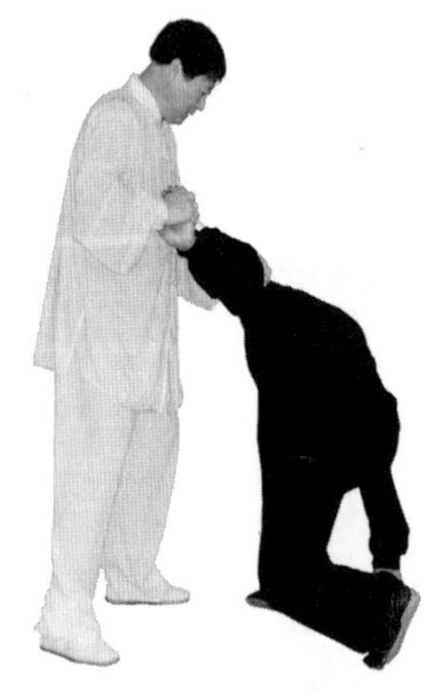
图2–170

（2）如对方右手与我右手对抓，我即右手外旋，大拇指向前下压，左手压按其肘关节曲池穴，然后同时用力，使其受制。如遇到力量悬殊较大的对手，还须将自己身体的重量与力合在一起前压，以加大打击力度（图2–171）。

图2–171

第21式　磕脚

（1）站起合拳。接图2–169动作，上动不停，裆劲下沉充实后，身体直立，两脚尖略内扣；右拳放于左拳下面，拳心相对，合于腹前（图2–172）。

（2）拧腰翻拳。腰左转，左脚尖外撇45°，重心移至左腿；同时，两拳以拳心为中点，左拳外旋，右拳内旋，翻转于左腰间，变为左拳在下，右拳在上；目视右前方（图2–173）。

图2–172

图2–173

（3）抬腿磕脚。紧接提右腿直膝挑起横截，脚尖上翘，高与胸口平；同时，两拳变掌，两臂一字横向展开，右手背磕击右脚内侧；目视脚尖（图2–174、图2–175）。

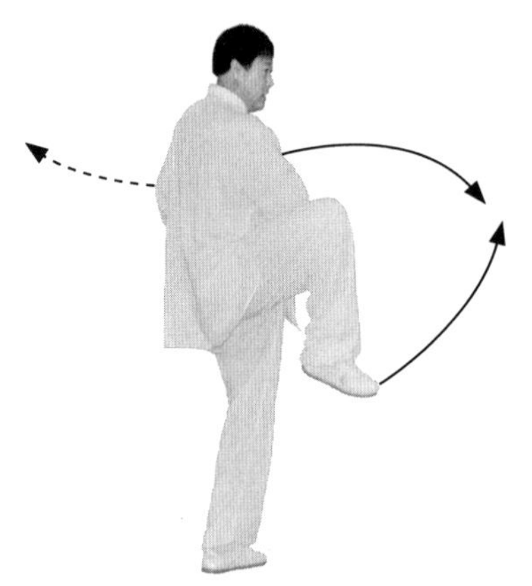

图2–174

图2–175

要点

（1）两手合于腰间，虚步清晰，神气贯注。

（2）两臂要平行横展，用意点在右手背，击拍右脚内侧中心部位。

（3）右脚尖上翘，用力点在脚内侧。

技击含义

如对方用右脚正面蹬或踢我胸、腹、裆部，我即根据其进攻部位高低，相应出右腿，以脚内侧横截并反踢其下颌等部位（图2–176）。

图2–176

第22式 狮子张嘴

（1）扣拳落腿。接图2-175动作，动作不停，收右腿成独立式，随即松腰胯下蹲再向右前方斜出15°迈一大步，脚跟着地；同时，右拳屈臂回扣，拳心向左下，左拳在左后平举握拳，拳心斜向上；目光随动转看右下方（图2-177）。

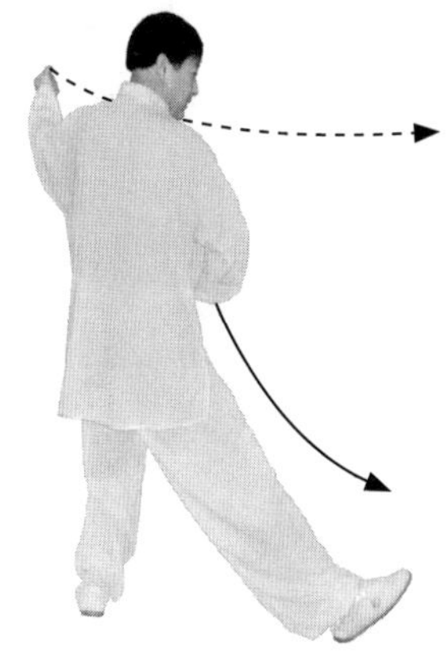

图2-177

图2-178

（2）弓步定式。右拧腰，弓右膝，蹬左脚成大弓步；同时，屈左肘左拳划弧至左耳旁，随身体重心右移、内旋，以肩催肘、肘催腕直达拳尖击出，拳心向下，高与肩平；右拳在下随之外旋向右下滚动伸出，拳心向上，肘与膝合，与左拳心相对，上下呼应；双目平视（图2-178）。

要点

除与前面的狮子张嘴相同外，还有两个要点。

（1）右脚回收成左独立步，立跟稳定后再蹲身下势。

（2）右脚迈出要缓缓而行，如履薄冰，以便进退攻防变换灵活。

第23式　退步跨虎

（1）坐身带腿。接图2–178动作，蹬右脚，左拧腰，开左胯，身体后坐，两拳心相对，松肩坠肘。随动左臂以肩回带肘，肘带腕，再向下、向前走弧线复而以肩向前催肘、肘催腕劲贯拳尖向前击出；右拳在下同行于右臂动作以肩催肘、肘催腕劲贯拳尖意向前下方；同时，蹬左脚，腰右拧转拉使重心前移带左腿提起，膝盖上顶，高平于胸；目视右前方（图2–179、图2–180）。

图2–179

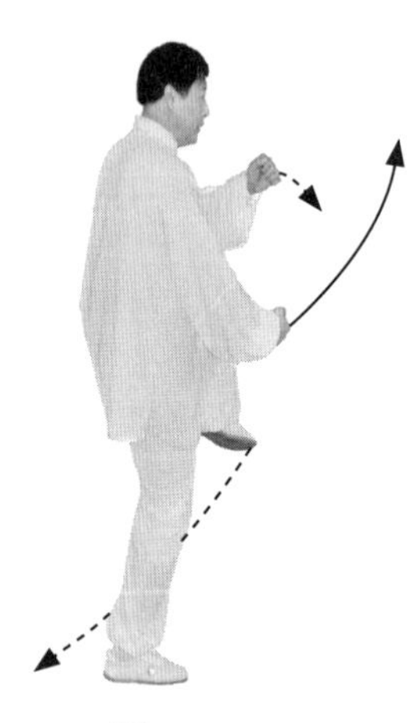

图2–180

（2）落腿变掌。上动不停，左脚向左侧落下，脚尖着地；同时，两拳变掌，右掌内旋，向右侧伸出，掌心向下，高与肩平；左掌外旋回抽，掌心向上置于右胸前（图2–181）。

图2–181

（3）仆步蹲身。随动，右脚跟进并步与左脚平行，略窄于肩宽，紧接着左脚往左侧伸腿成仆步；同时，左掌向下内旋变掌心向下，再向左上方过头时内旋变掌心向上继而向右下落于小腹前，整体划出一立圆；右掌自然下按，落至左掌下面，手背相对；目视左前下方（图2–182、图2–183）。

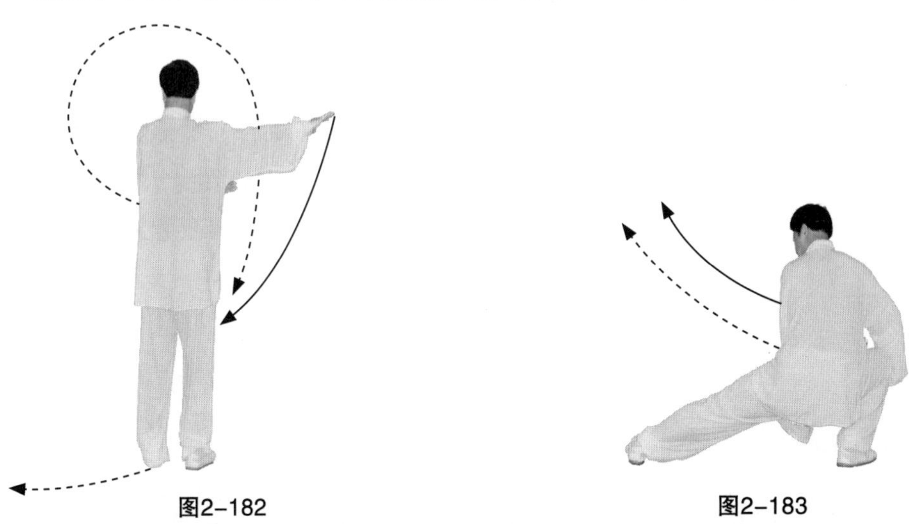

图2–182　　图2–183

（4）弓步上捋。腰向左上旋拉，弓左膝，蹬右脚成左弓步；同时，两手臂向左前上方捋之，右掌外旋变掌心向里；左掌内旋变掌心向外（图2–184）。

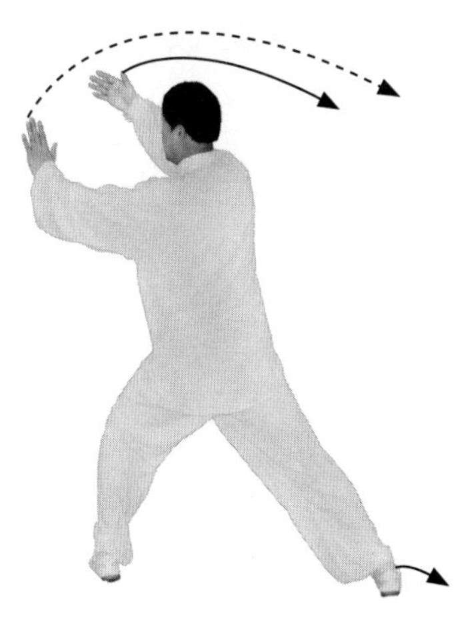

图2–184

（5）翻掌再蹲。动作不停，右脚尖外撇45°，腰向右拧拉重心移至右腿，塌腰松胯下蹲，复成仆步；同时，两手臂继续随动向右走捋劲，过头顶时右掌内旋变掌心向外、向下，舒展于右侧，高与肩平；左掌外旋变掌心向内到右胸前时转为指尖向下，沿右腿内侧意念劳宫穴导引足三阴下插，当到右内踝骨处时再变为掌心向下，指尖向左、向前掤出；眼随手动环视一圈，再看左前下方（图2–185）。

（6）举托独立。弓左膝，蹬右脚，腰向左上斜拉，带胯、带膝、带踝、带脚节节领起，并在领起过程中要意贯膝盖向左、向上、向右走一弧线后正对前方；同时，左手随势向左上方舒展托举，掌心向前；右手倚右膝旁同走弧线；双目平视（图2–186、图2–187）。

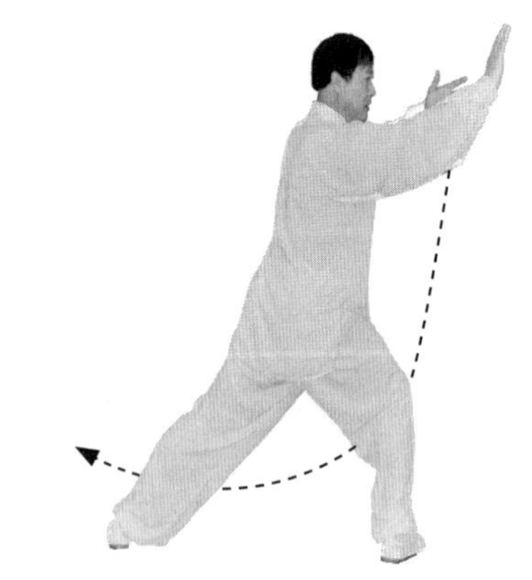

图2–185

图2–186

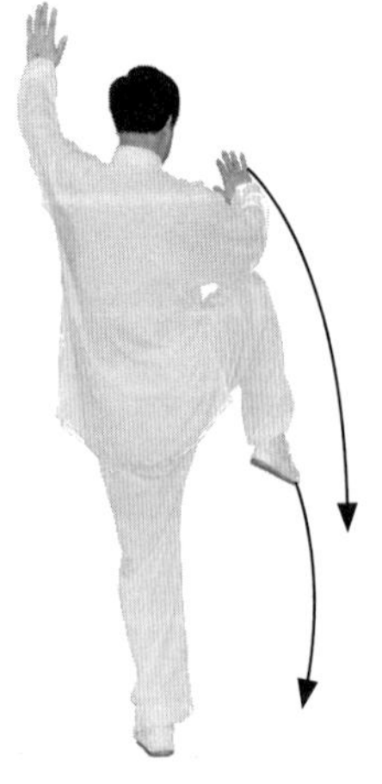

图2–187

（7）合手下蹲。松腰胯，屈左膝，躯干正直，缓缓下蹲，右脚大趾随之垂直落下点地，与左脚跟平行，略宽于肩；同时，左掌外旋，变掌心向里，然后松肩坠肘，下落，与肘膝相合、与地面垂直；右掌外旋变为掌心向里，指尖向下以劳宫穴导引胆经顺势下插至右膝外侧；目视正前方（图2–188）。

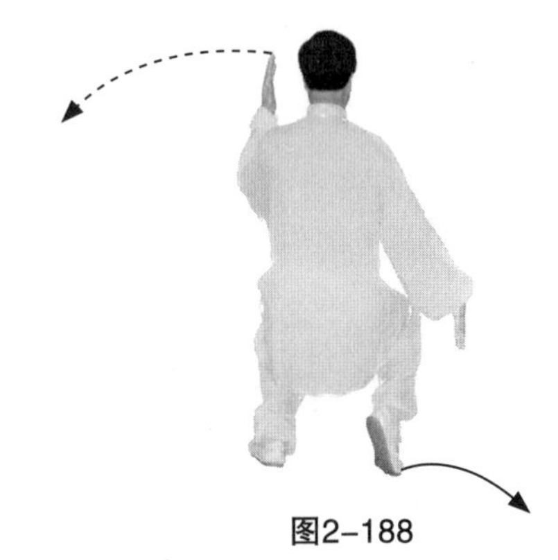

图2–188

要点

（1）必须做到欲后先前，坐身缓冲，保证虚实变化流畅。

（2）并步转仆步时要与上肢从头上划弧的动作协调合拍。

（3）在腰的带动下两臂划弧要圆活，并且同右腿上下起伏一致，不可散乱。

（4）右脚尖点地，勿用脚掌点地，身形正直，两手臂上下对称皆与地面垂直。

第24式　披身

（1）伸腿伸手。接图2–188动作，身体略左移，右腿向右后伸出；同时，左掌向左前方落下，掌心向上，高与胸平；目视左手方向（图2–189）。

图2–189

（2）内捋右拍。腰略左转，右手由下向左侧前上包抄至左手腕处，掌心虚对内关穴，紧接着右脚尖外撇45°，开右胯，右拧腰，重心移至右腿，左脚尖随之内扣45°；同时，右掌大拇指翘起，意念桡骨，劳宫穴对正左臂内侧导引手三阴顺之回挂内捋，随身体右转经面前时外翻为掌心向上，向右方缓缓拍出，掌心向上，高与肩平；左掌内翻为掌心向下，意贯指尖向左后下方走劲；眼随右手环视（图2-190、图2-191）。

图2-190

图2-191

（3）内捋左拍。腰略右转，左手由下向右侧前上包抄至右手腕处，掌心虚对内关穴，紧接着，左脚尖外撇45°，开左胯，左拧腰，重心移至左腿，右脚尖随之内扣45°；同时，左掌大拇指翘起，意念桡骨，劳宫穴正对右臂内侧导引手三阴顺之回挂内捋，随身体左转经面前时外翻为掌心向上，向左方缓缓拍出，掌心向上，高与肩平；右掌内翻为掌心向下，意贯指尖向右后下方走劲；眼随左手环视（图2–192、图2–193）。

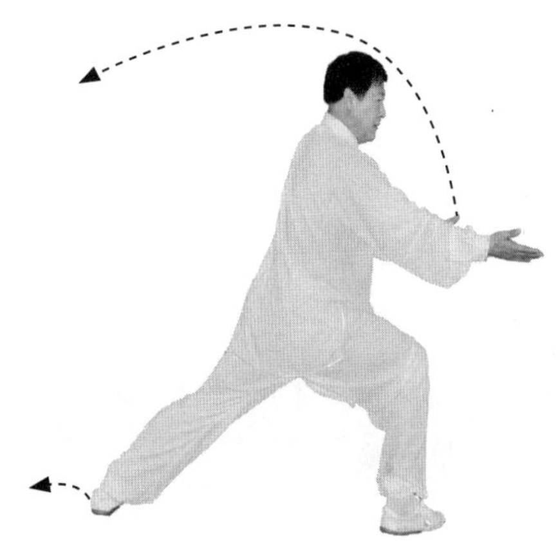

图2–192

图2–193

（4）旋臂下按。右脚尖外撇45°，腰向右拧拉，弓右膝，松腰塌胯，重心落实于右腿成大仆步；同时，右手臂在腰的带动下外旋变为掌心向上，意贯指尖伸向右前上方，高与肩平；左手臂内旋变为掌心向下，向前下脚面处下按，寓意“手与足合”，两臂左右呈对拉拔长之势；眼看左下方（图2–194）。

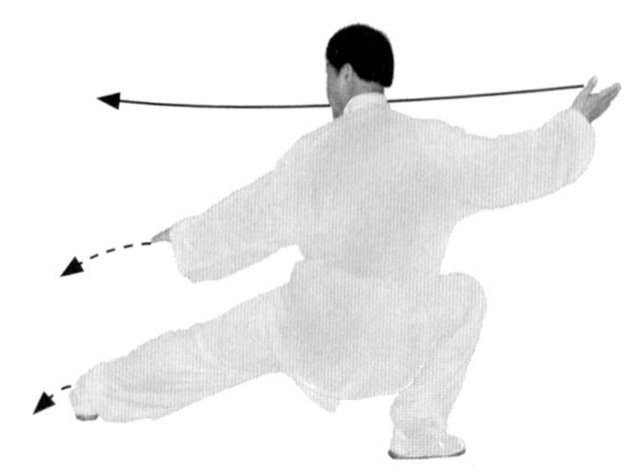

图2–194

要点

（1）左手与右腿同时向各自的方向伸出，必须一致，不可前后不齐。

（2）两手交换时要在经过面前时翻掌，不可早或晚。

（3）意念桡骨，眼神贯注。

第25式　狮子张嘴

弓步定式。上动不停，左脚尖向外撇45°，正对前方，弓左膝，蹬右脚成左大弓步，右膝内旋蹬直催劲过胯、腰、背至肩，再肩催肘、肘催腕至拳尖击出，节节蠕动贯穿，身体呈一斜直线；同时，两掌变拳，右拳屈肘回扣于右耳旁，再向下、向前上走弧线随身体左移内旋腕击出，拳心向下，高不过口；左拳在下随动外旋为拳心向上顺之向左下方走劲，肘与膝合，拳心斜向上，与右拳心上下相对；双目平视（图2–195）。

图2–195

要点

（1）双目平视，威而不猛，不可仰脸或低头。

（2）身法斜中带直，与大弓步配合，从头到脚形成一条直线，无凹凸处。

（3）右脚掌外沿着力外撑，不可翘起，以提高开胯效果。

第26式　玉女穿梭

（1）跟步撇脚。接图2-195动作，腰略左转带动重心前移，顺势提右脚跟至左脚跟后30厘米左右处踩实，然后重心稍微后坐，左脚尖外撇45°（图2-196）。

图2-196

（2）交叉抬腿。继而，右脚前迈一步于左脚前面，脚尖回扣，左脚紧接抬起将脚背贴在右膝窝处，左腿微屈，扎稳脚跟；同时，两拳变掌，右掌心向内，向左下再外旋变为掌心向外、向右上经面前再向右下划弧至小腹左侧；左掌掌心向外、向左下再向右上继右手臂之后走同一轨迹划弧，经面前时外旋变掌心向里合于右胸前，两手臂左手上、右手下斜，形成交叉蓄劲待发状；眼随手环视（图2-197、图2-198）。

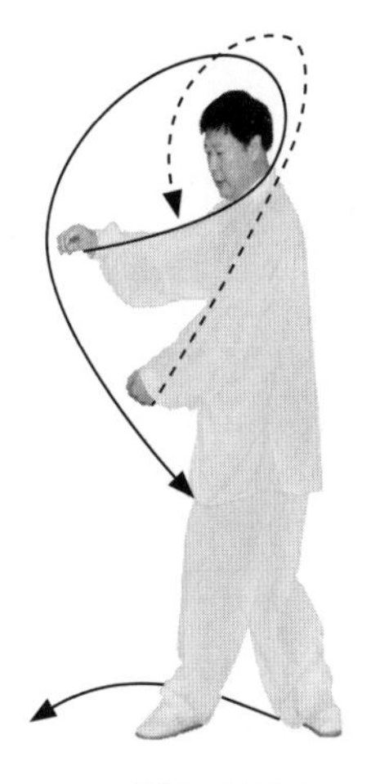

图2-197

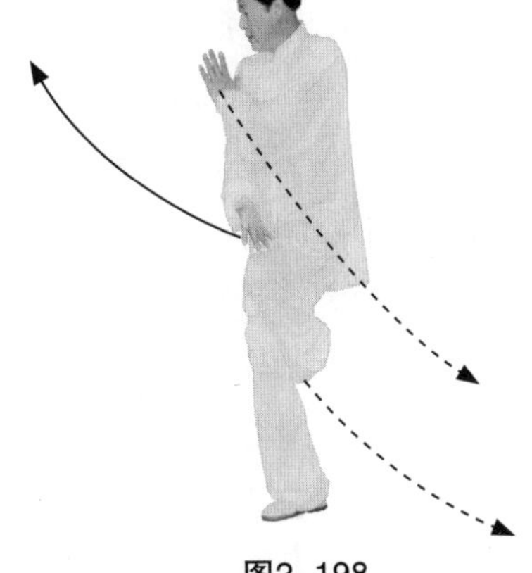

图2-198

（3）仆步拉开。松腰胯，屈右膝，重心下沉压至右腿，左脚力贯脚外沿向左铲出成大仆步；同时，右掌斜向右上捌出，意贯桡骨，掌心斜向上；左掌随左腿向下砍截，意贯尺骨，掌心向下，成两臂顺两腿方向一字展开之势；目视左前方（图2-199）。

图2-199

图2-200

（4）滑步左穿。腰向左旋拉，带右胯、膝、脚使重心左移滑步跟进，屈膝半蹲成低马步式，重心偏于左脚；同时，左掌随动走下弧线向左前上方穿出，高与肩平，掌心向左，指尖向上，与鼻尖平行一线；右手屈肘从右往左走下弧线跟贴于左肘窝处，以助左掌之穿劲，掌心向上（图2-200）。

（5）滑步右穿。踩实右脚，腰向右旋拉，左脚随动向左擦地滑伸；同时，在腰的旋拉带动下，右掌内旋，掌心向右，向前穿出，指尖向上，与鼻尖平行一线；左掌外旋，掌心向上，屈肘从左往右走下弧线伸出于右肘窝处，以助右掌之穿劲；目视右前方（图2-201）。

图2-201

（6）滑步左穿。腰向左旋拉，带右胯、膝、脚使重心左移滑步跟进，屈膝半蹲成低马步，重心偏于左脚；同时，左掌随动走下弧线向左前上方穿出，掌心向左，指尖向上，与鼻尖平行一线；右手屈肘从右往左走下弧线跟贴于左肘窝处，以助左掌之穿劲，掌心向上；目视左前方（图2–202）。

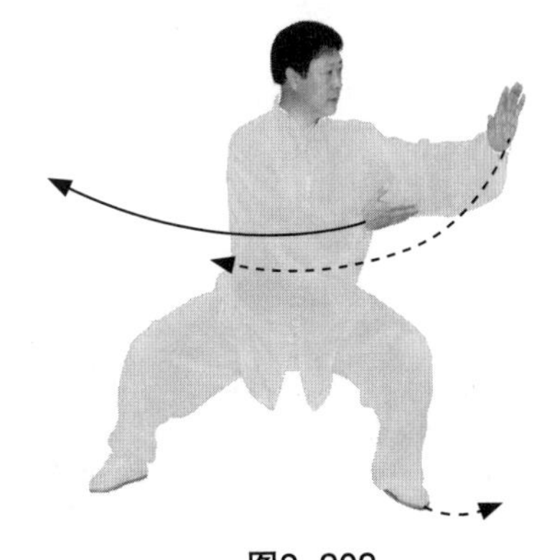

图2–202

图2–203

（7）滑步右穿。踩实右脚，腰右旋拉，左脚随动向左擦地滑伸；同时，在腰的带动下，右掌内旋、掌心朝右向前穿出，指尖向上，与鼻尖平行一线；左掌外旋、掌心向上，屈肘从左往右走下弧线伸出于右肘窝处，以助右掌之穿劲；目视右前方（图2–203）。

要点

（1）方向变化时要注意左脚尖外撇和右脚上步的节奏，做到连贯自如。

（2）要在腰的带动下，通过脊背将劲力由左到右、由右到左互相传递到手臂上，且左右均衡，不可偏颇。

（3）身体下蹲，不可太低，大腿与小腿成90° 为好。在腰的带动下，突出滑步，两脚掌不可离开地面，擦地而行。

（4）整个动作犹如织女蹬机织布，手穿梭，脚踏板，上下协调一致；两手互换，梭引纬线左右往返于经线之中得心应手。

技击含义

如在左右同时受到攻击的情况下，我即以左右穿抽劲化发同步反击。只要内力充盈，扎稳脚步，滑步跟进，或左或右皆可将其发出（图2–204、图2–205）。

图2–204　　图2–205

第27式　左右金鸡独立

（1）上步左掤。接图2–203动作，腰胯下塌，身体重心沉于右腿，紧接着腰向左旋拉，弓左膝，蹬右脚，重心移至左腿，随之右脚上步与左脚平行，略比肩宽；同时，左掌下落变指尖向下，掌心向里，劳宫穴对小腿内侧导引足三阴下插，再变指尖向前、向上弧线掤起，高与肩平，掌心向下；右手随动自然落下垂于右胯旁，指尖向下，掌心向里；目视左手方向（图2–206、图2–207）。

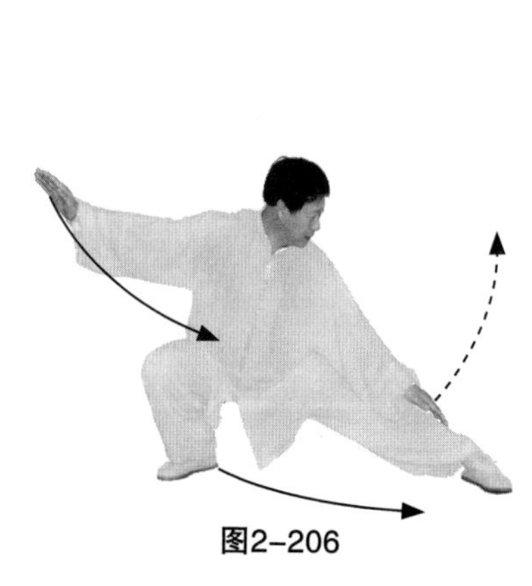

图2–206

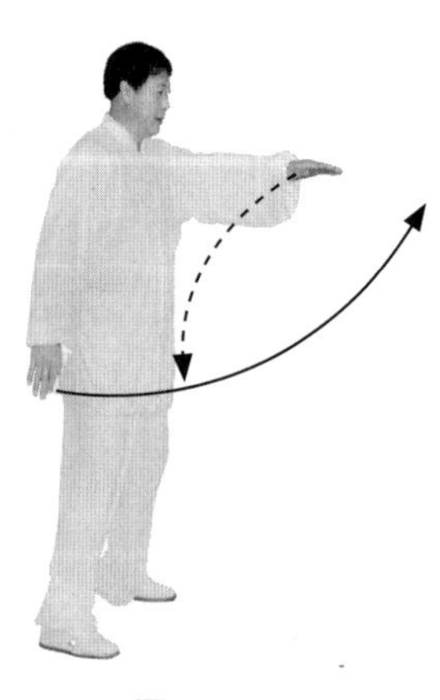

图2–207

（2）左右交臂。腰左转，重心移至左腿；同时，左掌外旋变掌心向上走弧线由胸前向下至腹前，指尖向下；右掌向前、向上掤起，高与肩平，掌心向下；动作不停，腰再向右旋拉，重心移至右腿；同时，右掌内旋变掌心向外，向右上后方划弧走捋劲至身体右后方，掌心向下；左掌向前、向上至与肩平时，屈臂内旋，变为掌心向上置于胸前；眼随体转看右手方向（图2–208、图2–209）。

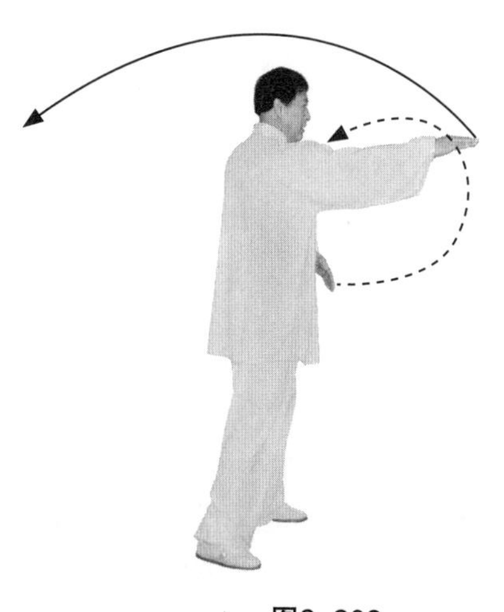

图2–208

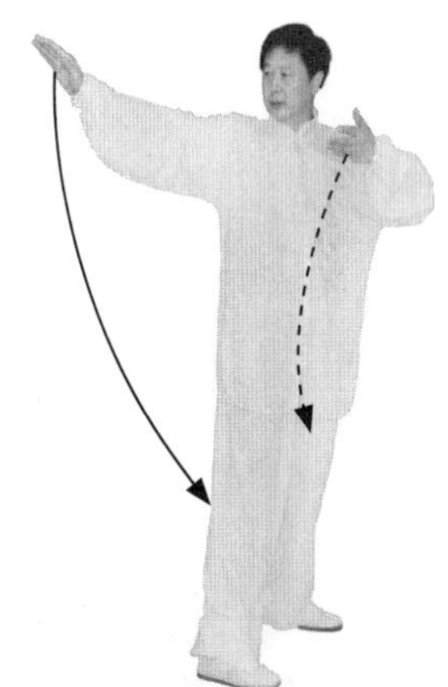

图2–209

（3）屈臂蹲身。腰左转，身体朝正前方，重心落于两腿中间，随即由上而下松肩垂肘、松腰松胯，屈膝下蹲至大腿与小腿成90°；同时，两手臂随体转下蹲顺身体前侧下沉，掌心依然向上，左臂至小腹处；右掌弧线下按至右胯旁，掌心斜向后下方；目视前下方（图2–210）。

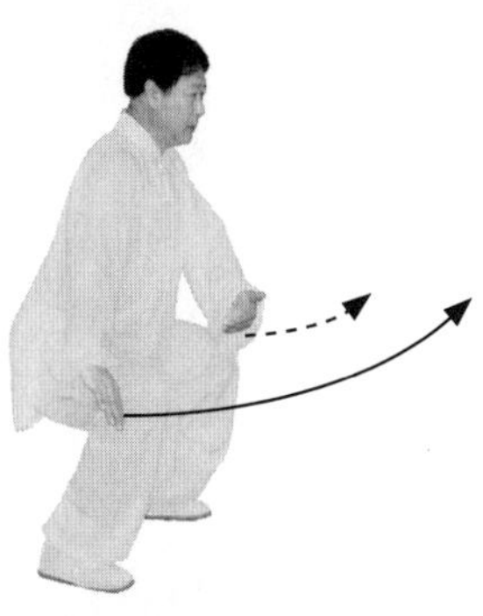

图2–210

（4）拧腰起腿。左转腰，重心移至左腿，身体缓缓站起，右脚尖领意直膝向前上挑起，平于大腿；同时，右掌向前上托举，掌心向里，指尖斜向上；左手臂外旋滚动，意贯尺骨向前上掤于胸前；双目平视（图2-211、图2-212）。

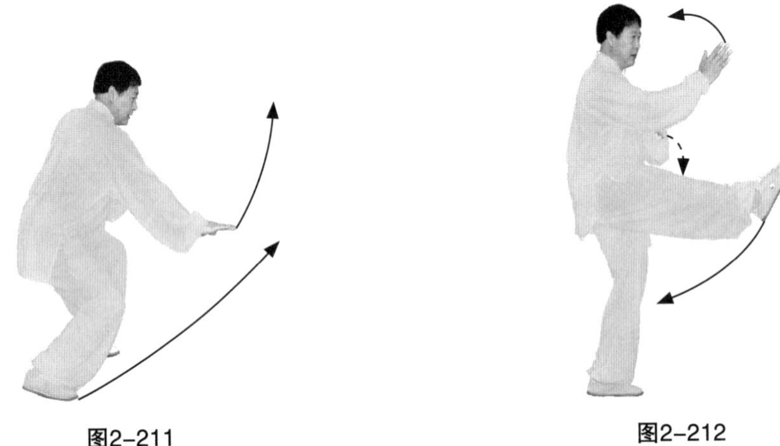

图2-211　　图2-212

（5）收脚握拳。松腰胯，立定脚跟，稳定重心，不停，以右脚跟引劲向下垂落，成独立式；同时，右掌从小手指、无名指、中指、食指依次蜷曲于手心，拇指压在食指的第二节上构成尖拳状，拳尖向上，拳心向左，肘与膝合；左手随之翻掌心向下，同样以小手指、无名指、中指、食指依次蜷曲于手心与大拇指合捏成尖拳，拳心向下，拳尖对膝内侧（图2-213）。

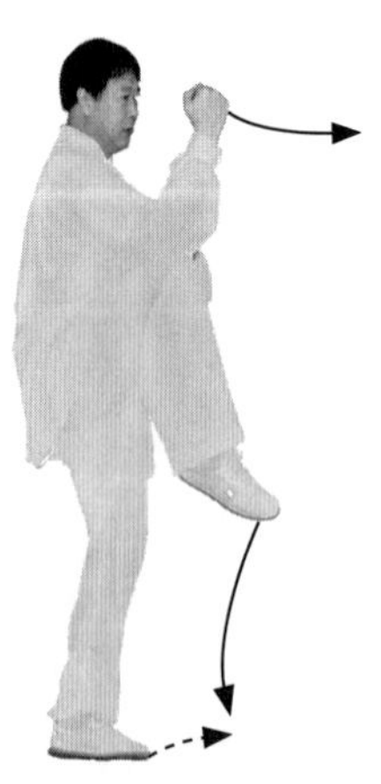

图2-213

（6）上步跟步。身体略松沉，右脚下落前迈一步，左脚紧跟而上与右脚平行，略比肩宽；同时，两手臂向前下走小弧（图2–214）。

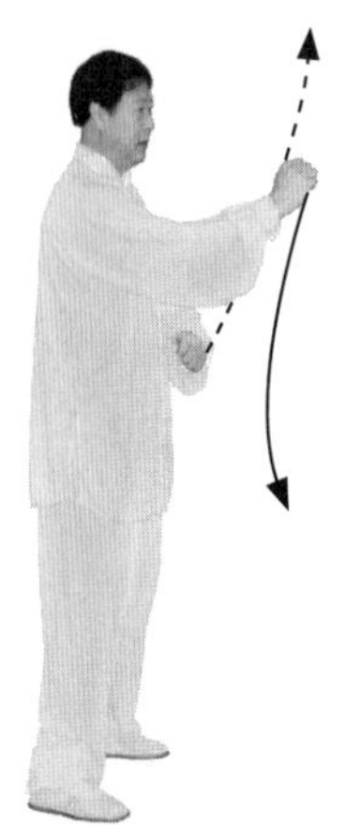

图2–214

（7）左转展臂。腰向左转90°，身体重心移至左腿，右脚跟可轻微离地虚起；同时，左拳变掌内旋为掌心向外、向左上后方捋劲划弧至左后侧，高与肩平，掌心向下；右拳变掌为掌心向下，向下、向右前上方弧线掤起，与肩同高，掌心向下；双目随动环视左手方向（图2–215、图2–216）。

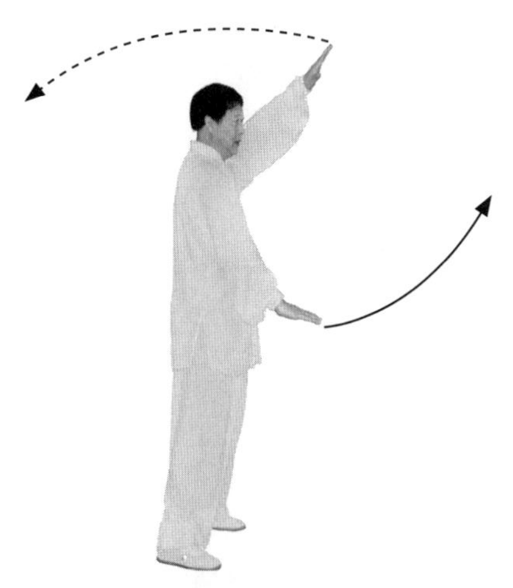

图2–215

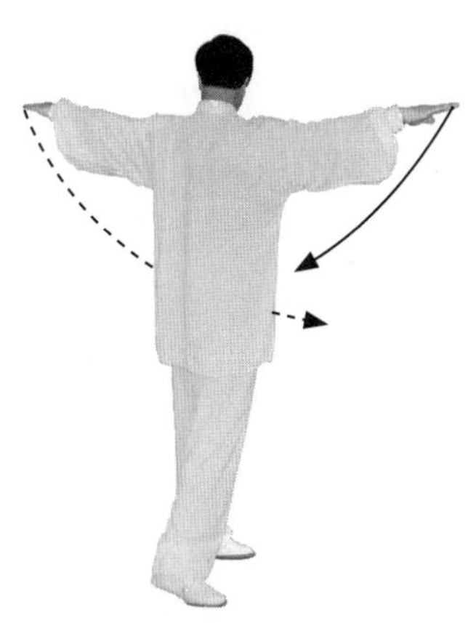

图2–216

（8）屈臂蹲身。腰右转90°，身体朝正前方，重心回到两腿中间，随即由上而下松肩垂肘、松腰松胯，屈膝蹲身至大腿与小腿成90°；同时，右手臂外旋屈肘变掌心向上顺身体前侧下沉至小腹处；左掌弧线下按于左胯旁，手心斜向后下方；目视前下方（图2–217、图2–218）。

图2–217

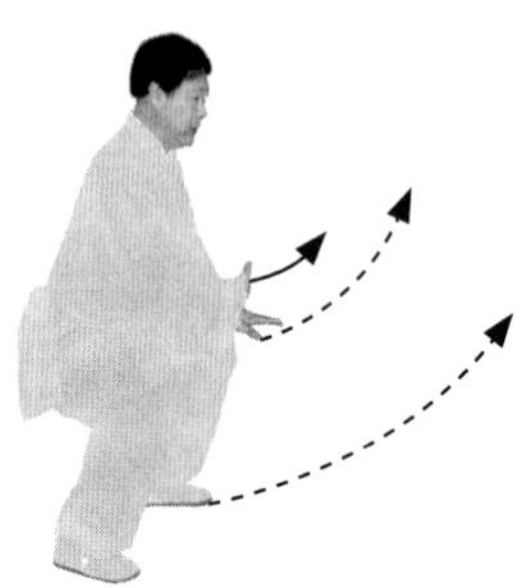

图2–218

（9）拧腰起腿。右拧腰，身体缓缓站起，左脚尖领意直膝向前上挑起，平于大腿；同时，左掌向前上托举，掌心向右，指尖斜向上；右手臂外旋滚动意贯尺骨向前上掤于胸前；双目平视（图2–219）。

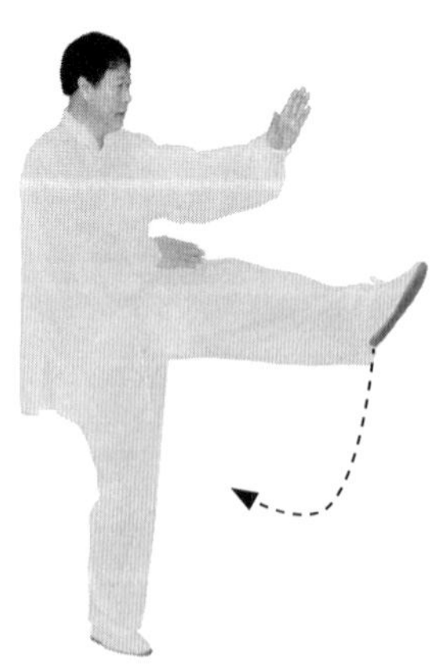

图2–219

（10）收腿立掌。松腰胯，立定脚跟，稳定重心，不停，以左脚跟引劲向下垂落，成独立步；同时，左掌略回收成立掌，肘与膝合；右掌随之反扣为掌心向下，指尖对左膝内侧（图2-220）。

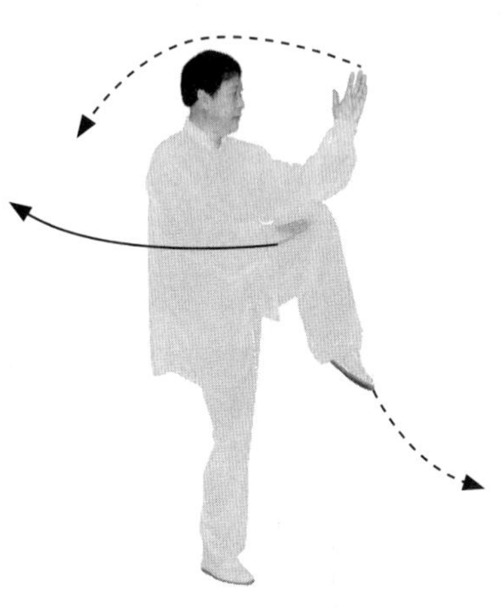

图2-220

要点

（1）两臂上下交叉要同时进行，不可出现前后不齐现象。

（2）蹲身下势，两脚要比肩宽，膝盖外撑，开胯圆裆，以保证气沉丹田之畅顺。

（3）身体上顶下踩、对拉拔长，要带出逆腹式呼吸。身法中正安舒，勿低头前倾。

（4）拧腰带胯、带膝、带脚，要节节领起，肘与膝合，左右对称。

（5）此式独立定势时，两手左右既可同握拳，也可同为掌，不拘泥于一种模式，习练者可自由掌握。

技击含义

如对方进攻我头部，我即用手黏搅其手臂，打开门户，提膝撞击其小腹，也可直膝以脚尖弹挑其裆部，左右相同，需变异灵活（图2-221）。

图2-221

第28式　左右狮子张嘴

（1）右转迈步。接图2–220动作，松腰屈膝，腰右旋拉，左脚向左迈一大步，脚跟着地；同时，两掌变拳，右拳外旋滚动向下、向后、向上摆出，高与脸平，拳心向内；左拳内旋经头部划弧线屈肘回扣于右胸前。头随之右转；目视右拳（图2–222）。

图2–222

（2）弓步定势。上动不停，左转腰，弓左膝，蹬右脚，右膝内旋扣成大弓步；同时，左拳意贯尺骨朝左下方滚动出击，拳心斜向上，肘与膝合；右拳屈肘扣于耳旁再走下弧线由下颌向前打出，拳心向下，松肩垂肘，高不过口，与左拳上下呼应；目光顺右拳方向平视（图2–223）。

图2–223

（3）跟步退步。腰向左旋拉，重心左移，身体稍微直起带动右脚跟进半步至左脚后30厘米左右处，紧接腰再左转变为侧身，带左脚向左后退一步，重心压落在左腿上，右脚前掌虚点地；同时，左拳外旋，右拳内旋，拳心相对，如同拧湿毛巾一样两拳一起合于左腰间（图2–224、图2–225）。

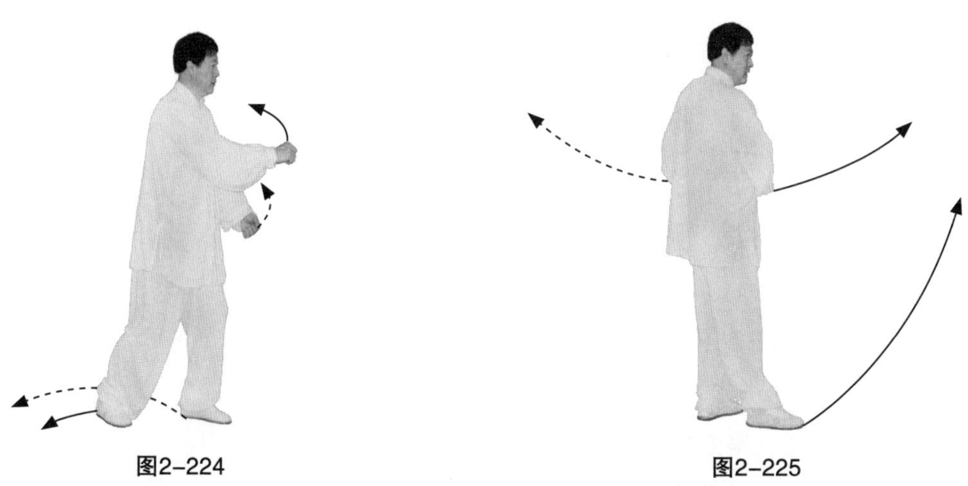

图2–224　　图2–225

（4）分手起脚。动作不停，蓄劲沉气，右腿直膝意贯脚尖向右分出；同时，两手臂随动由下向前后一字展开，掌心都向里，虎口向上，右手臂与右脚方向一致；目视右方（图2–226）。

图2–226

（5）收腿握拳。松腰胯，沉落重心，右脚以脚跟领劲回收，膝盖向上顶劲，脚尖自然下垂成独立式；同时，右掌变握拳屈肘回扣于左胸前，拳心向下；左掌变拳回扣于左耳旁，拳心斜向下；目视右下方（图2–227）。

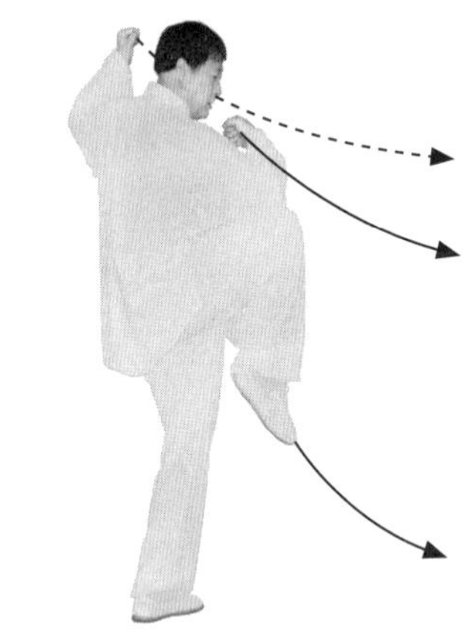

图2–227

（6）迈步定式。松腰沉气，屈膝下蹲，右脚向右前迈出一大步，紧接着弓右膝、蹬左脚成大弓步；同时，右拳意贯尺骨滚动向右前下出击，拳心斜向上，肘与膝合；左拳屈肘扣于耳旁再走下弧线由下颌向前打出，拳心向下，松肩垂肘，高不过口，与右拳上下呼应；目光顺左拳方向平视（图2–228）。

图2–228

要点

除与前述狮子张嘴相同外，注意以下要点。

（1）在左狮子张嘴变右狮子张嘴时，右脚跟步，左脚退步，两脚换位时须轻灵快捷，不可呆滞。

（2）两手合于腰间握拳要松，踢右脚时腿勿弯，脚尖绷直。

第29式　左分手

（1）坐身开胯。接图2–228动作，腰向左旋拉，身体后坐，左膝外撑，开胯圆裆，重心压在左腿上；右腿斜直为虚，但脚掌要踏平，脚趾抓地，以示虚中有实；同时，两拳随动左上右下如拉橡皮筋各展开30厘米左右；目视正前方（图2–229）。

图2–229

（2）上步丁字。上动不停，腰回旋往右，重心右移，左脚顺势前迈于右脚前，脚尖内扣，脚心与右脚尖相对成丁字形（图2–230）。

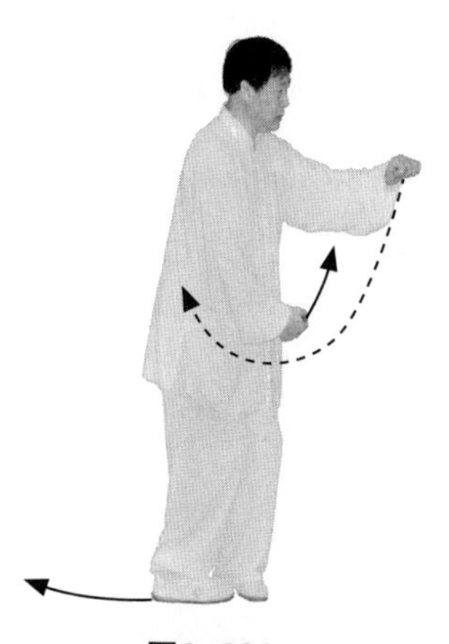

图2–230

（3）马步分手。右腿向右侧撤一大步成大马步桩；同时，两拳变掌从下抄抱于胸前约30厘米处，左掌在外，右掌在里，掌心都朝内；继而，两掌外翻左右分推，成立掌，指尖向上，与肩同高；眼随手动环视，定势看右手方向（图2-231、图2-232）。

图2-231

图2-232

要点

（1）马步要超过自己的两肩之宽，下蹲至大腿与小腿成90°，脚尖内扣，膝盖外撑。

（2）两臂向两边分推，应保持松肩垂肘，胳膊不可太直，配合塌腰坐胯，开裆下势一同完成。

第30式　左白鹤亮翅

（1）俯身前抱。接图2-232动作，身体微起，两掌翻腕向前探抱，身体略前倾，含胸拔背，如抱一大气球至中丹田（即膻中穴）；目视前下方（图2-233）。

图2-233

（2）直立双劈。两脚蹬地，身体拔起，复开裆下势，圆裆外撑，落回到大马步桩；同时，两手臂随动上提至耳旁，再翻手腕下落分向左右舒胸亮出，平肩一线高，掌心都向上，劲贯四梢；目视右手方向（图2-234、图2-235）。

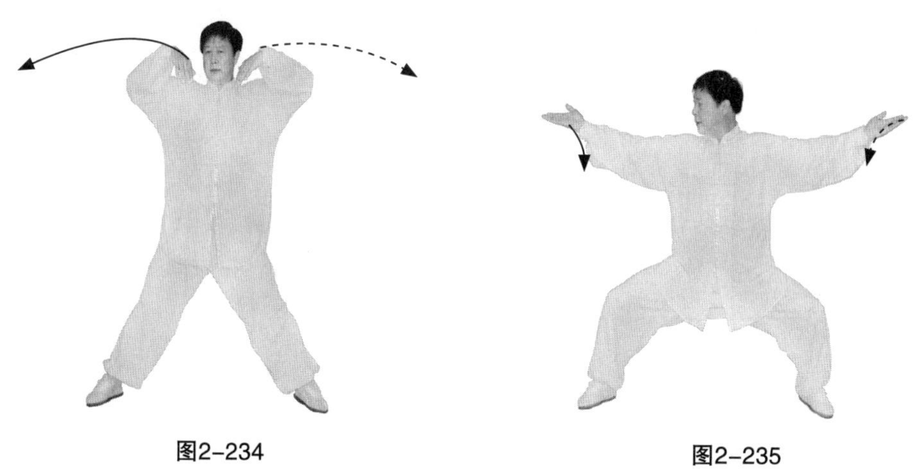

图2-234　　图2-235

（3）起落翻扣。动作不停，两脚蹬地，身体拔起，复开裆下势，圆裆外撑，落回到大马步桩；同时，两手臂旋腕转膀翻扣为掌心向下，意沉地面，浑圆一体；目转视左手（图2-236）。

（4）左弓外旋。左拧腰，蹬右脚，弓左膝垂直不超过脚尖时，向左外旋转半圆；同时，意贯左手指前探（图2-237）。

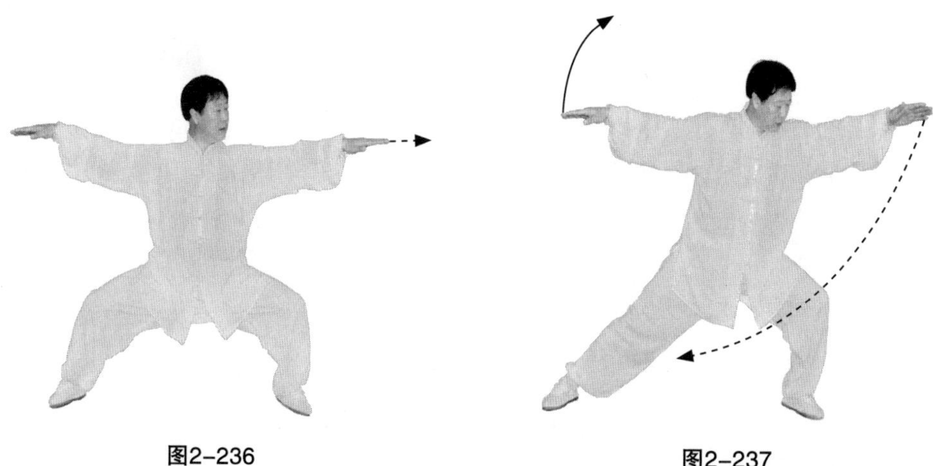

图2-236　　图2-237

（5）开胯下拉。腰向右旋拉，右膝外撑，左脚对蹬，开胯后坐成大仆步，躯干正直；同时，左掌外旋变掌心向右，以小手指领意顺势下沉至左脚内侧导引足三阴回挂于大腿处；右手向上举过头顶，掌心向左，指尖向上，与左手上下垂直一线，对称拉长；目视左下方（图2-238）。

图2-238

图2-239

（6）弓膝右扣。腰左转，弓左膝，蹬右脚，右脚尖随之内扣45°成左弓步；同时，右臂催劲由肩而肘而腕至掌从上向前扣拍，掌心向下，高与肩平；左手随动向上划弧至右腋下；目视右手方向（图2-239）。

（7）左掌单分。上动不停，左掌向上前方弧线分出，掌心向上，与右掌平行，与肩同宽（图2-240）。

图2-240

（8）双臂齐亮。右转腰，坐身开右胯，右膝外撑，重心移至右腿，复而左转腰，弓左膝，蹬右脚成左弓步；同时，两手臂顺势落于两髋旁，掌心都向里，随即，劳宫穴导引冲脉上提至两耳旁时向前齐亮，两手臂平行，高与肩平。在亮的过程中，左掌内旋变掌心向下，右掌外旋变掌心向上；眼随手臂环视，定势时双目平视（图2–241、图2–242）。

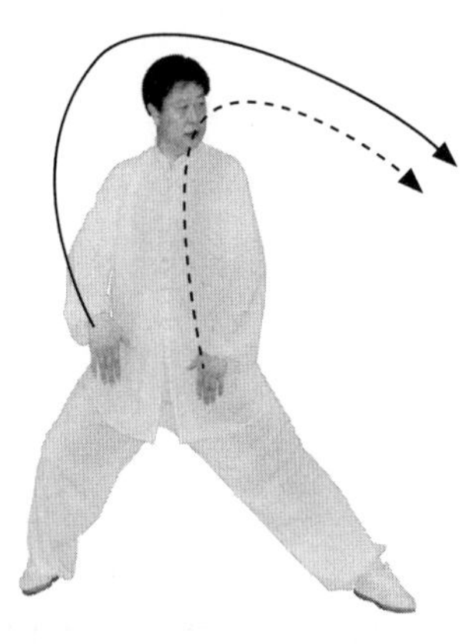

图2–241

图2–242

要点

（1）双翅齐亮或单翅分亮都必须在腰的带动下来完成，以引导冲脉畅通。

（2）上肢动作与下肢左右虚实、上下起伏变化融为一体，周身一家，无丝毫散乱。

（3）眼神随动作环视，不可呆视、死视。

（4）在起伏往返折叠运行中要引领逆腹式呼吸，以增加膈肌上下升降幅度，提高对五脏的氤氲、刺激、按摩效率，起到养生保健的作用。

第31式　海底捞月

（1）坐身下按。接图2–242动作，腰略右转，身体开胯回坐，重心压在右腿上，膝盖外撑与小腿上下垂直，左脚尖略翘起；同时，两掌随动分左右顺势下按至两髋旁，左掌心向下，右掌心向上；目视正前方（图2–243）。

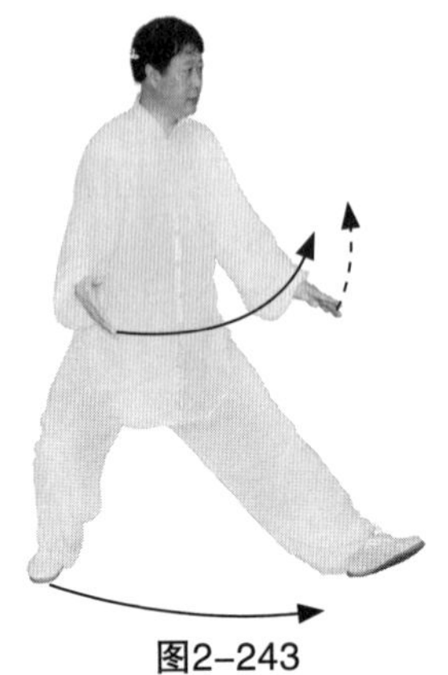
图2–243

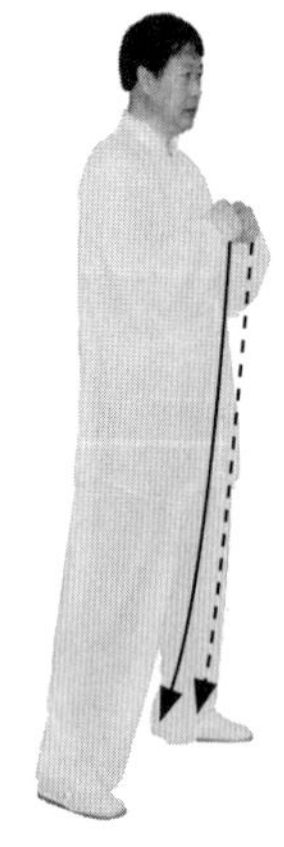
图2–244

（2）上步合拳。腰略左转，带右足上步与左足平行，略比肩宽，自然站立，不失百会穴上顶之意；同时，两掌变松握拳由下而上合于胸口膻中穴处，两拳似挨非挨（图2–244）。

（3）开胯下蹲。动作不停，屈膝开胯下蹲至大腿与小腿成90°，两膝外撑，两脚尖随下蹲外撇15°；同时，两拳内旋变拳心向内沿任脉下行导引，距地面寸许时将拳展开变为掌心向下；目视前下方（图2–245）。

图2–245

（4）起身拢气。舒展掌指，两小手指领意外旋引无名指、中指、食指依次蜷曲与大拇指合在一起握成空心拳，似抓一团地气，随两脚踩地，身体直立而上提拢于丹田处。两脚尖随身体直立皆内扣15°，以固元气，避免外散；双目平视（图2–246）。

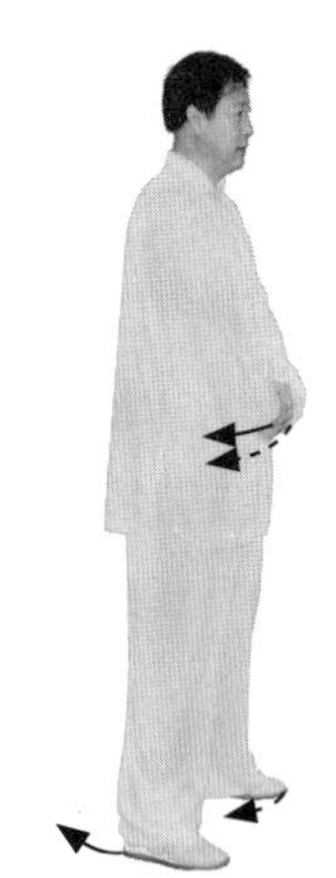

图2–246

要点

（1）接“白鹤亮翅”上步时要轻灵，两脚宽度要超过自己的肩宽。

（2）两手合抱于中丹田，即膻中穴，下落时要沿任脉缓缓下行，不可歪斜。

（3）蹲身开胯，尾闾中正，切勿俯身，眼神下视，不可低头。

（4）两手意念从地下抓地气，之后慢慢站起合于下丹田，即气海穴处。久练，手指既灵活又有力，术语称“刚钩劲”，在技击上可提高抓筋拿脉的准确度和克敌的力度。

第32式　右分手

（1）左右擒拿。接图2–246动作，右转腰，右脚向右后撤一小步，左脚紧接撤至右脚内侧，脚尖点地；同时，右拳内旋、左拳外旋，对拧至右腰间；不停，再左转，左脚向左后撤一小步，右脚随即撤至左脚内侧，脚尖点地；同时，左拳外旋、右拳内旋再拧至左腰间蓄劲；目视右前方（图2–247、图2–248）。

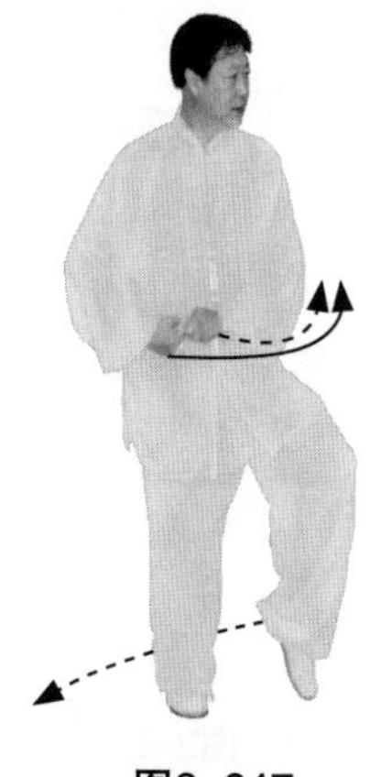

图2–247

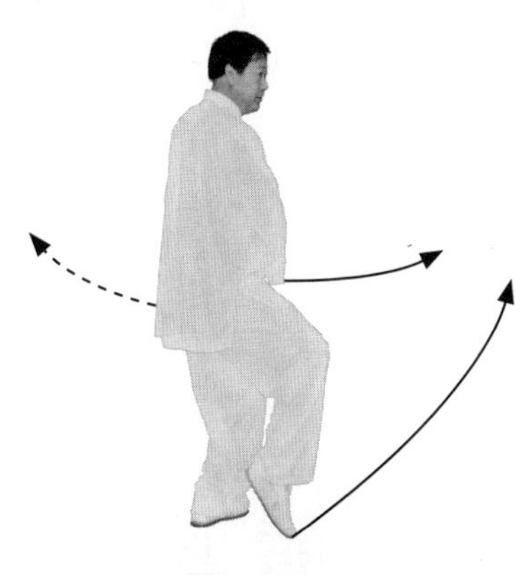

图2–248

（2）分手起脚。劲由腰带，右腿直膝向右前分出，意贯脚尖，高过于胯；同时，两手臂从下向前后一字分出，右手指尖向前，掌心斜向下，高与肩平；左手指尖向后，掌心向外，略高于肩（图2–249）。

图2–249

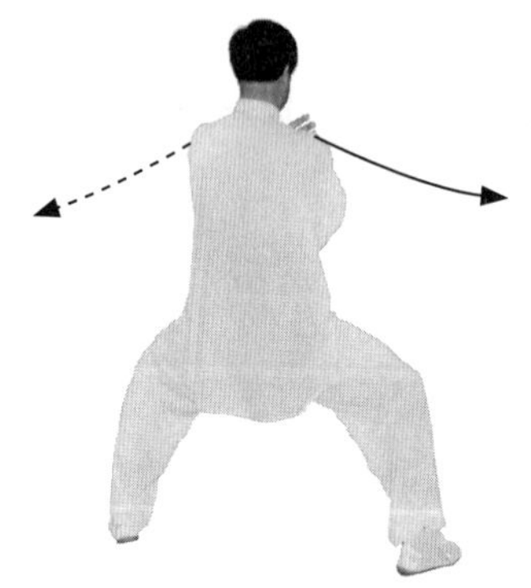
图2–250

（3）落腿退步。紧接着，右脚落于左脚内侧，左脚向左退一大步成马步桩，随即，两手臂下落向前上弧线抄于胸前呈十字形，左手在外，右手在里，掌心都向里，距身体30厘米左右（图2–250）。

（4）马步分手。继而，松腰塌胯，脚尖内扣，两膝外撑，开裆下势至大腿与小腿成90° 的大马步；同时，两手掌内旋变掌心向外，立掌分向左右推出，高与肩平；双目平视（图2–251）。

要点

（1）步随身换，脚尖点地，虚实分明。

（2）两手逆向拧转，意贯手指，产生“刚钩劲”，以提高擒拿效果。

图2–251

第33式　右白鹤亮翅

（1）俯身前抱。接图2-251动作，身体微起，两掌翻腕向前探抱，身体略前倾，含胸拔背，如抱一大气球至中丹田（即膻中穴）；目视前下方（图2-252）。

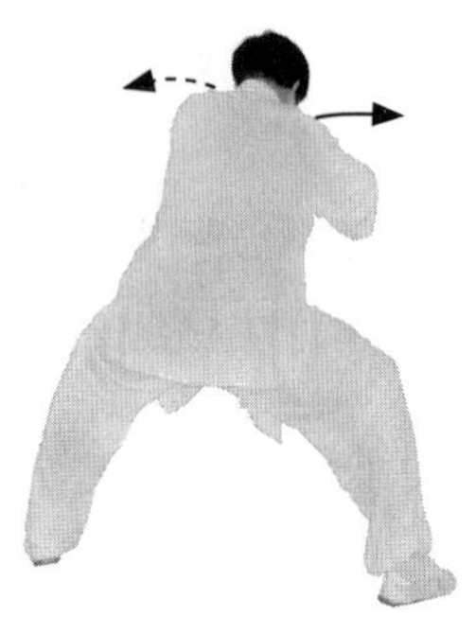

图2-252

（2）直立双臂。两脚蹬地，身体拔起，复开裆下势，圆裆外撑，落回到大马步桩；同时，两手臂随动上提至耳旁，再翻手腕下落分向左右舒胸亮出，平肩一线，掌心都向上，劲贯四梢；目视左手方向（图2-253、图2-254）。

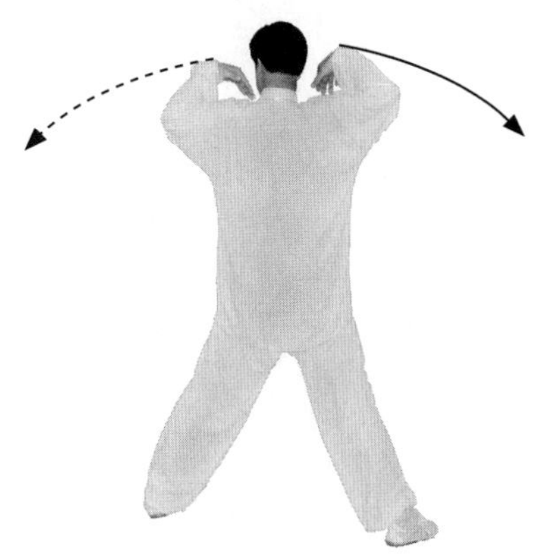

图2-253

图2-254

（3）起落翻扣。动作不停，两脚蹬地，身体拔起，复开裆下势，圆裆外撑，落回到大马步桩；同时，两手臂旋腕转膀翻扣为掌心向下，意沉地面，混元一体；目视右手（图2–255）。

（4）右弓外旋。右拧腰，蹬左足，弓右膝垂直不超过脚尖时向右外旋转半圆；同时，意贯右手指前探（图2–256）。

（5）开胯下拉。腰向左旋拉，左膝外撑，右脚对蹬，开胯成大仆步，躯干正直；同时，右掌外旋变掌心向左，以小手指领意顺势下沉至右足内侧导引足三阴回挂于大腿处；左手向右上举过头顶，掌心向右，指尖向上，与右手上下垂直一线，对称拉长；目视右下方（图2–257）。

（6）弓膝左扣。腰右转，弓右膝，蹬左脚，左脚尖随之内扣45°成右弓步；同时，左臂催劲由肩而肘而腕至掌从上向前扣拍，掌心向下，与肩同高；右手随动往上划弧至左腋下；目视左手前方（图2–258）。

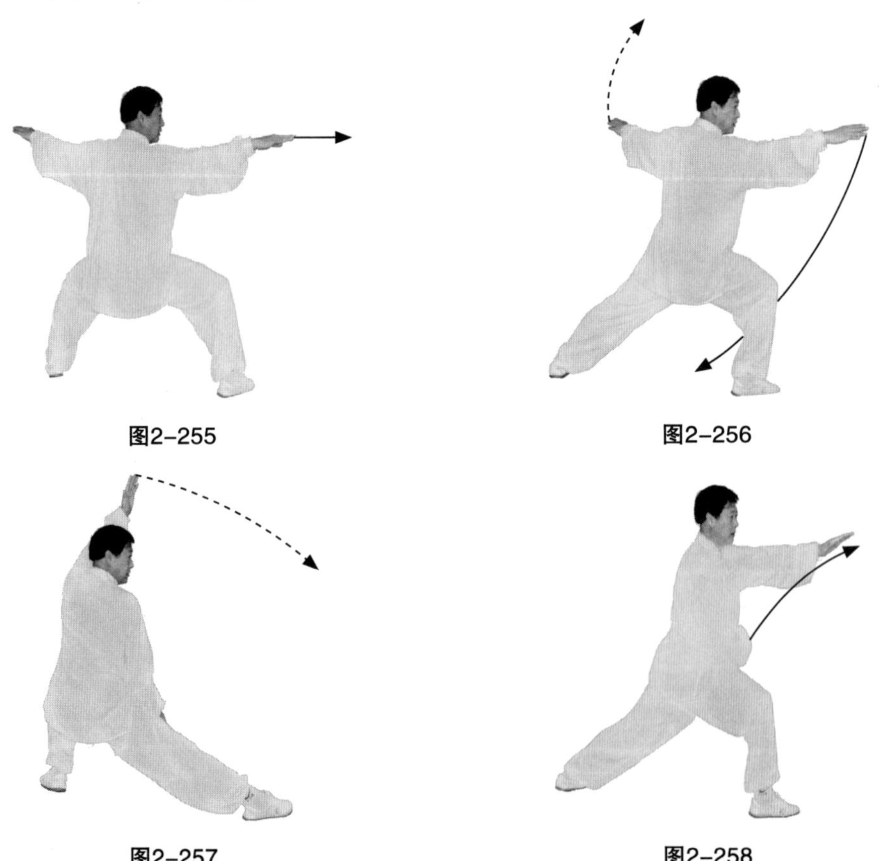

图2–255　图2–256

图2–257　图2–258

（7）右掌单分。上动不停，右掌向前上方弧线分出，掌心向上，与左掌平行，两掌与肩同宽（图2–259）。

（8）双臂齐亮。左转腰，坐身开胯，左膝外撑重心移至左腿，复而右转腰，弓右膝，蹬左脚成右弓步；同时，两手臂顺落于两髋旁，掌心都向里。随即，以劳宫穴导引冲脉上提至两耳旁时向前齐亮，两手臂平行，高与肩平。在亮的过程中，左掌外旋变掌心向上，右掌内旋变掌心向下；眼随手环视，定势时双目平视（图2–260、图2–261）。

图2–259

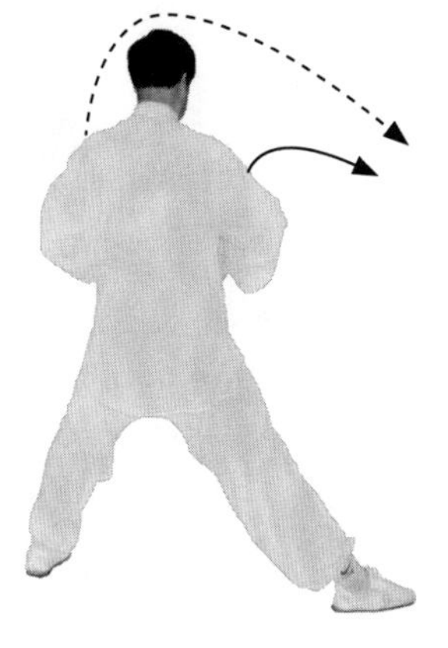

图2–260

图2–261

要点

与第30式左白鹤亮翅相同。

技击含义

如对方右脚踢来，我即刻以左手挂搂其脚腕向上托起，趁势右掌紧跟扑面掌，使其失去平衡后仰倒地（图2–262）。

图2–262

第34式　海底捞月

动作及要点与第31式同（图2–263～图2–266）。

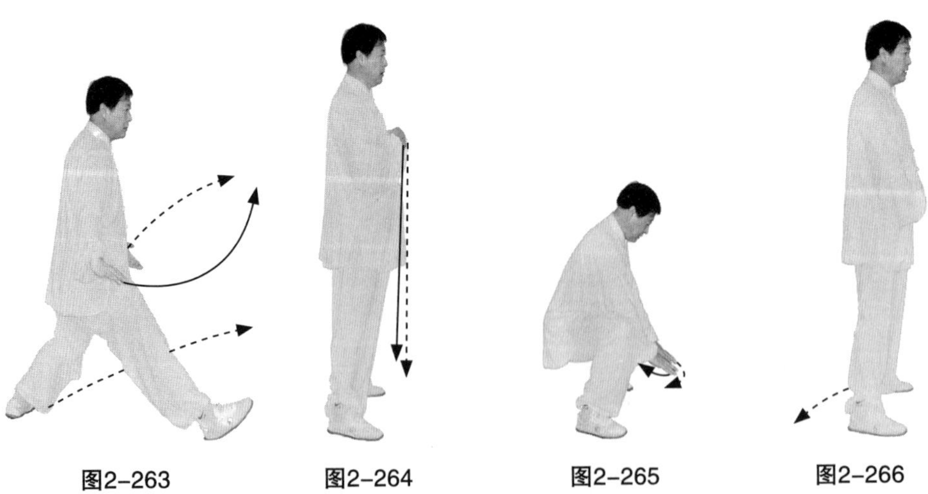

图2–263　图2–264　图2–265　图2–266

第35式　摆莲脚

（1）退步蓄劲。接图2-266动作，腰左旋拉，左脚撤半步至右脚跟后，左脚踩实，随即右脚尖点地；同时，左拳外旋，右拳内旋，拳眼相对拧合于左腰间蓄劲；目视右前方（图2-267）。

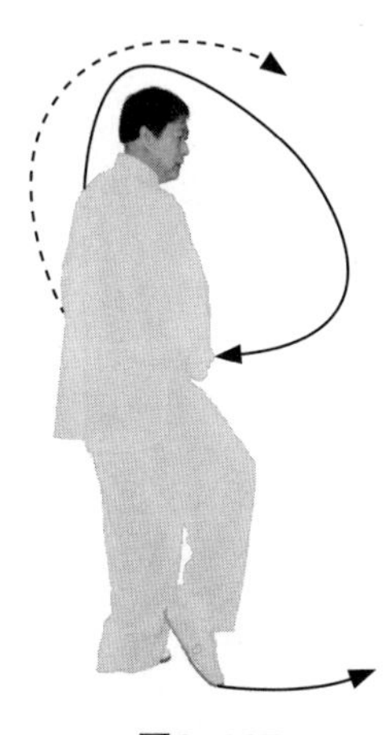

图2-267

（2）迈步拍脚。上动不停，右脚前迈一小步，右拳变掌，以掌背、前臂为力点从腰间往上经过面部向前下拍出；左脚尖绷直向前上踢出；同时，左掌由后而上而前拍击左脚面；目视左脚尖（图2-268、图2-269）。

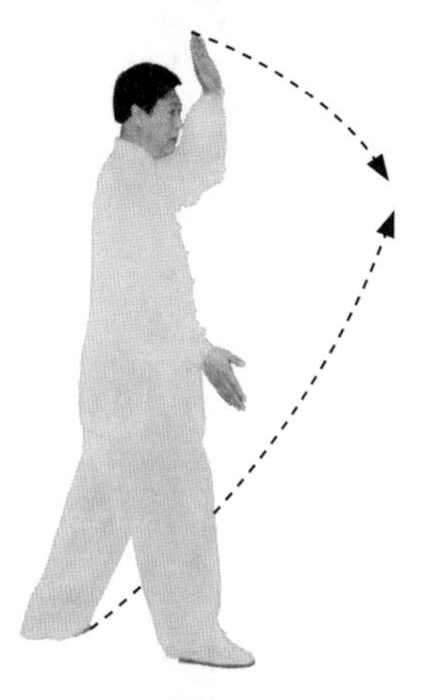

图2-268

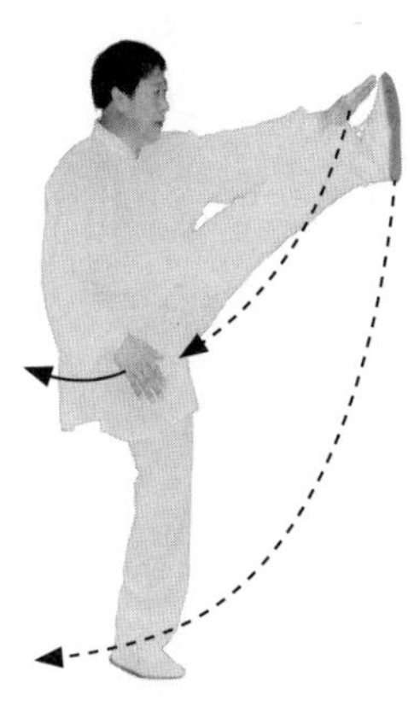

图2-269

（3）转身一圈。紧接着，腰右转，以右脚掌为轴向右后回转360°，左脚随转动之惯性脚尖内扣落于右脚后，随即重心左移，右脚尖点地；同时，左掌随转体向右后划弧与右掌一同变拳拧合蓄劲于左腰间；眼随左手转视，定势时目视右前方（图2-270、图2-271）。

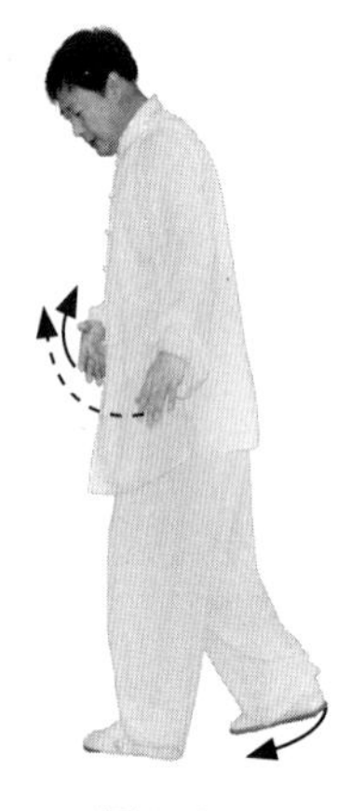

图2-270

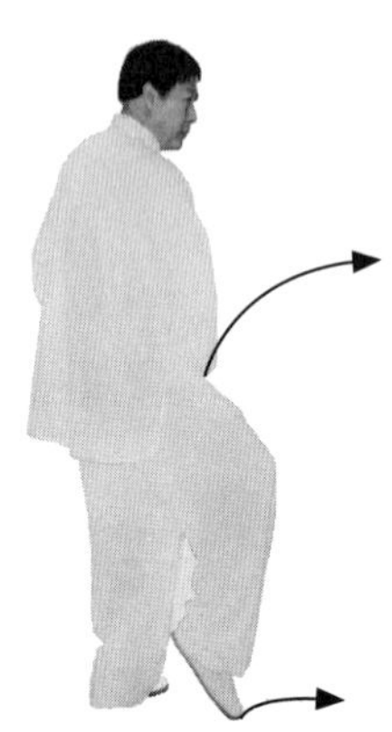

图2-271

（4）迈步平抹。右脚向前迈一小步。两拳变掌，掌心都向下，在右转腰的带动下向前、向右侧横平抹圆，并使身体重心前移至右腿再回坐到左腿上；目视右手方向（图2-272、图2-273）。

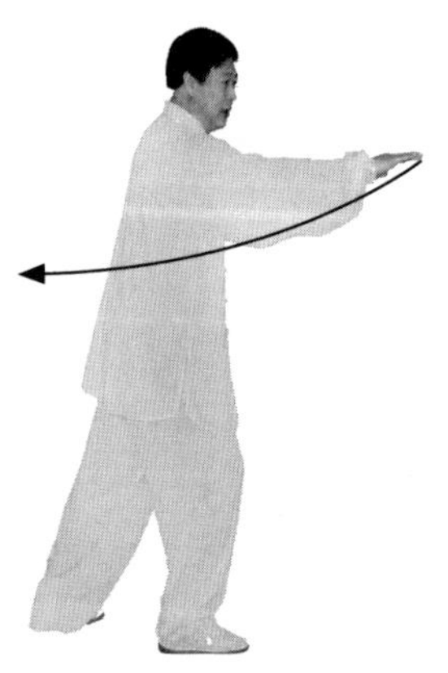

图2-272

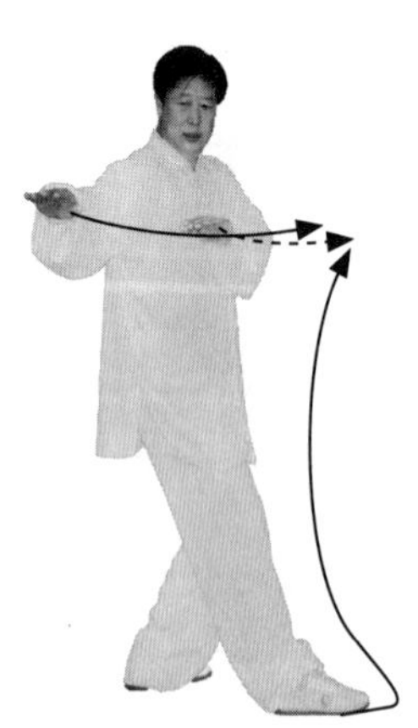

图2-273

（5）提腿摆莲。腰左旋拉，提右腿直膝意贯脚外沿由下向左、向上、向右高过面部弧线摆出；同时，两掌由右向左与右腿逆向在面前拍击脚面；眼随动环视（图2–274）。

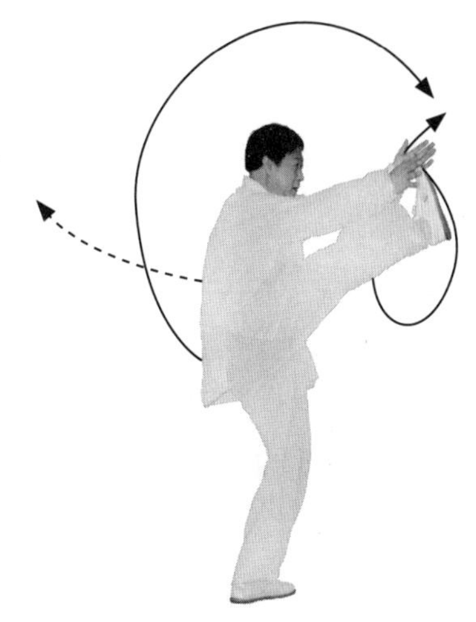

图2–274

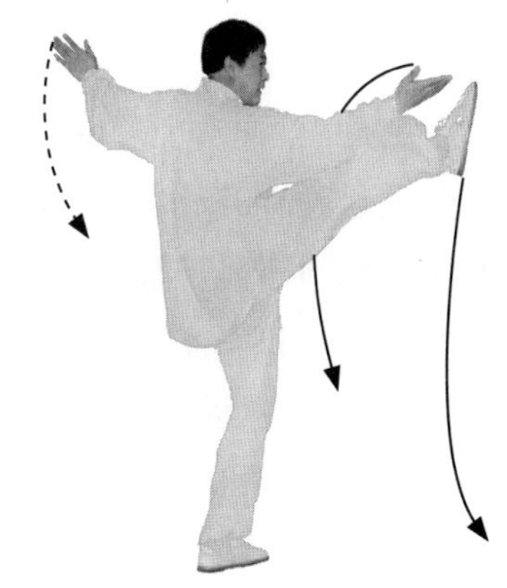

图2–275

（6）翻掌再拍。周身松沉，右腿屈膝落下不触地再向前上弹踢，高于面部；同时，屈右肘，右掌下落再向前上翻掌外旋，以掌背单击右脚面，左掌与右掌前后对称分于身体左侧；目视右脚方向（图2–275）。

要点

（1）旋转360°时，要利用好左脚的惯性，稳住重心，凝神聚气。

（2）腰胯带动右腿，向上、向右横摆与逆向的两手在空中产生合力拍响，再翻手背击响脚面。

（3）标准的动作要发出“啪—啪—啪”有节奏的3个响声。

第36式 双击掌

（1）落腿落手。接图2-275动作，右脚收回独立后再向前迈一大步；同时，两手臂松沉下落，右手至大腿前，指尖向下，掌心向里；左手至身体左后侧，指尖向下，掌心向里；目视右手（图2-276）。

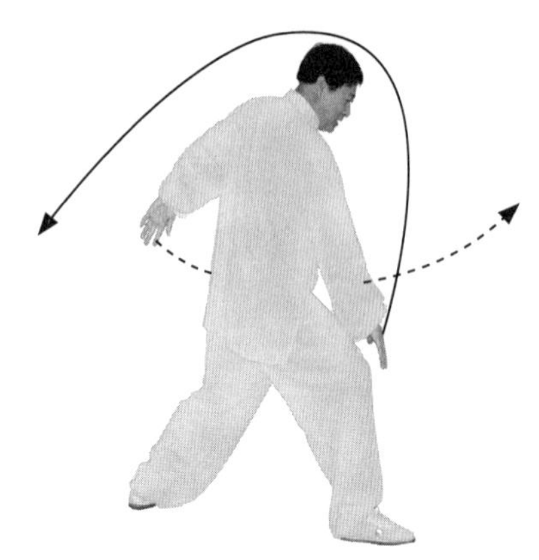

图2-276

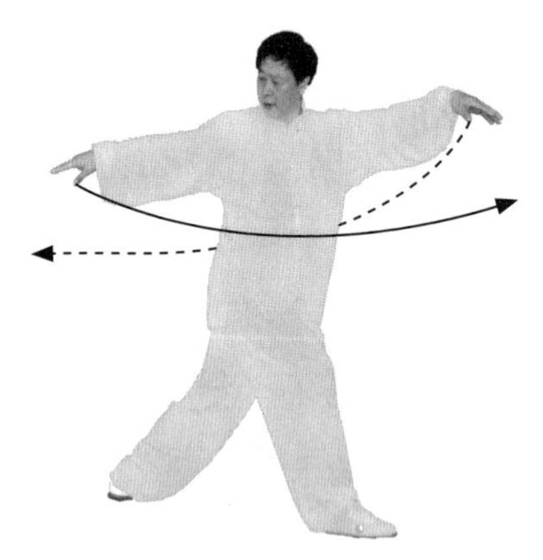

图2-277

（2）右转一击。弓右膝，蹬左脚成右大弓步，腰向右上后旋拉，带动右臂向上过头向后甩出，与肩平高，掌心向下；同时，贯劲左手臂由下向前上击出，高与肩平，掌心向下，两手臂成一字拗步展开；眼随转体目视右手方向（图2-277）。

（3）左转二击。腰胯下塌，重心下沉，腰左旋拉，引带左掌往下朝左沉採至与肩平高，掌心向下；腰胯劲催右臂由后下向前上击出，与肩平高，掌心向下；同时，随腰转拉两脚掌略离地速左转成大马步桩；目视右前方（图2-278）。

图2-278

（4）捏勾立掌。左掌拢指捏成勾手；屈右肘，右掌向内翻手划一弧举起成立掌，掌心向左，指尖向上，右前臂与右膝上下垂直一线，肘与膝合；同时，身体随上肢立掌而起，与肘、与膝合且同落，突显起伏一体、周身一家、固元培根之要意；目随右手臂环视（图2–279）。

图2–279

（5）收腿站起。腰略右转，身体前探，右手臂顺落于右脚内侧。腰复而左旋拉，将重心移至左腿，引带右腿收回落于左脚旁，与之平行，略窄于肩宽，腰再右转90°，面向正前；同时，右掌心向里，小手指贯力外挂沿腿内侧导引足三阴提至小腹处松握拳，拳心向里；左勾手变松握拳随起身自然落于左髋旁，拳心向里；双目平视（图2–280、图2–281）。

图2–280

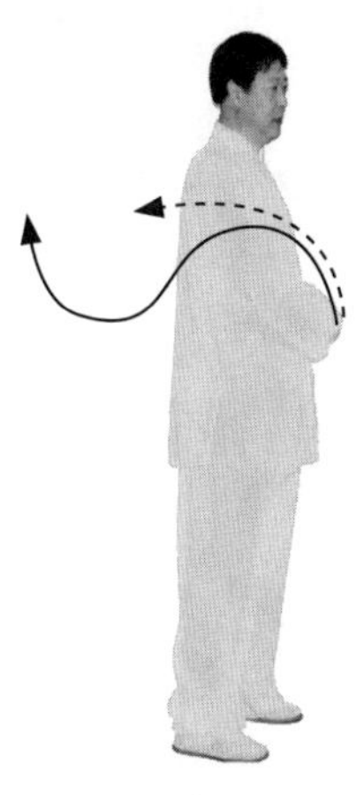

图2–281

要点

（1）在腰的大幅度带动下，右手臂上撩，左手臂前击，必须同时发力，不可散开。

（2）两腿须随上肢发力而快速调换步形，可发声助力，以达劲贯四梢。

（3）要突出由肩而肘、而腕、直贯指尖节节贯穿的鞭梢劲，不可直来直去、僵硬呆滞。

技击含义

（1）如对方用左手向我进攻，我即以右手黏接顺势往右侧捋化之；同时，以左手腕为力点，由下而上点击其胸口或下颌（图2-282）。

（2）如对方用右手向我进攻，我即以左手黏接顺势往左侧捋化之；同时，以右手腕为力点，由下而上点击其膻中穴或天突穴（图2-283）。

图2-282

图2-283

第37式　左右分脚

（1）右转翻拳。接图2–281动作，身体直立，两腿微屈，腰向右后旋拉；同时，右拳顺势翻转拳心向前、向下、向右后方划弧击出，略高于肩，拳心向上；左拳向上内旋经面部屈肘扣于右胸前；目视右拳（图2–284）。

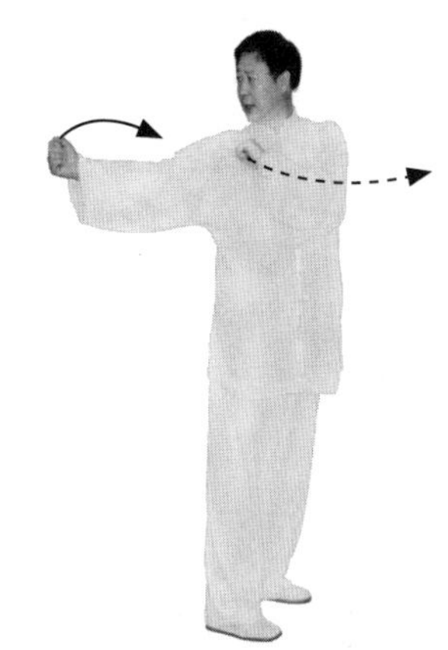
图2–284

（2）左转震脚。左转腰，右脚蹬劲，催劲过胯、腰、背、肩；同时，右臂屈肘，右拳内旋至右耳处蓄劲，经右肩催肘、肘催腕直达拳尖向前拧击；左拳以尺骨为力点向前下截击，再顺右拳击出线路逆行收于右肘窝处；凝气下沉，提右脚震脚；双目平视（图2–285、图2–286）。

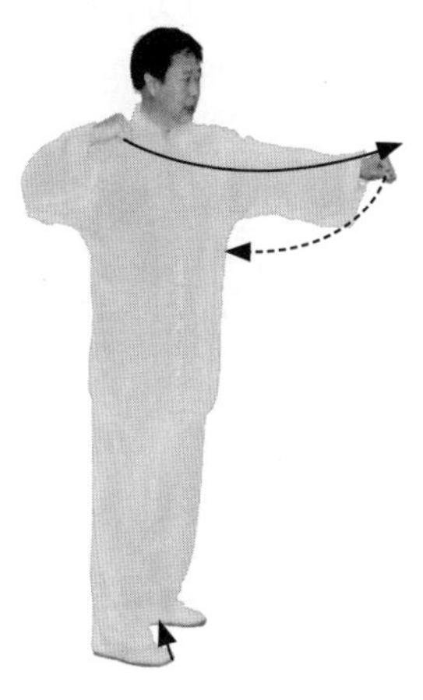
图2–285

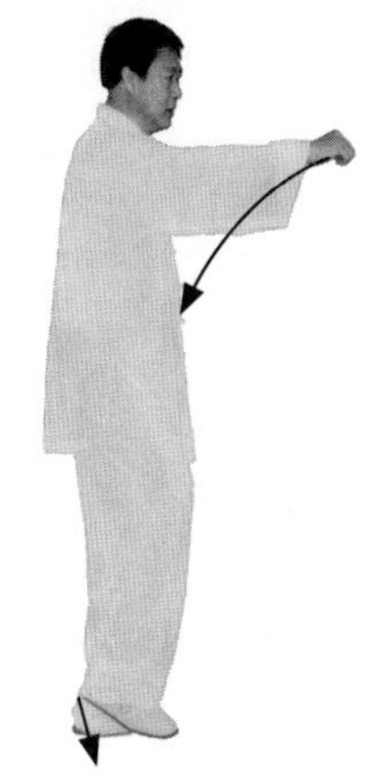
图2–286

（3）合拳再震。腰左旋拉，面向东南方向，两拳随动拧合于左腰间，提右脚再震脚（图2–287）。

（4）分手分脚。不停，右腿直膝，意贯脚尖向东南方向分踢；同时，两拳变掌顺右分脚劲前后一字分开，掌心都向里；目视右脚方向（图2–288）。

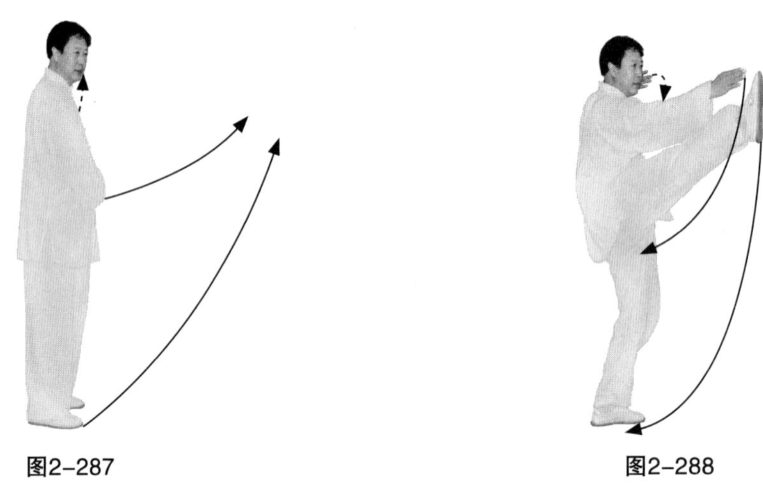

图2–287　　图2–288

（5）落腿右合。右脚回落于左脚旁，腰右转，重心移至右腿，两掌变拳随右转拧合于右腰间，提左脚震脚（图2–289）。

（6）分手分脚。继而，左腿直膝，意贯脚尖向东北方向分踢；同时，两拳变掌顺左分脚劲前后一字分开，掌心都向里；目视左脚方向（图2–290）。

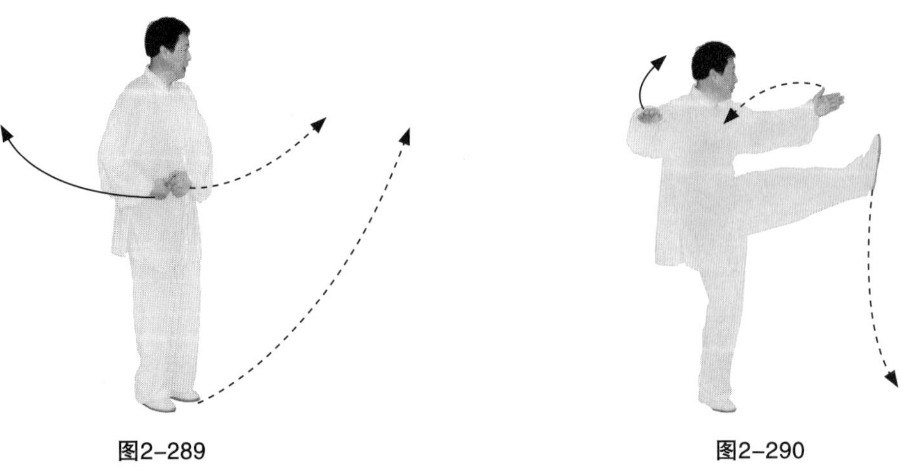

图2–289　　图2–290

要点

（1）震脚要垂直顺遂，不可左右、前后倾斜，意念脚心，即涌泉穴。

（2）左右手相应的左右脚，如有一根无形的皮筋一样相吸相系，同起同落。

（3）脚尖绷直，膝关节处要直，不可弯曲。

技击含义

（1）如对方以左手向我进攻，我即以右手臂掤接，乘势抬右脚分踢其软肋（图2-291）。

（2）如对方以右手向我进攻，我即用左手臂掤之，乘势抬左脚下点其裆，上踢其下颌（图2-292、图2-293）。

图2-291

图2-292

图2-293

第38式　七星捶

动作及要点与第4式相同（图2-294～图2-303）。

图2-294

图2-295

图2-296

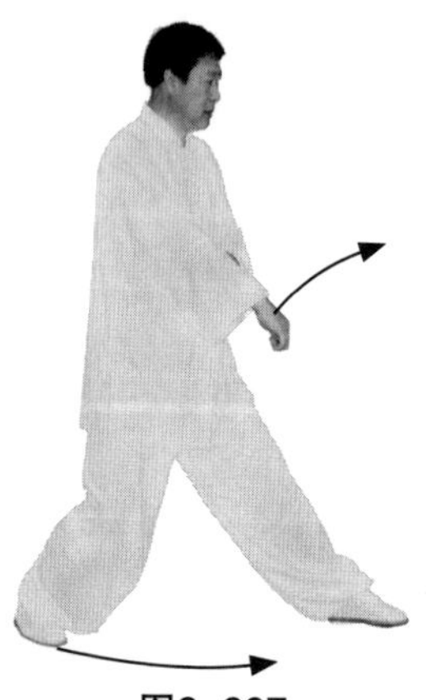

图2-297

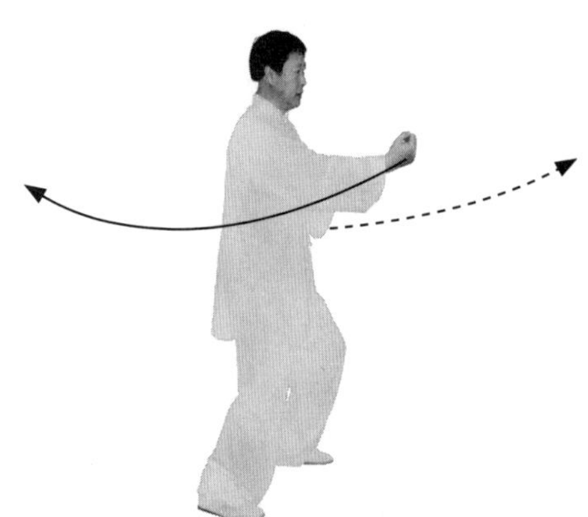

图2-298

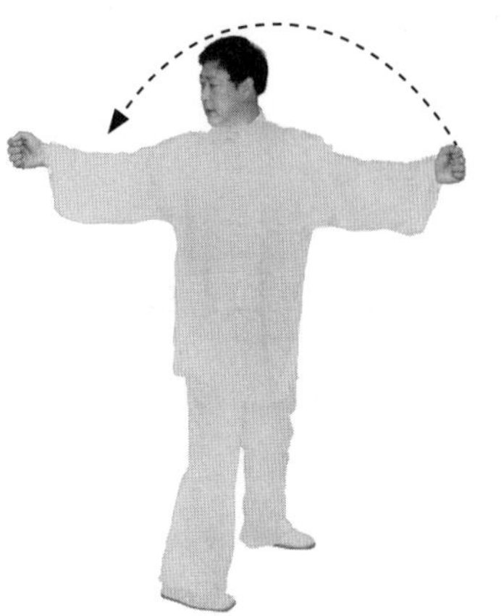

图2-299

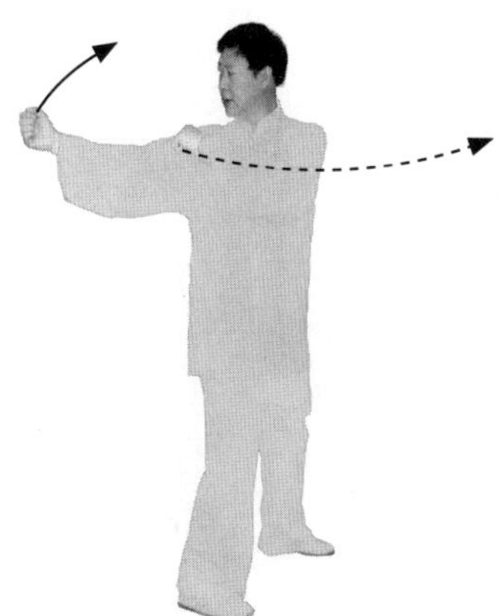

图2-300

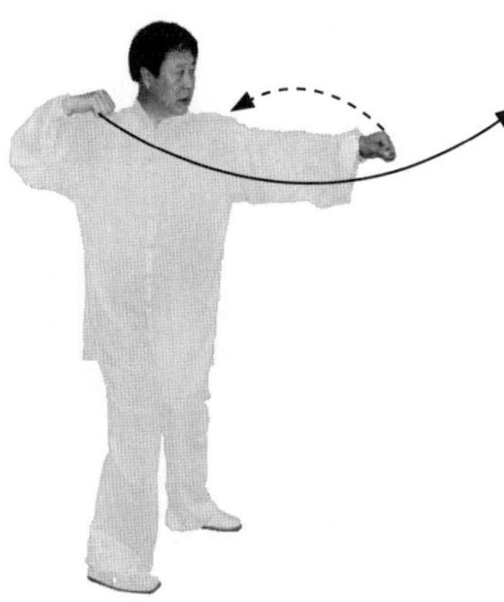

图2-301

图2-302

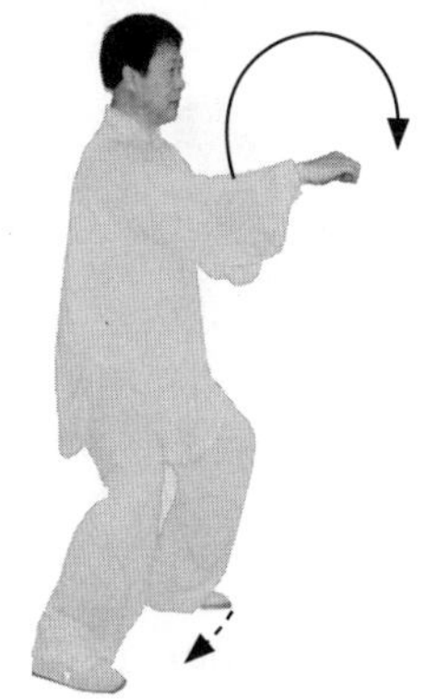

图2-303

第四节

第39式　单腿悬躯

动作及要点与第19式相同，唯方向相反（图2-304～图2-311）。

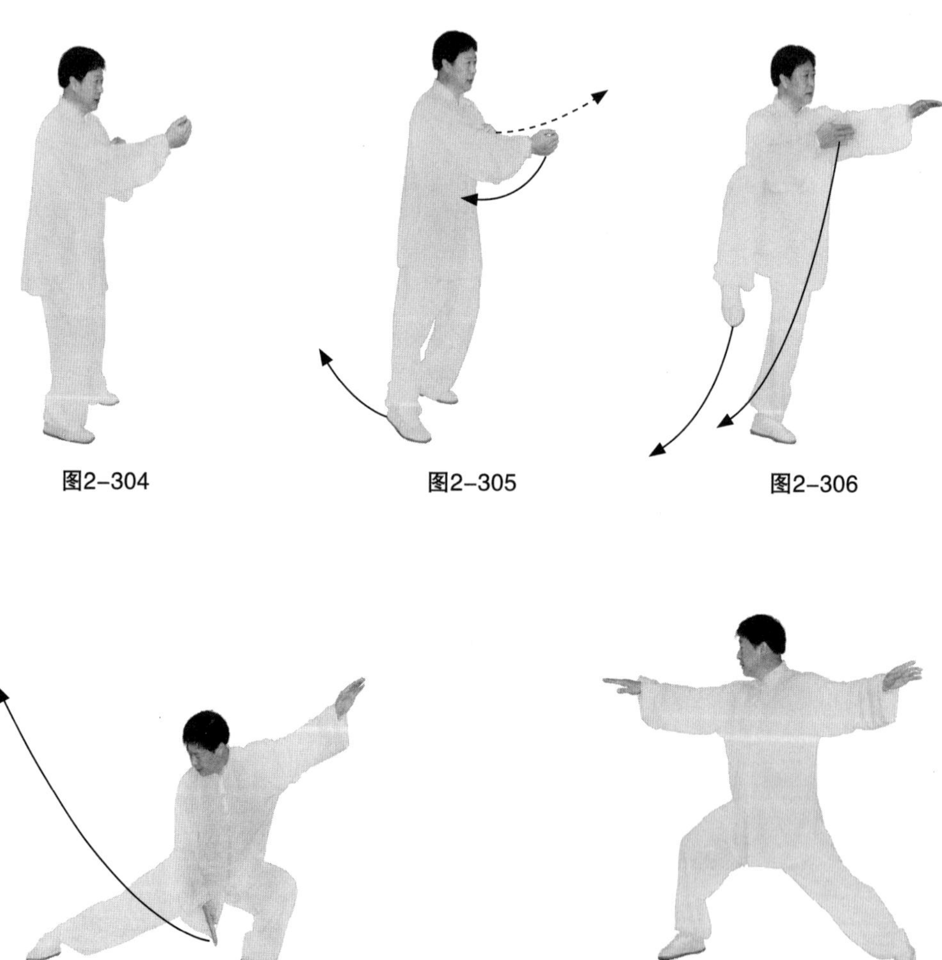

图2-304　图2-305　图2-306

图2-307　图2-308

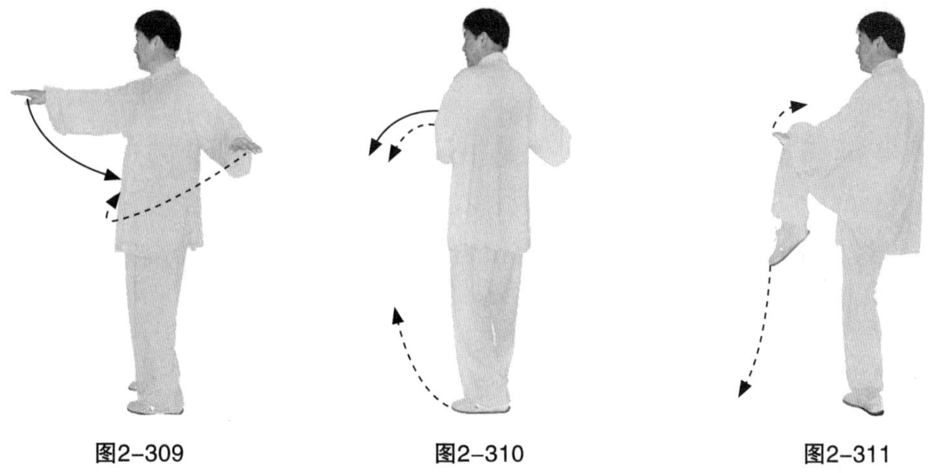

图2-309　　图2-310　　图2-311

第40式　反脱手

（1）迈步甩掌。接图2-311动作，松腰胯，屈右膝，腰向右略转，左脚往左前方迈出，脚跟着地；同时，两掌向右下甩捋；目视左前方（图2-312）。

（2）上步左捋。紧接着，腰左转，上右脚，与左脚平行，两脚比肩略宽；同时，两掌从身前向左平捋，掌心皆向下；双目平视（图2-313）。

（3）拔身右掤。腰再向右上旋拉，身体上拔；同时，右手臂内旋掤截，掌心向外；左掌外旋变掌心向上随动跟至右前臂内侧（图2-314）。

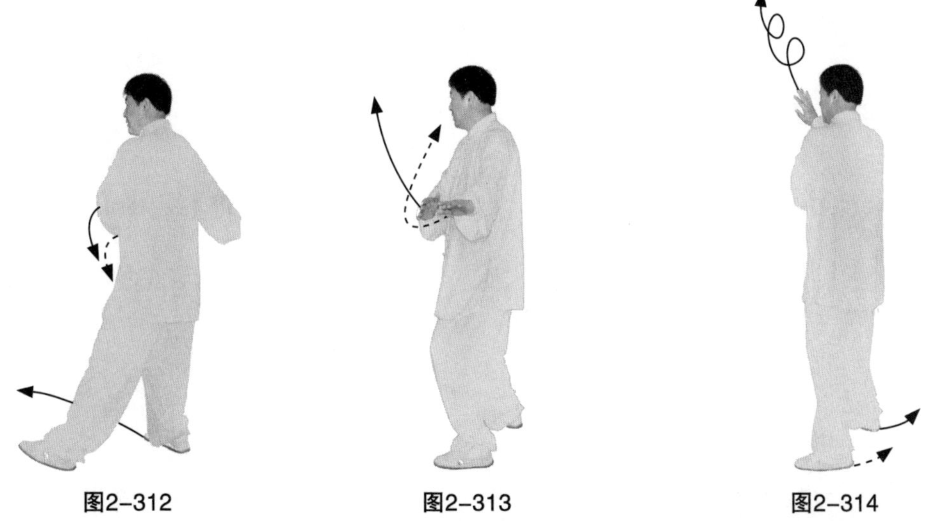

图2-312　　图2-313　　图2-314

（4）螺旋上举。动作加速，腰螺旋上拧，下带两脚跟离地，上催右手臂外旋两圈向上钻举，指尖向上；左手伏贴于右前臂内；眼随右手臂上视（图2-315）。

（5）合手下蹲。动作缓下，重心下沉，两脚踏实，屈膝下蹲至大腿与小腿成90° 小马步，躯干正直；同时，右掌下落至左臂肘窝内侧时握拳，拳心向上；左掌向前上伸出再握拳，拳心向下；两手臂随身体下蹲落下，左肘与左膝相合，右肘与右膝相合；双目平视（图2-316、图2-317）。

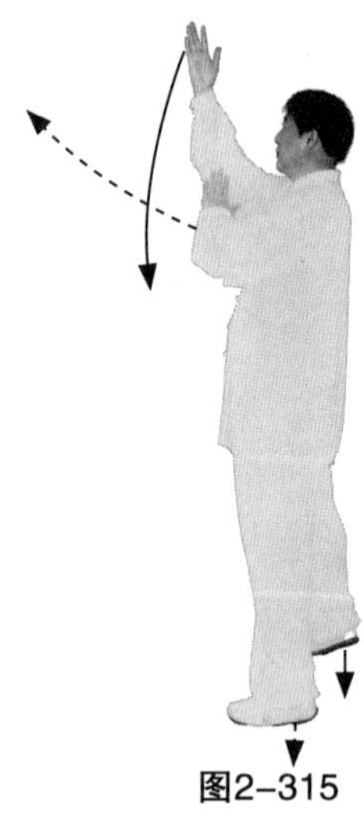
图2-315

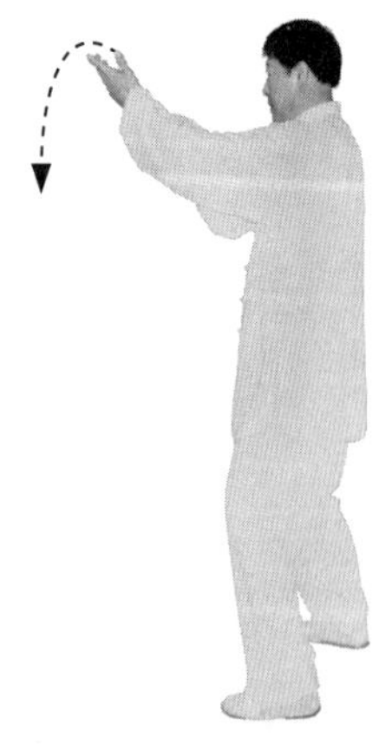
图2-316

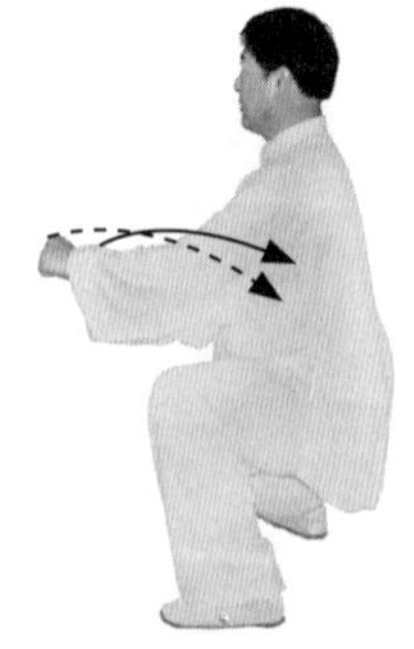
图2-317

要点

（1）在腰的带动下，力由脚起，脚跟离地，螺旋上拧，再通过脊背、肩、上臂、前臂传递到右手指，要节节贯通，不可有断续处。

（2）由上拔加速变为下沉节节放松，缓缓而蹲，在快慢交接之隙注意“劲断意不断”之要义。

第41式　磕脚

动作及要点与第21式相同，唯方向相反（图2-318～图2-320）。

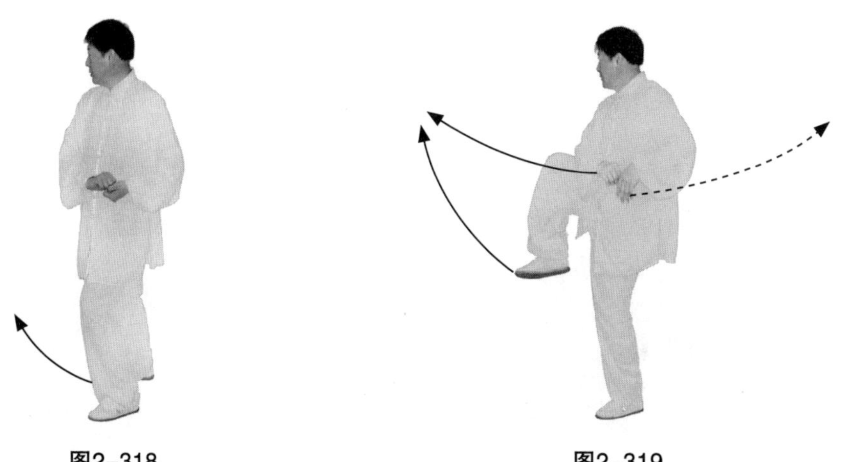

图2-318　　图2-319

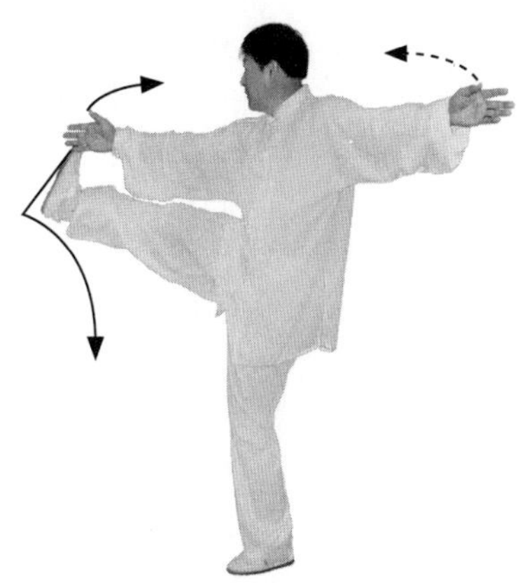

图2-320

第42式　狮子张嘴

动作及要点与第22式相同，唯方向相反（图2-321、图2-322）。

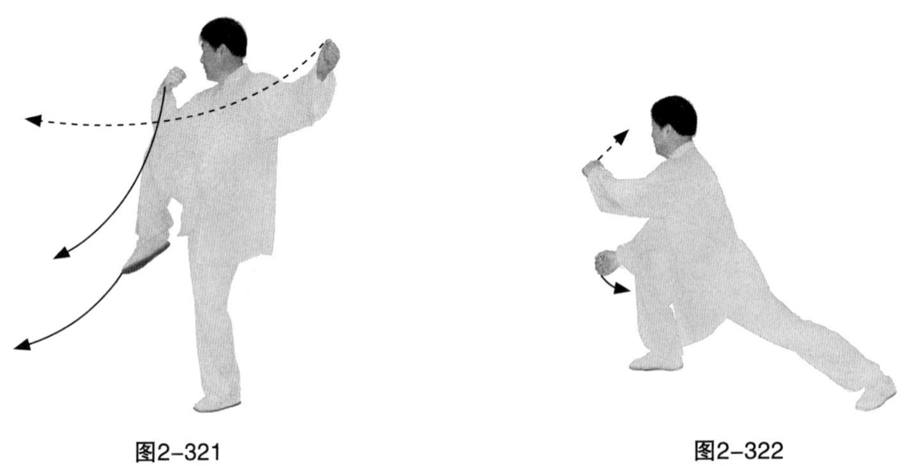

图2-321　　图2-322

第43式　退步跨虎

（1）（2）动作及要点与第23式（1）（2）相同，唯方向相反（图2-323～图2-325）。

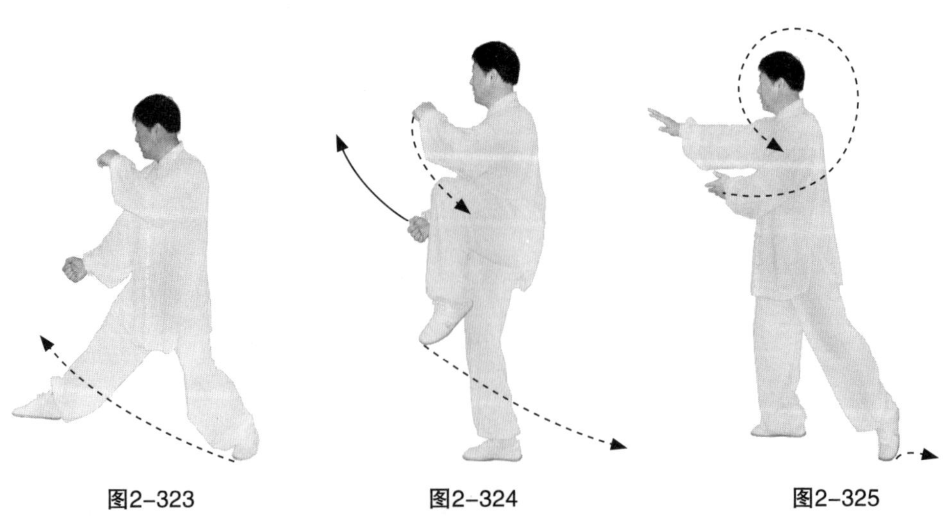

图2-323　　图2-324　　图2-325

（3）跳跃仆步。随动，左脚掌蹬地带右腿向左侧平行前跳，直接屈右膝、伸左腿成仆步；同时，左掌向下内旋变掌心向下，再向左上方过头时内旋变掌心向上，继而向右下落于小腹前，整体划出一立圆；右掌自然下按，落至左掌下面，手背相对；目视左前下方（图2-326、图2-327）。

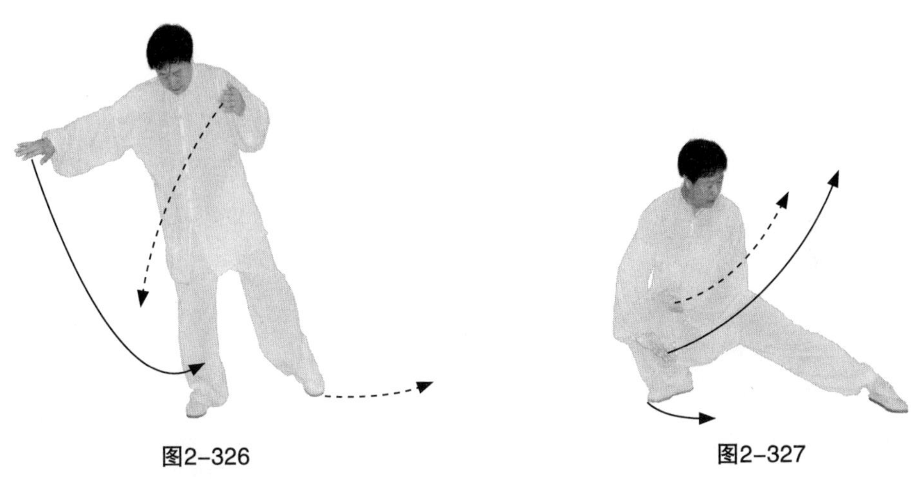
图2-326　　图2-327

余下动作及要点与第23式（3）（4）（5）（6）（7）相同（图2-328～图2-332）。

图2-328

图2-329

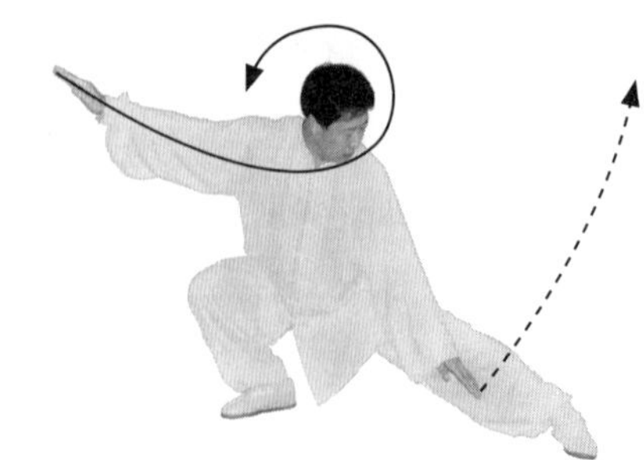

图2-330

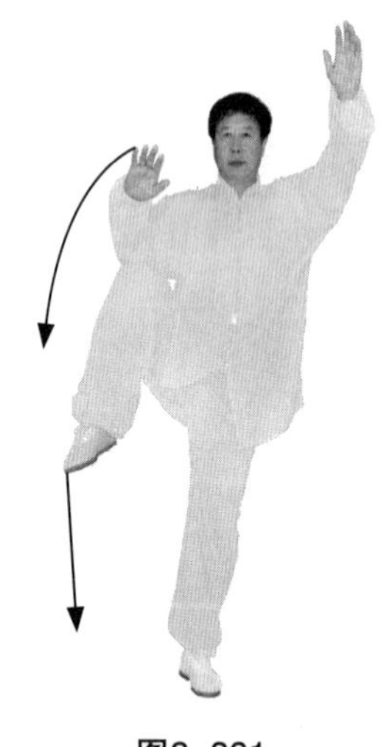

图2-331

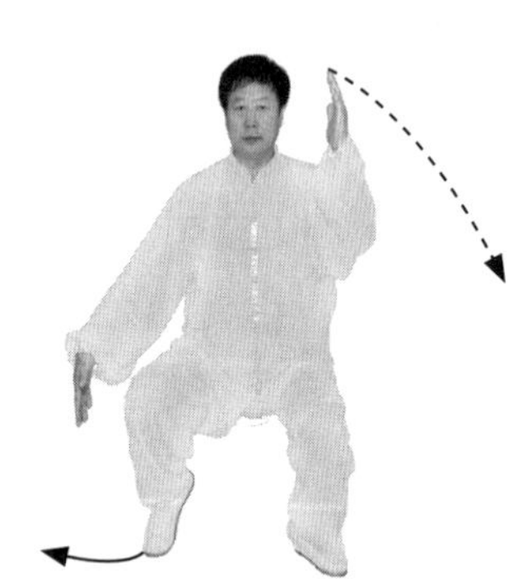

图2-332

第44式　披身

动作及要点与第24式相同，唯方向相反（图2-333～图2-338）。

图2-333

图2-334

图2-335

图2-336

图2-337

图2-338

第45式　狮子张嘴

动作及要点与第25式相同，唯方向相反（图2-339、图2-340）。

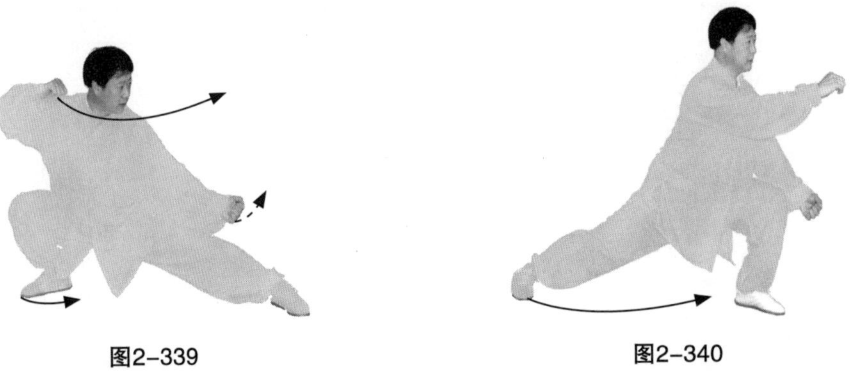

图2-339

图2-340

第46式　玉女穿梭

动作及要点与第26式相同，唯方向相反（图2-341～图2-348）。

图2-341

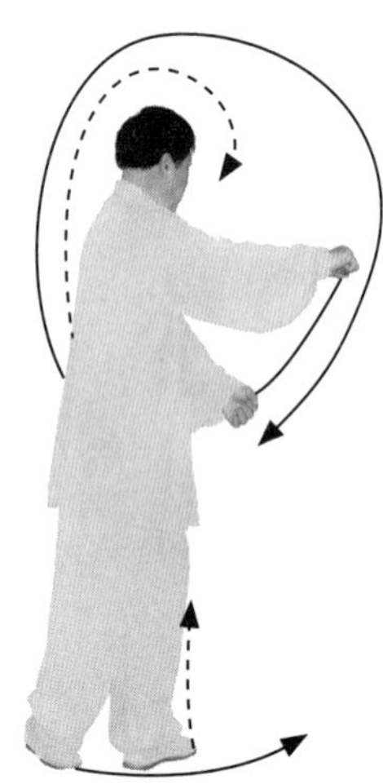

图2-342

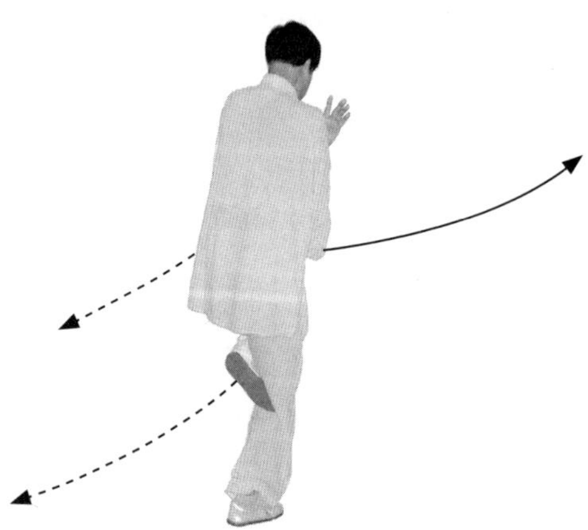

图2-343

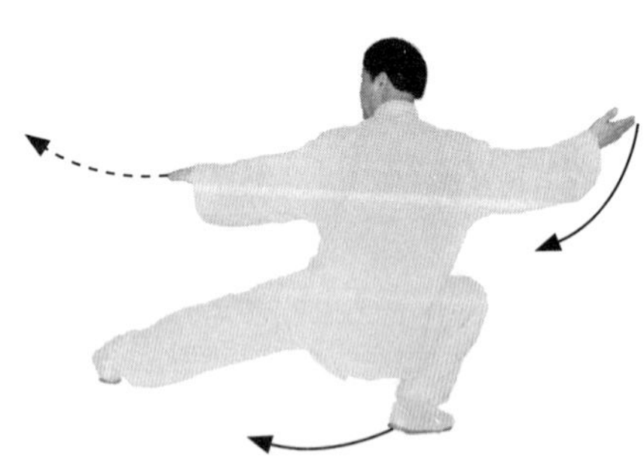

图2-344

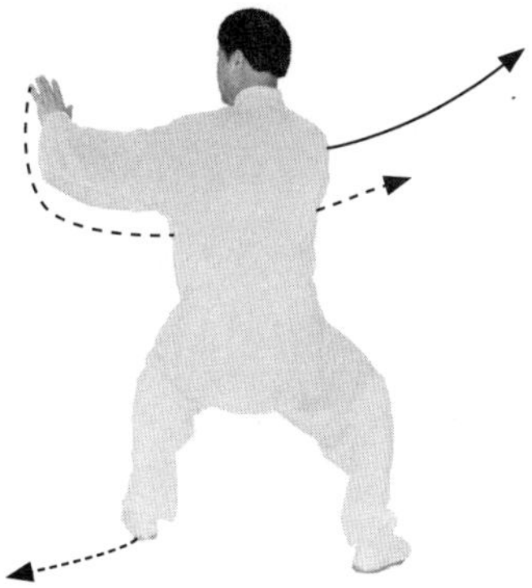

图2-345

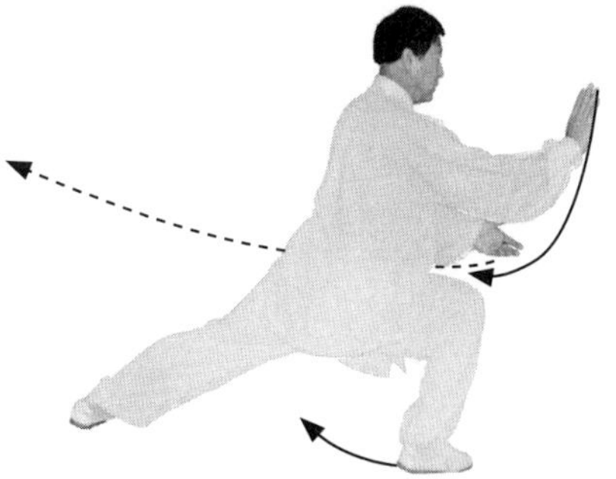

图2-346

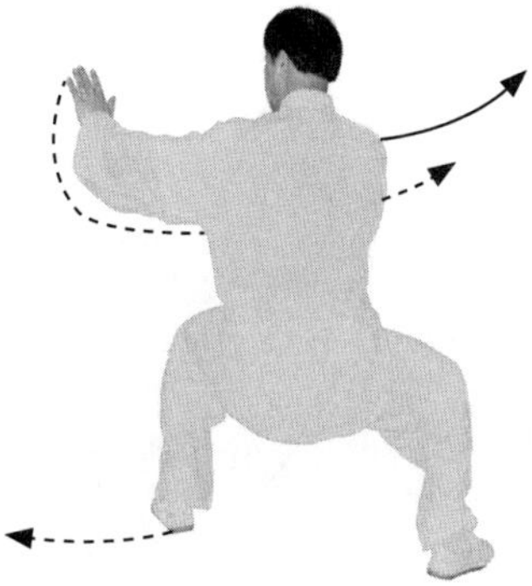

图2-347

图2-348

第47式　左右金鸡独立

动作及要点与第27式相同，唯方向相反（图2-349 ~ 图2-364）。

图2-349

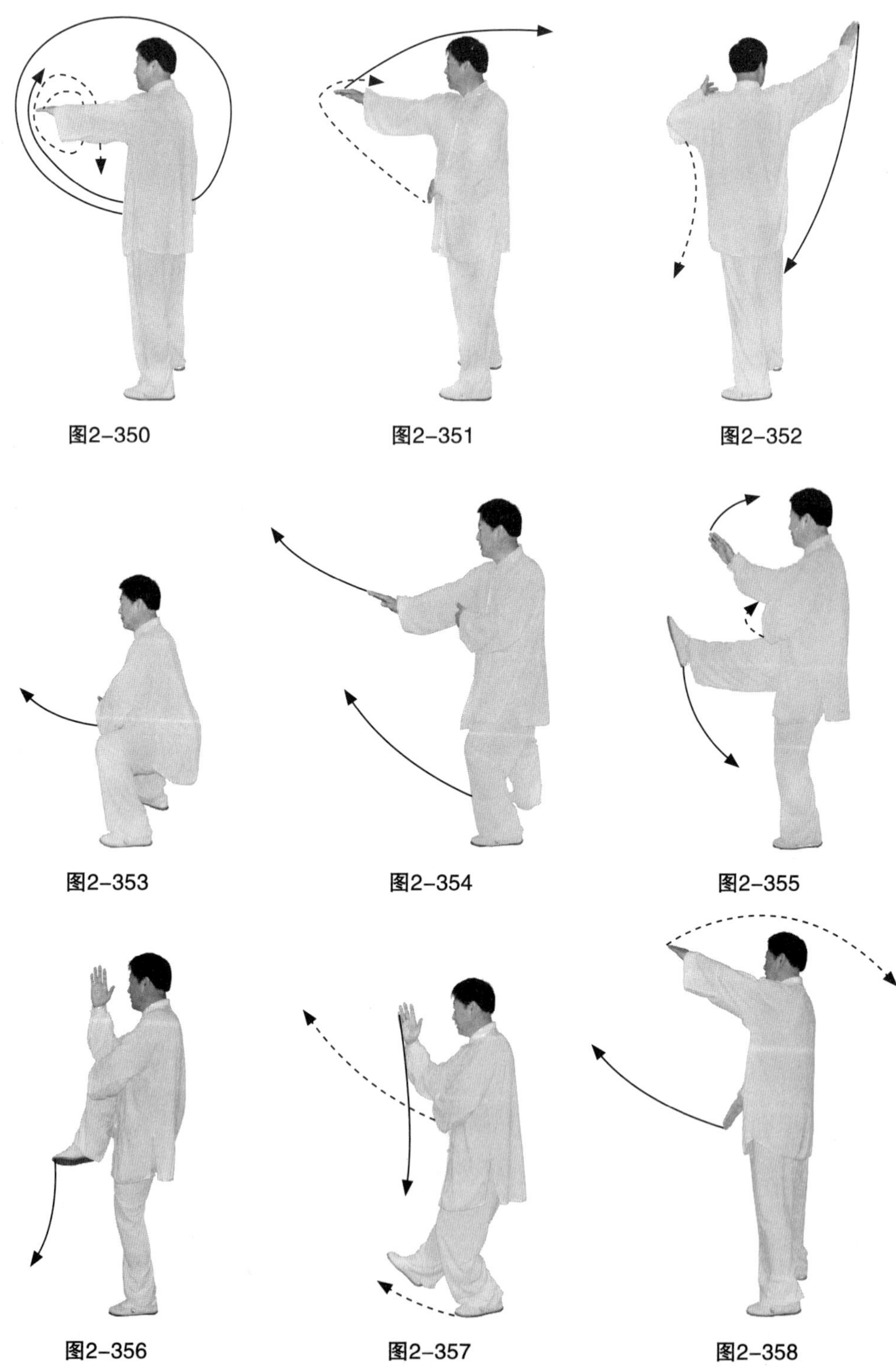

图2-350 图2-351 图2-352

图2-353 图2-354 图2-355

图2-356 图2-357 图2-358

图2-359

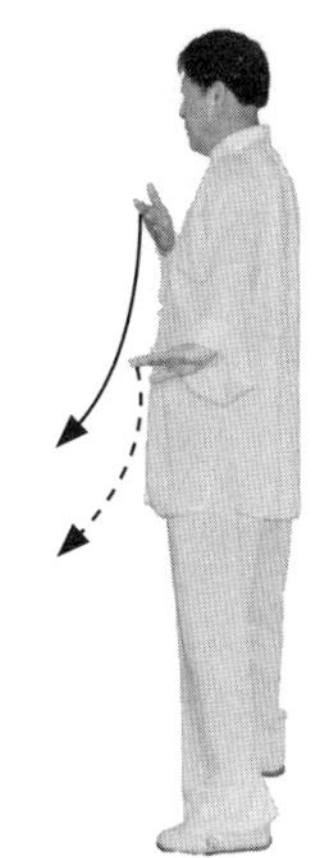
图2-360

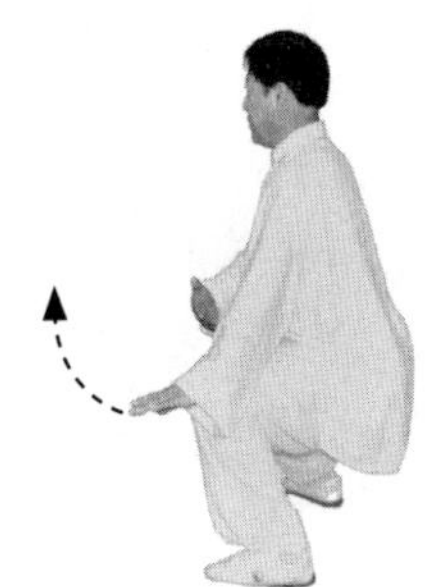
图2-361

图2-362

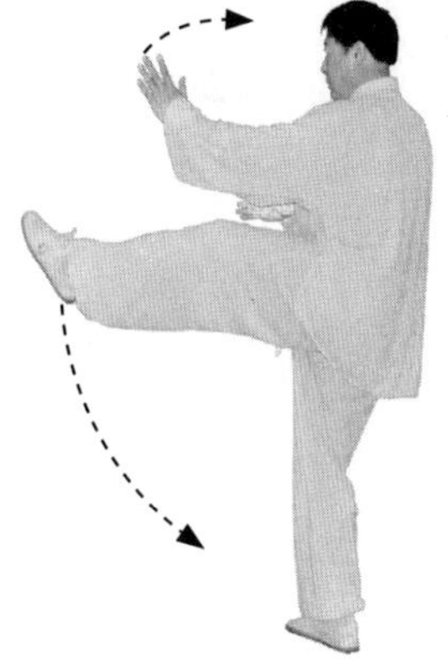
图2-363

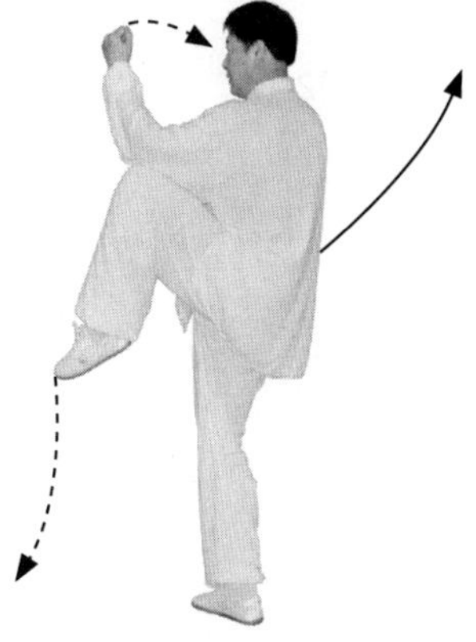
图2-364

第48式　左右狮子张嘴

动作及要点与第28式相同，唯方向相反（图2-365～图2-371）。

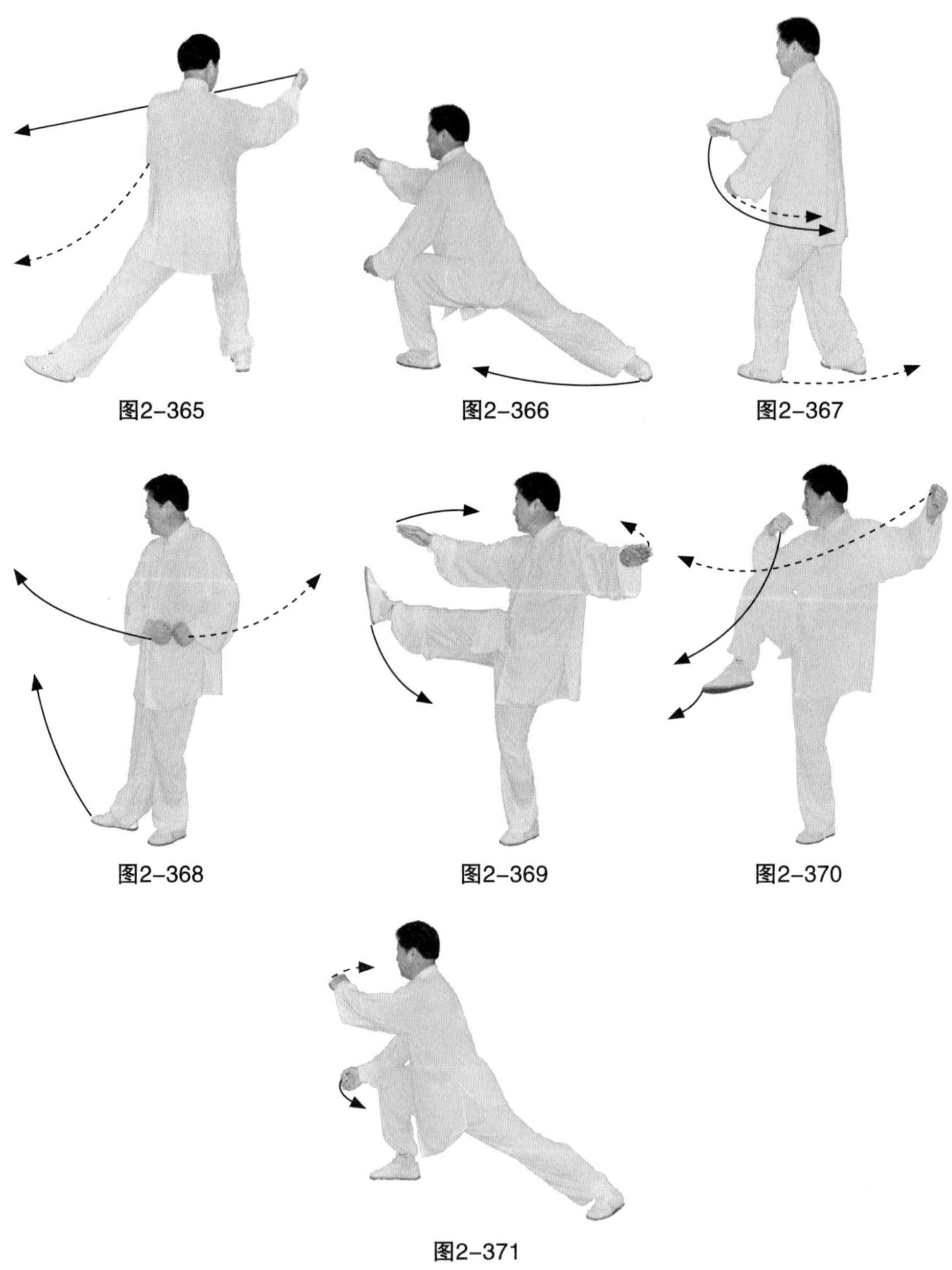

图2-365

图2-366

图2-367

图2-368

图2-369

图2-370

图2-371

第49式　左分手

动作及要点与第29式相同，唯方向相反（图2–372～图2–375）。

图2–372

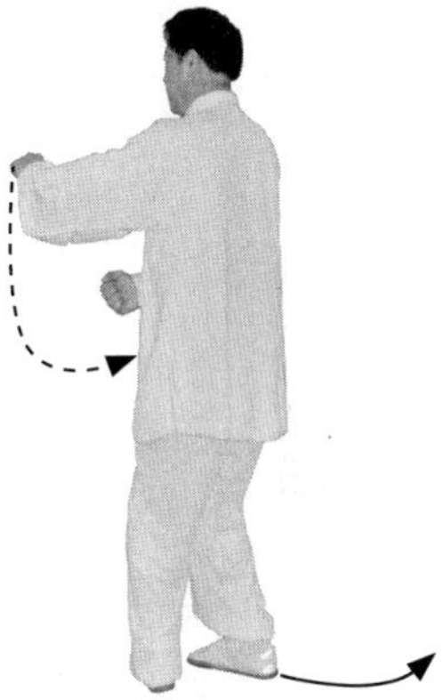

图2–373

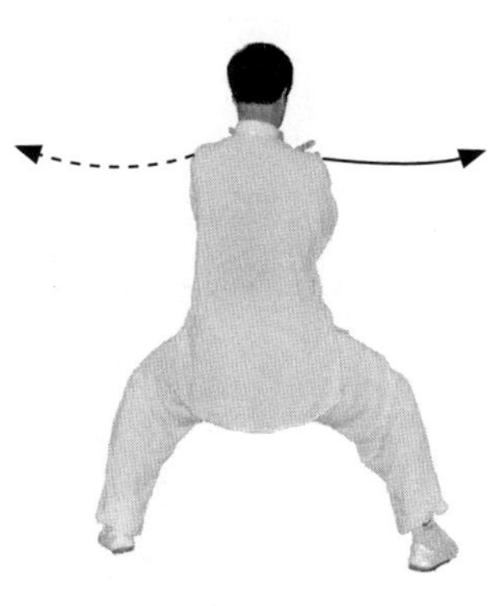

图2–374

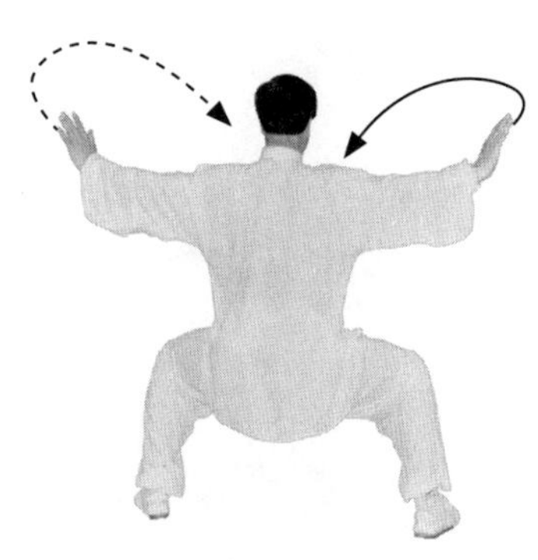

图2–375

第50式　左白鹤亮翅

动作及要点与第30式相同，唯方向相反（图2–376 ~ 图2–387）。

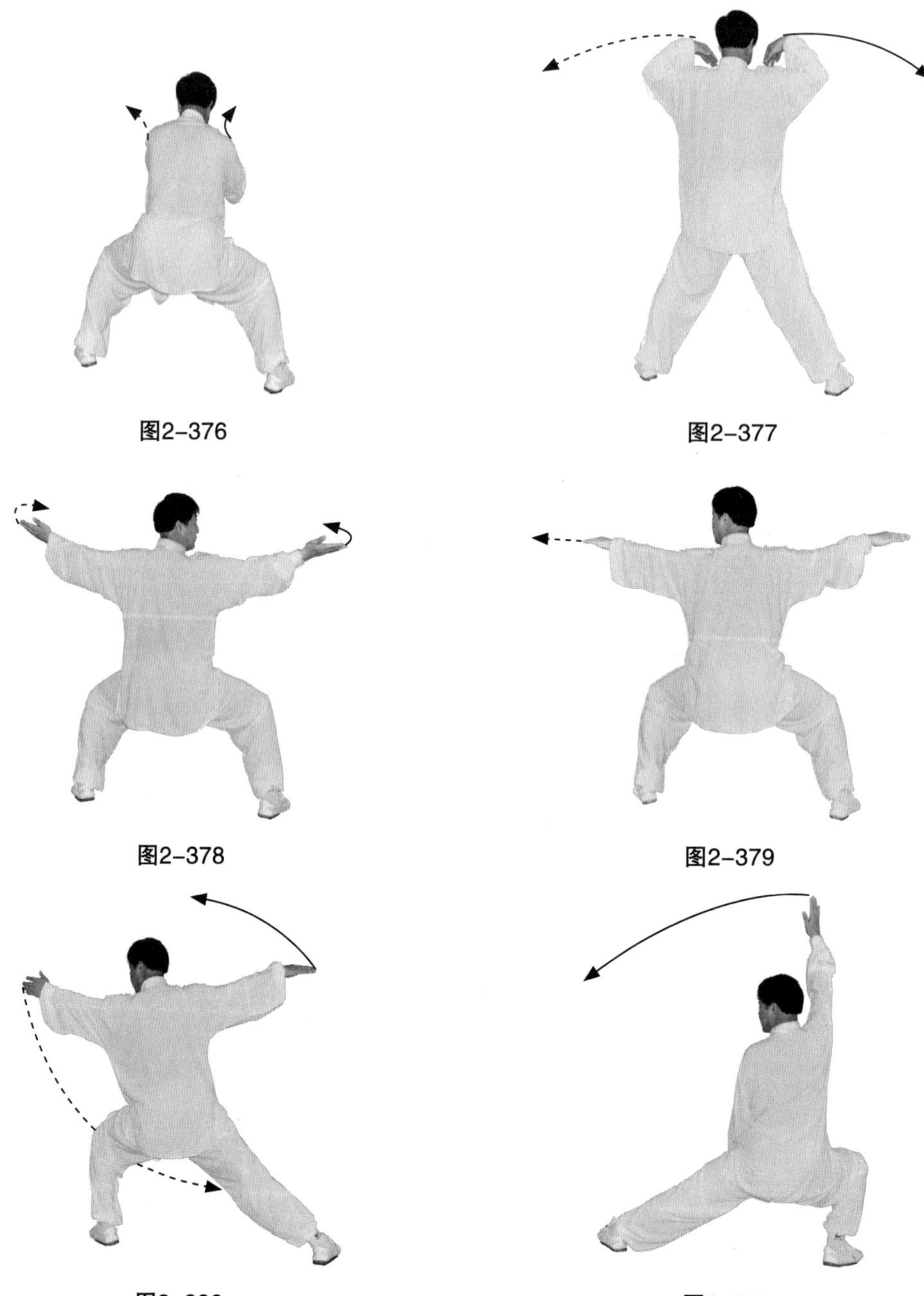

图2–376

图2–377

图2–378

图2–379

图2–380

图2–381

图2-382

图2-383

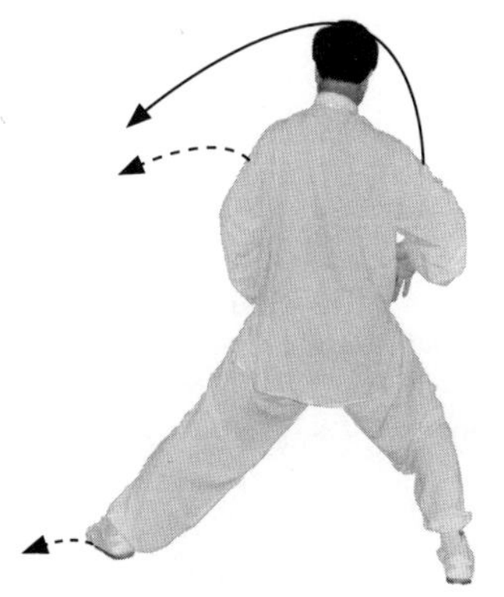
图2-384

图2-385

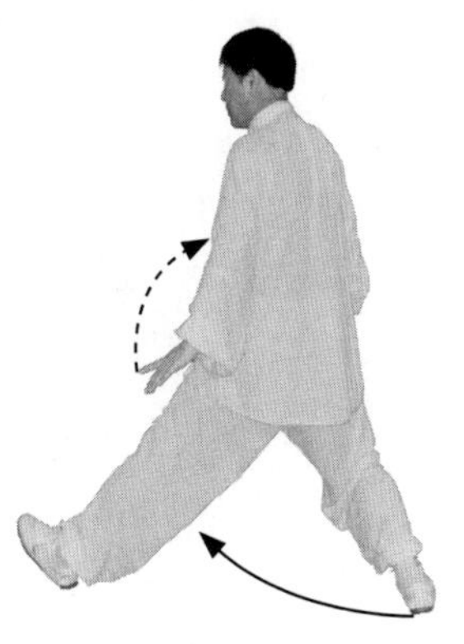
图2-386

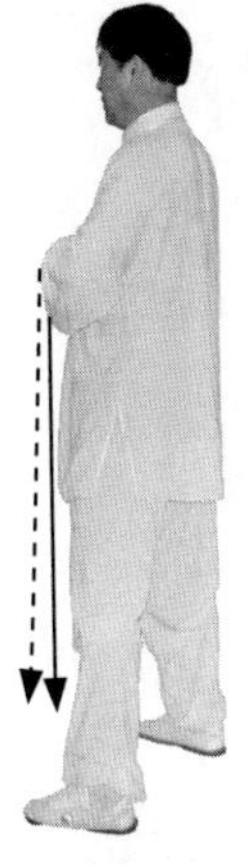
图2-387

第51式　海底捞月

动作及要点与第31式相同，唯方向相反（图2–388、图2–389）。

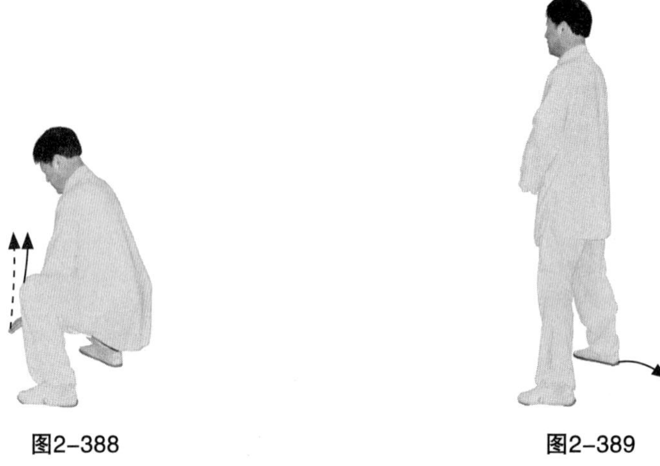

图2–388　　图2–389

第52式　右分手

动作及要点与第32式相同，唯方向相反（图2–390 ~ 图2–395）。

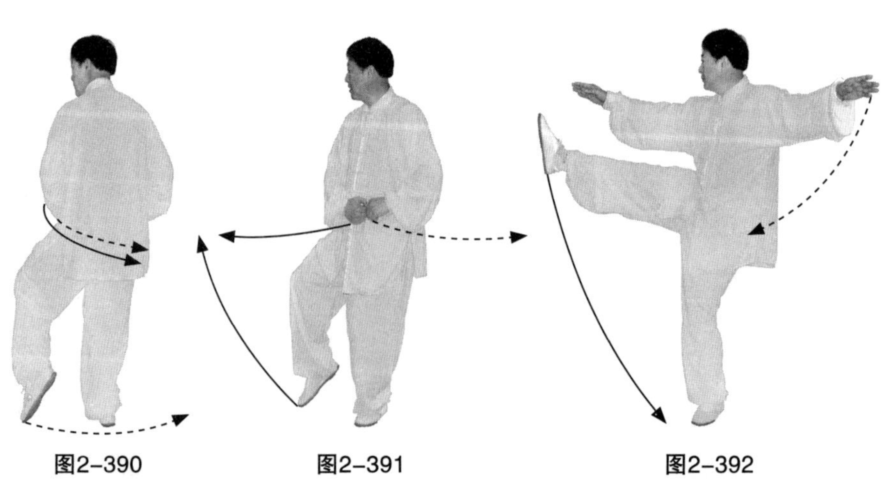

图2–390　　图2–391　　图2–392

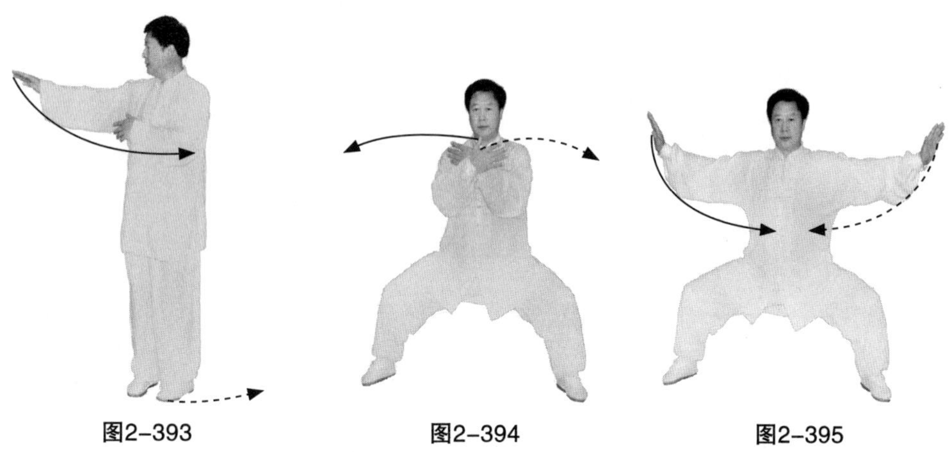

图2-393　　图2-394　　图2-395

第53式　右白鹤亮翅

动作及要点与第33式相同，唯方向相反（图2-396～图2-408）。

图2-396 　　图2-397

图2-398 　　图2-399

图2-400

图2-401

图2-402

图2-403

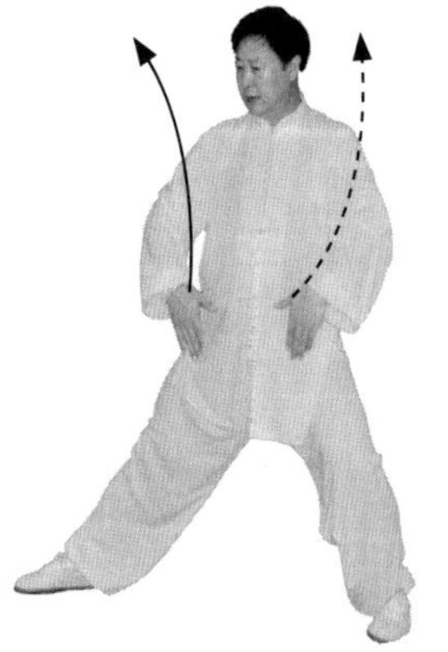

图2-404

图2-405

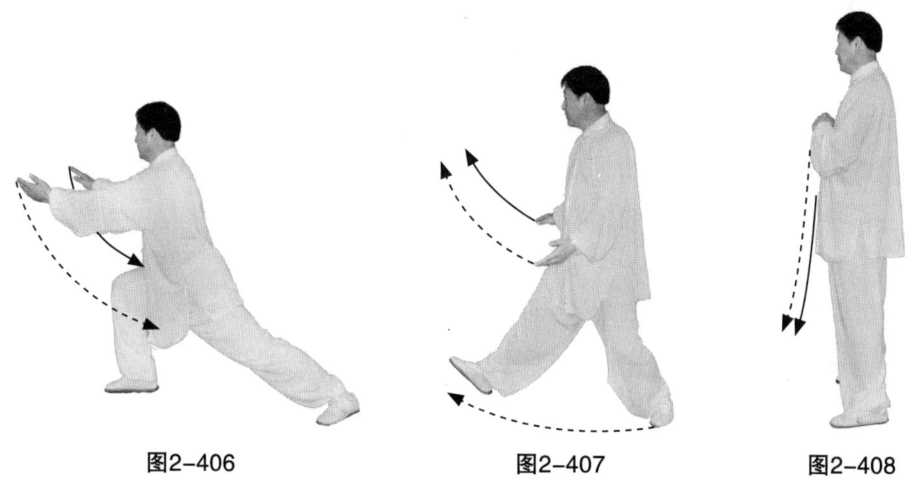

图2-406　　图2-407　　图2-408

第54式　海底捞月

动作及要点与第31式相同，唯方向相反（图2-409、图2-410）。

图2-409　　图2-410

第55式　二起脚

（1）退步蓄劲。接图2-410动作，左转腰，退左脚，重心移至左腿，随之右脚尖虚点地；同时，左拳外旋，右拳内旋，两拳对拧合于左腰间蓄势；目视右前方（图2-411）。

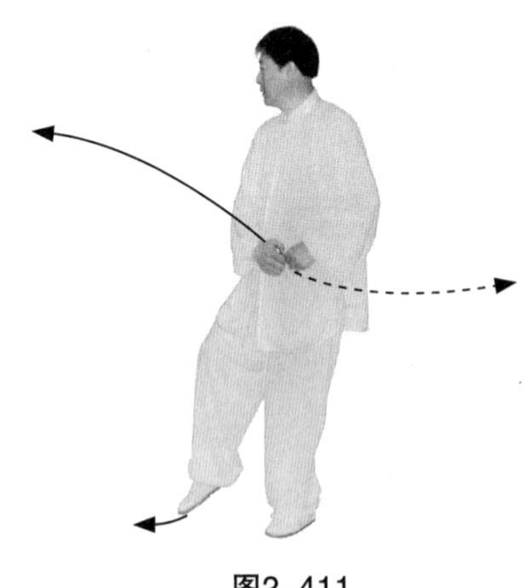

图2-411

（2）迈步拔身。右脚前迈，脚掌着地，身体长拔，百会穴上顶；同时，两拳变掌，右手臂向前上翻臂劈出至面前，意贯手背，掌心斜向上；左掌向后下撩出，意贯尺骨（图2-412）。

（3）纵跳拍脚。加速，左膝上提，引带右脚蹬地跳起使身体腾空离地，右脚向上踢出；同时，右掌向下、向后再向上经过头顶在身体右侧划一立圆向前拍击右脚面；左手随动向上、向下、向后在身体左侧划一小立圆往左后方甩出，以保持前后左右平衡状态（图2-413）。

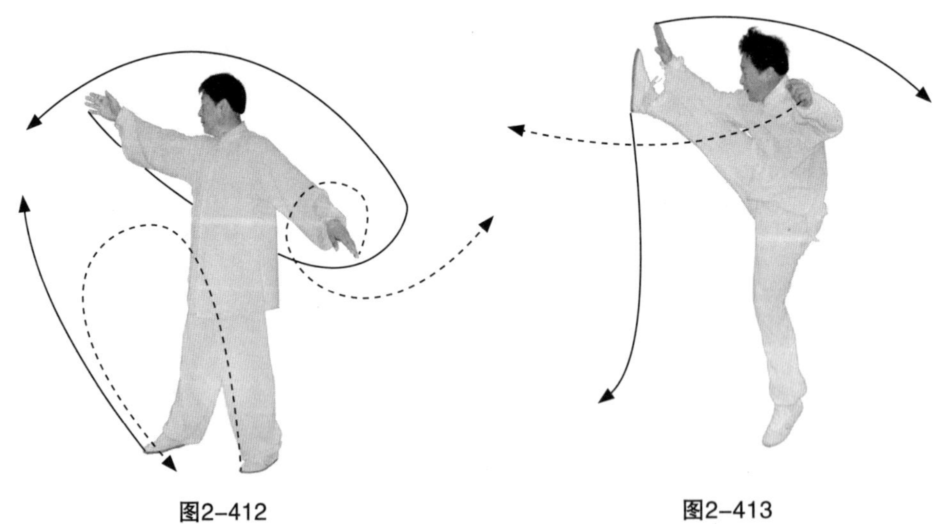

图2-412　　图2-413

要点

（1）要做好身体上拔之势，意贯左膝上提来带动右腿起跳，以体会“纵之于膝”之要领。

（2）右脚弹起越高越好，腿要直，脚面绷直，与右手上下击拍要准确响亮。

（3）左手臂应随动作起跳而自然向后摆出，起到平衡协调作用。

第56式　双击掌

动作及要点与第36式相同，唯方向相反（图2-414～图2-419）。

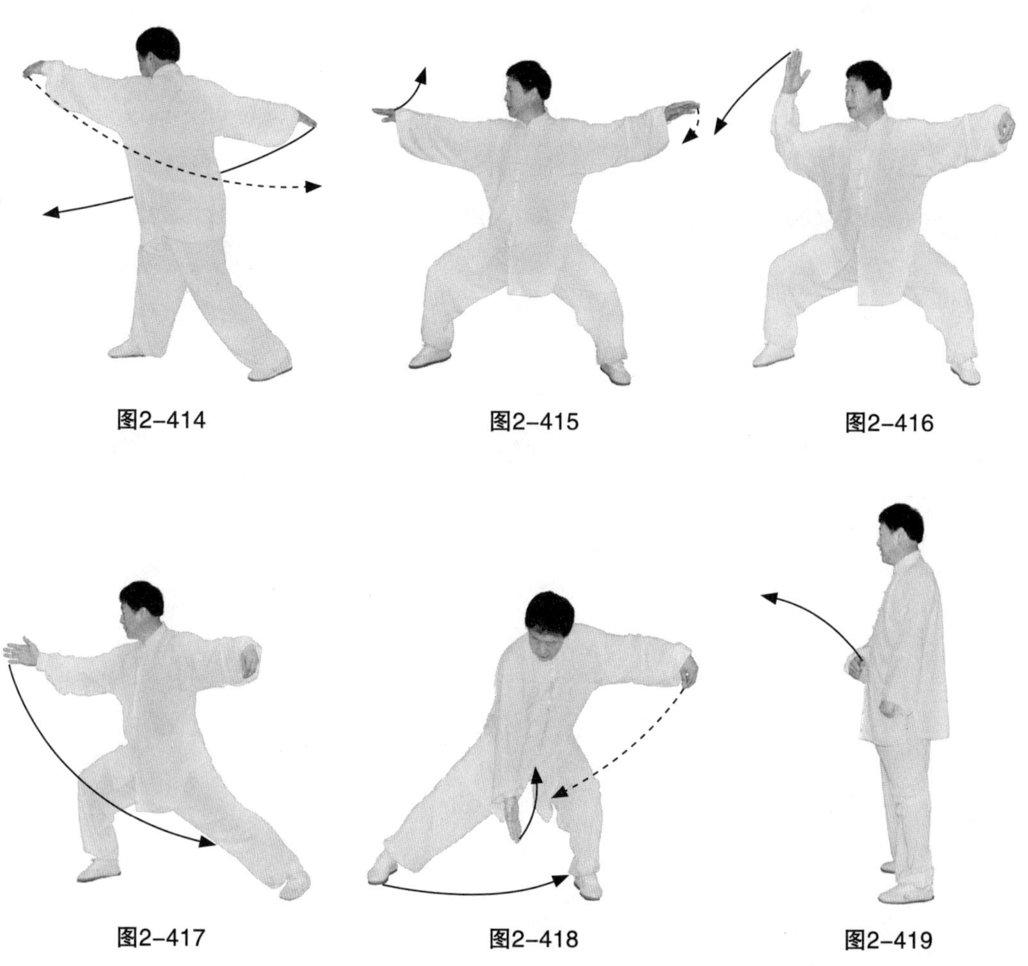

图2-414　图2-415　图2-416

图2-417　图2-418　图2-419

第57式　左右分脚

动作及要点与第37式相同，唯方向相反（图2-420～图2-427）。

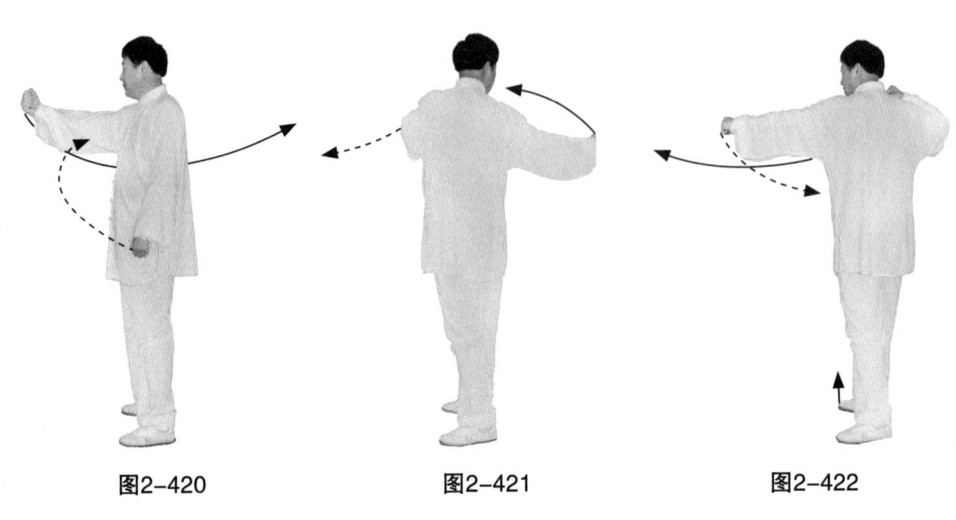

图2-420　　图2-421　　图2-422

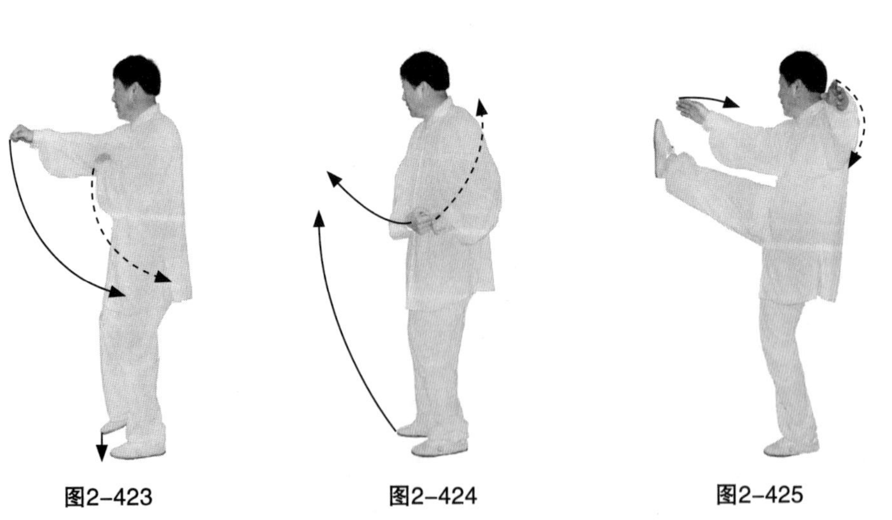

图2-423　　图2-424　　图2-425

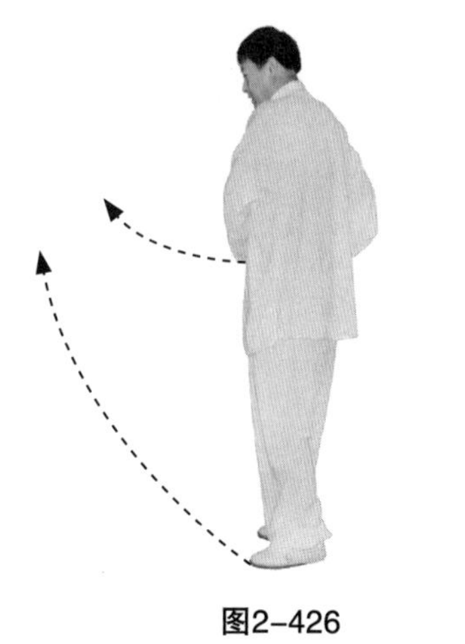

图2-426

图2-427

第58式　七星捶

动作及要点与第4式相同，唯方向相反（图2-428～图2-437）。

注：第四节与第三节唯有二起脚与摆莲脚之别，其他动作都相同，唯方向相反，可参照第三节对动作要点的文字说明。

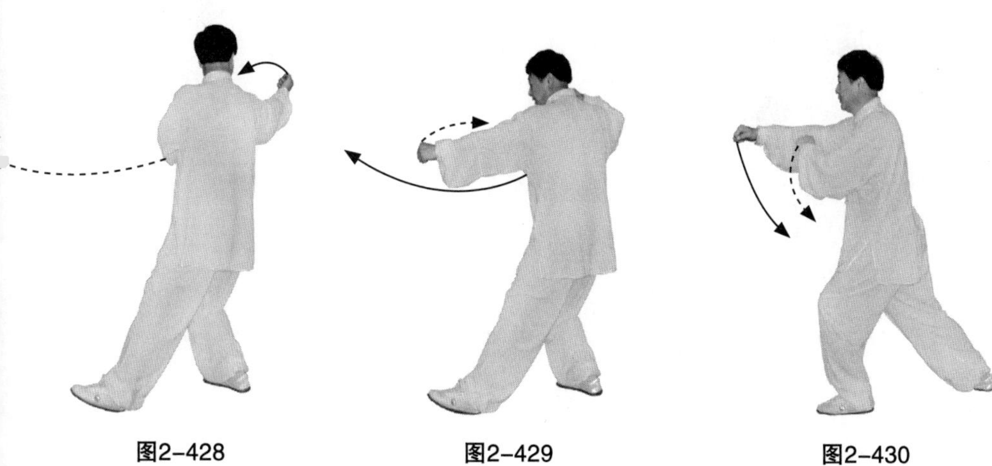

图2-428　　图2-429　　图2-430

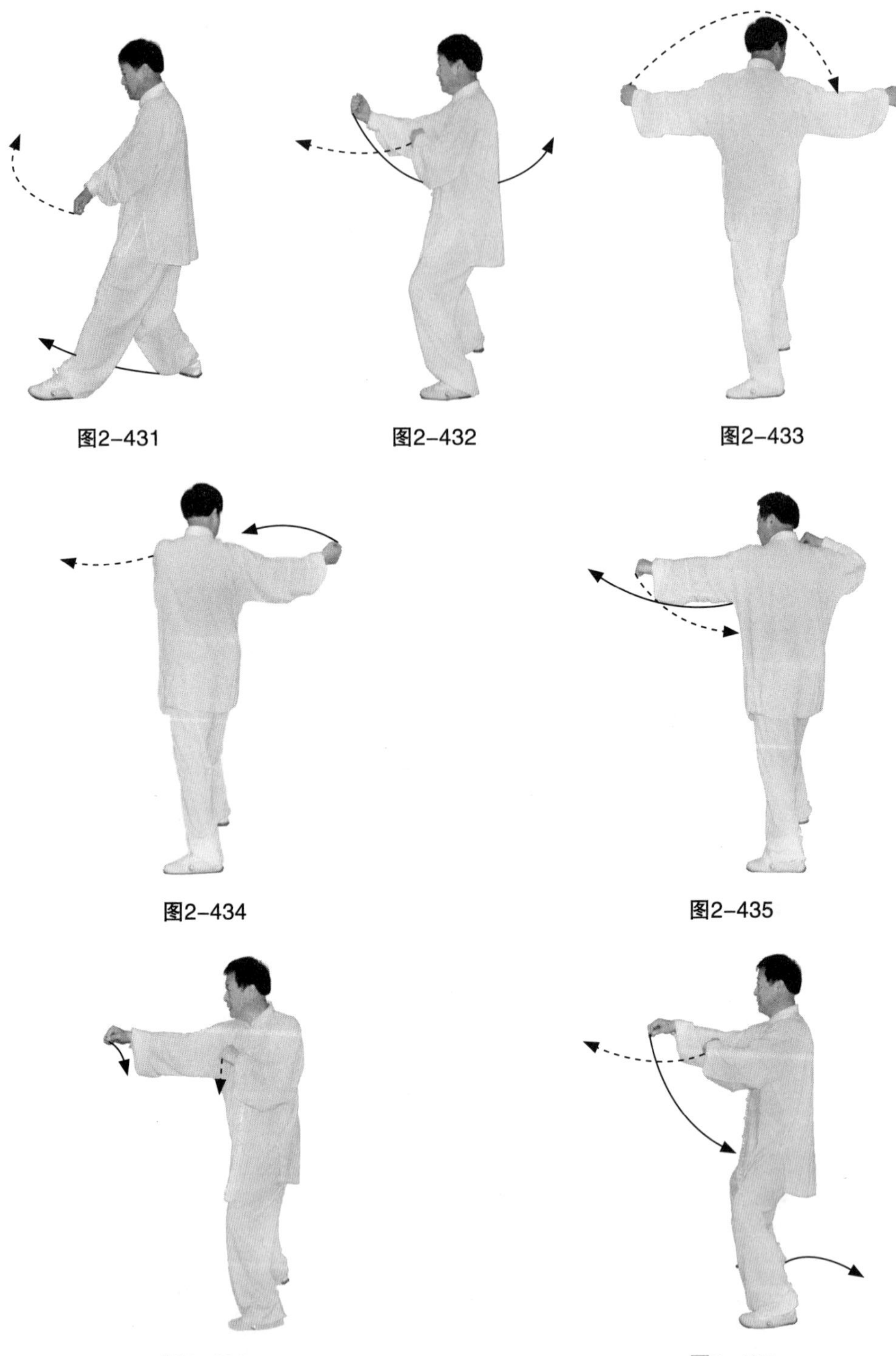

图2-431　图2-432　图2-433

图2-434　图2-435

图2-436　图2-437

第五节

第59式　左右栽捶

（1）回身退步。接图2–437动作，腰微右转，带右脚后撤一步，坐实右腿；同时，右拳向下回抽于腰间，拳心向下；左拳向前上举，拳心向上（图2–438）。

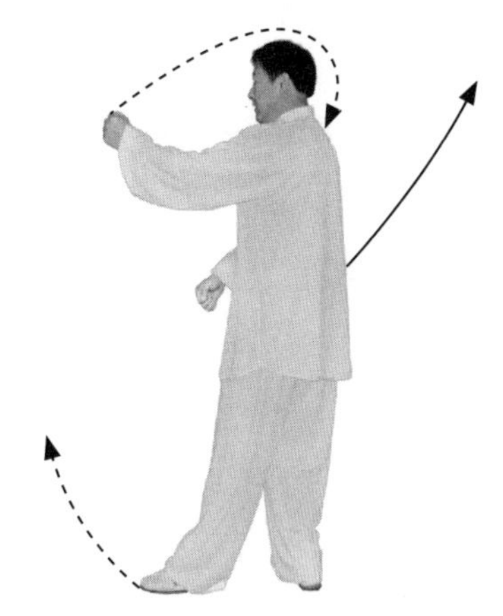

图2–438

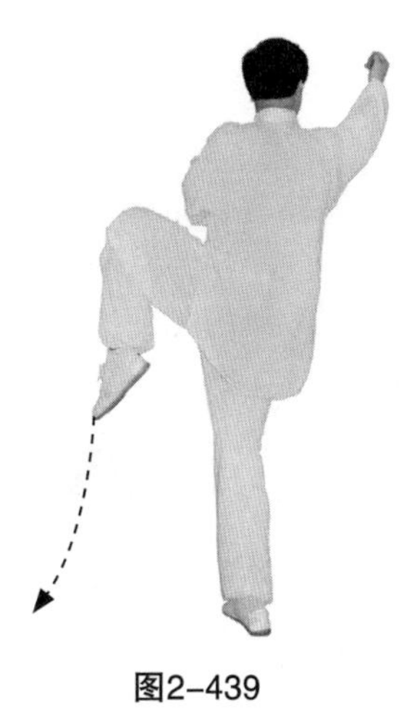

图2–439

（2）抬腿举拳。腰继续右转，带左膝抬起，高与肋平，脚尖自然下垂；同时以腰劲上送右拳向右后上方击出，拳面向上，拳心向里，高过头顶；左拳经面前回扣至右胸前，拳心向下；眼随右手转视（图2–439）。

（3）蹲身迈步。紧接着，松腰胯，屈右膝，左脚向左前方15°迈一大步；目视左前方（图2–440）。

图2–440

（4）弓步栽捶。左转腰，弓左膝，蹬右脚成大弓步；同时，左拳由下向前上方挑起，至胸前时再向上横臂滚架于头顶上，意贯尺骨，拳心斜向外；右拳随动屈肘至耳旁时下栽至裆前，拳心向里；双目平视（图2–441）。

（5）跟步退步。右脚跟半步至左脚跟后30厘米处，不停，左转腰带左脚后撤一步，压实重心；同时，左拳外旋下落于腰间，拳心向内；右拳外旋向前上方击出，拳心向上；目视右拳（图2–442、图2–443）。

图2–441

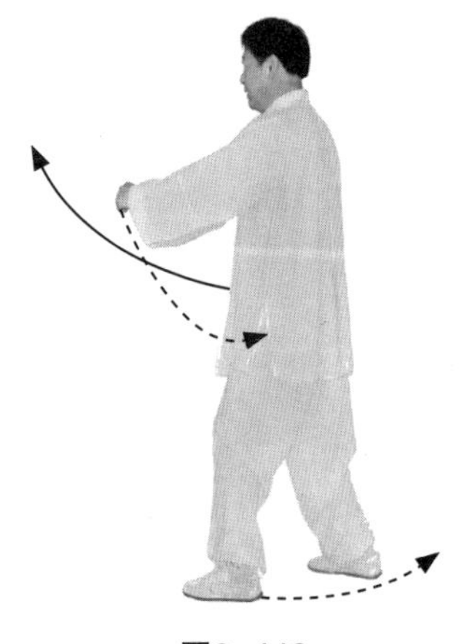

图2–442

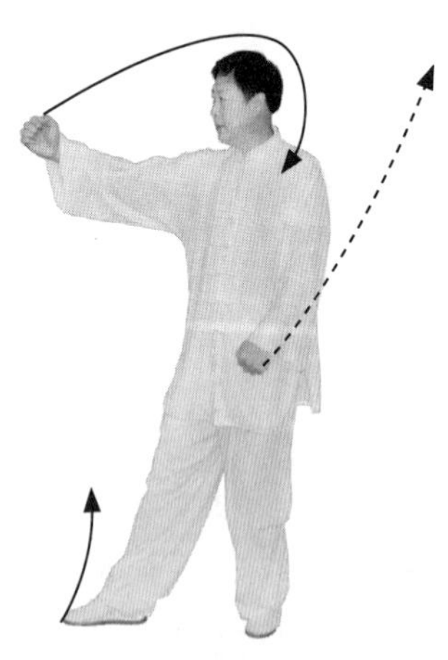

图2–443

（6）抬腿举拳。腰继续左转，带右膝提起，高与肋平，脚尖自然下垂；同时，以腰劲上送左拳向左后上方击出，拳面向上，拳心向里，高过头顶；右拳经面前回扣至左胸前，拳心向下；目视左拳（图2–444）。

（7）蹲身迈步。紧接着，松腰胯，屈左膝，右脚向右前方15° 迈一大步；目视右前方（图2–445）。

（8）弓步栽捶。右转腰，弓右膝，蹬左脚成大弓步；同时，右拳由下向前上方挑起，至胸前时再向上横臂滚架于头顶上，意贯尺骨，拳心斜向外；左拳随动屈肘至耳旁时下栽至裆前，拳心向里；双目平视（图2–446）。

图2–444

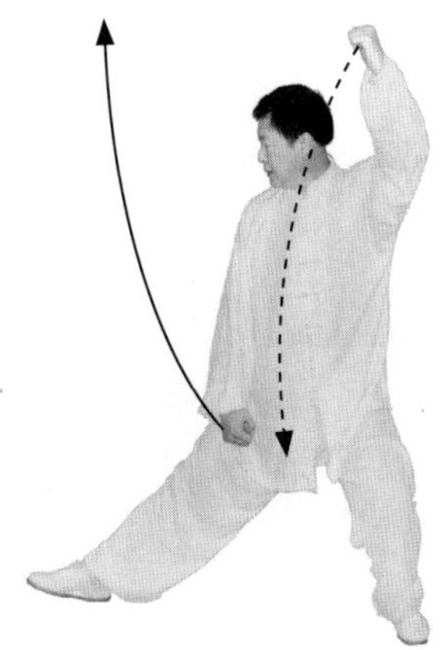

图2–445

图2–446

（9）跟步退步。左脚跟半步至右脚跟后30厘米处，不停，右转腰带右脚后撤一步，压实重心；同时，右拳外旋下落于腰间，拳心向上；左拳外旋向前上方击出，拳心向上；目视左拳（图2-447、图2-448）。

（10）抬腿举拳。腰继续右转，带左膝提起，高与肋平，脚尖自然下垂；同时，以腰劲上送右拳向右后上方击出，拳面向上，拳心向里，高过头顶；左拳经面前回扣至右胸前，拳心向下；目视右拳（图2-449）。

（11）弓步栽捶。紧接着，松腰胯，屈右膝，左脚向左前方15° 迈一大步，蹬右脚成大弓步；同时，左拳向下、向前上挑起，至胸前时再向上横臂滚架于头顶上，意贯尺骨，拳心斜向外；右拳随动屈肘至耳旁时下栽至裆前，拳心向里；双目平视（图2-450）。

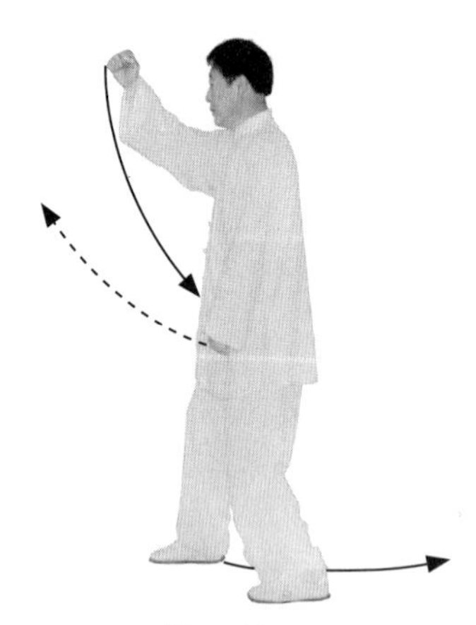

图2-447

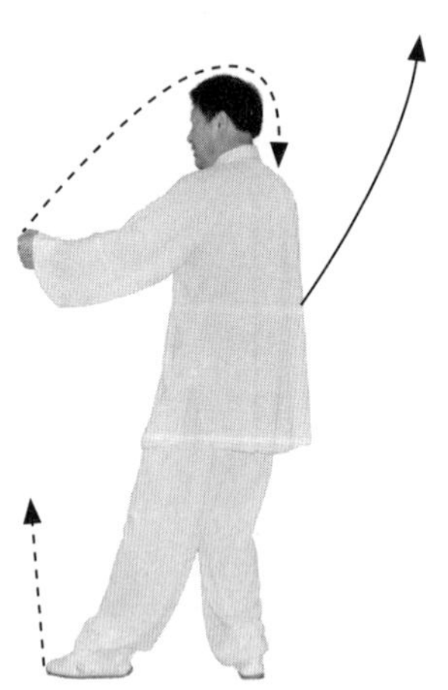

图2-448

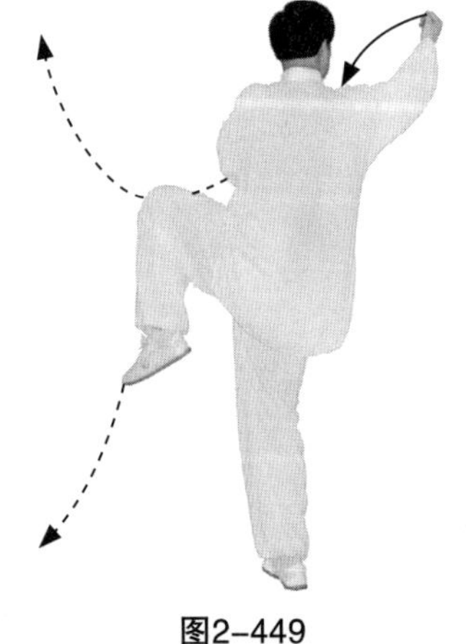

图2-449

图2-450

要点

（1）无论跟步还是退步都要变换轻灵，不可呆滞蹒跚，要突出“步随身换”之灵动拳诀。

（2）两臂上下交换时，应一动无有不动，协调一致，勿散乱。

（3）两臂尺骨、桡骨须含滚动劲，不可死板僵硬。

技击含义

如对方进攻我头部，我即用前臂向上滚动劲掤起，使其重心后仰，随即以下栽捶击其腹部（图2–451）。

图2–451

第60式　盖马三捶

（1）坐身变掌。接图2–450动作，坐身开胯，右膝盖外撑，重心压实右腿；同时，两拳变掌，左掌落于前下方，与腰平高，掌心向上；右掌翻腕以掌背领意划弧伏贴于左前臂内侧，掌心向下；目视左前方（图2–452）。

（2）弓步扣手。随即，弓左膝，蹬右脚，身体前探成左大弓步；同时，两掌向前翻扣，左掌心向下，右掌心向上（图2–453）。

图2–452

图2–453

（3）合掌大捋。紧接着，腰微左转引带两掌扣合，左掌外旋，掌心向里，指尖向前，右掌内旋，掌心向里，指尖向前；随即腰再向右旋拉，开右胯，膝盖外撑，重心后移下蹲，压实右腿成大仆步；同时，两掌意贯掌外沿及尺骨处随下式沉气下捋，左手臂展劲于左腿内侧平行一线；右臂屈肘，掌至裆前，肘与膝合；目视左前下方（图2-454、图2-455）。

图2-454

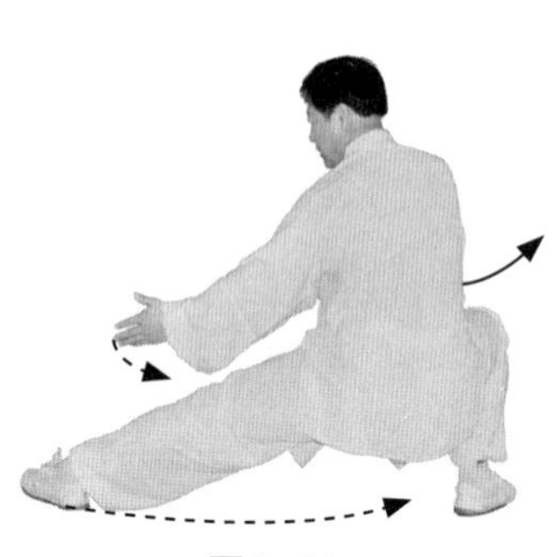
图2-455

（4）收腿站起。腰向右旋拉，重心移至右腿，左脚随之收起与右脚平行，身体站起；同时，两掌随动向头上方划弧，左手落于身体左侧，掌心向下；右手举至头顶正上方，掌心向外（图2-456、图2-457）。

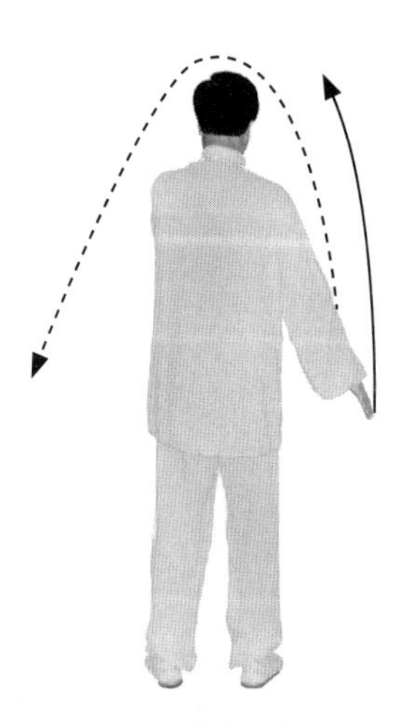
图2-456

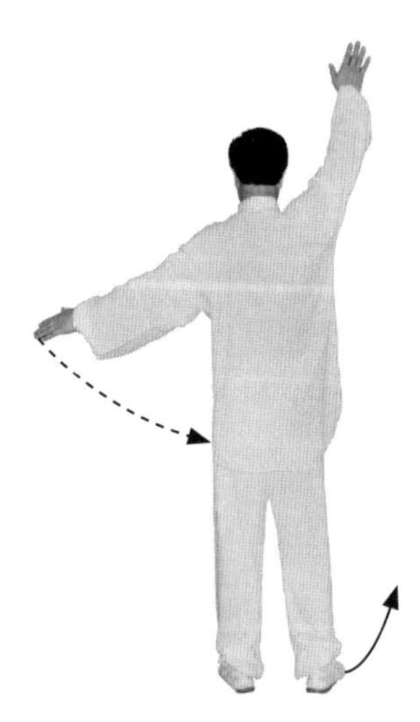
图2-457

（5）划圆抬腿。动作不停，腰右上斜拉引领身体上拔，右腿提起，意贯膝盖，小腿垂直地面，脚尖自然下垂；同时，左掌继续向右划圆收于丹田前，掌心向上；右掌变拳，意贯拳背；眼随手环视（图2–458、图2–458附图）。

图2–458

图2–458附图

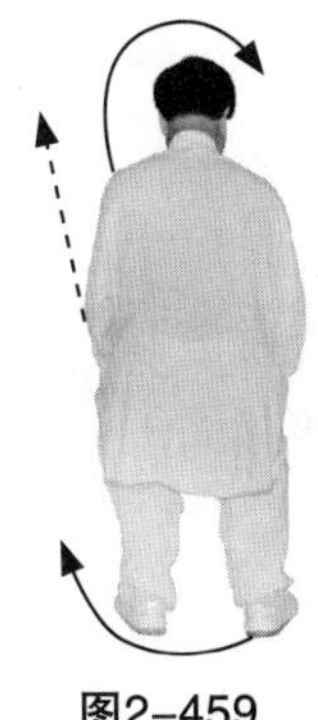

图2–459

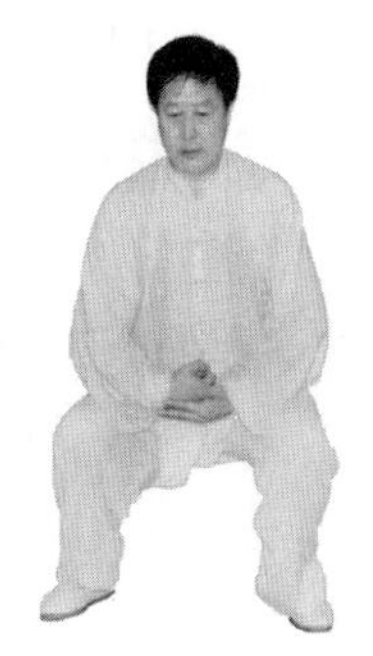

图2–459附图

（6）蹲身震脚。由上而下，节节贯通，屈左膝，蹲身落右脚震脚；同时，右拳直线下砸，以拳背击在左掌心内；目视前下方（图2–459、图2–459附图）。

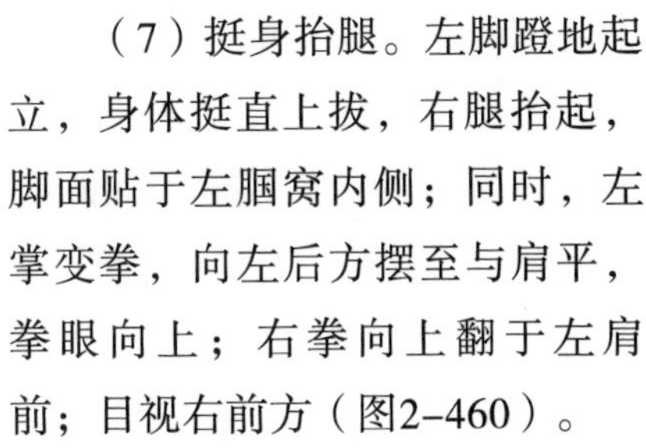

（7）挺身抬腿。左脚蹬地起立，身体挺直上拔，右腿抬起，脚面贴于左腘窝内侧；同时，左掌变拳，向左后方摆至与肩平，拳眼向上；右拳向上翻于左肩前；目视右前方（图2–460）。

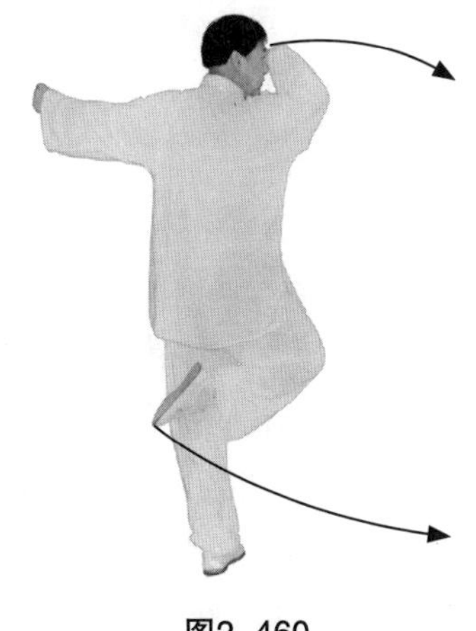

图2–460

（8）迈步右盖。腰右转，随即右脚迈出；同时，右拳由上向下、向前盖砸，拳心向上；目视右拳（图2–461）。

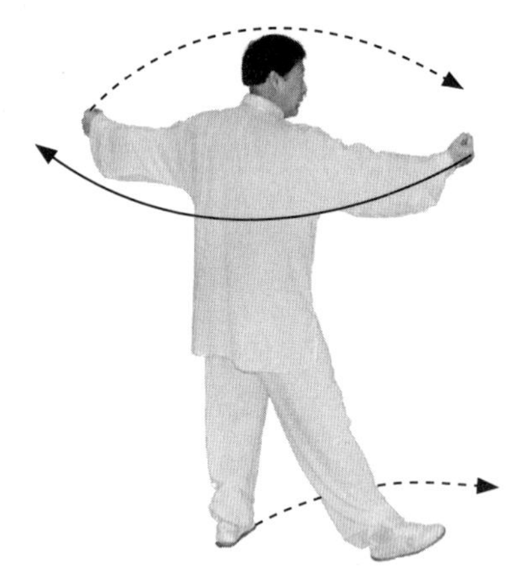
图2–461

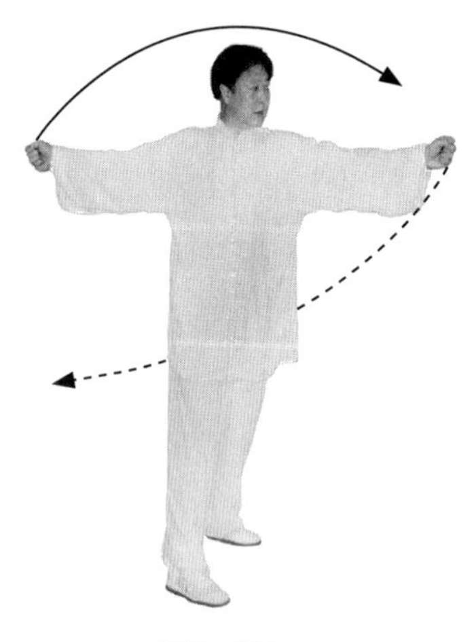
图2–462

（9）上步左盖。左脚紧跟上步与右脚平行，略宽于肩；同时，腰向右旋拉，左拳由上向下、向前盖砸，拳眼向上，与肩平高；右拳向右后弧线摆出，拳眼向上；目视左拳（图2–462）。

（10）拧腰拔身。上动不停，腰向左下旋拉，身体拔起，右脚跟稍离地，重心在左腿上；同时，左拳内旋向左下后方摆出，拳心向后；右拳外旋举过头顶，拳心向后；目视前下方（图2–463）。

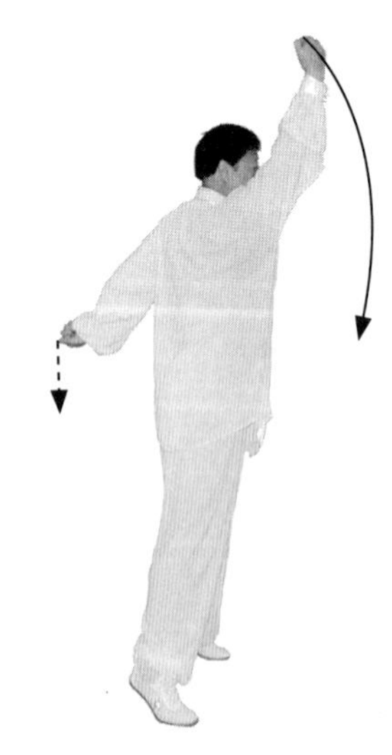
图2–463

（11）双拳下砸。加速，腰向右下旋拉，重心回到两腿中间，屈膝蹲身；同时，两拳前后一起下砸，拳心皆向上（图2–464）。

图2–464

图2–465

（12）蹬地弹起。两脚蹬地弹起，两臂随腾空朝上挑劲；目视右拳（图2–465）。

要点

（1）大捋时，扣手、翻手和合手必须在腰的带动下协调一致，周身一家。

（2）右拳下砸与震脚节奏同时、合拍。

（3）腰如车轴，两臂如车轮，圆转抡劈，不可扁瘪。

（4）周身一气下砸，如同一大气球与地面产生反弹挑起。

技击含义

（1）如对方以右手攻击我面部，我即以右手从下向右上方外缠绕黏其手腕；同时，以左拳盖砸其脖颈（图2–466）。

图2–466

（2）如对方以左手攻击我面部，我即以左手从下向左上方外缠绕黏其手腕；同时，以右拳盖砸其脖颈（图2-467）。

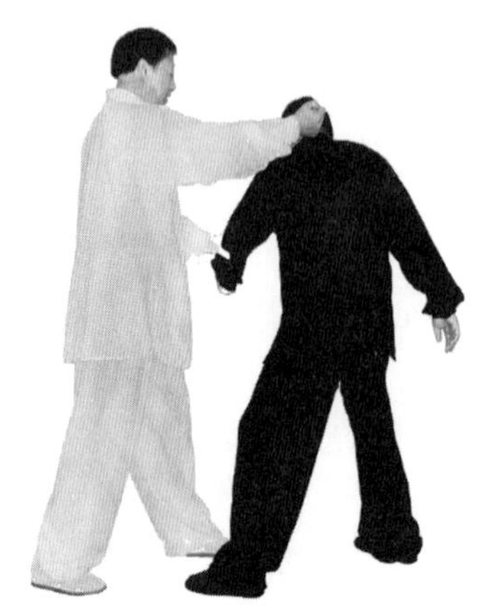

图2-467

第61式　斜踹脚

（1）拧腰蓄势。接图2-465动作，两脚落地扎稳，腰向右旋拉，重心移至右腿；同时，左拳压在右拳上，拳心相对；随腰转，两拳以拳心为圆心，左拳外旋、右拳内旋，变为右拳在上、左拳在下，两拳心仍相对合于右腰间蓄势（图2-468、图2-469）。

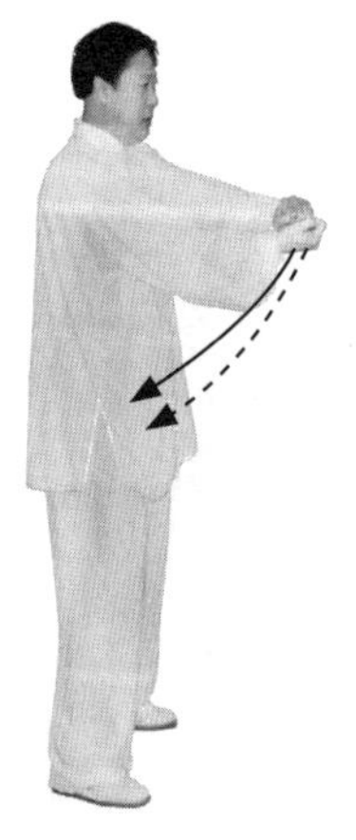

图2-468

图2-469

（2）左前斜踹。提左脚，以左脚外沿向左侧斜踹，高不过膝；目视左下方（图2-470）。

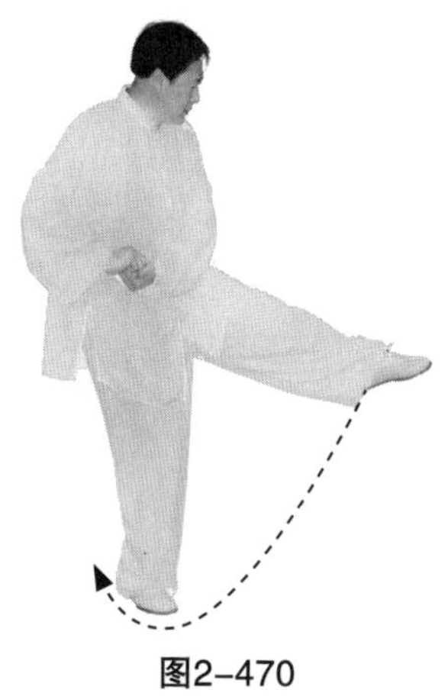

图2-470

要点

（1）拧手勿局部用力，必须在腰的带动下完成。

（2）踹脚高度不超过膝关节，力点在左脚掌外沿。

（3）利用好左脚踹出的惯性，以使后面移动圆活稳健。

技击含义

如对方用右脚攻我下盘，我即以左小腿从左向右截拦，并意贯脚外沿乘势向里铲其左膝（图2-471）。

图2-471

第62式　正飞势

（1）旋转一圈。接图2-470动作，不停，腰向右旋拉，左脚悬空，右脚大趾领劲向内扣转，引带身体以右脚掌为轴向右旋转360°，左脚下落与右脚平行；目视前下方（图2-472）。

（2）退步圈头。右腿后撤一大步，腰向右旋拉，成右大弓步，再向右后转腰，开胯下蹲转成仆步；紧接着，两手松拳向上、向后划弧至身体右胯时变掌，掌心皆向里，顺大腿外侧下行至右外踝处；目视右下方（图2-473～图2-475）。

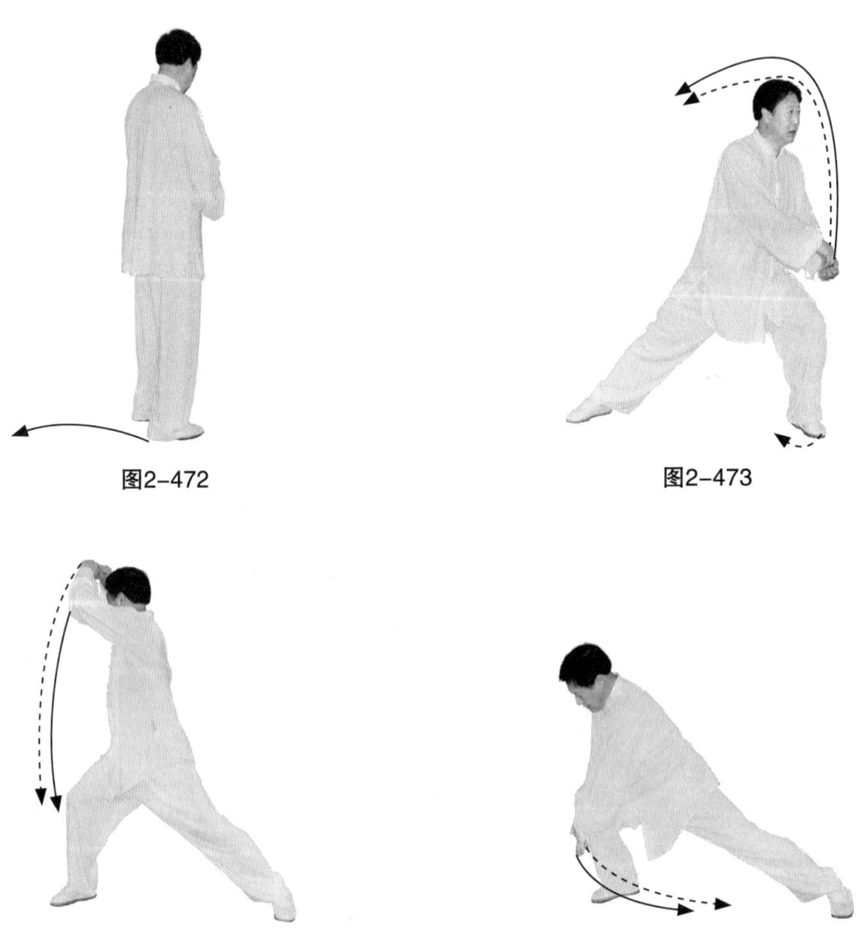

图2-472　图2-473

图2-474　图2-475

（3）并步上掤。塌腰胯，向左拧转，两掌随之转于裆下，掌心皆向下，指尖皆向左，紧接着，蹬右脚，重心前移至左腿，右脚跟上并步，与左脚平行，窄于肩宽，身体直立略向上拔；同时，两手臂随之从下向前上方掤起，与肩同高、同宽，两掌心皆向下；目视前方（图2-476、图2-477）。

（4）合手震脚。两手外旋翻腕变掌心向里，再蜷指变松握拳，由膻中穴顺任脉向下导引至下丹田；同时，右脚随两手翻腕身体上拔而提起，同两拳下行向下发力震脚（图2-478）。

（5）剑指扶踢。不停，长身拔腰，右脚向前上方直踢，意贯脚尖；同时，两拳变剑指扶于右膝盖两侧（注：这里的剑指扶右膝与第10式插掌的剑指扶左膝起到左右平衡、前后呼应的作用）；目视前方（图2-479）。

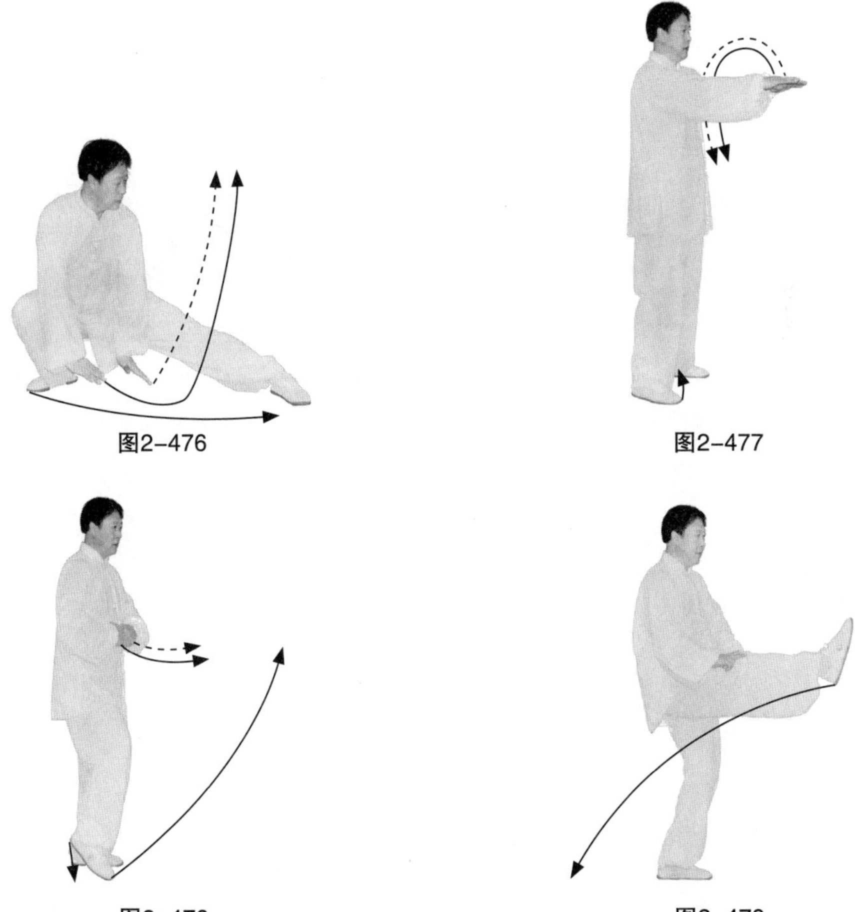

图2-476　图2-477

图2-478　图2-479

（6）退步圈头。动作与（2）同（图2-480～图2-482）。

图2-480

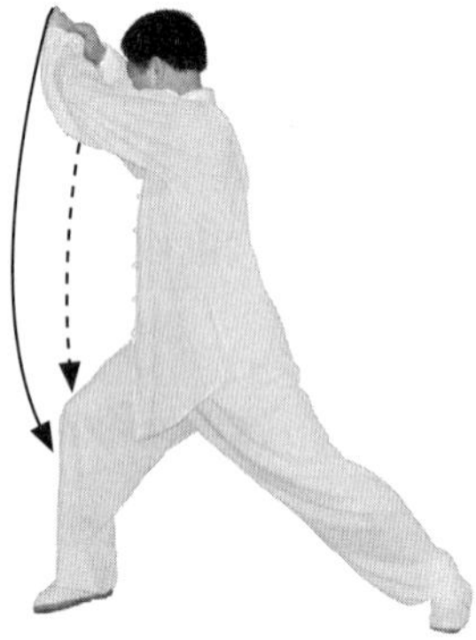

图2-481

图2-482

（7）单臂前探。塌腰胯，向左拧转，紧接着，蹬右脚成大弓步；同时，左手臂随之从下向前上方探出，掌心向右，指尖向前；右手向后略撩，掌心向左，指尖斜向下；目视前方（图2-483）。

图2-483

（8）缓冲再探。腰略右转，身体开胯后坐，重心后移至右腿，再蹬右脚成大弓步；同时，从上而下松肩垂肘、塌腰下沉，左肘沉落，手掌往回，向下、向上、向前划一立圆向前坐腕展掌，掌心向右，指尖斜向上，高与肩平；右掌与左掌对劲后撑，掌根下按，落于身体右后侧；目视前方（图2–484、图2–485）。

图2–484

图2–485

要点

（1）退步要开胯、下低势，两手松握拳过头顶时似挨非挨，不可分离。

（2）合手要顺从任脉，导引内气下行至丹田，震脚时行气于涌泉穴。

（3）右腿上踢，大腿至脚跟形成一条直线，膝关节不可弯曲。

（4）单手前探要配合坐身，适从腰腿缓冲虚实变化。

技击含义

如对方两手压按住我两手臂，我即刻向下松腰沉劲，向上以指尖领意两臂向前上方掤出，使其往上后腾空而起（图2–486）。

图2–486

第63式　疾步回身右起脚

（1）疾步前迈。接图2-485动作，身体略向前拔，右脚大趾贯劲抓地弹起前迈，紧接着，左脚大趾贯劲抓地弹起前迈，右脚大趾再贯劲向前弹踢；同时，右掌翻腕向上过头，再向前以掌心拍击右脚面；左掌向下、向后甩出至身体左后方，高与肩平；目视右脚尖（图2-487～图2-489）。

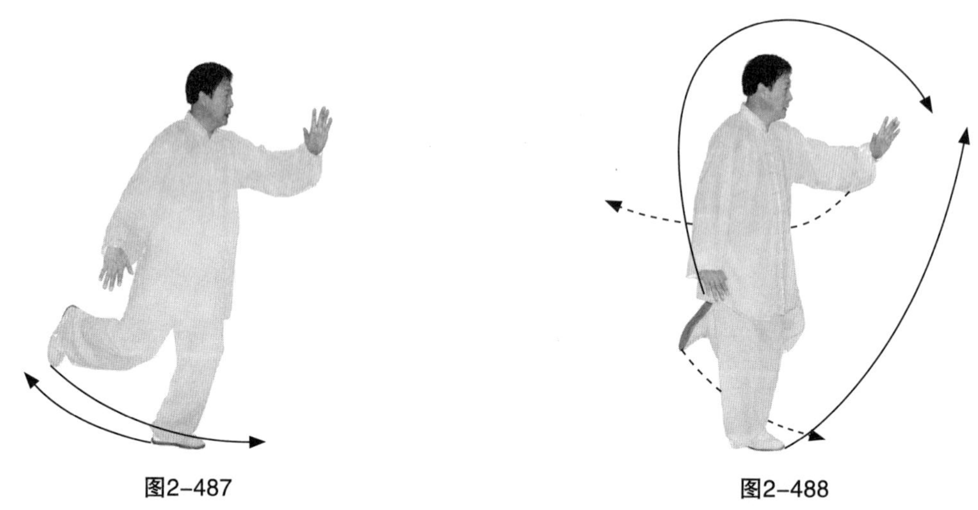

图2-487　　图2-488

图2-489

（2）回身起脚。落手落腿，右脚悬空，加速向左拧腰旋拉，以左脚掌为轴向左转身180°，以右脚尖为力点向前弹起；同时，左手臂舒展前探，高与肩平，掌心向下，指尖向前；右掌向下、向后甩出，指尖向下，掌心向左（图2-490、图2-491）。

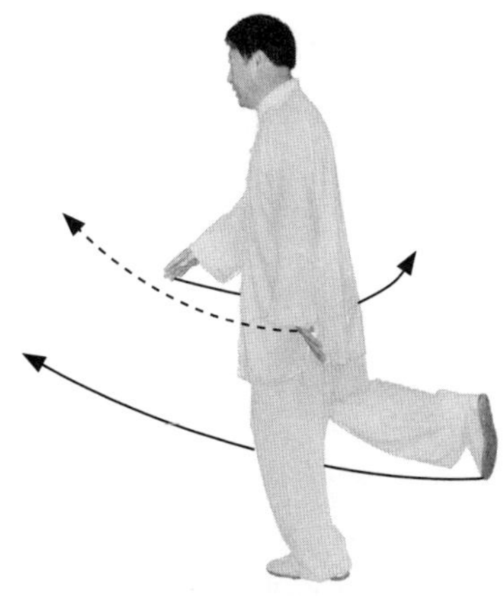

图2-490

图2-491

要点

（1）体悟“迈步如虎豹”，要用脚大趾抓地，轻灵中带出刚猛劲来。

（2）右手拍右脚要准确响亮，180°转身时左脚跟离地，以脚掌为轴用腰带动身体旋转。

（3）左手前摆，起到与右起脚保持平衡的作用，避免身体后仰。

第64式　追风捶

（1）进步提膝。接图2–491动作，右小脚收回，右脚下落并前迈，左脚迅速进步再迈，紧跟着向左转腰、提右膝起成独立式；同时，左掌掌心朝外，由前向上过头顶，向左后方捋劲至身体左后方，变为握拳，拳眼向上，高与头平；右掌变拳向前、向上屈肘回扣于面前，拳心向里，肘与膝合；目视右前方（图2–492、图2–493）。

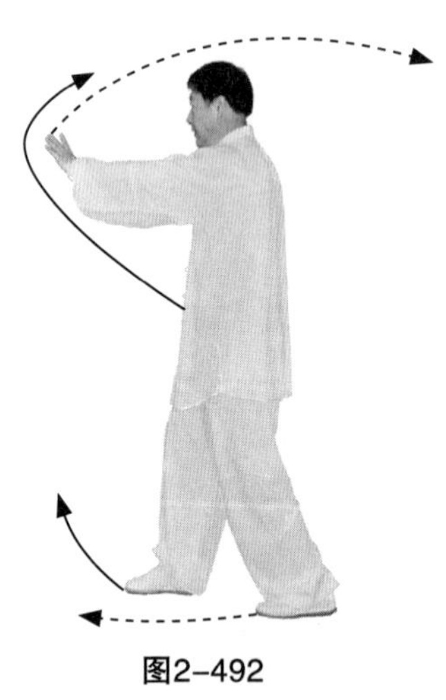
图2–492

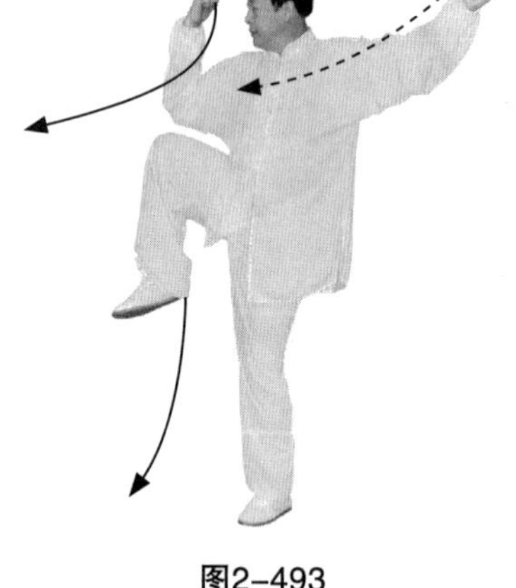
图2–493

（2）滑步出拳。右腰略上拔，即速下沉，右脚下落并向前迈出，左脚蹬劲，劲催身体前移，两脚向前滑步，右脚在前、左脚在后；同时，右拳扣至耳旁再由肩催肘、肘催腕、腕催拳向前弧线击出，拳心向下；左拳随动屈肘扣于左胸前，再向前落于右胸前；平视前方（图2–494）。

图2–494

要点

同第12式追风捶。

第65式　回收跨虎

（1）提膝合掌。接图2–494动作，腰向左拧拉，使身体重心移至左腿，随之意贯右膝，提起独立。然后两拳变掌，右臂坠肘，两手在胸前划一平圆后向里合手举起，掌心向里，指尖向上，右前臂与右小腿上下垂直一线；左掌随转体向左下方落至左胯旁，掌心向里，指尖向下（图2–495）。

图2–495

图2–496

（2）屈膝蹲身。屈左膝蹲身至胯与膝平，右脚大趾随之垂直下落点地，与左脚跟平行，略比肩宽；同时，右肘与右膝相合；左掌随动下插于左膝外侧，掌心向里，指尖向下；双目平视（图2–496）。

要点

除与前面跨虎要点相同外，主要区别为，前面的跨虎是举右手提左膝或举左手提右膝，而这里跨虎却走顺拐劲，即举右臂提右膝，并且同起同落。

技击含义

（1）如对方用右手进攻我上部，我即用右手臂向里合扶之；同时，提右膝撞击其裆或小腹部。

（2）如对方以左拳或掌进攻我上部，我即同样用右手臂里合扶之；同时，提右膝顶其腰或软肋（图2–497）。

图2–497

第66式　猿猴敬桃

（1）环头一圈。接图2–496动作，腰稍微左转紧接着再向右上旋拉，引领身体站起，复蹲再伸右腿成大仆步；同时，右手经面前向左下方划弧落下，随身体站起与左手一同向右前上方掤劲，左手心向里、右手心向外，举过头顶时再翻两掌心向外，继而腰回向左转，再沿身体左侧弧线下落至左小腿内侧，两掌心皆向下，指尖皆向右下；目视右下方（图2–498～图2–500）。

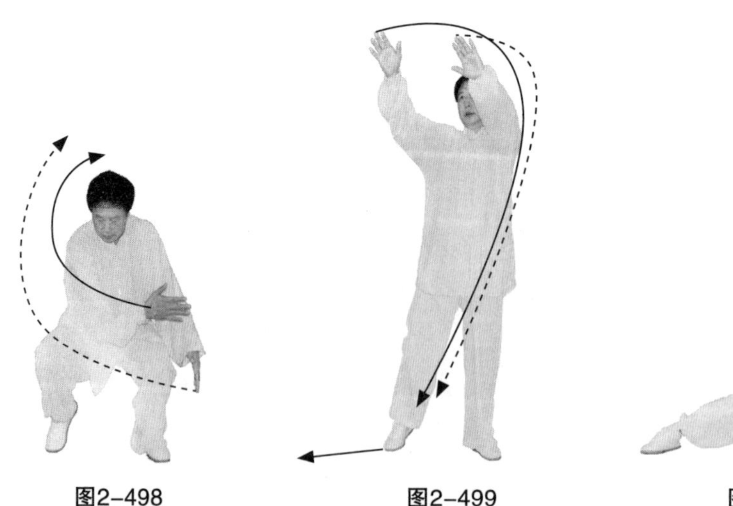

图2–498　　图2–499　　图2–500

（2）举手提腿。动作不停，腰胯右转，蹬左脚使重心移至右腿；同时，两手掌顺胯裆向右前上方举过头顶，掌心皆向正前方，以上拔劲引领腰带胯、带腿、带膝向右上方成独立步形（图2-501、图2-502）。

（3）合掌蹲身。上动不停，重心下沉，身体下蹲至胯与膝平，左脚大趾垂直点地，与右脚平行，略宽于肩；同时，两手合掌，劳宫穴相对，随身体下蹲之势松肩坠肘，垂直落下，与两膝相合；双目平视（图2-503）。

（4）起身落手。身体站起，重心落于右腿；同时，两手落于身体右下方（图2-504）。

图2-501

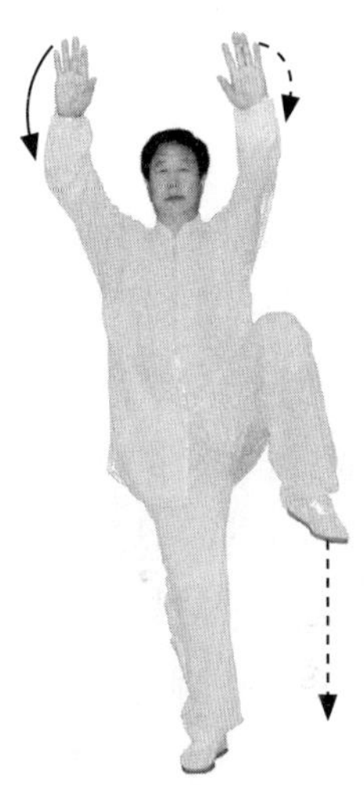

图2-502

图2-503

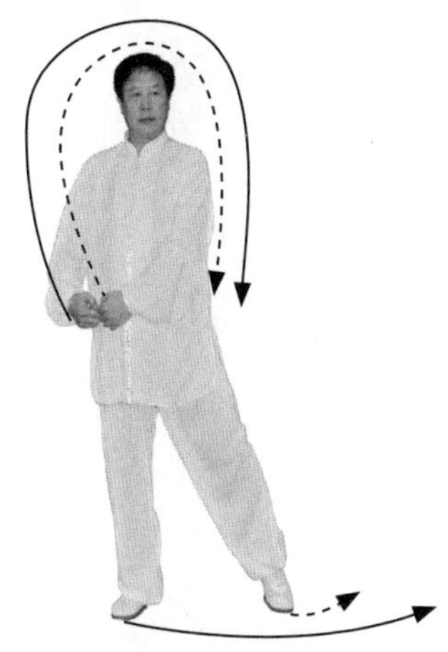

图2-504

要点

（1）下蹲时，突出上下起伏节节拔起、复而节节松下的连贯性，导引胆经贯通，提高决断力。要缓而屈，不可断也不可太快，断即散涣，快即滑飘。

（2）手法变化准确勿乱，身体虚实转换清晰协调，做到完整一气。

（3）左脚趾点地，不可用脚掌代替。在养生中，脚趾是人的大脑反射区，长期锻炼对预防老年痴呆、健忘症等疾病有较好效果；在技击上，脚趾产生刚钩劲，坚硬灵活，以点、踢、勾、套等技法来克敌制胜。

第67式　三摔手

（1）上步右摔。接图2–504动作，两掌变松握拳，拳面似挨非挨。左脚提起，脚尖外撇，向左侧迈一小步，紧接着，右脚上步转体180° 迈于左脚前；同时，左转腰，两拳向右后上方划圆，从右肩往体前摔至小腹前；目视右下方（图2–505）。

图2–505

（2）上步左摔。右脚提起，脚尖外撇，向右迈一小步，紧接着，左脚上步转体180° 迈于右脚前；同时，右转腰，两拳向左后上方划圆，从左肩往体前摔至小腹前；目视左下方（图2–506、图2–507）。

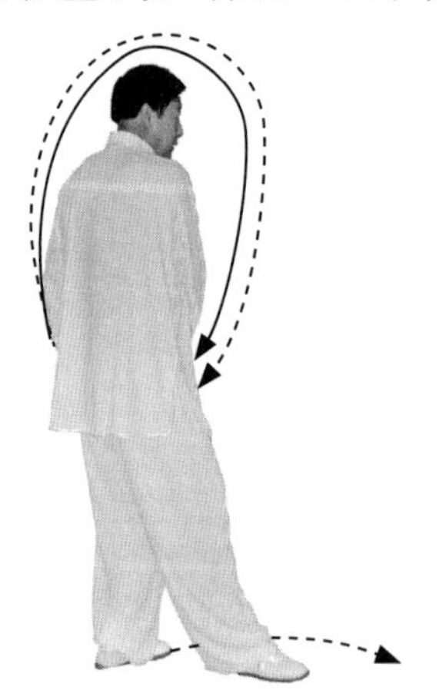

图2–506

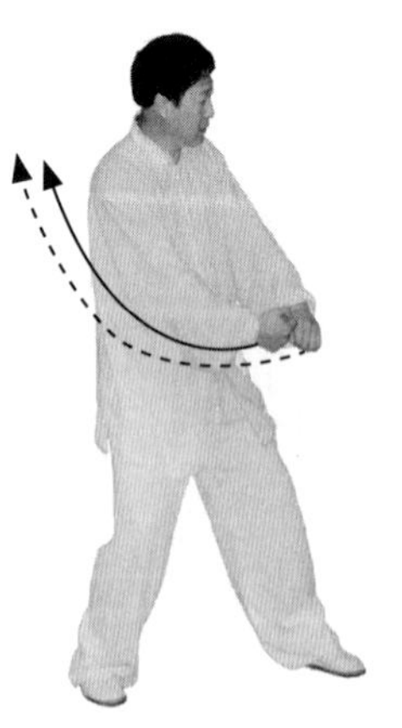

图2–507

（3）平步蹲摔。不停，腰向左上旋拉，再迈右脚，与左脚平行，略比肩宽，身体上拔，两拳随之向右后上方划弧至右耳旁；腰再向左下旋拉，两腿屈膝，身体下蹲成小马步，胯与膝平；同时，两拳变掌由上而下向身前摔下；目视前下方（图2-508、图2-509）。

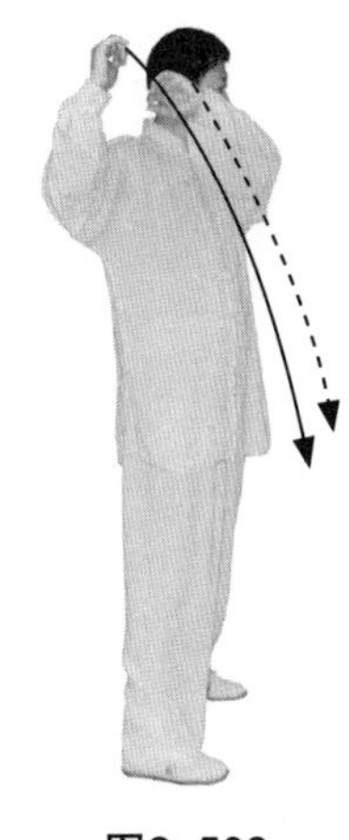

图2-508

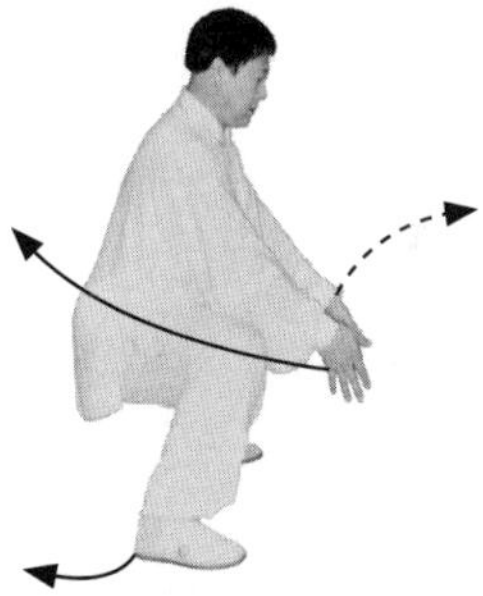

图2-509

要点

（1）上下协调，步随身换，由左右肩膀处向前下方发力，力达手梢。

（2）两手不可分离太远，应似挨非挨，左右摔时要圆活连贯，最后一摔如抖去手上的水珠，体现松、空、冷、脆之劲。

技击含义

当抓住对方左手臂时，我即刻迅速转身进步以肩为支点，扛其肘部，两手下压，使其肘关节反向受力而折断受制。反之亦同（图2-510）。

图2-510

第68式　右起脚

（1）起身退步。接图2-509动作，身体站起，右转腰，右脚略退调整半步；同时，左掌向前划弧伏按至腹前，掌心向下；右掌向右后方拉开，指尖向下（图2-511）。

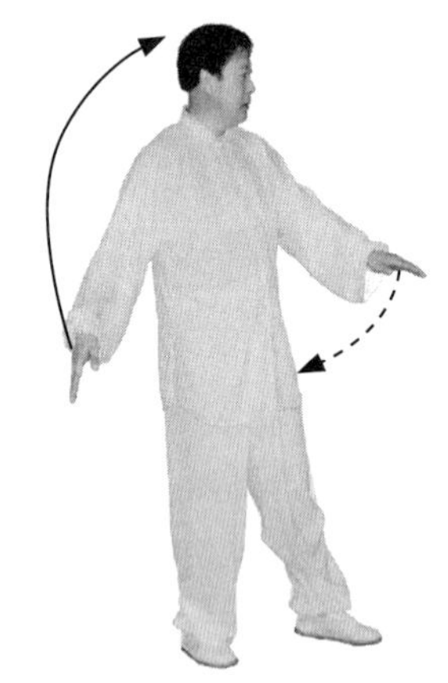
图2-511

（2）垫步拍脚。动作不停，左脚略前移垫步，左拧腰，右脚直膝向前上方弹踢；同时，右掌翻腕内扣，随动经右后上方再向前以掌心击拍右脚面；左掌向左后方甩出，掌心向下，高与肩平；目视右手（图2-512、图2-513）。

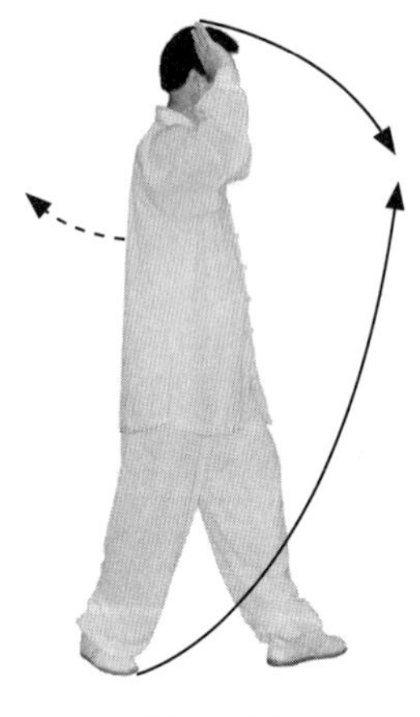
图2-512

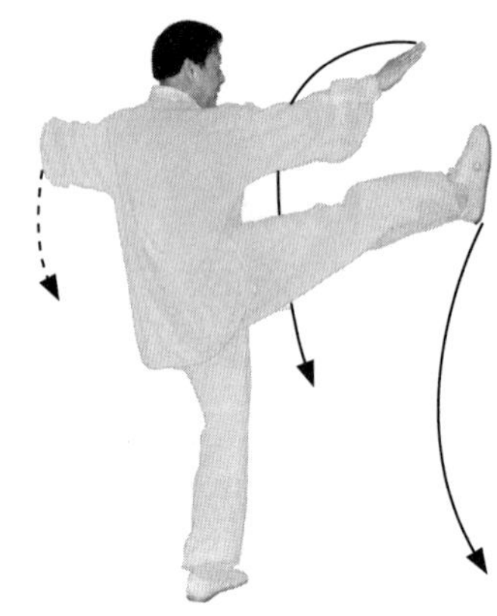
图2-513

要点

（1）左脚垫步时，如场地宽敞，可抬腿提膝前迈一大步；如场地受限，左脚跟可后弹左臀部后落回原地，保证换步灵活。

（2）右脚尖绷直与腿成一线，右掌拍击脚面时要准确响亮。

第69式　双击掌

右腿收回后向前落下，其他动作及要点与第36式相同（图2-514～图2-520）。

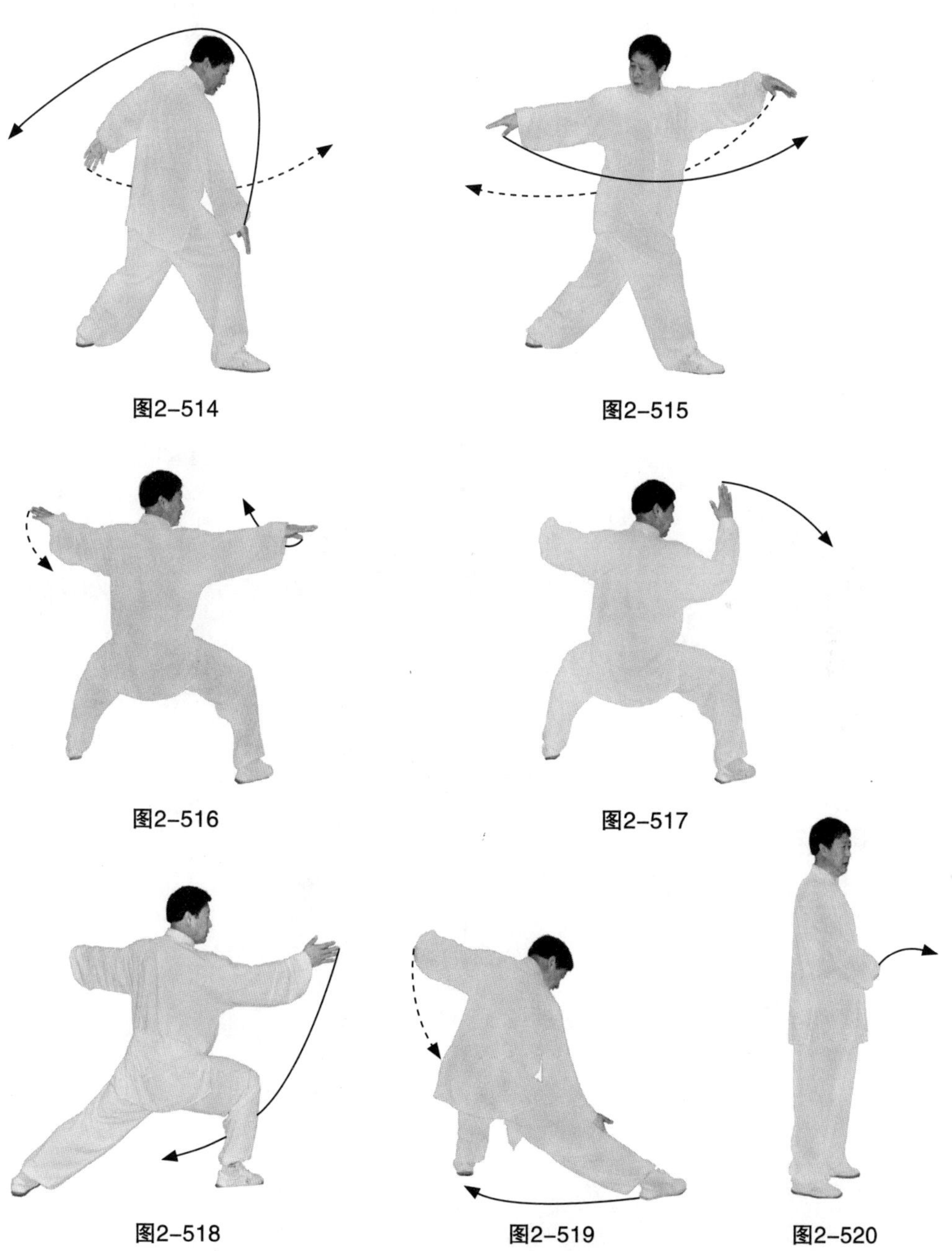

图2-514

图2-515

图2-516

图2-517

图2-518

图2-519

图2-520

第70式　左右分脚

动作及要点与第37式相同（图2-521～图2-528）。

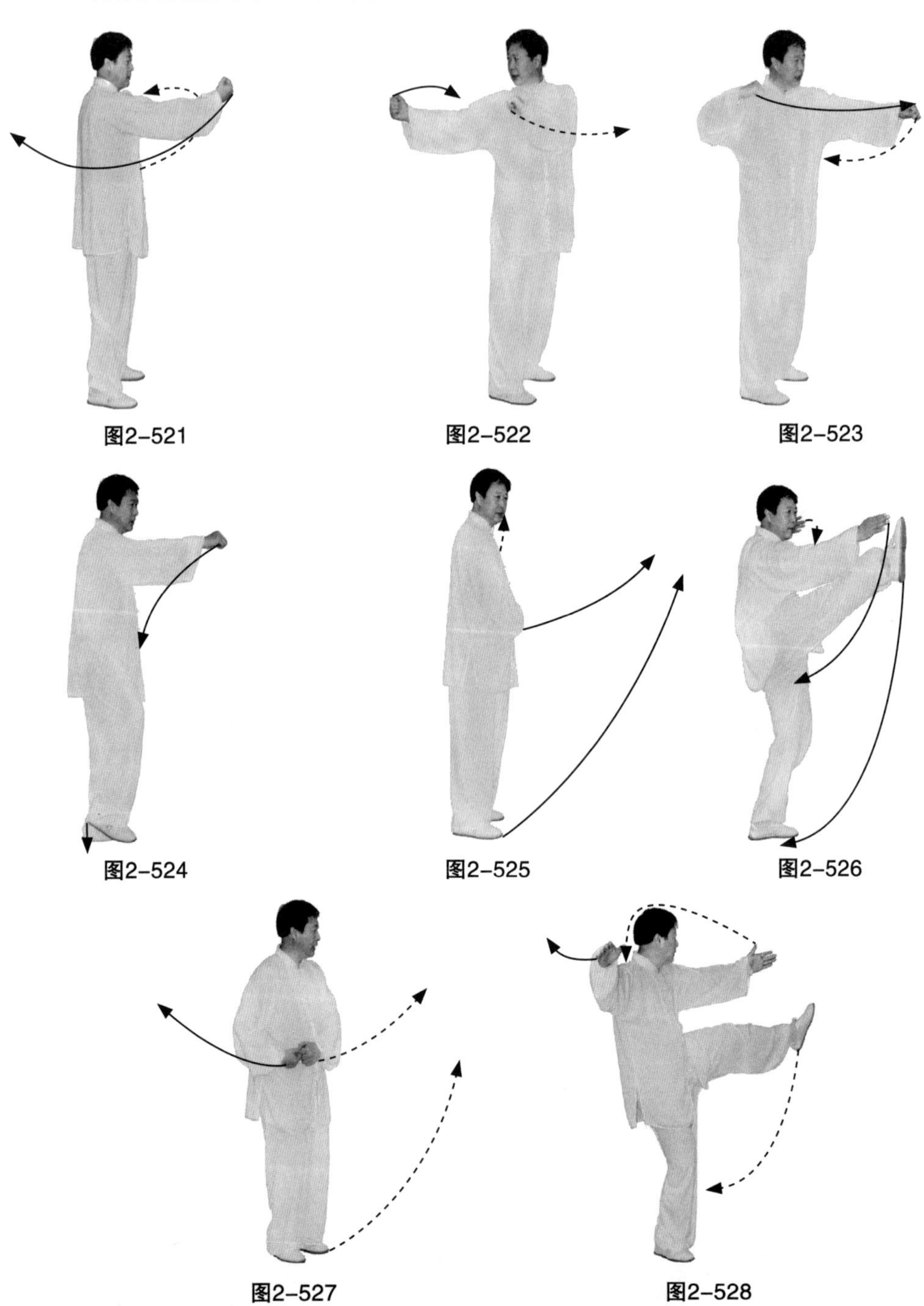

图2-521　图2-522　图2-523

图2-524　图2-525　图2-526

图2-527　图2-528

第71式　七星捶

动作及要点与第38式相同（图2-529～图2-540）。

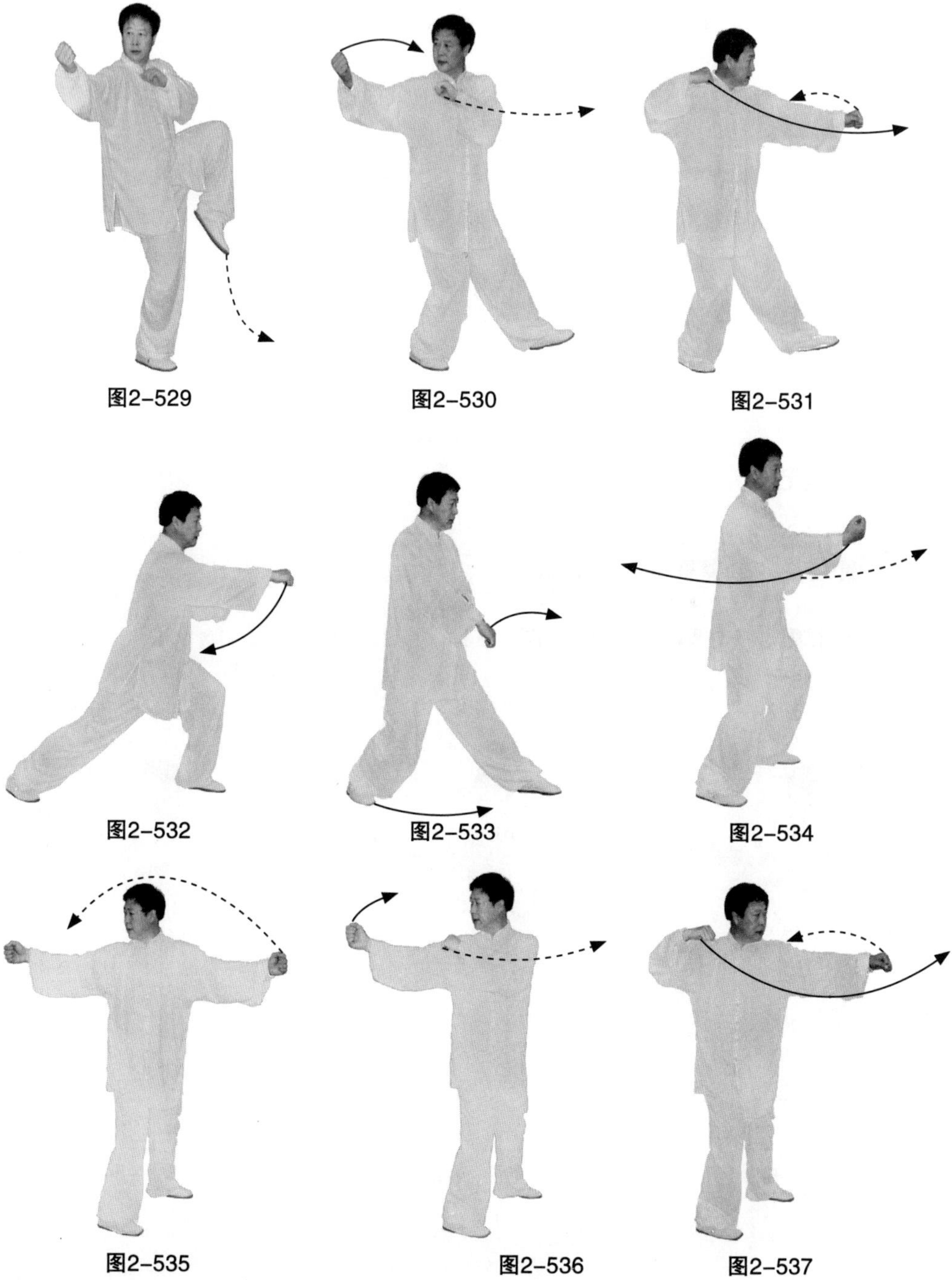

图2-529　图2-530　图2-531

图2-532　图2-533　图2-534

图2-535　图2-536　图2-537

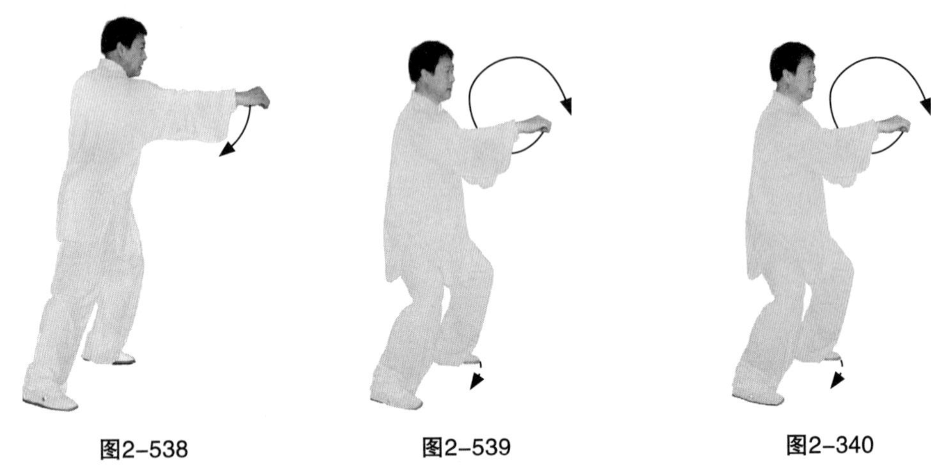

图2-538　　图2-539　　图2-340

第六节

第72式　单腿悬躯

动作及要点与第39式相同（图2-541～图2-548）。

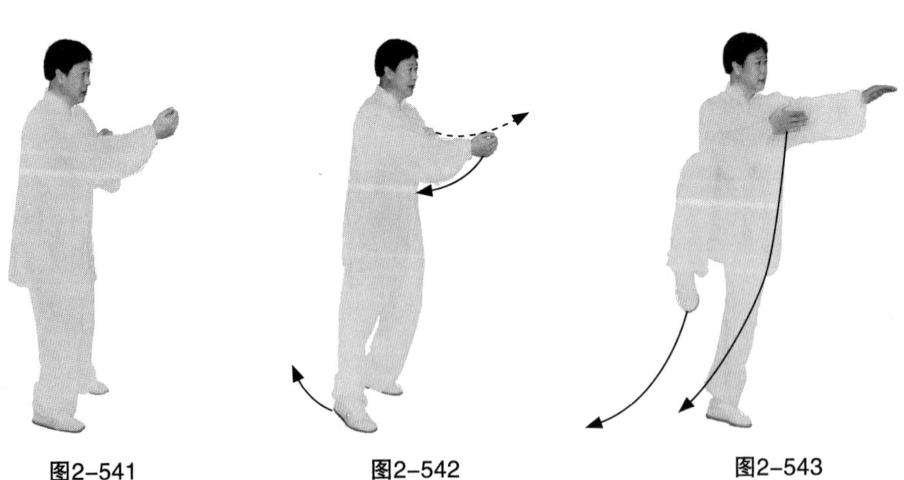

图2-541　　图2-542　　图2-543

图2-544

图2-545

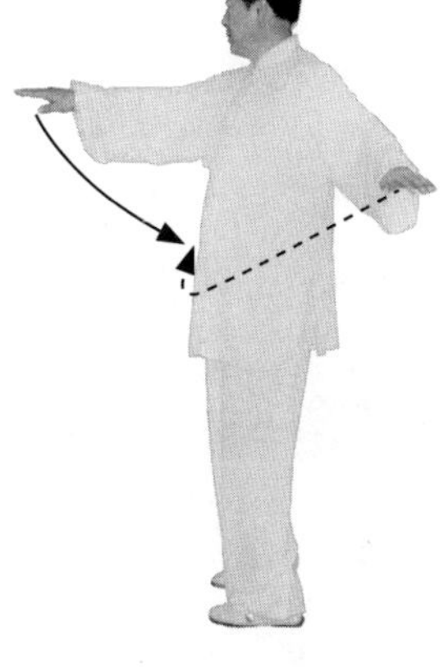
图2-546

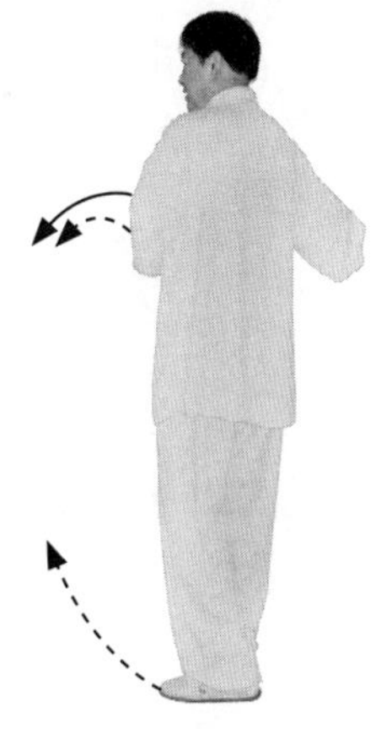
图2-547

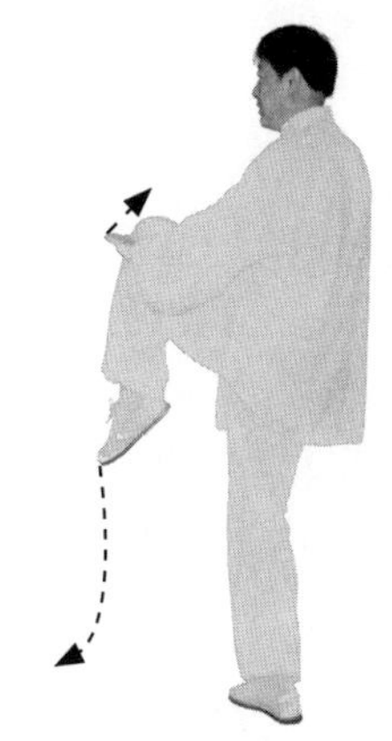
图2-548

第73式　反脱手

动作及要点与第40式相同（图2-549～图2-554）。

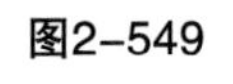

图2-549

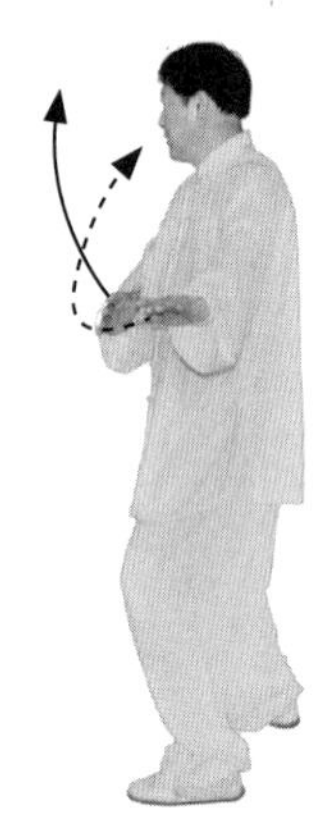

图2-550

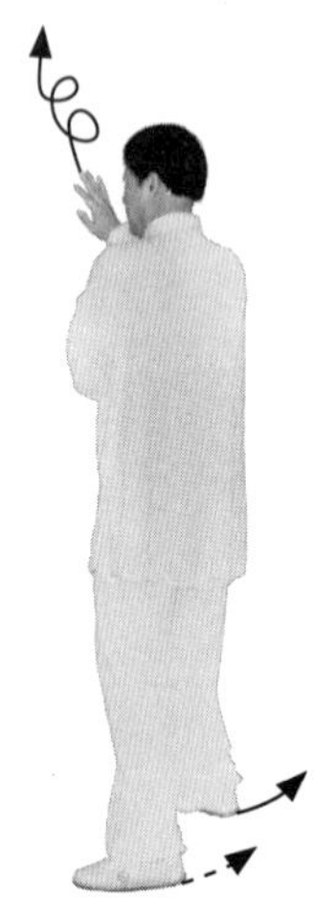

图2-551

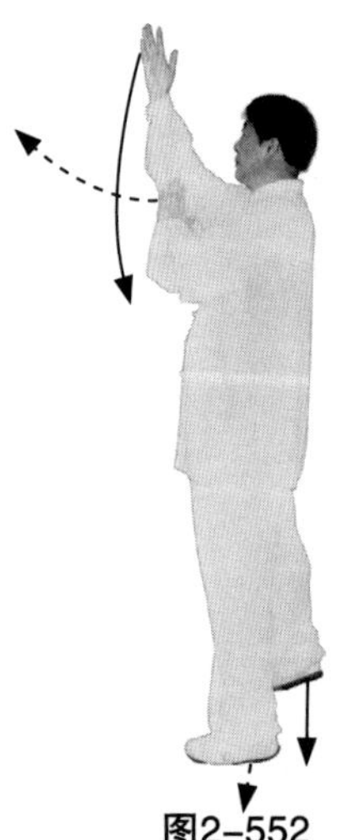

图2-552

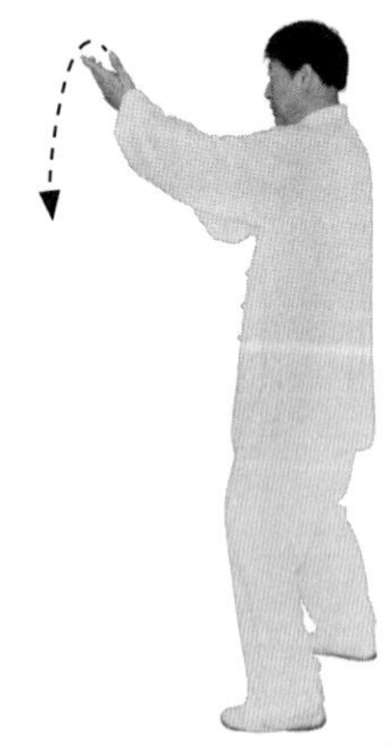

图2-553

图2-554

第74式 磕脚

动作及要点与第41式相同（图2-555～图2-557）。

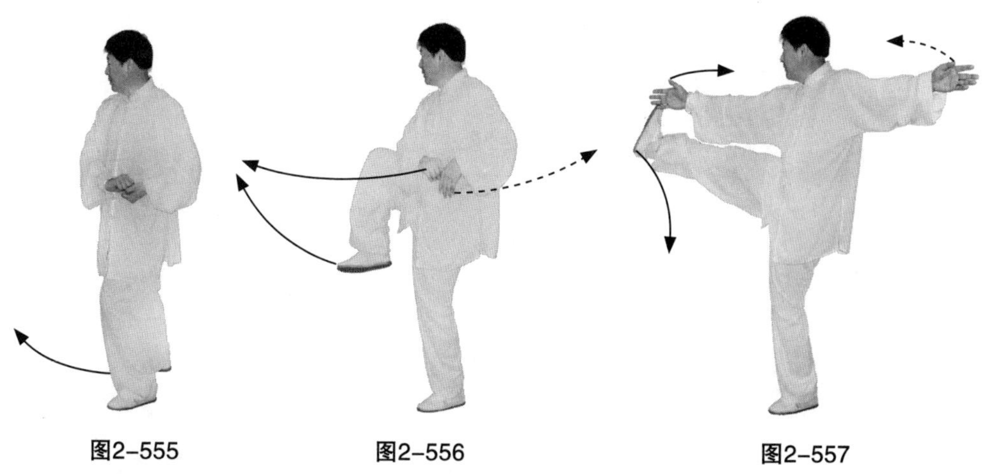

图2-555 图2-556 图2-557

第75式 狮子张嘴

动作及要点与第42式相同（图2-558、图2-559）。

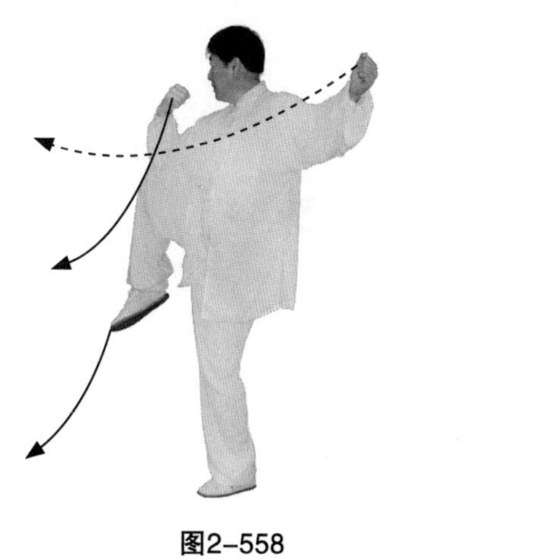

图2-558

图2-559

第76式　退步跨虎

动作及要点与第43式相同（图2–560 ~ 图2–569）。

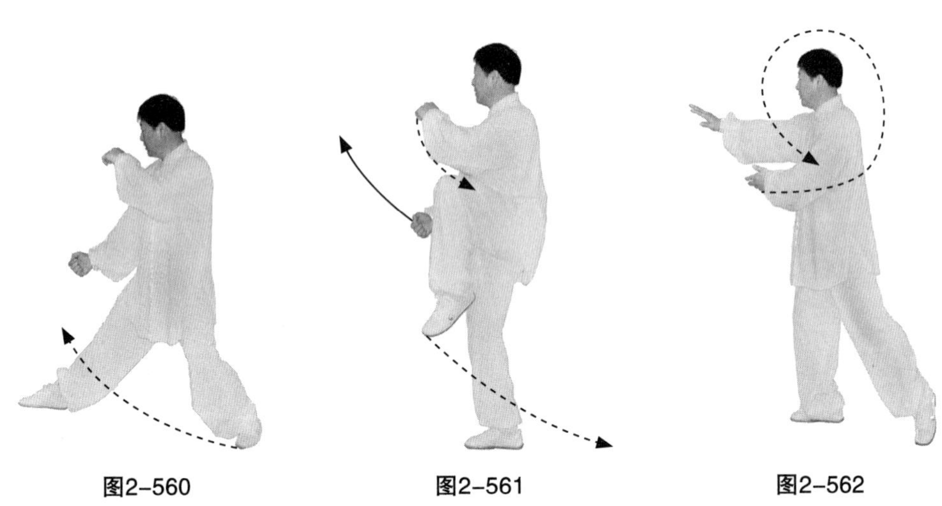

图2–560　　图2–561　　图2–562

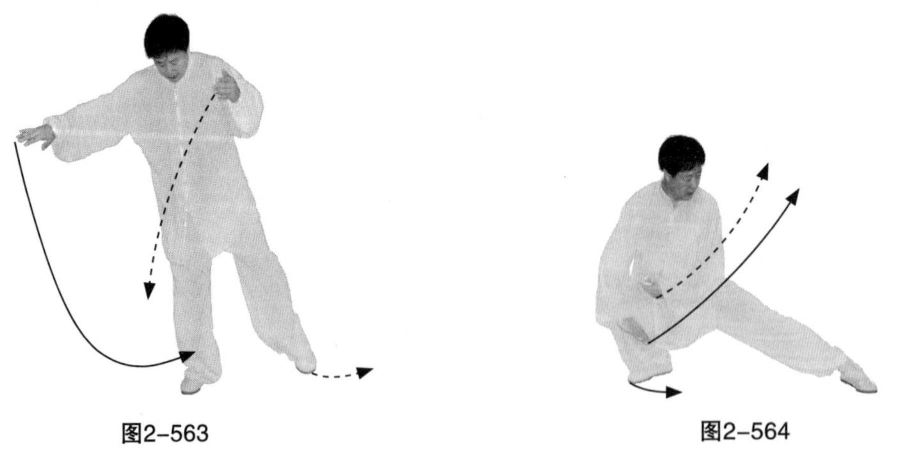

图2–563　　图2–564

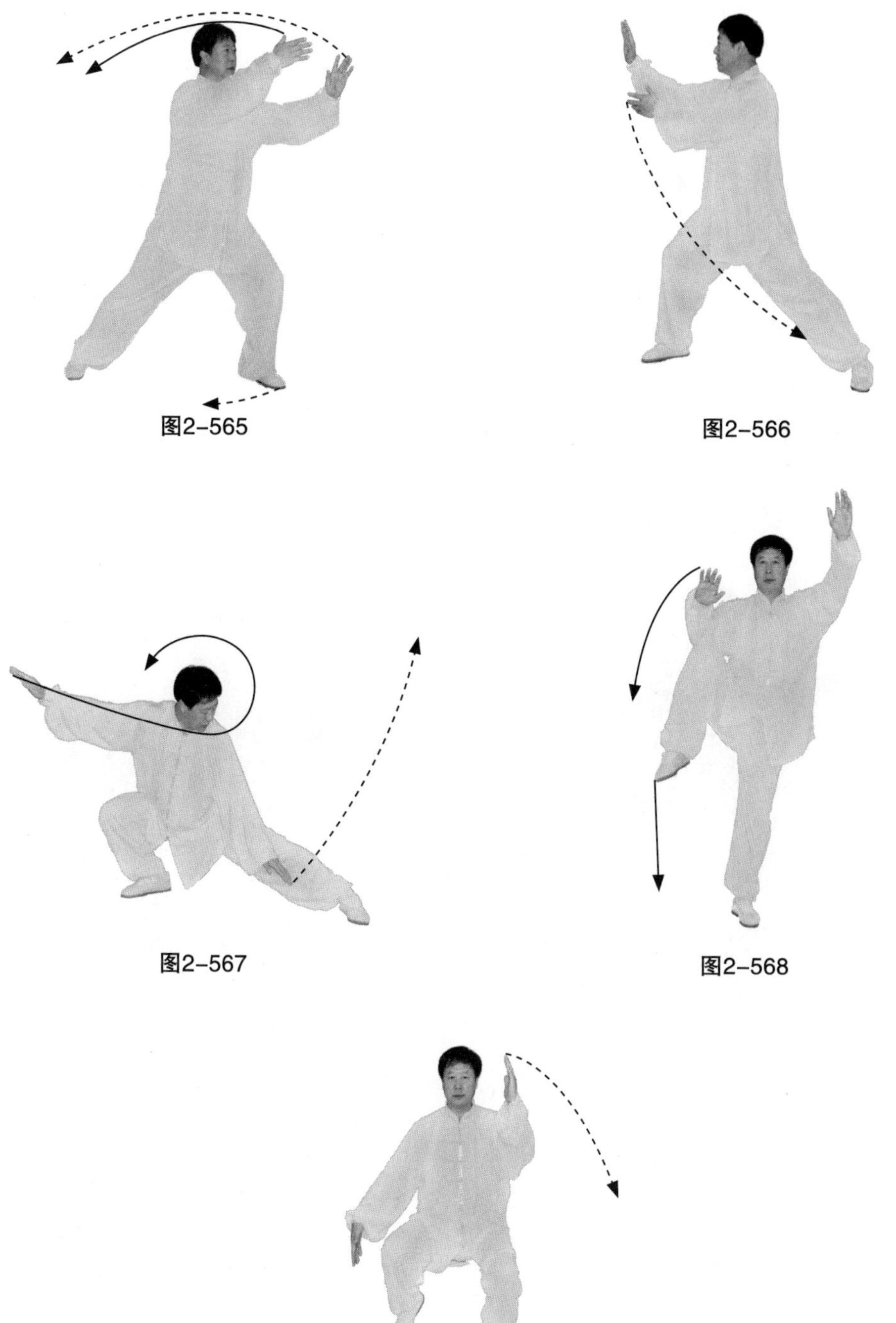

图2-565

图2-566

图2-567

图2-568

图2-569

第77式　披身

动作及要点与第44式相同（图2–570 ~ 图2–575）。

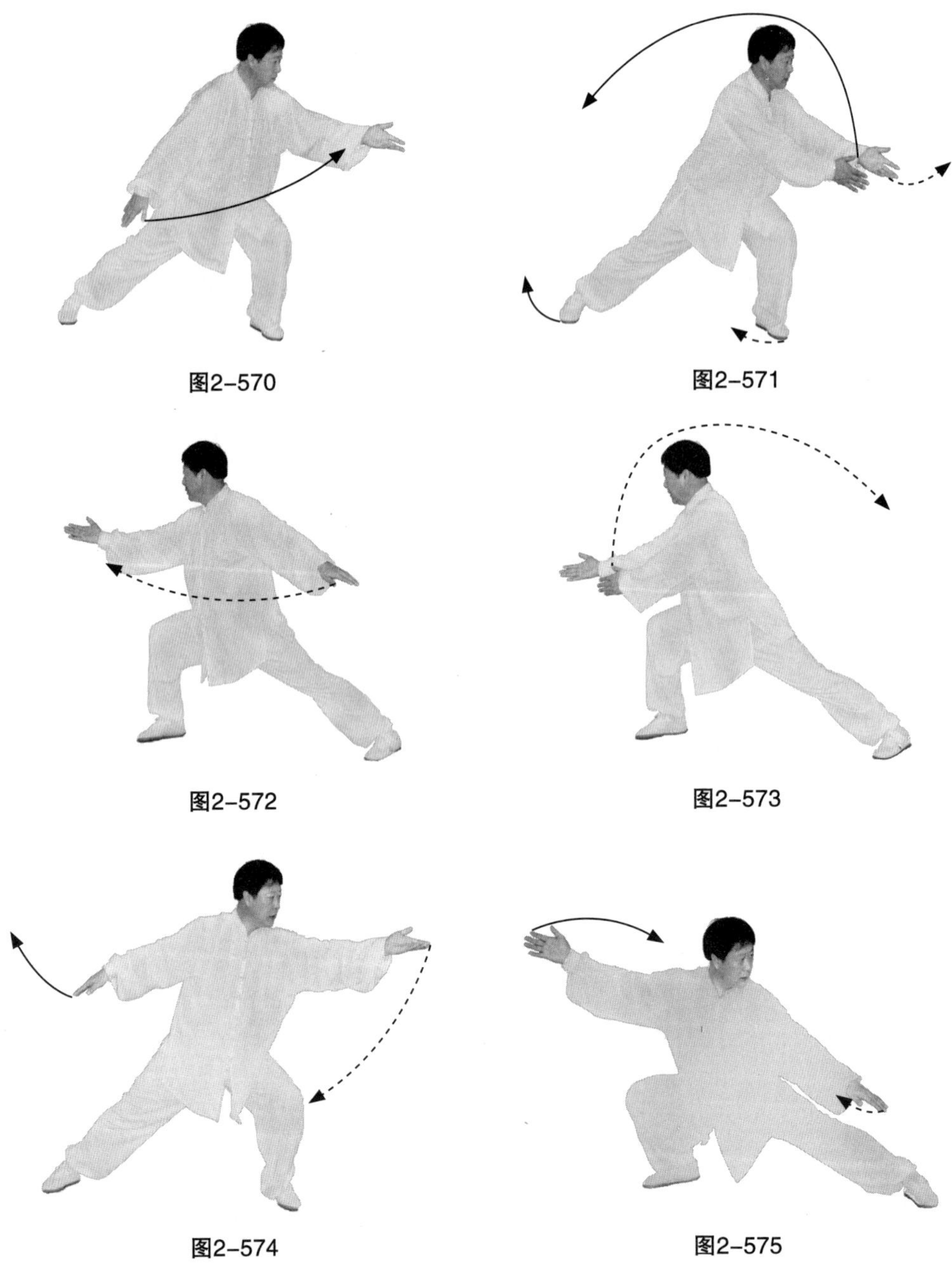

图2–570　图2–571　图2–572　图2–573　图2–574　图2–575

第78式　狮子张嘴

动作及要点与第45式相同（图2–576、图2–577）。

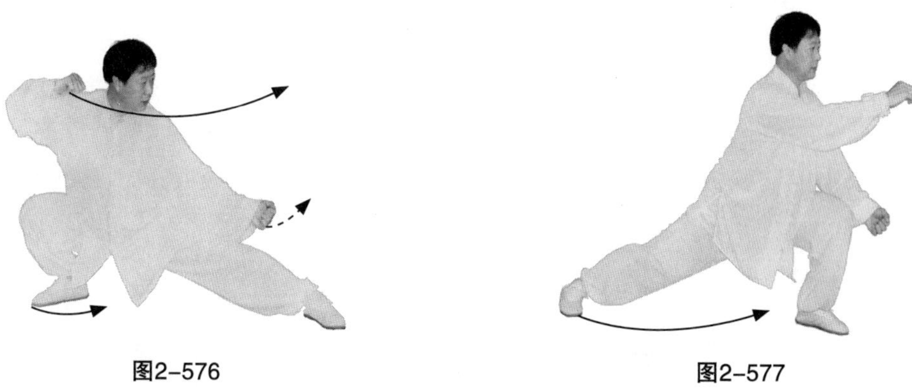

图2–576　　图2–577

第79式　玉女穿梭

动作及要点与第46式相同（图2–578～图2–585）。

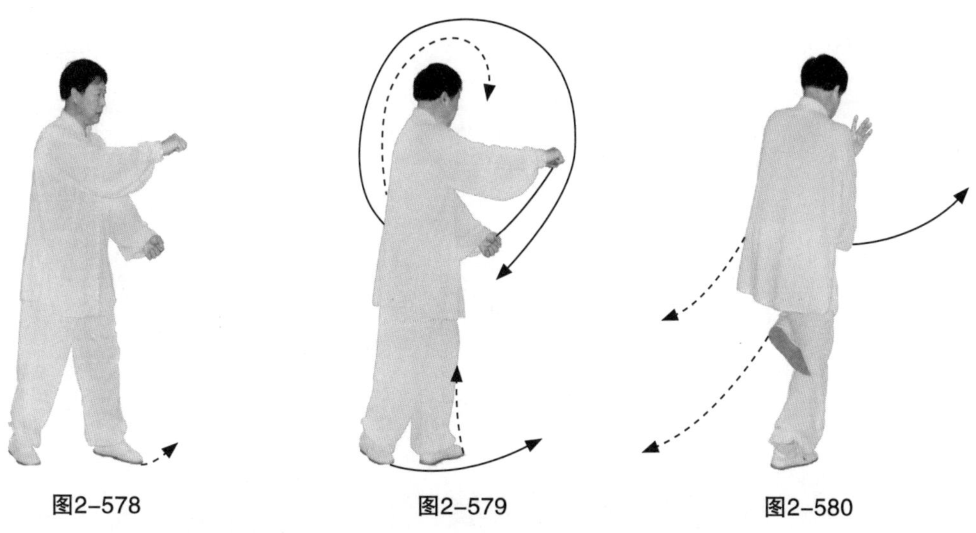

图2–578　　图2–579　　图2–580

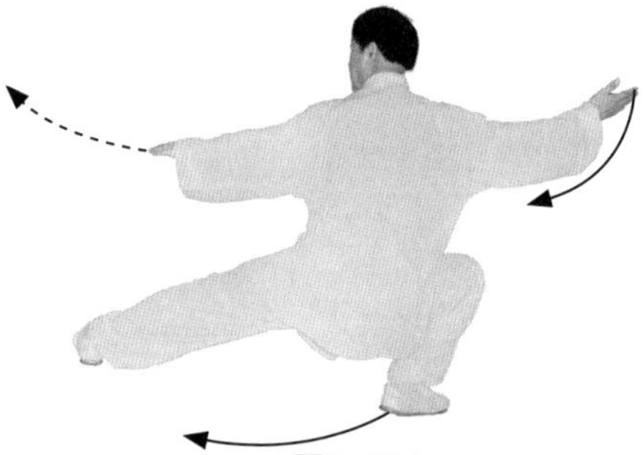

图2-581

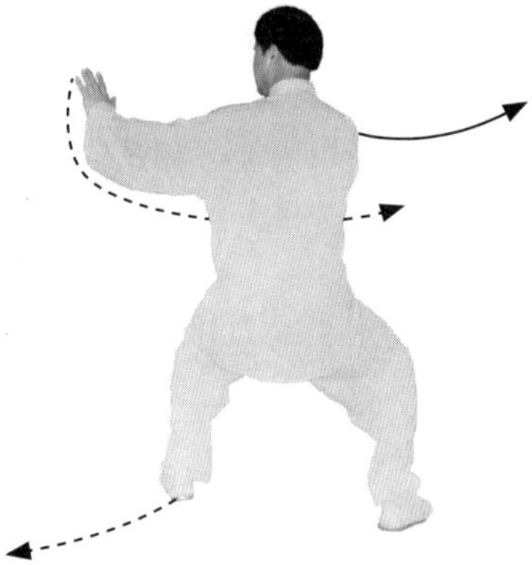

图2-582

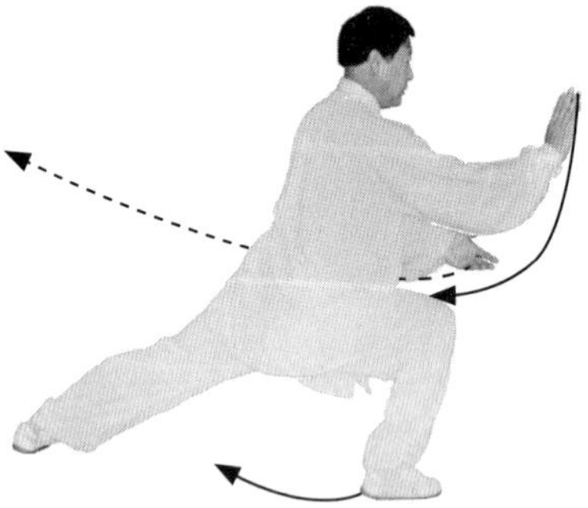

图2-583

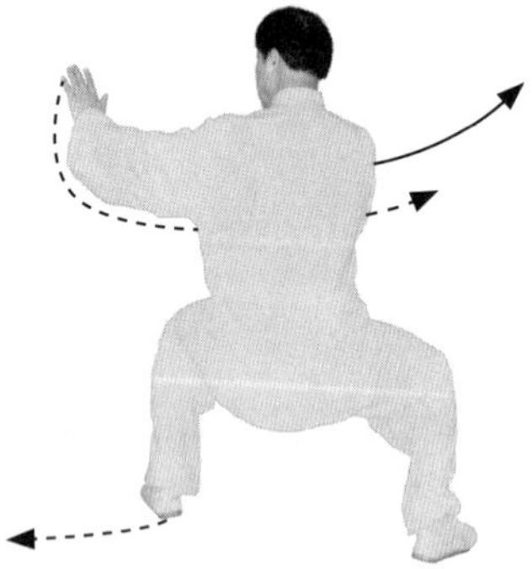

图2-584

图2-585

第80式　左右金鸡独立

动作及要点与第47式相同（图2–586 ~ 图2–601）。

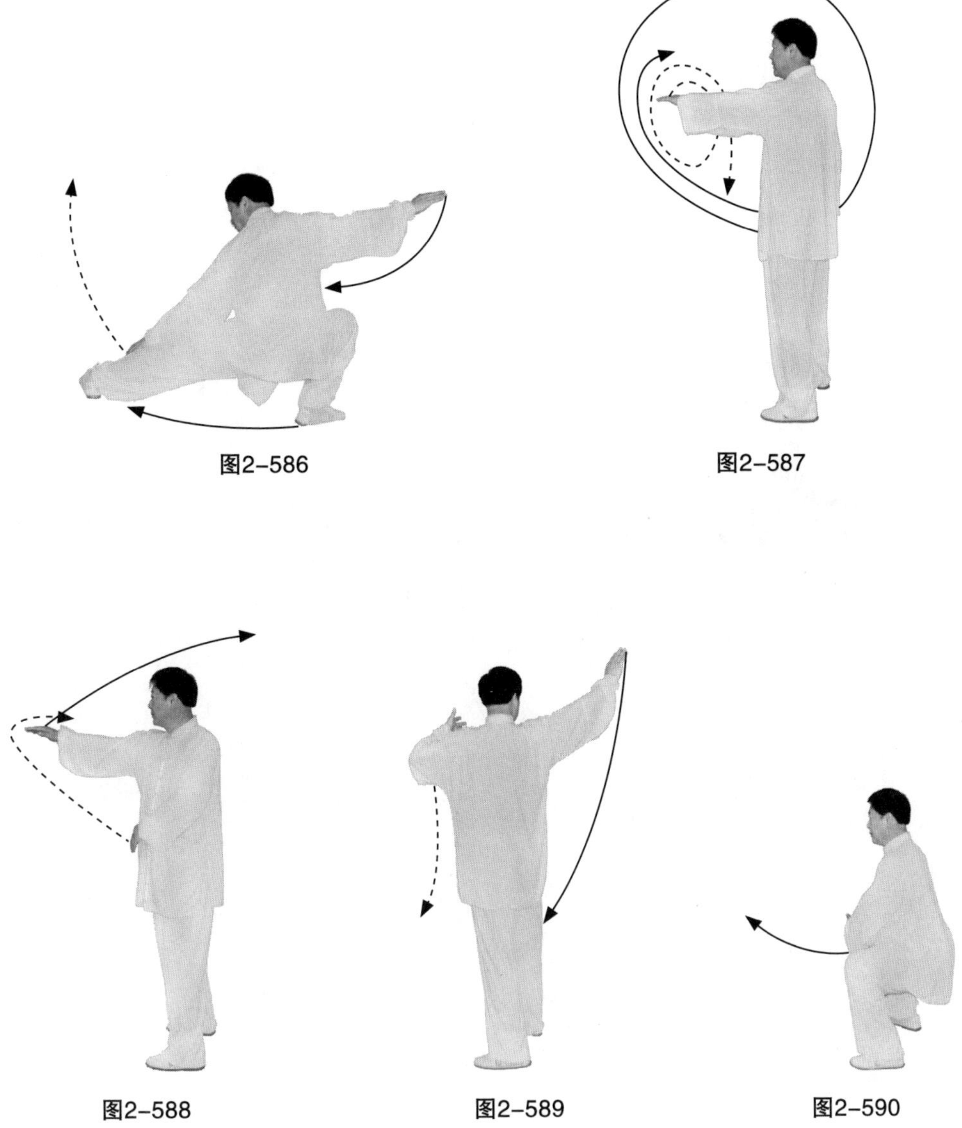

图2–586　图2–587

图2–588　图2–589　图2–590

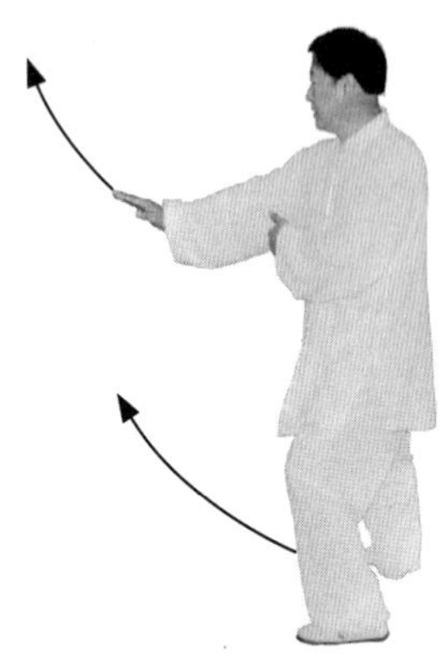

图2-591

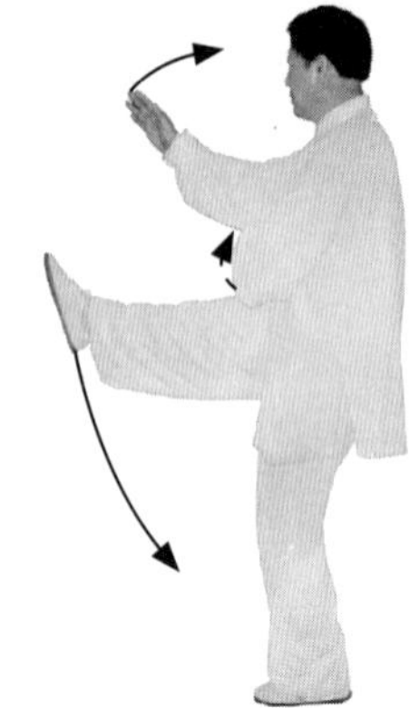

图2-592

图2-593

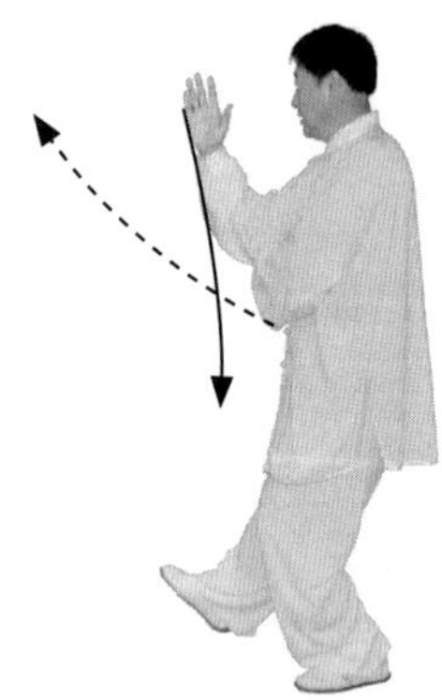

图2-594

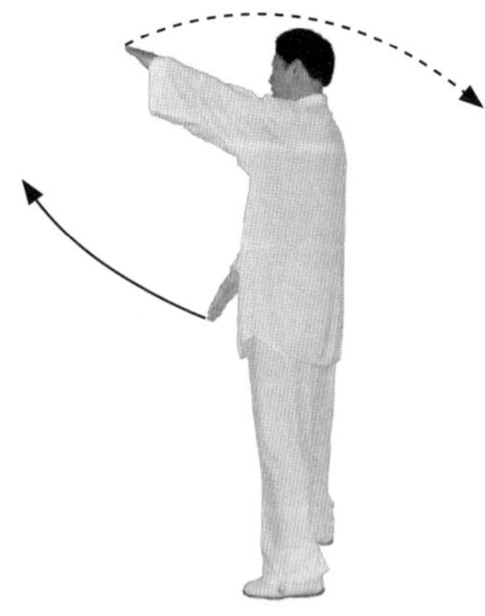

图2-595

图2-596

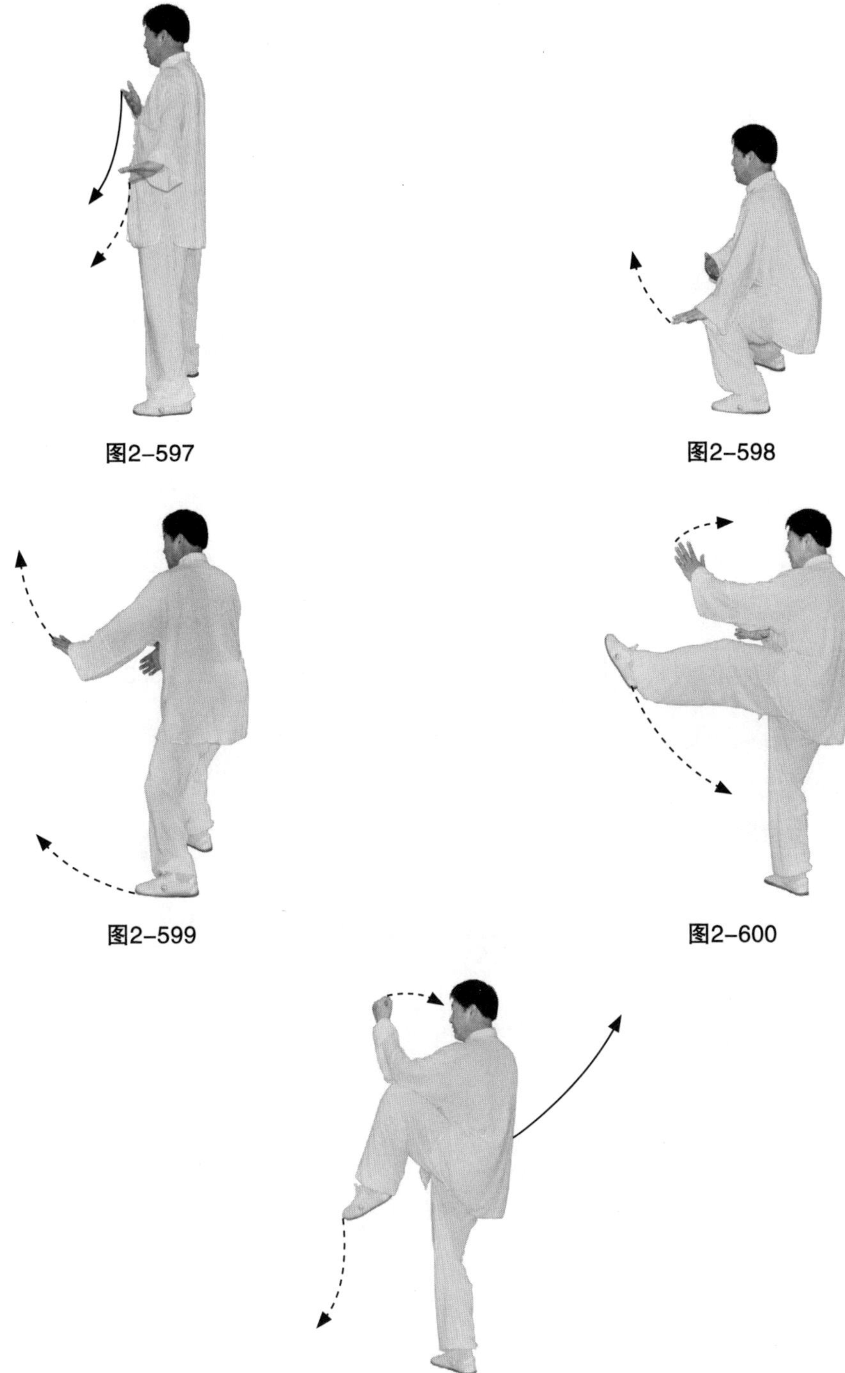

图2-597

图2-598

图2-599

图2-600

图2-601

第81式　左右狮子张嘴

动作及要点与第48式相同（图2-602 ~ 图2-608）。

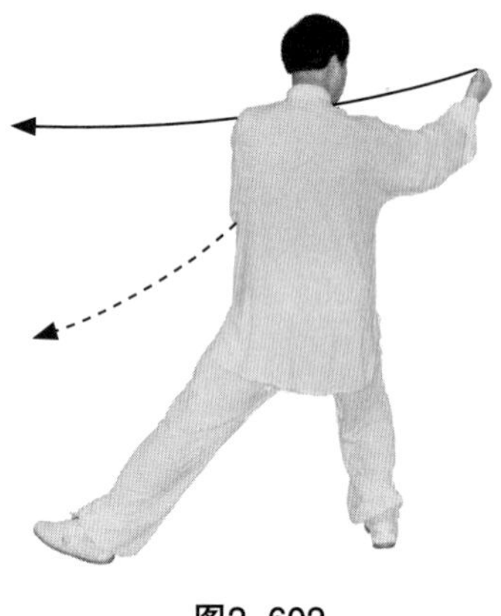

图2-602

图2-603

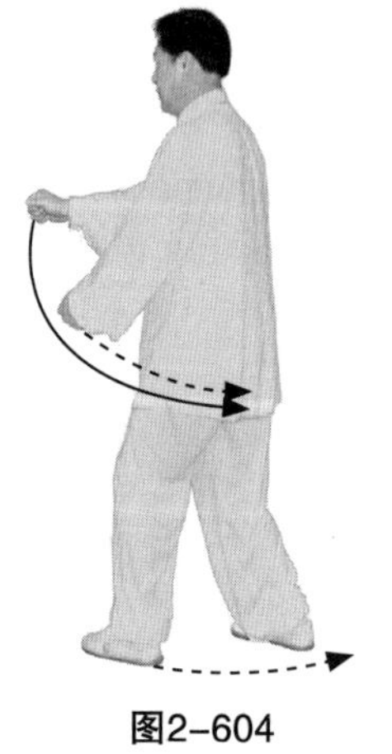

图2-604

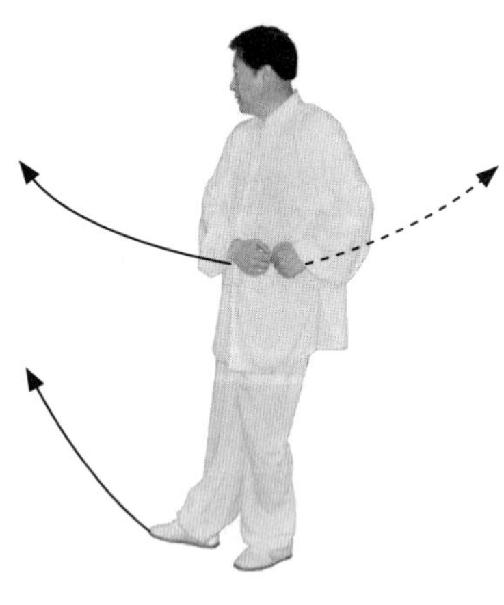

图2-605

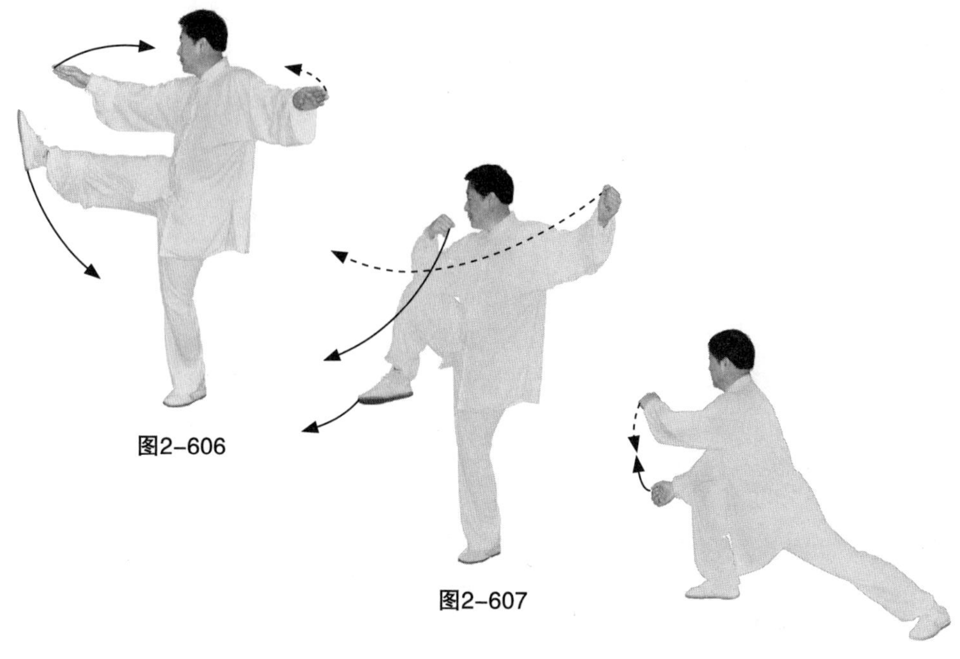

图2-606

图2-607

图2-608

第82式　左缠身

（1）左转圈头。接图2-608动作，两拳轻合一起，身体略拔起，腰向左上旋拉，蹬右脚开左胯，重心左移成左弓步，右脚尖随之内扣45°；同时，两拳向左上圈头落至身体左侧，眼随手环视（图2-609、图2-610）。

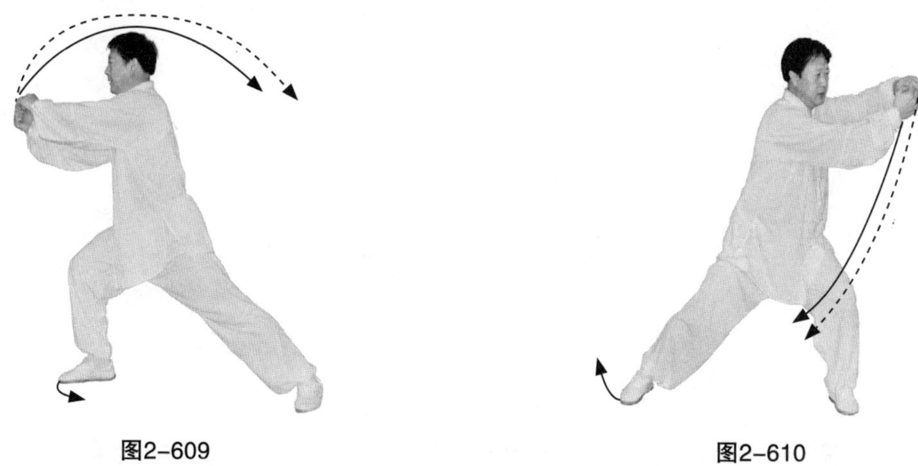

图2-609

图2-610

（2）仆步圈腰。动作不停，左膝外撑，腰胯下塌，右脚尖外撇45° 成大仆步；同时，两拳轻合，两臂含掤圆撑沿左小腿下落至裆部时，随右转腰弓右膝再向右上走弧线至右胸前，形成下圈腰之态势，两拳心相对，左下右上（图2-611、图2-612）。

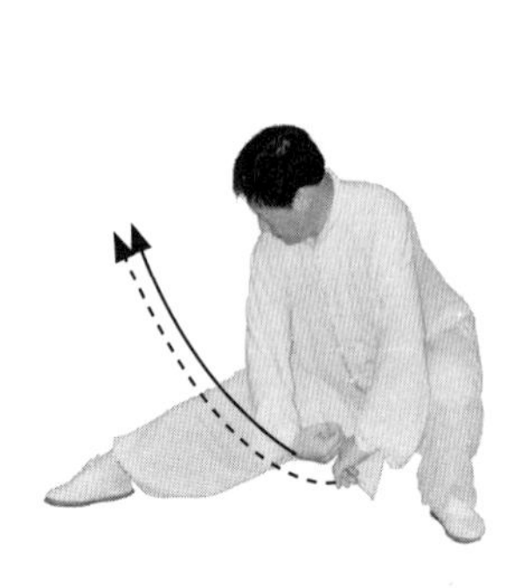

图2-611

图2-612

（3）拧腰回看。随动腰向右后旋拉，拔背扭项，回看左脚跟；同时，两拳心相对逆向拧转变为右拳在外、左拳在内抱在怀中，两前臂与右小腿上下垂直一线，左肘对右膝，右肘尖上顶；目视右后方（图2-613）。

（4）仆步圈腰。紧接着，右膝外撑，腰胯下塌，左脚尖外撇45° 成大仆步；同时，两拳沿右腿外侧下落，导引胆经至外踝处时，随左转腰弓左膝再向左上走弧线，形成下圈腰之态势，两拳眼相对；眼随手环视（图2-614、图2-615）。

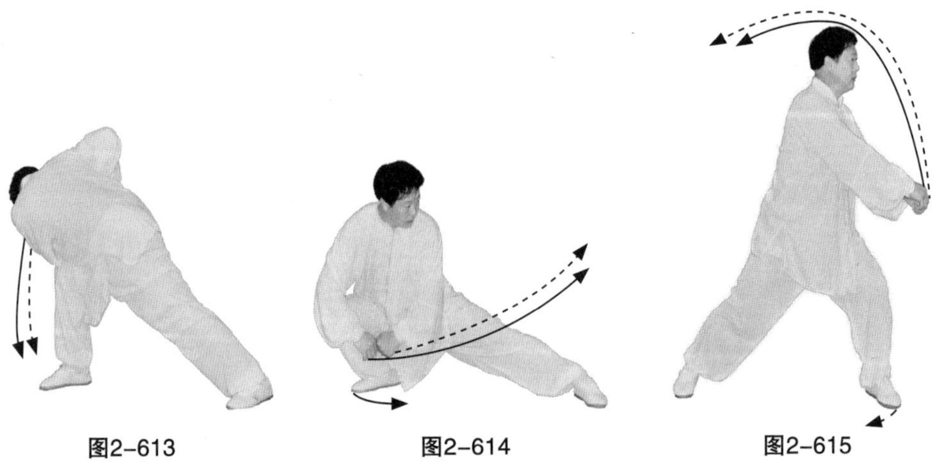

图2-613　图2-614　图2-615

（5）右转圈头。不停，腰向右上旋拉，蹬左脚开右胯，重心右移成右弓步，左脚尖随之内扣45°；同时，两拳向右上圈头后沿右小腿落至裆部时，再随左转腰弓左膝向左上走弧线至左胸前，两拳心相对，左上右下（图2-616、图2-617）。

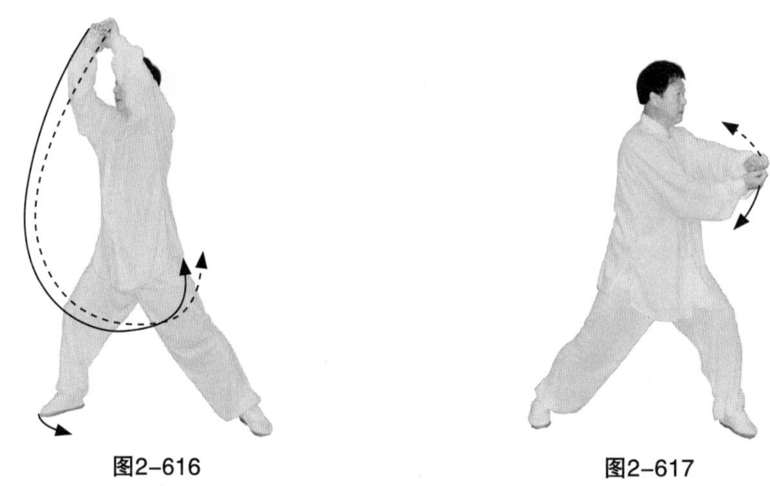

图2-616　　图2-617

（6）拧腰回看。继而，腰向左后旋拉，拔背扭项，回看右脚跟；同时，两拳心逆向拧转变为左拳在外、右拳在内抱在怀中，两前臂与左小腿上下垂直一线，右肘对左膝，左肘尖上顶；目视左后方（图2-618）。

（7）仆步圈腰。不停，左膝外撑，腰胯下塌，右脚尖外撇45°成大仆步；同时，两拳沿左腿外侧下落，导引胆经至外踝处时，随右转腰弓右膝再向右上走弧线，形成下圈腰之态势；两拳眼相对（图2-619、图2-620）。

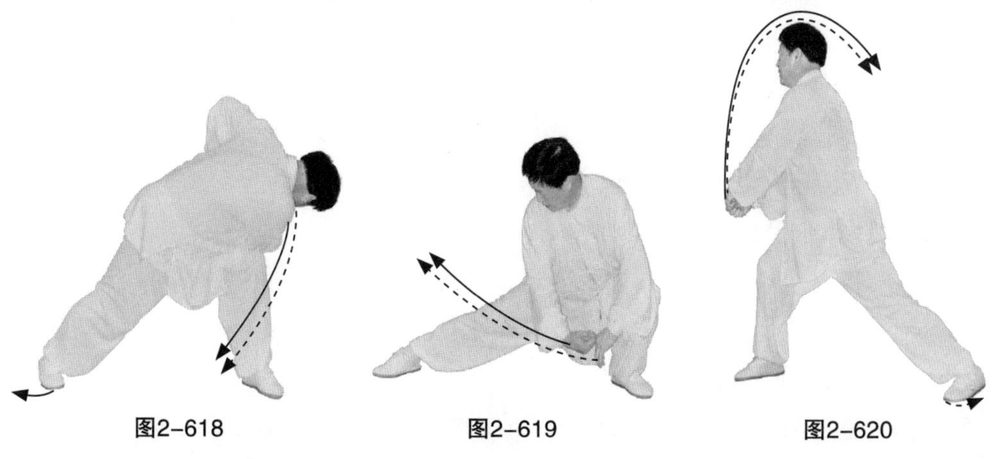

图2-618　　图2-619　　图2-620

（8）左转圈头。继而，腰向左上旋拉，蹬右脚开左胯，左脚尖外撇45° ，重心移至左腿成左弓步，右脚尖随之内扣45° ；同时，两拳向左上圈头后沿左小腿落至裆部时，再随右转腰弓右膝向右上划弧至右胸前，两拳心相对，右上左下；眼随手环视（图2–621、图2–622）。

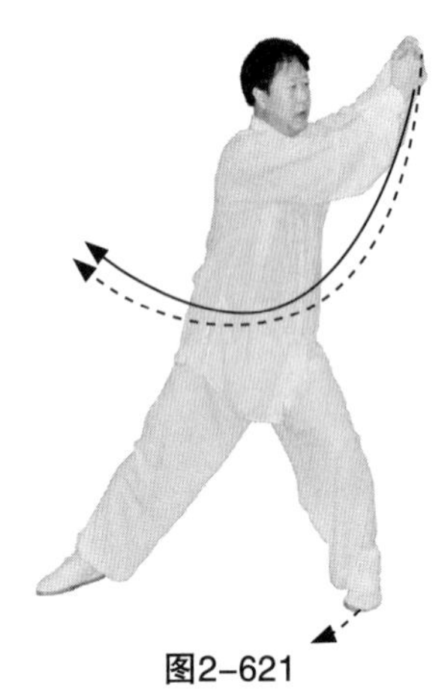
图2–621

图2–622

（9）拧腰回看。动作与（3）同（图2–623）。

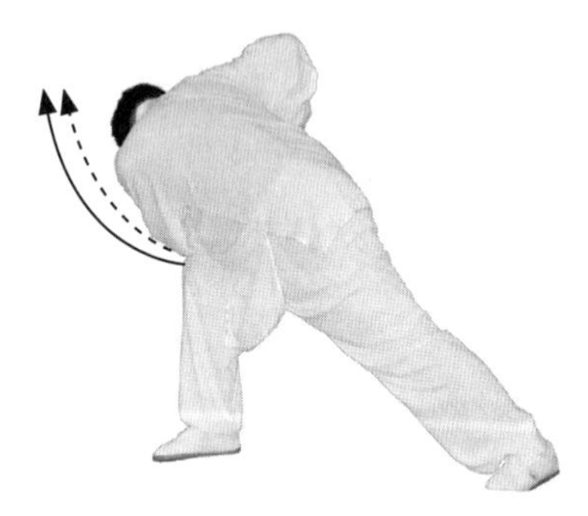
图2–623

要点

（1）两手松握拳应似挨非挨，不可靠得太紧或太宽，两臂要撑圆。

（2）上圈头、下圈腰时，在腰的带动下，脚尖应随重心移动内扣或外撇，必须与两腿虚实变化协调一致。

（3）两手在怀中抱月时，应走逆向拧缠劲。如右手在上要顺时针拧转，则左手逆时针拧转；反之左手在上要逆时针拧转，则右手顺时针拧转。

（4）回头看脚后跟时，左肘对右膝或右肘对左膝，皆与相对的小腿上下垂直，不可向任何一方倾斜。

（5）整个动作显现出“上圈头，下圈腰，怀中抱月向后瞧”之拳诀。

第83式　猛突手

（1）左转抱球。接图2-623动作，向左上旋拉，身体重心移至左腿，右脚尖内扣45°，松腰胯，气下沉，两膝外撑成马步；同时，两拳向左上划弧经头部时，变掌向左右下落至小腹前（丹田处），掌心相对，成抱球蓄势状；眼随手环视（图2-624、图2-625）。

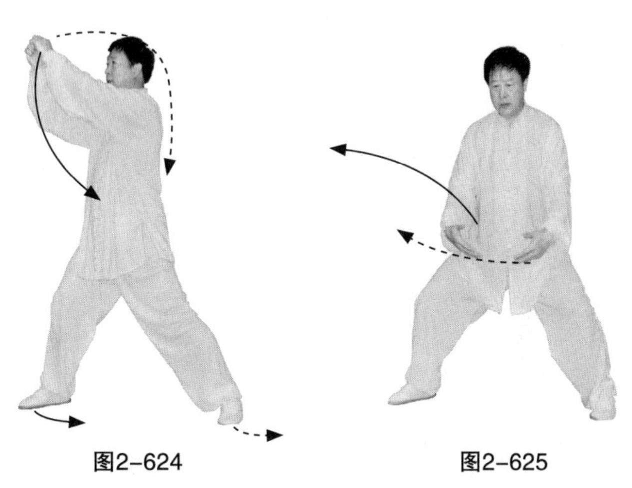

图2-624　　图2-625

（2）翻球再抱。上动不停，腰向右旋拉，蹬左脚，重心移至右腿；同时，右掌变掌心向下，左掌变掌心向上，两掌仍如有一球体随向右前方伸出而滚转；紧接着，腰向左平转，重心回到两腿中间，右脚尖随之内扣45°再成马步；同时，右掌继续变掌心朝上，左掌变掌心朝下，两掌对抱的球体随身体左转滚转回到小腹前蓄劲；目视前下方（图2-626～图2-628）。

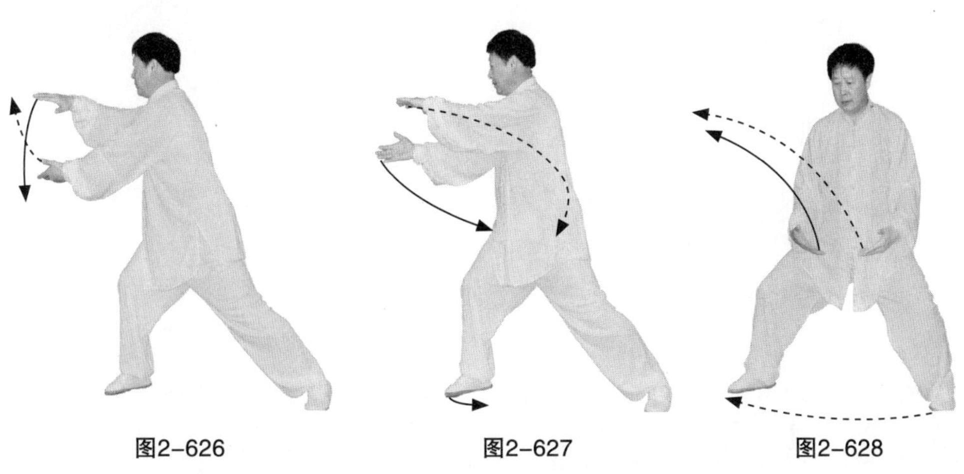

图2-626　　图2-627　　图2-628

（3）拧腰突手。右转腰，左脚猛然蹬地发力，跟步与右脚平行；同时，两手臂如抱着球向前抛出；目视前方（图2-629）。

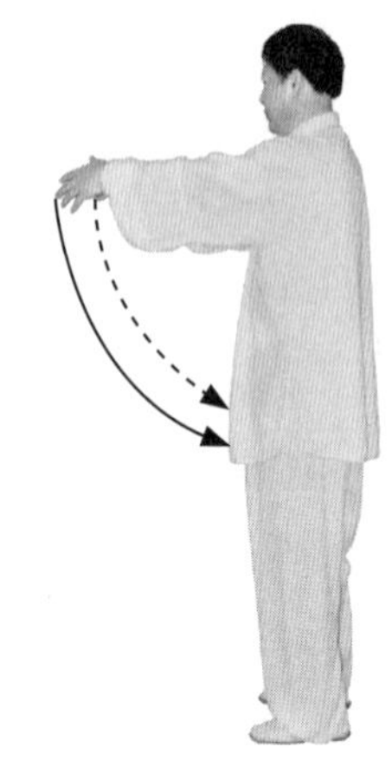
图2-629

要点

（1）两手抱球上下滚动不可散开，合于丹田蓄而待发。

（2）力由脊发，将球抛出，同时后退跟上成平行步，以助劲整。

（3）发力时可带出短促发声，以助提高发力效果。

第84式　左右分脚

（1）左转蓄势。接图2-629动作，左脚略退一小步，左转腰，右脚随转体提起变为脚尖点地；同时，两掌变松握拳向左落下合于左腰间，敛气下沉，蓄而待发；目视右前方（图2-630）。

（2）分手分脚。随之，右腿直膝向西北方向分踢，两臂随动前后展开，右手臂与右腿平行，方向一致，左手臂向左后方分开以辅助平衡；目视右手（图2-631）。

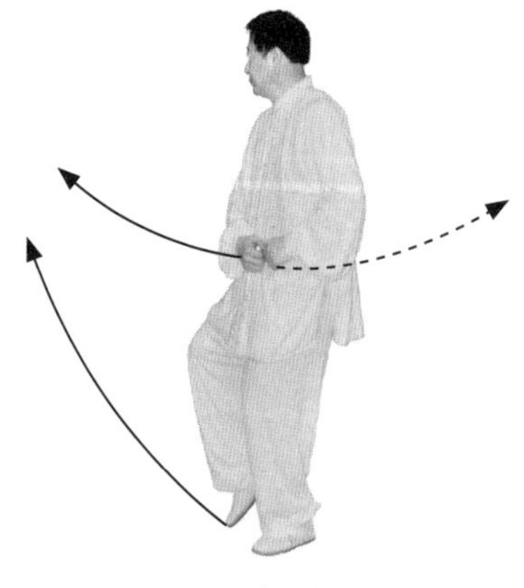
图2-630

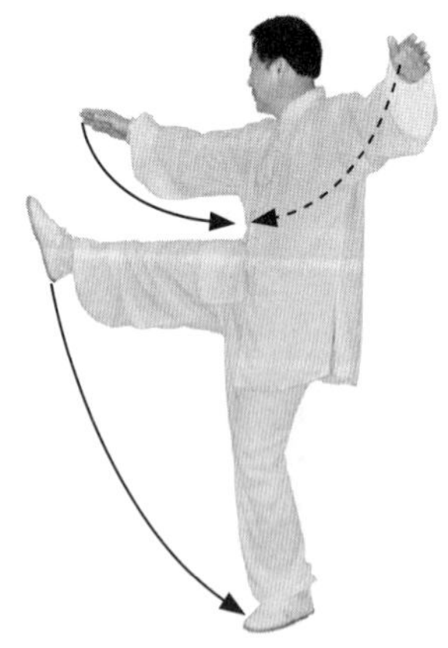
图2-631

（3）右转蓄势。收右脚落于左脚内侧，右转腰，左脚随之提起变为脚尖点地；同时，两掌变松握拳向右落下合于右腰间，敛气下沉，蓄而待发；目视左前方（图2-632）。

（4）分手分脚。紧接着，左腿直膝向西南方向分踢，两臂随动前后展开，左手臂与左腿平行，方向一致，右手臂向右后方分开以辅助平衡；目视左手（图2-633）。

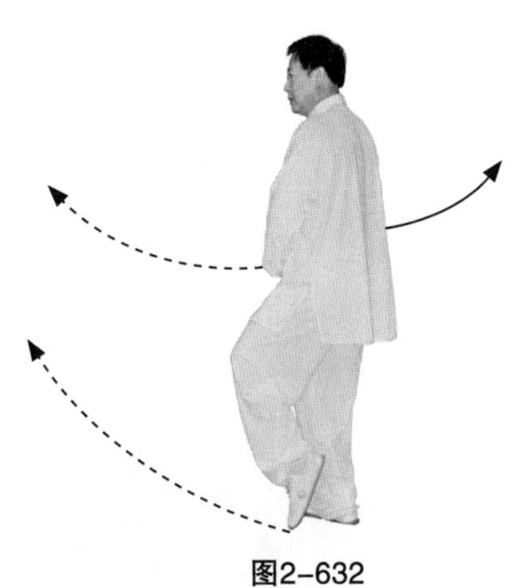

图2-632

图2-633

第85式　狮子张嘴

（1）蹲身迈步。接图2-633动作，屈右膝下蹲，左脚自然下垂后再向左前方15°迈一大步，脚跟着地；同时，腰向右后方旋拉，两掌变拳，左拳经面部屈肘扣于右胸前，拳心向下；右臂向右后方抻拉，拳心向上，与肩同高；目视右拳（图2-634）。

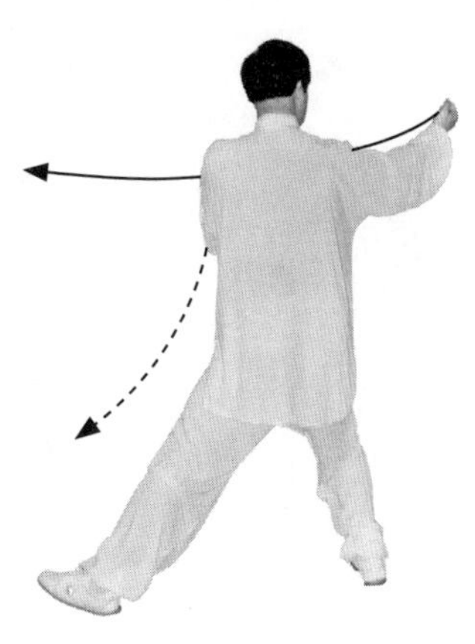

图2-634

（2）弓步定式。紧接着，腰胯下塌，向左转腰，蹬右脚成大弓步；同时，左拳内旋以尺骨为劲点向左下方撩出，再外旋为拳心向上；右拳屈肘扣于右耳旁，再随动以肩催肘、肘催腕由下颌向前打出，拳心向下；眼顺右拳方向平视（图2-635）。

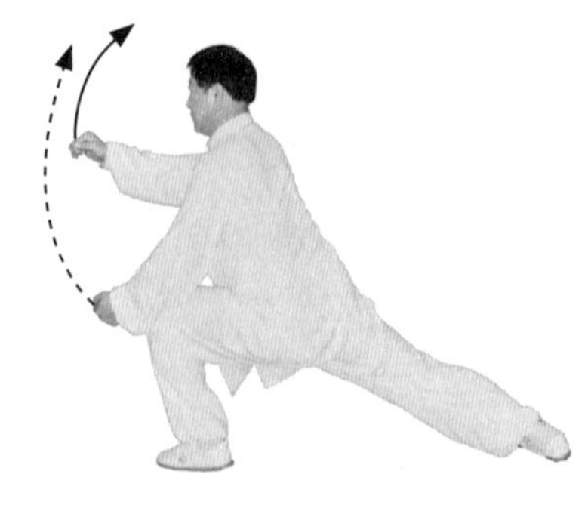

图2-635

第86式　右缠身

动作及要点与第82式左缠身相同，唯左右相反（图2-636～图2-650）。

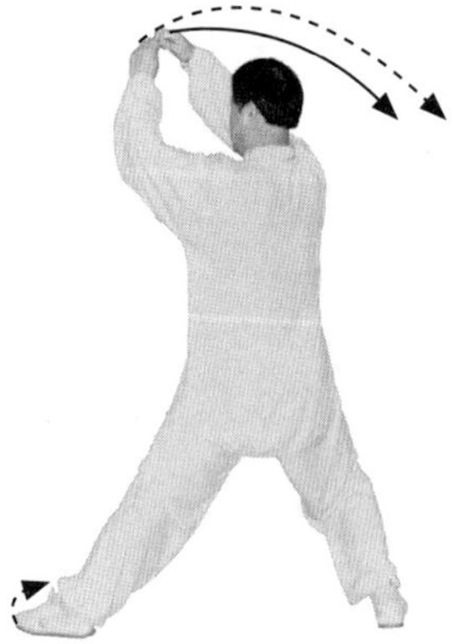

图2-636

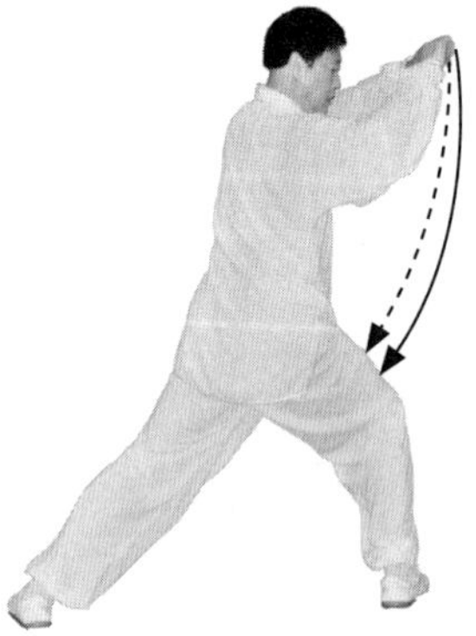

图2-637

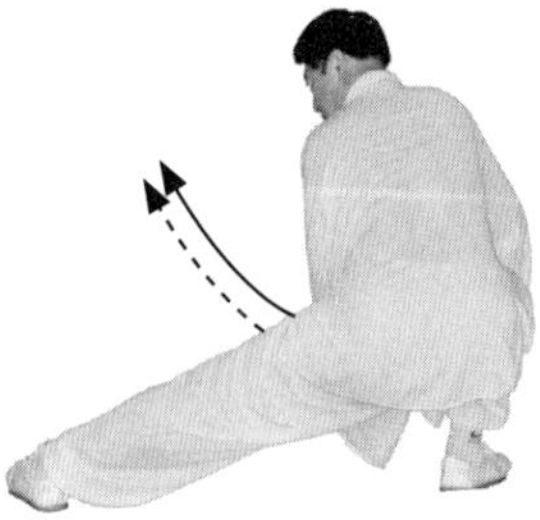

图2-638

图2-639

图2-640

图2-641

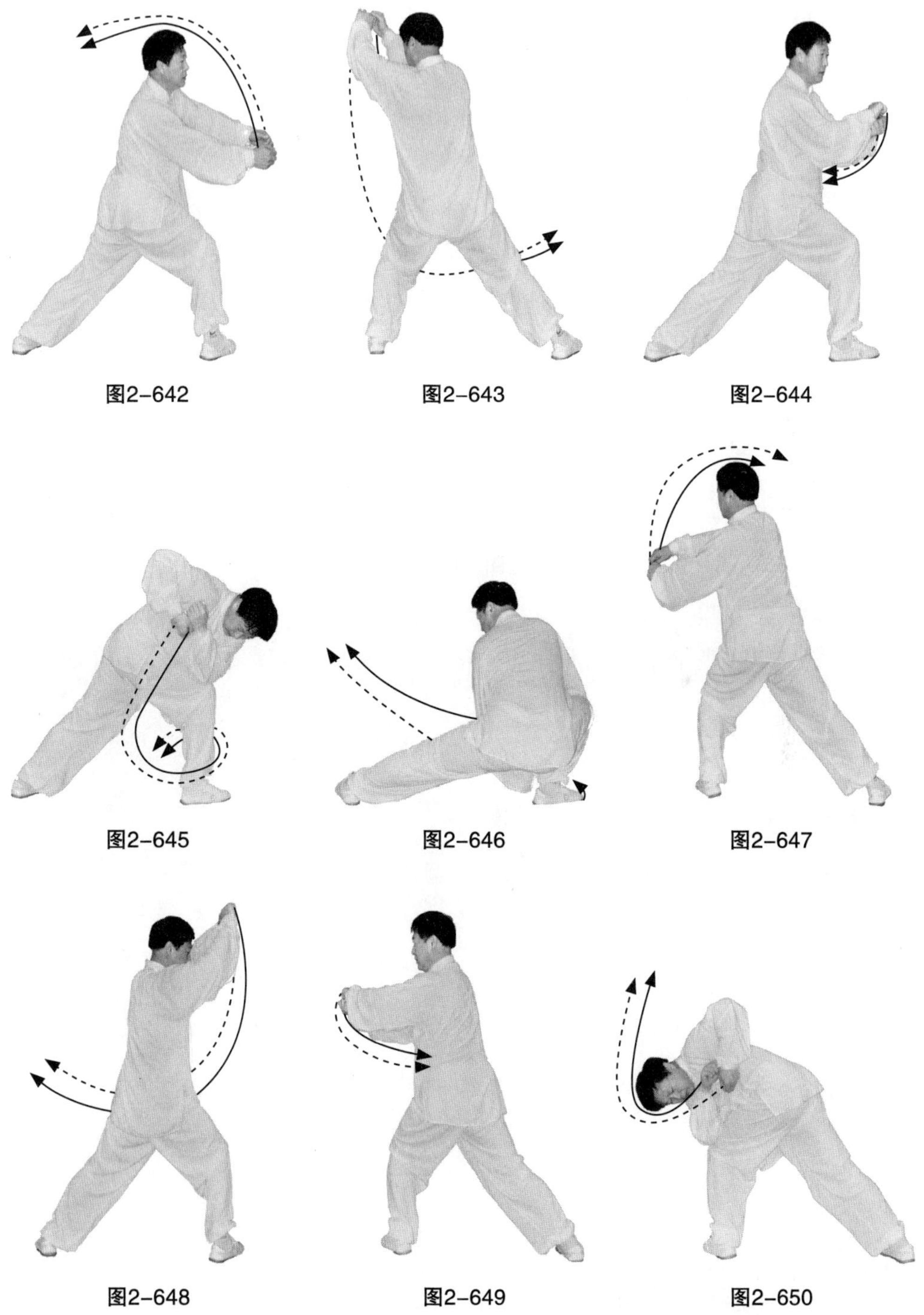

图2-642 图2-643 图2-644

图2-645 图2-646 图2-647

图2-648 图2-649 图2-650

第87式　猛突手

动作及要点与第83式相同，唯左右相反（图2-651～图2-656）。

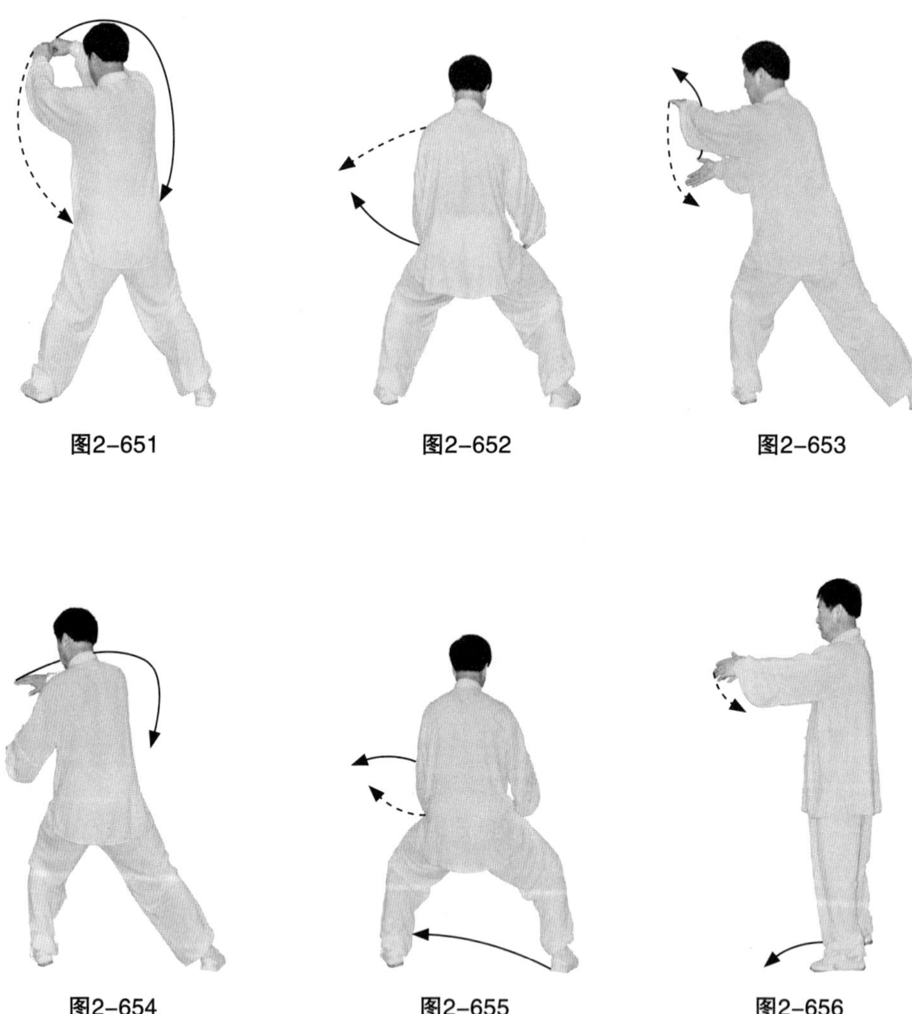

图2-651　图2-652　图2-653

图2-654　图2-655　图2-656

技击含义

如对方两手正面攻我中部，我即两手转球状含掤劲站住中定，往开里进，将其腾空发出。如能以一手臂掤其腋下，效果更佳（图2-657）。

图2-657

第88式　回身栽捶

（1）上步握拳。接图2-656动作，右脚上前一步，脚尖内扣，重心落至右脚；同时，两掌在运行过程中慢慢握拳，左掌向左下划弧至腰间握拳，拳眼斜向上；右掌上举至头顶上方握拳，拳心向左；目视前方（图2-658、图2-659）。

（2）双臂交叉。左转腰，重心移至左腿；同时，右拳向左下方扣至左肋下，拳眼向上；左拳向左上滚动伸出，拳心向右；眼随两臂交叉转视（图2-660）。

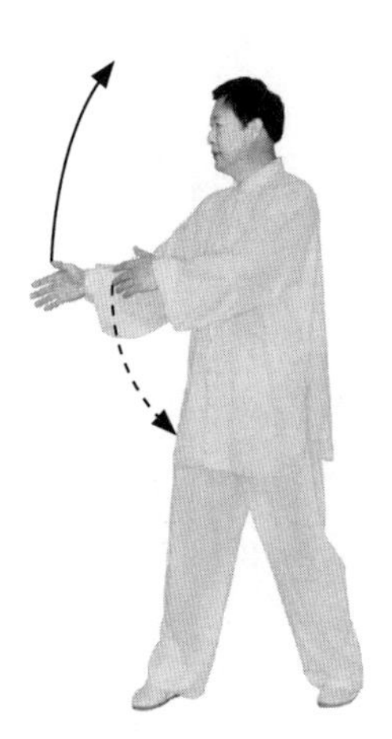
图2-658

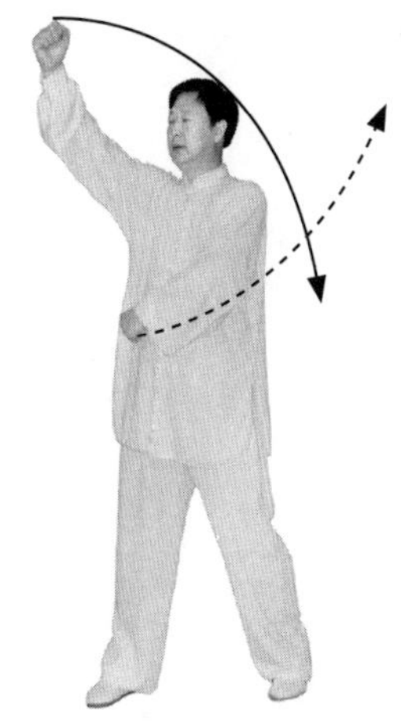
图2-659

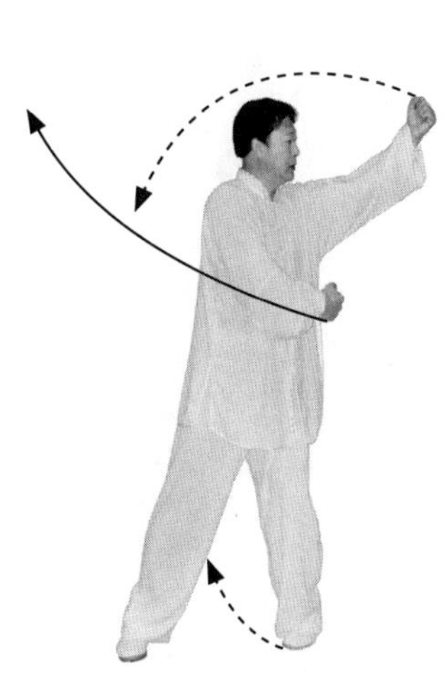
图2-660

（3）抬腿独立。再右转腰，重心移至右腿，随即身体上拔，左腿屈膝提起，意贯膝盖，脚尖自然下垂，成独立式；同时，右拳向右后上方滚转伸出，拳心向里，高过头顶；左拳经面前扣于右胸前，拳心向下；目视右拳（图2–661）。

（4）迈步栽捶。紧接着，屈右膝，左脚向左前方15° 迈一大步，脚跟着地，然后蹬右脚成大弓步；同时，左臂向左前上方滚臂撩至头顶上，拳心斜向下；右拳由耳旁顺胸腹部垂直下栽至裆部，拳面向下；定势时目视前方（图2–662、图2–663）。

图2–661

图2–662

图2–663

第89式　双打膀

（1）并步甩掌。接图2–663动作，收右脚并步于左脚内侧，略窄于肩宽，紧接着，右膝微屈，稳住重心，左脚提起以脚面贴于右腘窝处；同时，右转腰，两拳变掌，左掌经面前向右下扣按至右胸前，掌心向下；右掌从左臂内侧以手背贯力同样经面前向右甩出，掌心向上，高与肩平；目视右掌（图2–664、图2–665）。

（2）迈步转腰。左脚向左侧迈步，脚跟着地，脚尖外撇45°，随后，腰向左旋拉，重心移至左腿，左脚踏实，右脚跟抬起；同时，两手随转腰向左下捋採，指尖皆斜向下（图2–666、图2–667）。

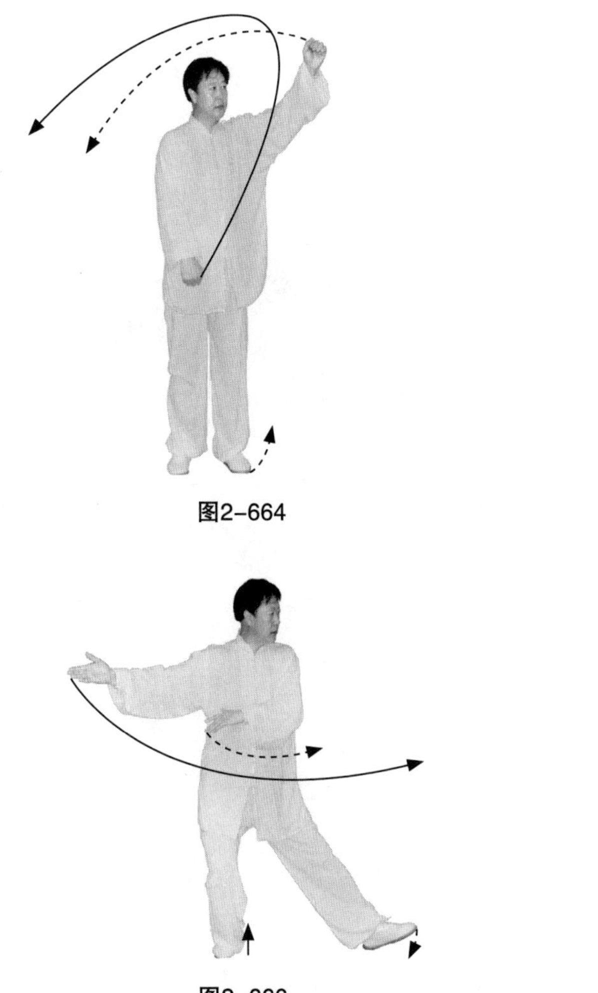

图2–664

图2–666

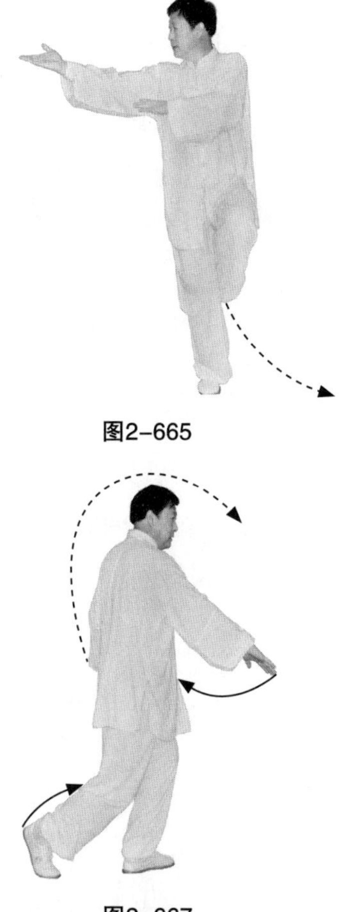

图2–665

图2–667

（3）收脚蓄势。屈左膝，重心扎稳，右脚随之提起将脚面贴于左腘窝处；同时，左掌由左后向上、向前翻掌过头扣于右肩前，掌心向下；右掌外旋为掌心向上合于左腹前；目视右前方（图2–668）。

（4）上步穿掌。动作不停，右脚向右迈一大步成大弓步；同时，左掌下按，掩在右肘下，掌心向下；右掌从左手臂上向前穿出，掌心向上，与肩同高；目视右掌方向（图2–669）。

（5）仆步劈掌。右膝外撑，开胯下坐成大仆步；同时，右掌内旋下落，掌心向里；左掌意贯手背由右上而下过头部劈向左脚处，掌心向上；目视左脚（图2–670）。

（6）右拧左拍。腰右上旋拉，左脚蹬地使左腿与身体成一斜线，重心压在右腿上；同时，右掌拍击右小腿；左臂屈肘，以左掌或虎口掸击左肩部，肘尖斜向上顶（图2–671）。

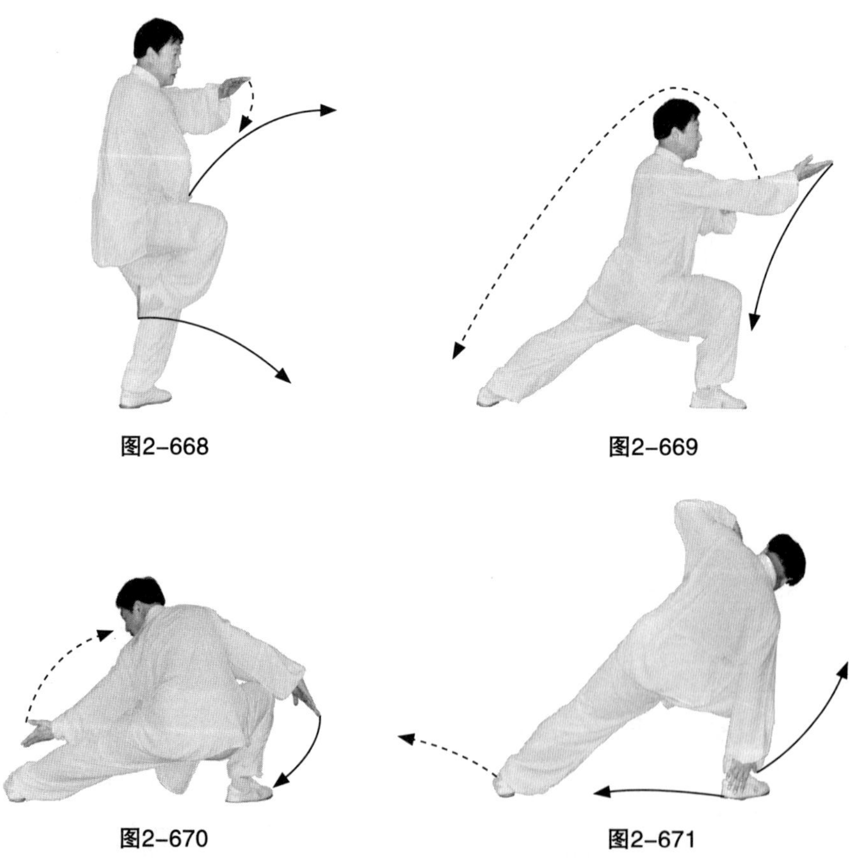

图2–668　图2–669

图2–670　图2–671

（7）前跳右拍。加速，腰左拉，引带倾身前探，两脚蹬地猛然向左发力跳出，左脚贴地铲出；同时，左掌顺势拍击左腿腓骨；右掌以掌心或虎口掸击右肩部；目视左脚方向（图2–672、图2–673）。

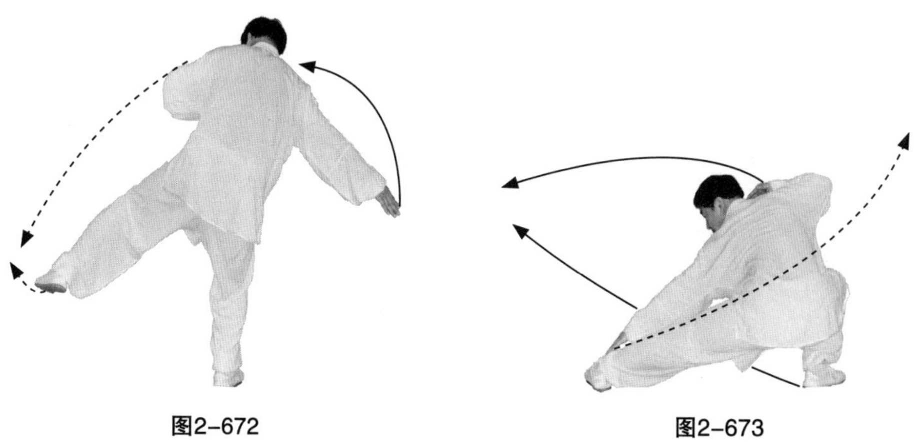

图2–672　　图2–673

要点

（1）甩掌力点在手背，穿掌力点在掌指，两种掌法不可混淆，并且要与步法配合一致。

（2）右手拍小腿与左手拍左肩要同时发力，右手拍右肩与左手拍左小腿不但要同时拍响，还要与向前平行跳跃步合拍。

（3）平行跳跃步不要往上起高，而是要向前蹿跳，功力越深就跳得越远。

（4）接下势右起脚应快速有力，如青少年或弹跳力好的习练者，可直接跳二起脚。

技击含义

如对方与我距离三五米之外，我即可先发制人以跳步铲脚取之，直铲其膝关节（图2–674）。

图2–674

第90式　右起脚

蹬地速拍。接图2-673动作，快速不停，左脚蹬地站起，右脚直膝向前上弹踢；同时，右掌翻腕由上而下拍击右脚面；左掌向左后方甩出，掌心斜向下，略高于肩（图2-675）。

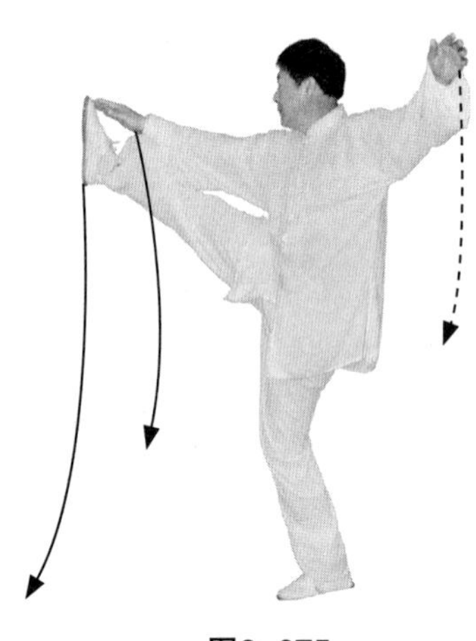

图2-675

第91式　双击掌

接图2-675动作，右脚向前下落踩实，其他动作及要点与第36式相同，唯方向相反（图2-676~图2-682）。

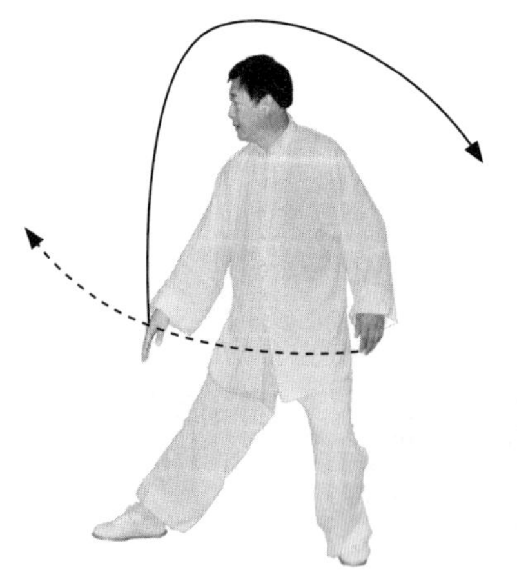

图2-676

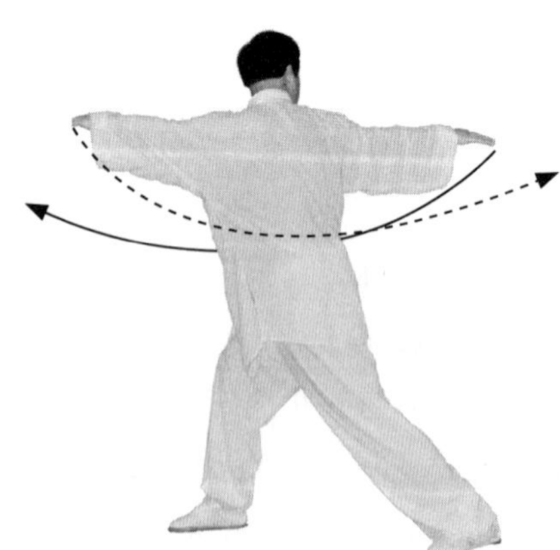

图2-677

图2-678

图2-679

图2-680

图2-681

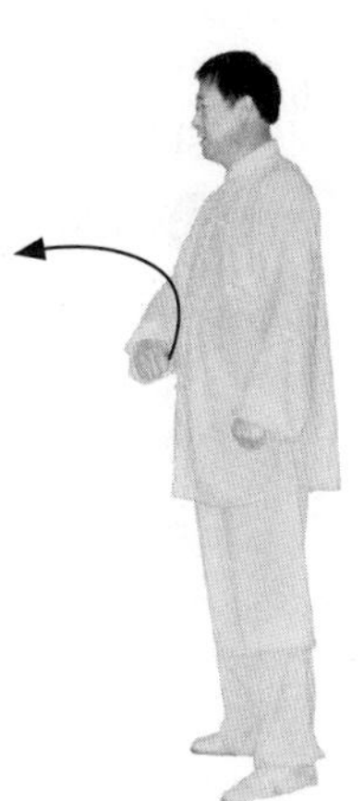

图2-682

第92式　左右分脚

动作及要点与第37式相同，唯方向相反（图2-683~图2-690）。

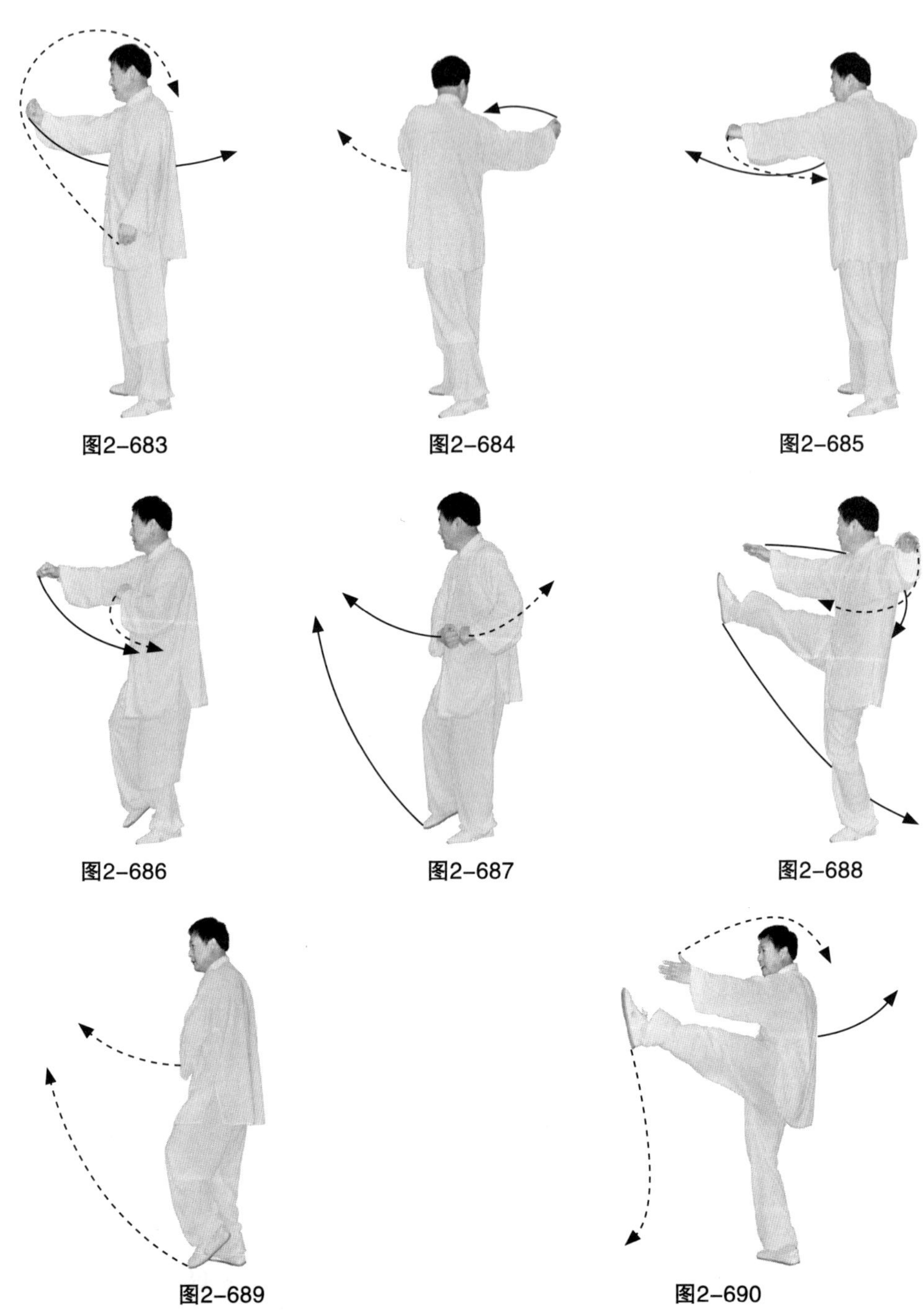

图2-683　图2-684　图2-685

图2-686　图2-687　图2-688

图2-689　图2-690

第93式　七星捶

动作及要点与第38式相同，唯方向相反（图2-691~图2-700）。

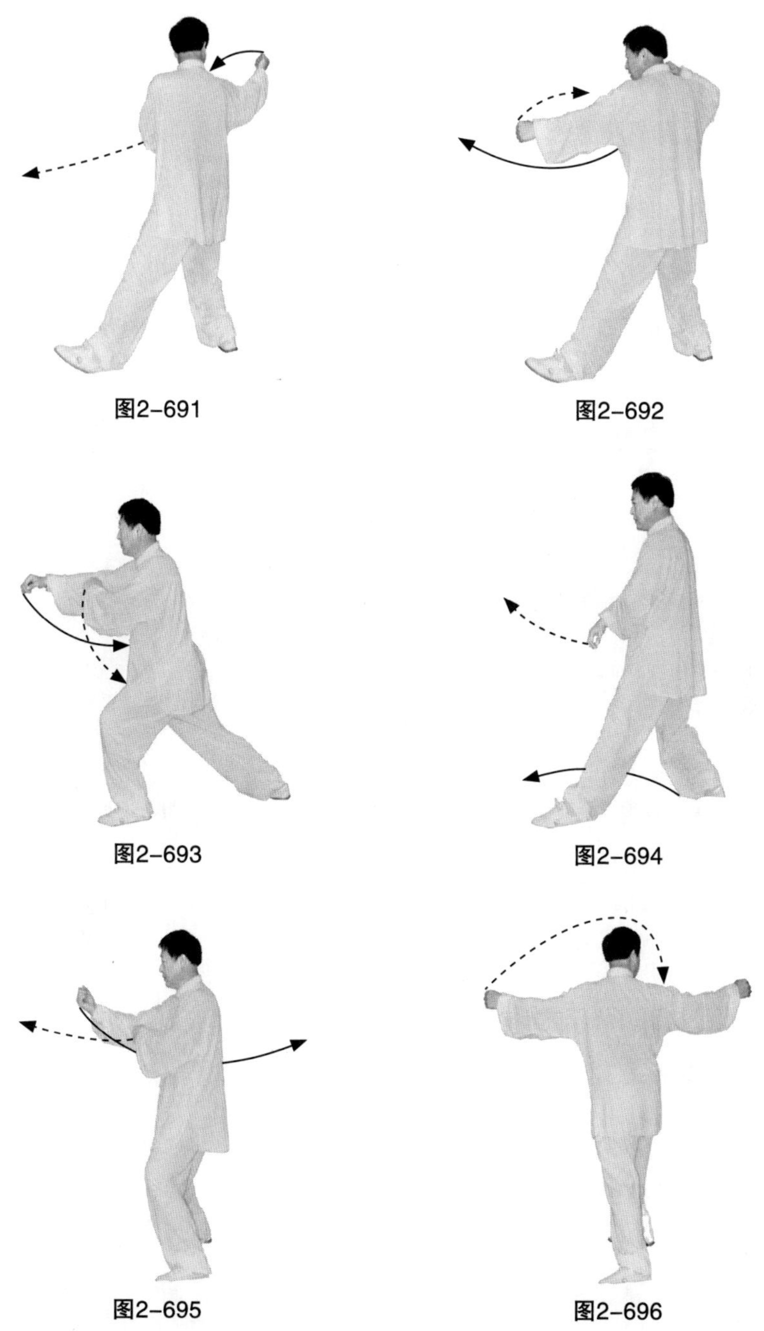

图2-691
图2-692
图2-693
图2-694
图2-695
图2-696

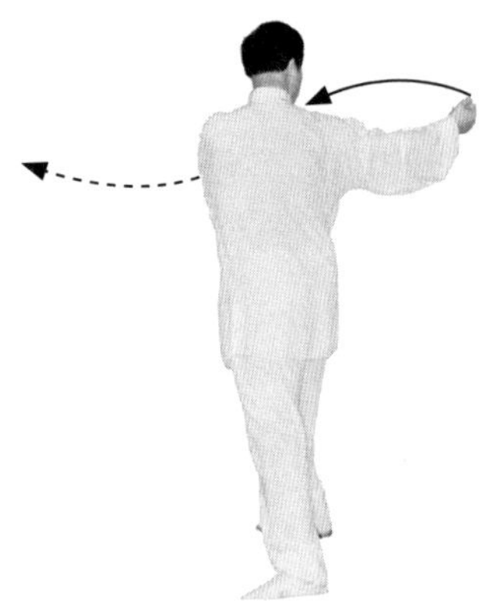
图2-697

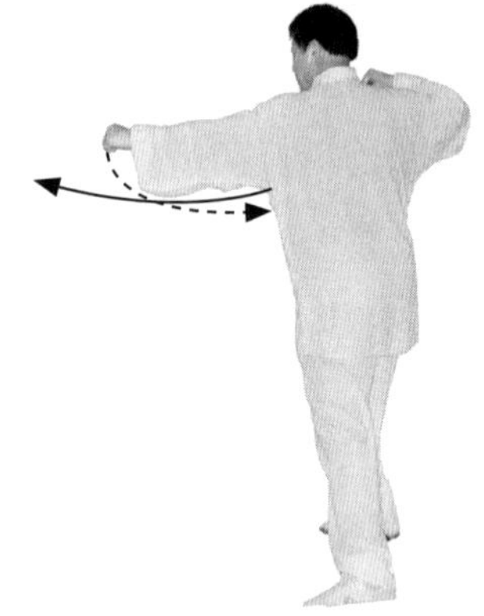
图2-698

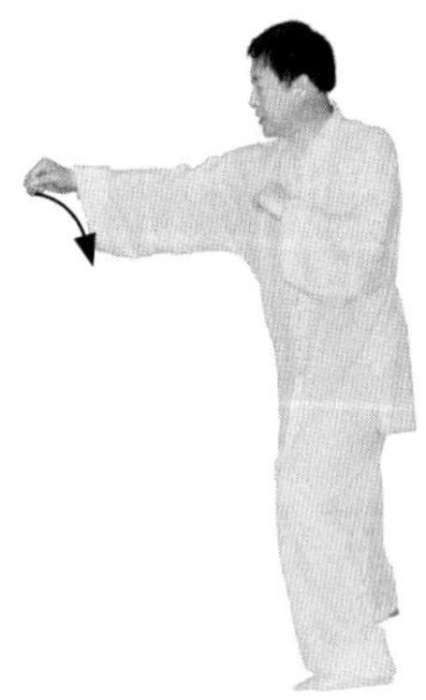
图2-699

图2-700

第七节

第94式　单腿悬躯

动作及要点与第19式相同（图2-701 ~ 图2-707）。

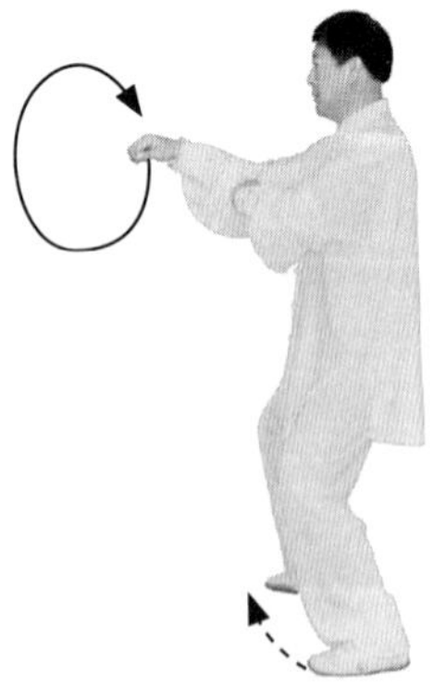
图2-701

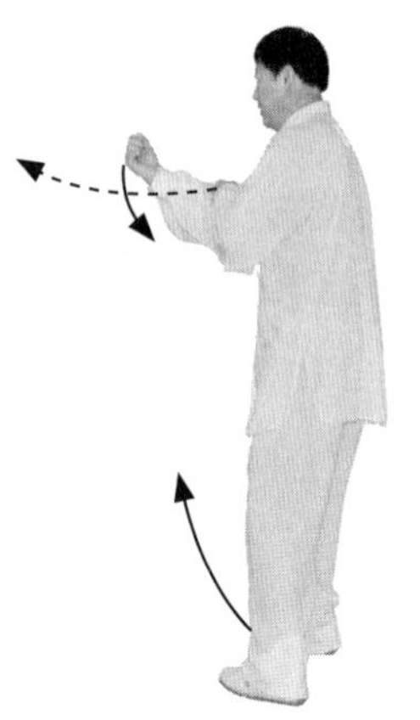

图2-702

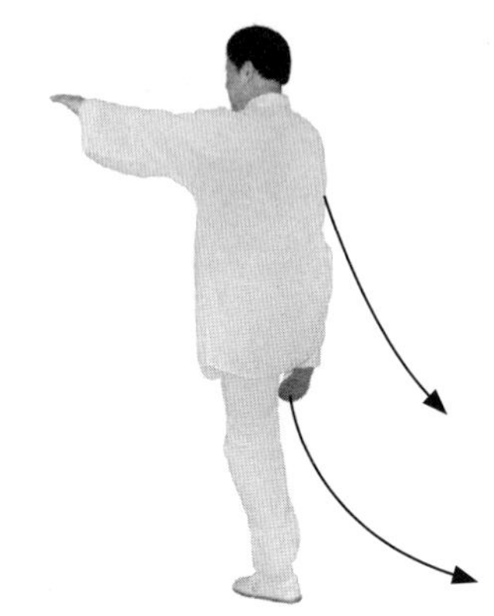

图2-703

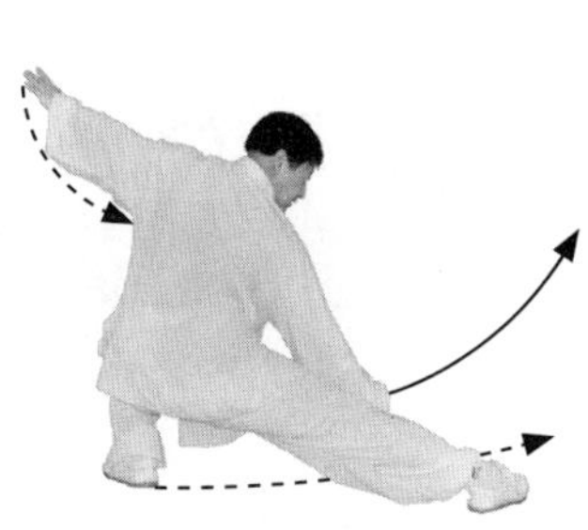

图2-704

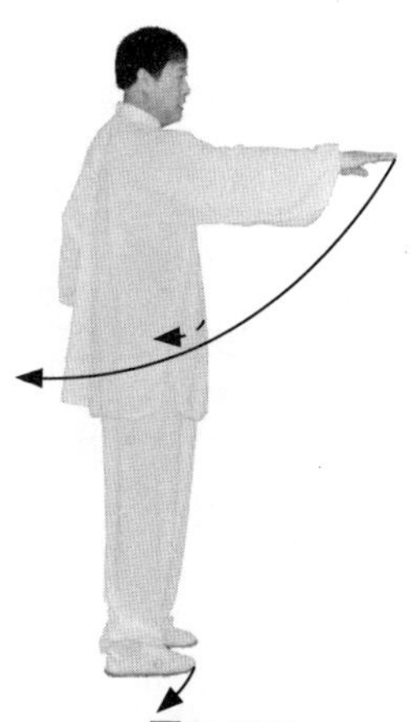

图2-705

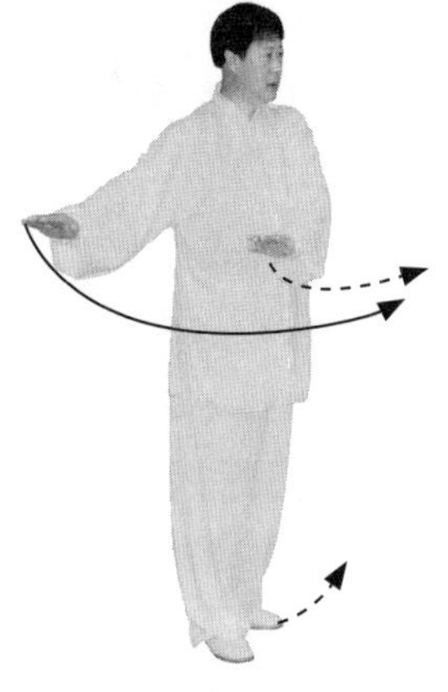

图2-706

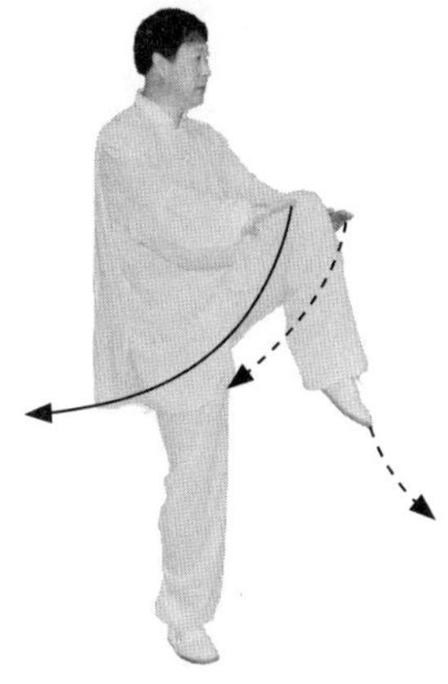

图2-707

第95式　反脱手

动作及要点与第20式相同（图2-708～图2-712）。

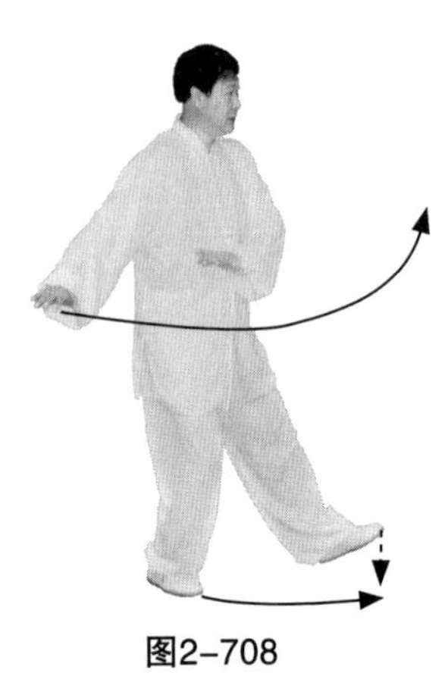
图2-708

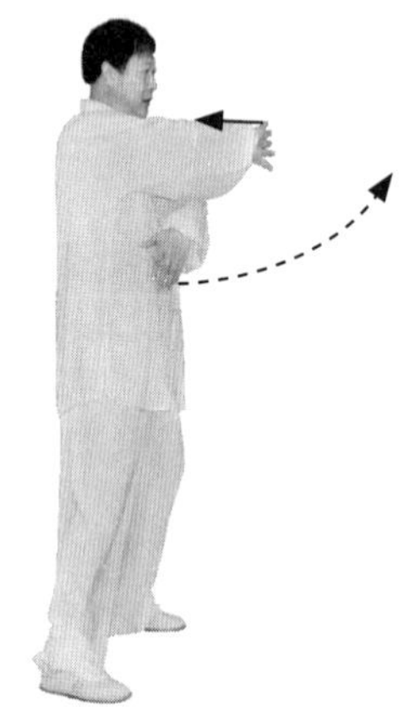
图2-709

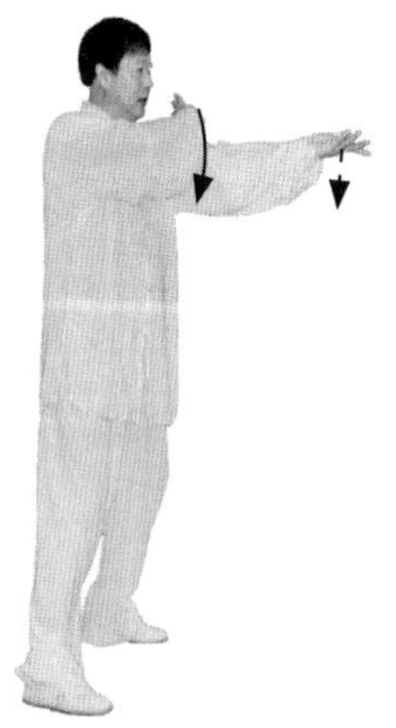
图2-710

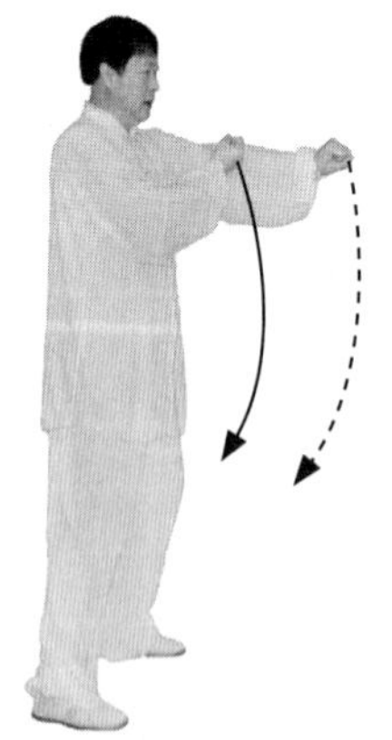
图2-711

图2-712

第96式 磕脚

动作及要点与第21式相同（图2-713～图2-716）。

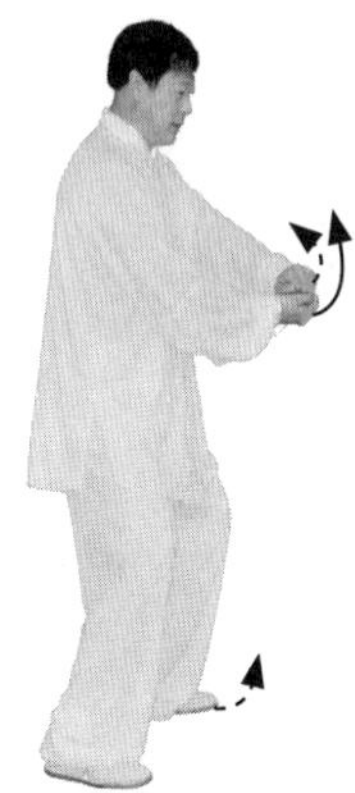

图2-713

图2-714

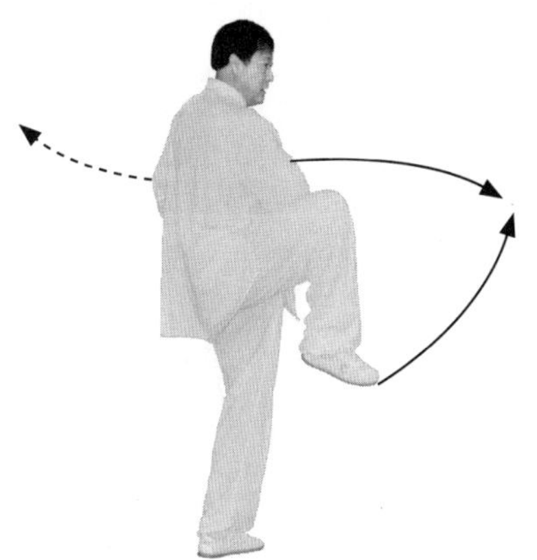

图2-715

图2-716

第97式　狮子张嘴

动作及要点与第22式相同（图2–717、图2–718）。

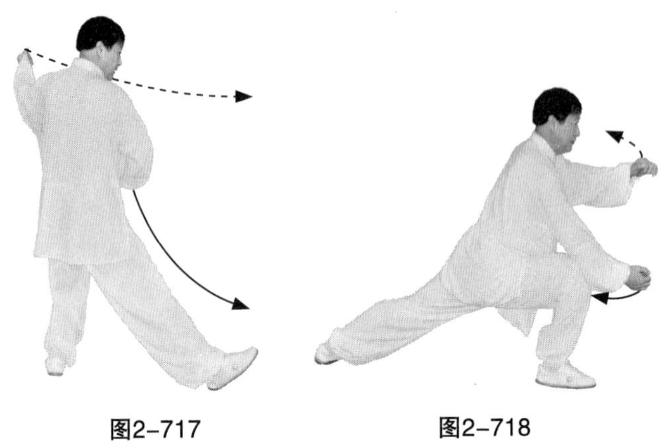

图2–717　　图2–718

第98式　退步跨虎

动作及要点与第23式相同（图2–719～图2–728）。

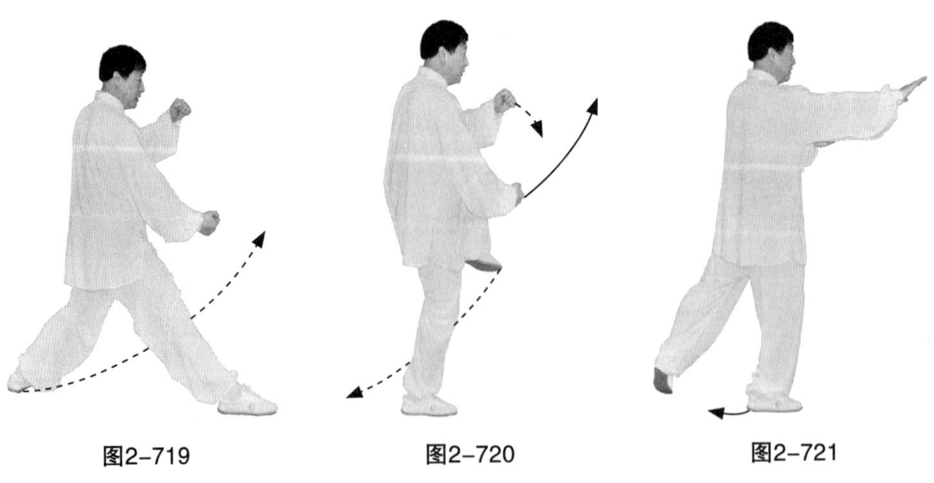

图2–719　　图2–720　　图2–721

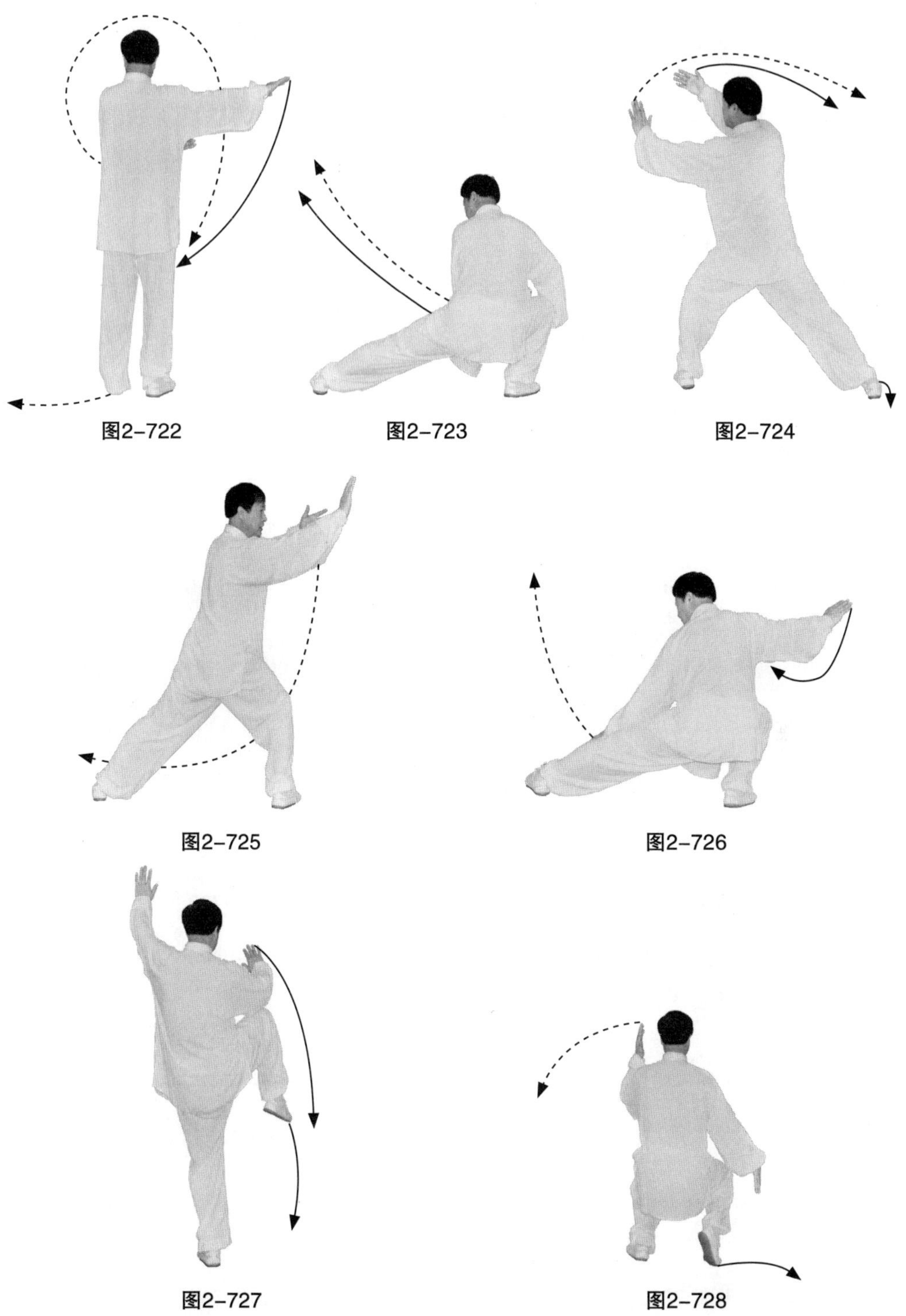
图2-722
图2-723
图2-724
图2-725
图2-726
图2-727
图2-728

第99式　披身

动作及要点与第24式相同（图2-729～图2-734）。

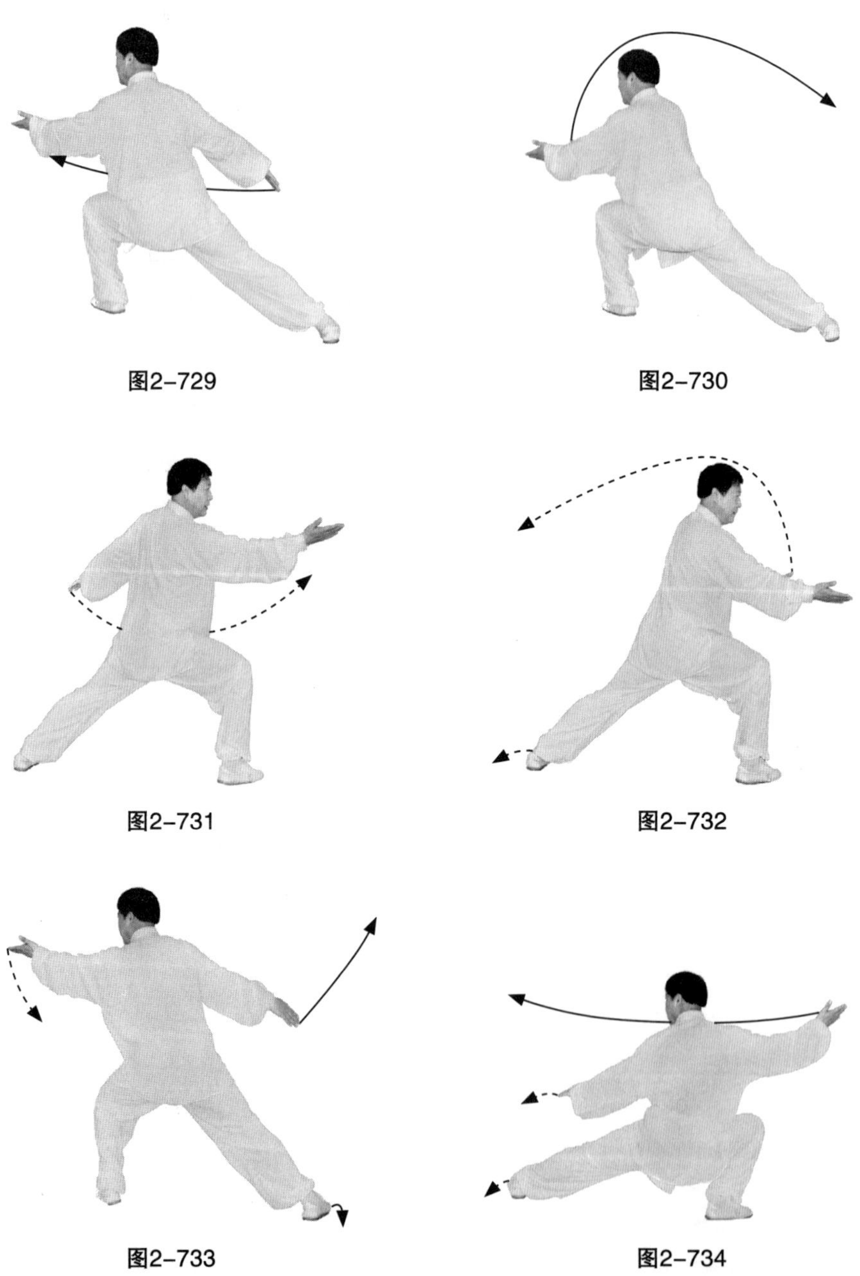
图2-729　图2-730
图2-731　图2-732
图2-733　图2-734

第100式　狮子张嘴

动作及要点与第25式相同（图2-735）。

图2-735

第101式　玉女穿梭

动作及要点与第26式相同（图2-736～图2-743）。

图2-736

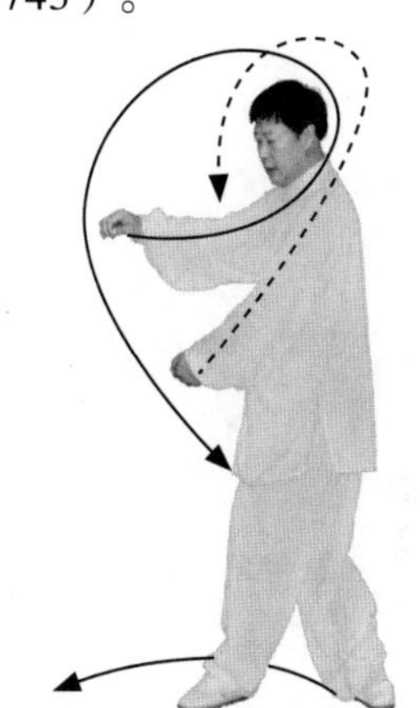

图2-737

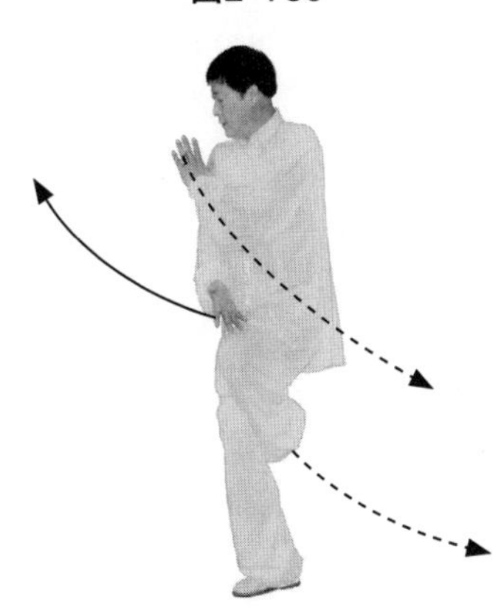

图2-738

图2-739

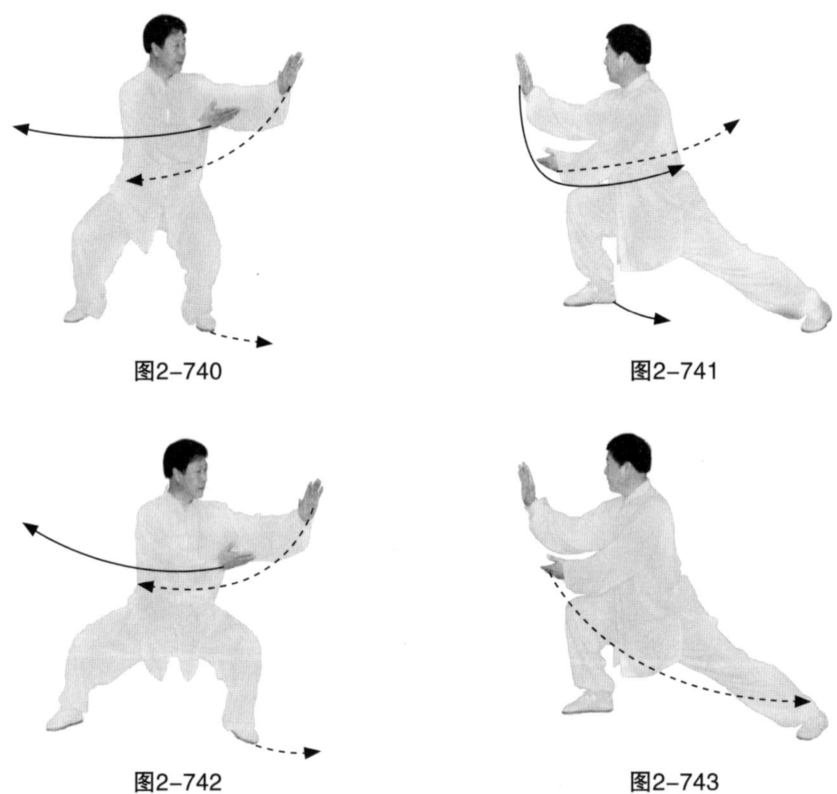

图2-740　图2-741

图2-742　图2-743

第102式　左右金鸡独立

动作及要点与第27式相同（图2-744～图2-758）。

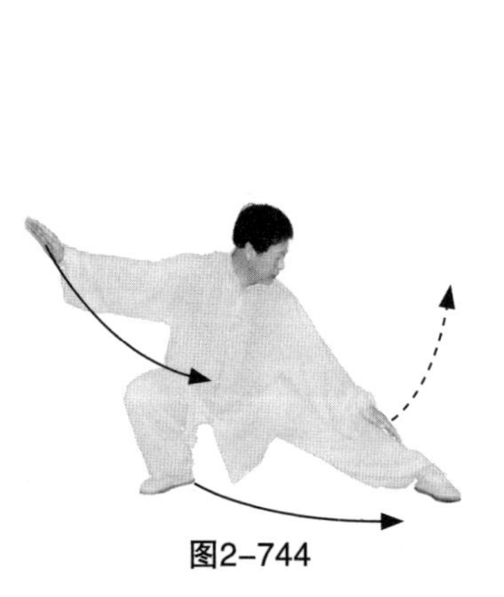

图2-744

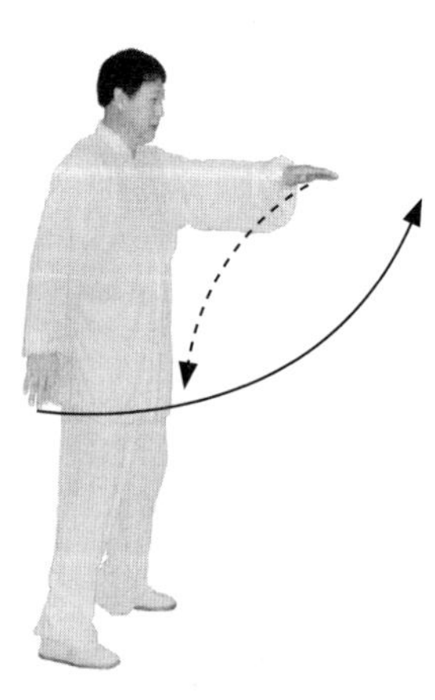

图2-745

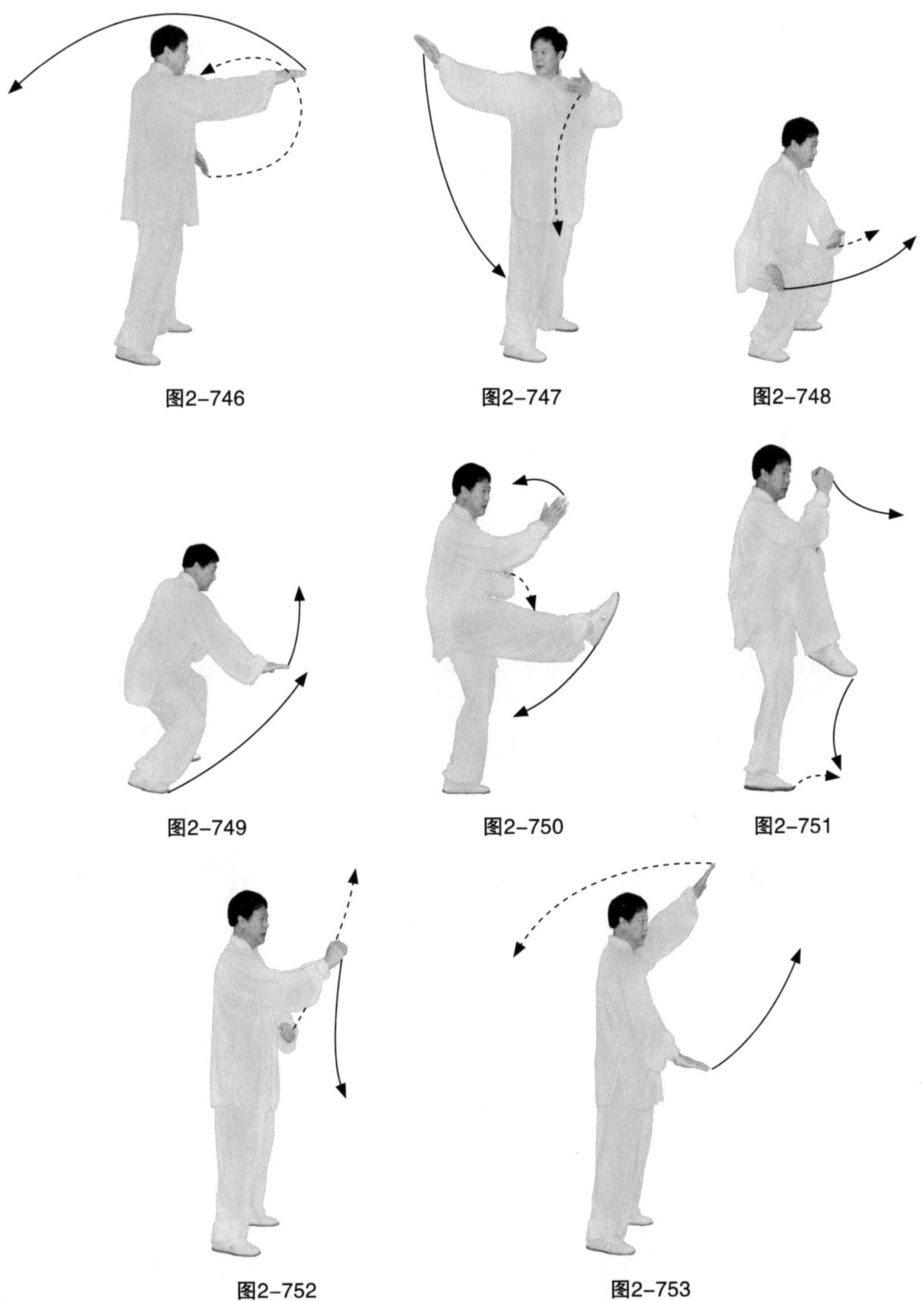

图2-746 图2-747 图2-748

图2-749 图2-750 图2-751

图2-752 图2-753

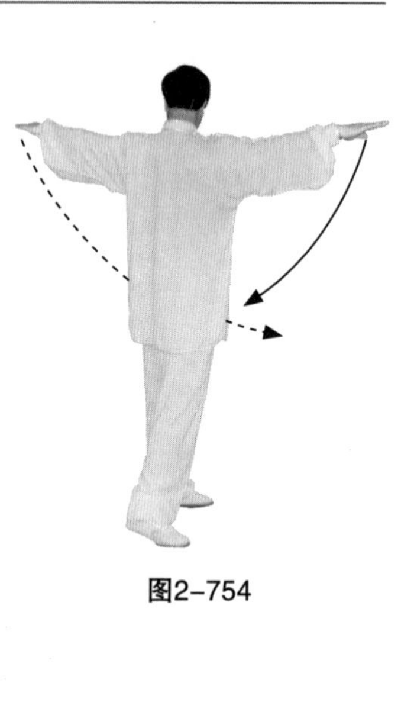

图2-754

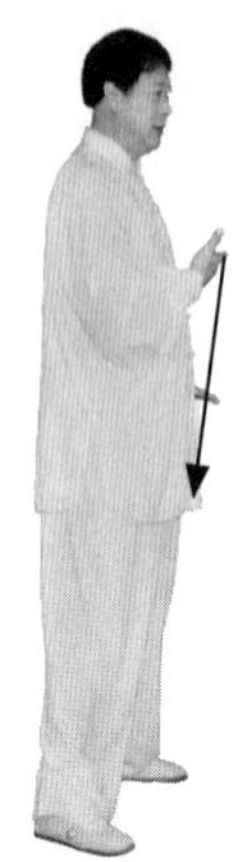

图2-755

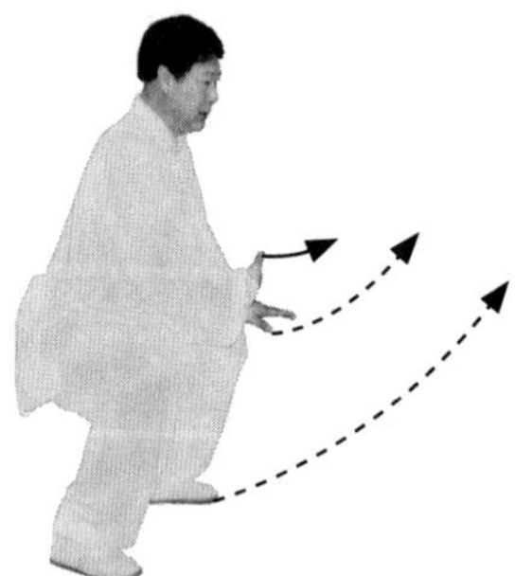

图2-756

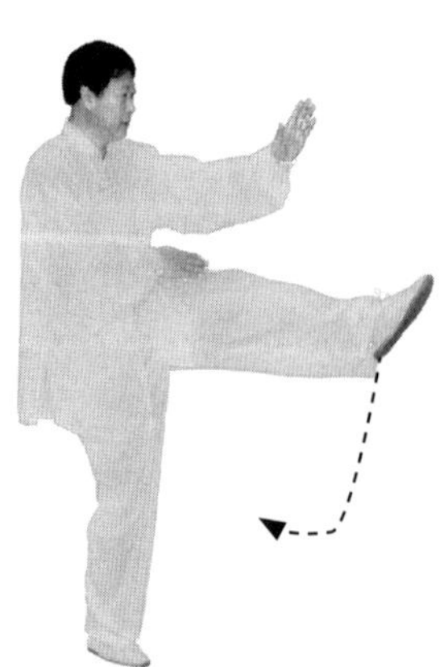

图2-757

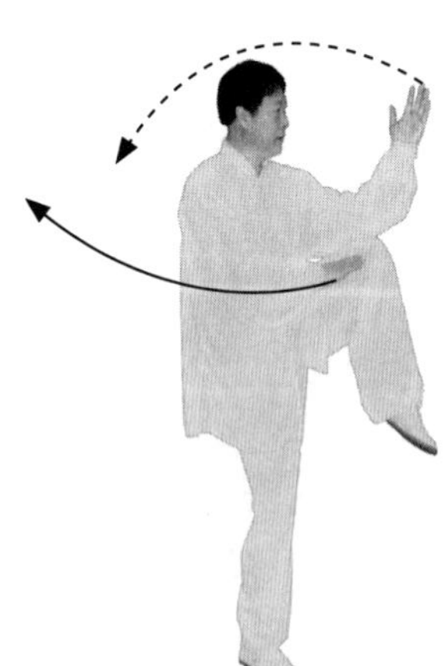

图2-758

第103式　左狮子张嘴

动作及要点与第28式相同（图2-759、图2-760）。

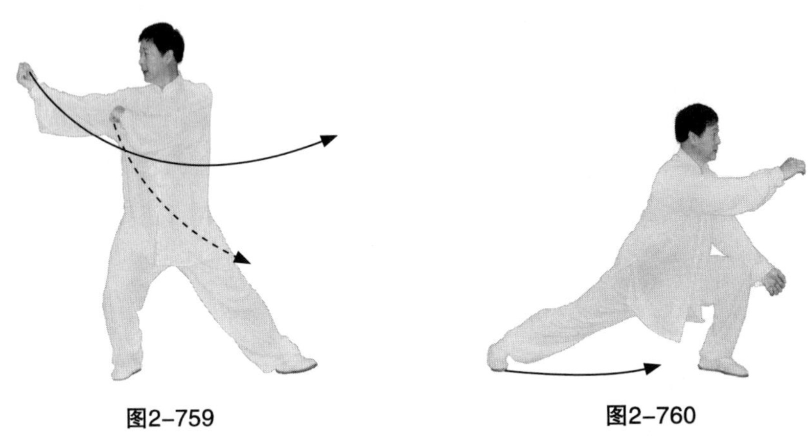

图2-759　　图2-760

第104式　追风捶

动作及要点与第12式相同（图2-761～图2-765）。

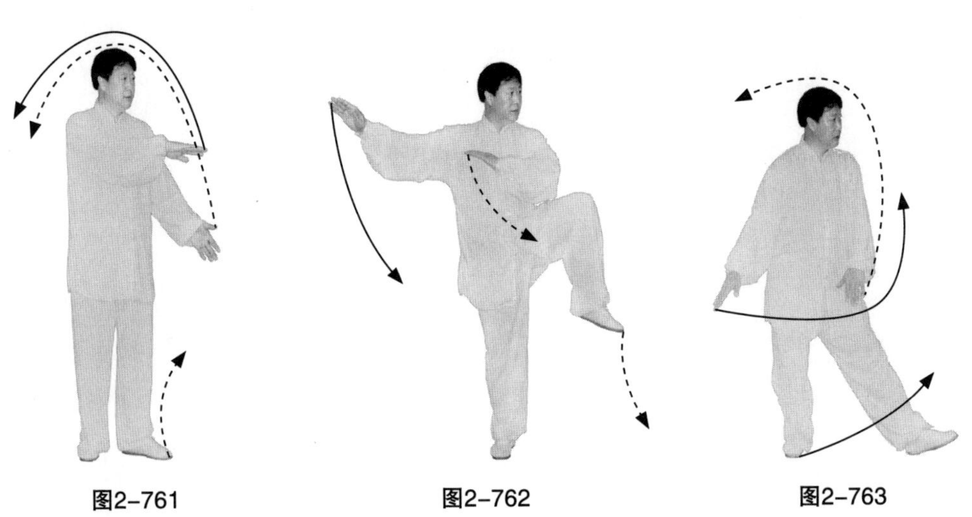

图2-761　　图2-762　　图2-763

图2–764

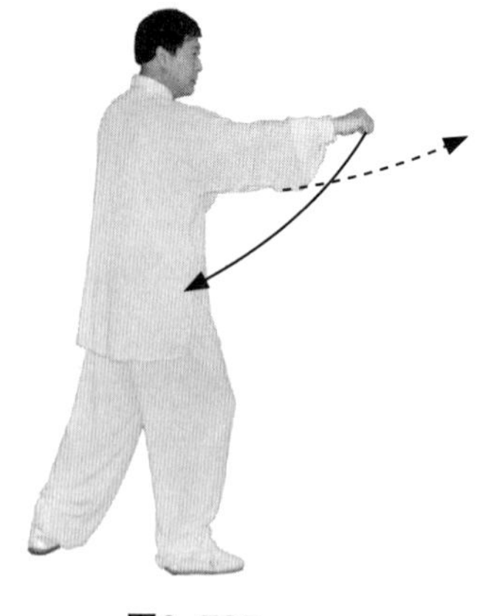

图2–765

第105式　通心捶

动作及要点与第13式相同（图2–766～图2–770）。

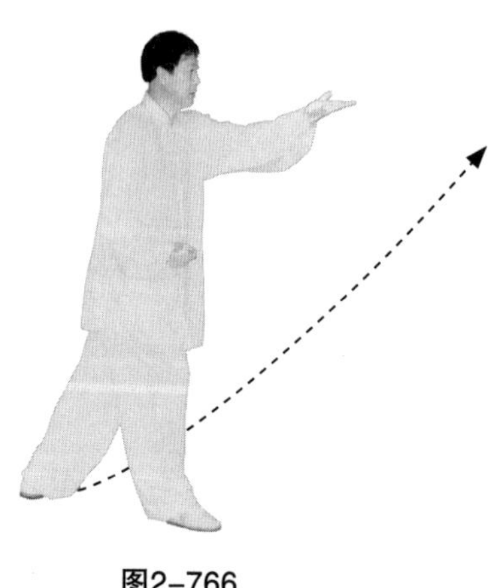

图2–766

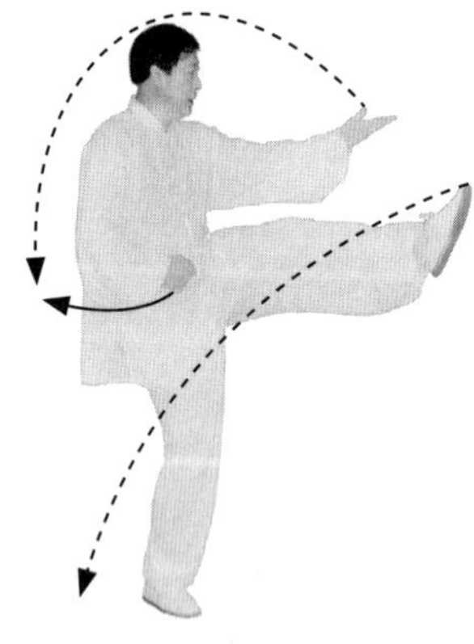

图2–767

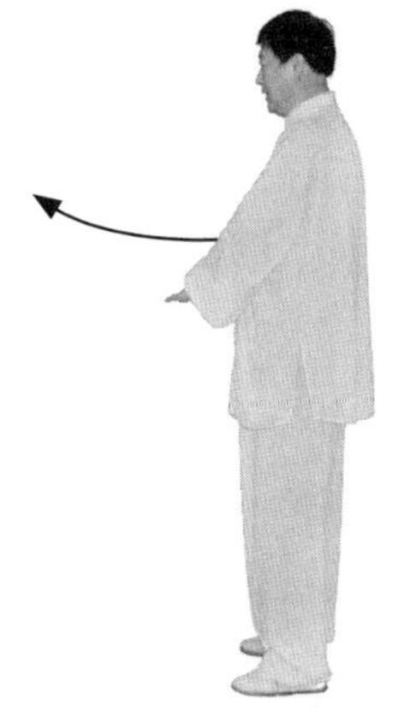

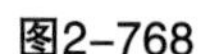
图2-768

图2-769

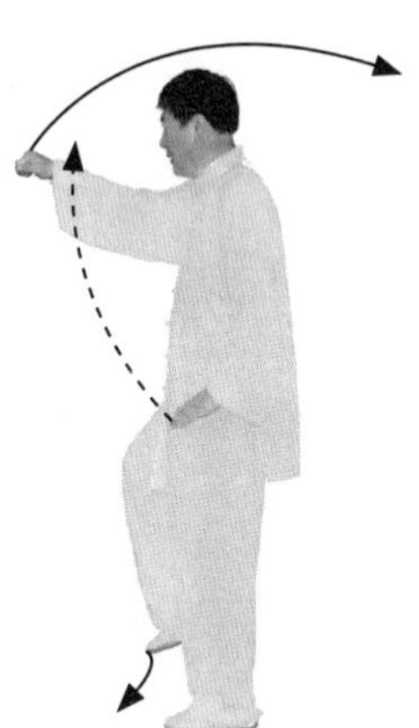
图2-770

第106式　追风捶

动作及要点与第14式相同（图2-771～图2-774）。

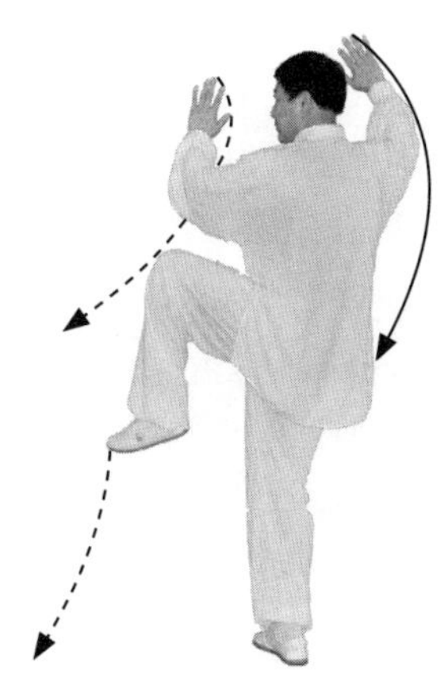
图2-771

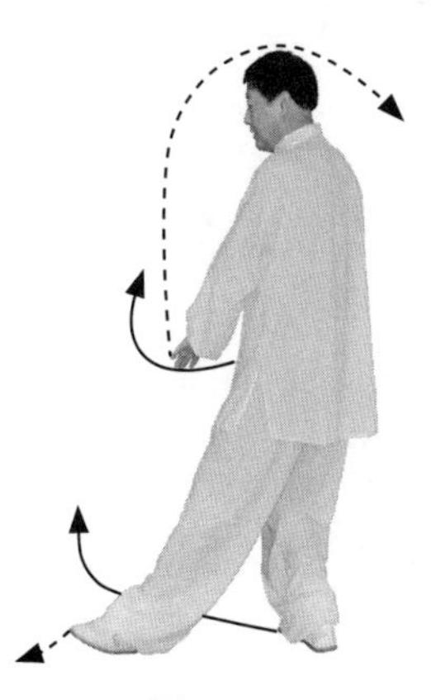
图2-772

图2-773

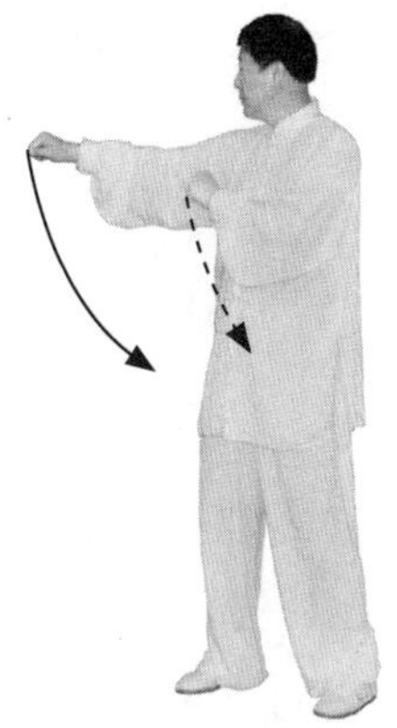
图2-774

第107式　弯弓射虎

（1）左捋撇脚。接图2-774动作，左脚微向后调整一小步，左转腰，重心移至左腿，右脚略抬脚尖外撇45°；同时，两拳变掌，左掌心向下、右掌心向上，向左下捋至左腰间；目视下方（图2-775）。

（2）转跳抱球。不停，左脚前跳扣于右脚前，紧接着，右脚向后退于左脚旁与之平行，略窄于肩宽，身体向右随之旋转360°；同时，右掌内旋置于胸前（膻中穴处），掌心向下；左掌外旋置于小腹，掌心向上，与右掌相对成抱球状；眼随转体环视，定势时看正前方（图2-776、图2-777）。

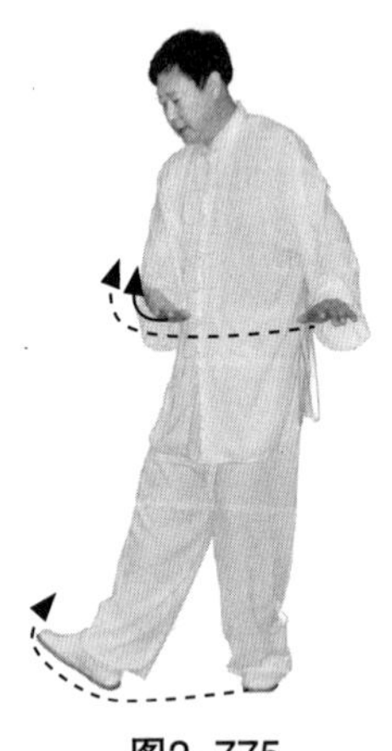

图2-775

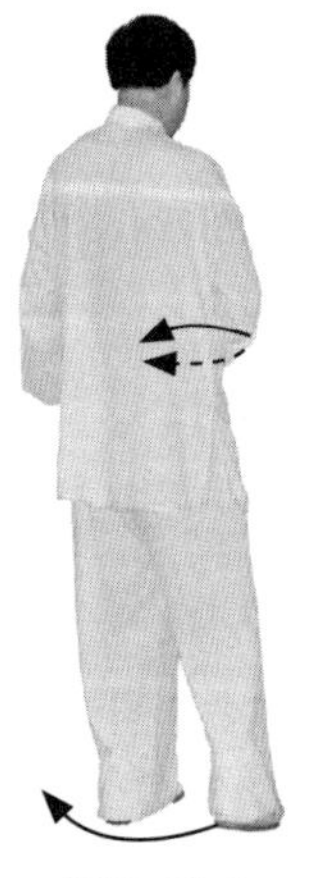

图2-776

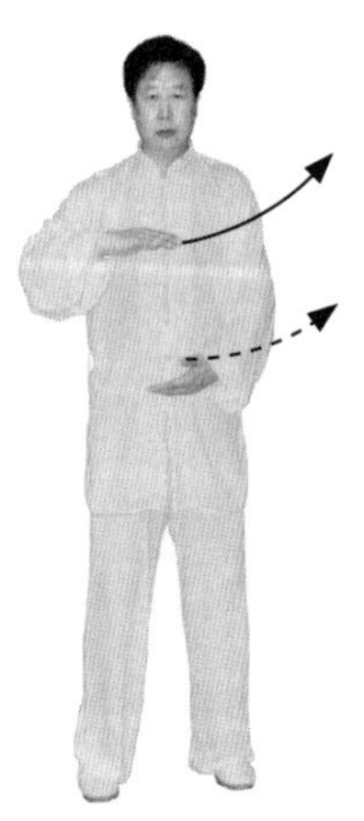

图2-777

（3）砸拳震脚。在腰的带动下，两手抱球逆时针向左上再向右下划弧，左掌再回至小腹；右掌经面前时变拳，由上而下砸于左掌心；同时，提右脚意贯涌泉穴向地面震脚发力；眼随手环视（图2–778 ~ 图2–780）。

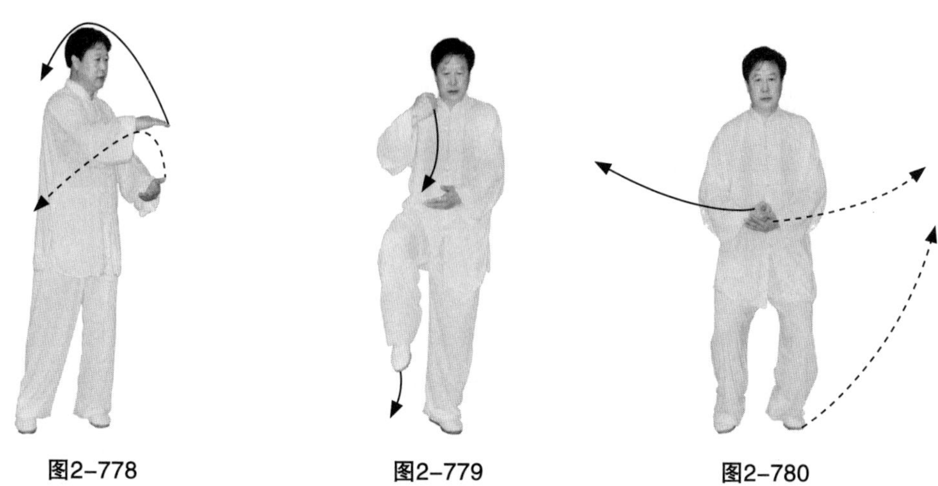

图2–778　　图2–779　　图2–780

（4）分手起脚。左腿直膝向左起脚挑踢，意贯脚尖；同时，两臂前后分开，左臂与左腿上下平行，掌心向右，指尖向前，高与肩平；右掌心向下，高与肩平；目视左前方（图2–781）。

（5）弓步前抓。松腰胯，屈右膝，重心压实右腿，左脚收回不触地面再向左前迈一大步成大弓步；同时，腰左拉带，右掌翻腕变掌心向上，向下、向前舒臂探抓，意贯指尖；左掌回抹于右上臂内侧，指尖向上；目视右手（图2–782）。

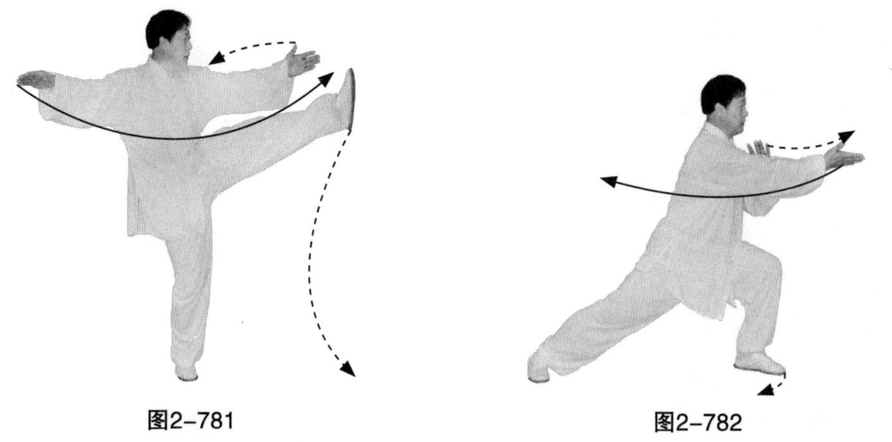

图2–781　　图2–782

（6）马步拉弓。腰右旋拉，重心右移，左脚尖内扣45°，继而，腰胯下沉，两膝外撑，开胯圆裆成大马步；同时，右掌抓扣握拳，随右转体拉至右胸前，拳心向外；左掌变拳向前挺伸，拳眼向上，高与肩平（图2-783）。

图2-783

要点

（1）两手抱球不可散开，与身体保持20厘米左右距离，顺时针划一小圈后，右手变拳下砸要与右震脚合拍，同时发出声音。

（2）左踢腿不可弯，脚尖绷直。右手前抓发力时，配合大弓步，走下弧线，不可直来直去。

（3）由弓步变成大于自己两肩宽的大马步，脚尖内扣，膝盖外撑，开裆下势，同时两手松握拳，左右拉开。

（4）右拳握于右胸前，如拉弓弦，肘与右膝上下垂直，左拳向前平伸，如握弓把，目光贯注左手方向。

第108式　收势

（1）开胯右捋。接图2-783动作，腰右转，开右胯，右膝外撑，重心右移；同时，两拳变掌向右下走捋採劲，右手臂与右腿上下平行，掌心向下；左掌落于左腰间，掌心向下；目视右掌（图2-784）。

图2-784

（2）左转移脚。不停，腰向左旋拉，重心移至左腿，右脚随动往右移动10厘米左右；同时，两掌向左平抹，与肩同高、同宽，掌心皆向下；目视前方（图2–785）。

（3）仆步下蹲。右膝外撑，脚尖外撇45°，开胯下蹲，躯干正直，左腿伸直，左脚掌踏地成大仆步；同时，两掌左右分开下按至胯两侧；目视前方（图2–786）。

（4）上步合抱。右脚蹬地，重心前移至左腿，随即，收右脚与左脚平行站立，比肩略宽；同时，两掌向前合抱，两臂圆撑，掌心向里，在胸前成抱球状（图2–787）。

（5）下按沉气。紧接着，两掌内旋变掌心向下，徐徐下按至小腹两侧，导引气沉于下丹田（图2–788）。

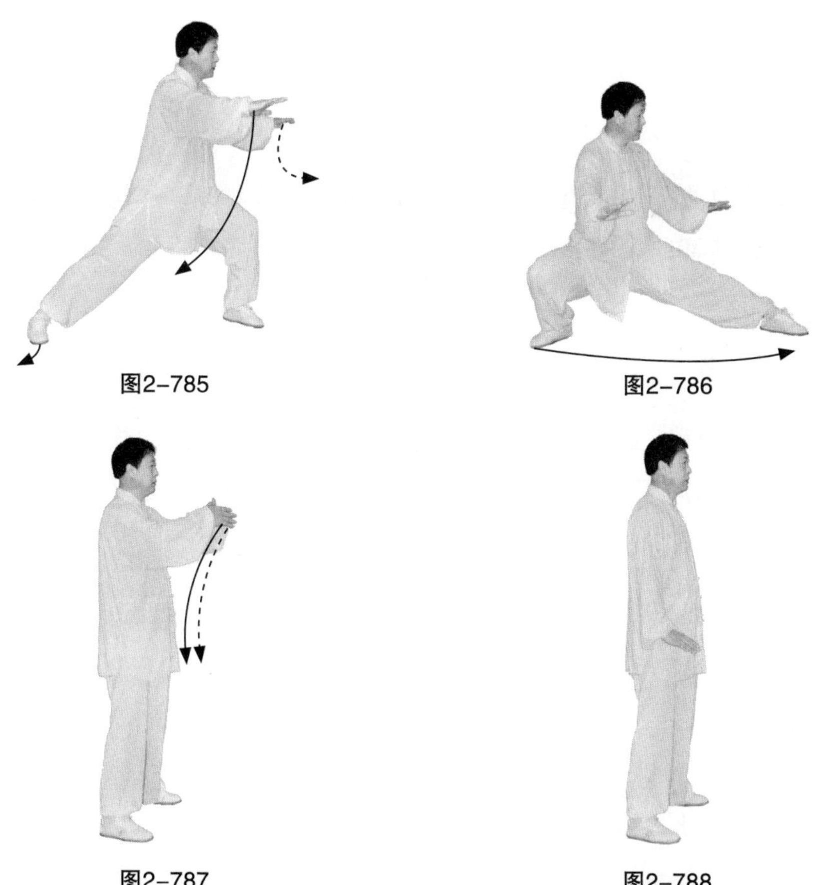

图2–785　图2–786

图2–787　图2–788

（6）并脚复原。收左脚与右脚平行，窄于肩宽，两手自然垂落于两胯旁；静心稍停；目光敛回；复原（图2–789）。

图2–789

要点

（1）随腰左转，右脚向右前移动10厘米左右，以便开胯仆步下蹲。

（2）身体不可歪斜，要中正，双目平视。

（3）为平静气息分两次收功，然后再静一会儿。

四、站、坐、卧功法

（一）站功

站功，即站桩。拳谚有“练拳无桩步，房屋无立柱”。这句话形象地比喻了练拳如没有桩功，就如同建高楼大厦没有立柱一样难能稳固。由此可见桩功的重要性。

1. 功法要领

两脚与肩同宽，脚尖向正前方，两膝微屈并有外撑之意；同时，两手臂成弧形在胸前环抱，掌心向里。躯干正直，不偏不倚，双目平视，面部表情坦然平静。

2. 歌诀

脚抓地，
头顶天，
怀抱大树守丹田。
高血压患者守涌泉。

3. 注意事项

（1）一般情况下不要闭眼睛，避免突然电话、敲门等来声导致惊功。

（2）初练时大腿肌肉会出现发抖现象，随着功力提高逐渐消失。再进一步练习，又会出现发抖现象，再次逐渐消失。如此反复循环，循环次数越多功力就越深。

（3）收功。“练功不收功，等于一场空”，就是说无论站多长时间都要收功，不可草草了事。具体收功方法是：两手臂慢慢左右分开下落，到小腹前时两手翻掌向前、向左右两边极度展开，再向身前意念有一无穷大的气球合抱。当两手合在一起时，再慢慢叠于小腹（丹田）处。男左女右，即男性左手在内，女性右手在内，静心沉气；同时身体随抱球前倾，合手而直，如此连续收功三次。此桩每次练习15～20分钟，一般经月余练习多数人都有明显的气感。

（二）坐功

此功法简便易学，无须场地，无须专门拿出时间练习，非常适合久坐办公室的人，既能达到健身的效果，又不会影响工作。只需养成这种良好的习惯，即可事半功倍。

1. 功法要领

自然坐在椅子或凳子上，切勿向后靠，要保持尾闾中正，不偏不倚。两脚平放于地面，脚尖向前，两脚之间距离略比肩宽，大腿与小腿最好在90° 左右。两手心平抚在两膝盖上，可意念劳宫穴对膝关节随腰动自我按摩，目光平视。

2. 动作

（1）转腰。可顺时针，也可逆时针转动。熟练后再意念由腰往上有无数个圈随腰转动，从而到胸部、肩部，再由上朝下转动回到腰间。注意“腰胯分离”，即转腰时，胯最好是不动或稍动，这样更能充分发挥腰的作用，起到充实带脉、固肾养肝的作用。

（2）转肚。先将肚子内收回吸再往前上鼓出，意念腹部似一圆球向前滚转，转一会儿，再反向转，即先鼓肚子再内收回吸往前下鼓出。整个肚子如同圆球在前后滚转蠕动，这种转动自然配合着逆腹式呼吸，对五脏六腑有着较好的挤压按摩作用，弥补了人体直立对脏腑少动的缺陷。

3. 要点

这是动中求静之功法。当练到一定程度时随腰转意贯脚底涌泉穴，左转意念左脚底，右转意念右脚底，感觉有一股气流随意流动，可谓是意到气到，经脉畅通。

（三）卧功

冬季天寒地冻，冰封大地，万物皆休。人们的起居也因季节变化由早卧早起改为早卧晚起。但又因夜长昼短，睡眠时间较长，往往人醒了，天还没亮，此时练卧功是最佳时期。

1. 功法要领

身体仰卧平躺在床上，最好是硬板床，枕头不宜太高，脖颈平坦舒适为宜，两目可睁可闭。两腿分开与肩同宽，两脚自然伸直，脚尖上翘，但不可用力回勾，以免僵硬；两腋犹如各有颗鸡蛋大小的圆球撑着，两肘适当外张，两手臂放在两大腿外侧20厘米处，掌心向内，意贯掌指，但不可刻意岔开。

2. 动作

意念从身体正中任脉线路为界划分左右，在腰的带动下左右交叉抽蹬。即左半身随脚向下蹬而向左下行，同时右半身向右上抽拉；反之，右半身随脚向下蹬而向右下行，同时左半身向左上抽拉。抽拉、蹬的幅度不宜太大，10厘米左右最好。左右循环无穷地练习，由少到多。为了提高进度可数着数自我做比较，如这一周每天抽蹬1000下，下周争取抽蹬1500下，循序渐进。当然抽蹬的次数越多越好。教学中发现有的人坚持每天抽蹬10000下，就一改以往面色灰暗、萎靡不振，变得红光满面、精神矍铄。

3. 注意事项

（1）不可太用力，意领动作，身体左右各一半整体动，勿有局部小动作，显示阴阳交替。

（2）手臂、膝关节皆不可随意弯曲或抬高，必须与身体保持一致交叉抽蹬。

（四）收功

无论练习时间长短都要收功，以固元气不漏，蕴藏于内。

具体方法：双手男左女右合叠于小腹，手心劳宫穴轻轻敷于丹田处。意念从头顶百会穴开始分三条线下行至脚心涌泉穴。第一条是从面部顺任脉下行至小腹时，再分向两腿沿腿上面走胃经直通脚底；第二条线是从脑后顺督脉下行至臀部时，再分向两腿沿腿后面走膀胱经直通脚底；第三条线是从两耳侧分开下行至肩，再下行至两手臂，继续沿两腿外侧走胆经直通脚底。初学者可将三条线分开逐条走，功力提升后就可意念三条线立体式地同时下行直通脚底。此时可谓是百脉皆通、元气充盈。

第三章

武当顾式太极拳推手

盘架子是知己功夫，是指在行功走架时要合规合矩地练习，把拳架走顺、行正，以达气血畅通、经络无阻，逐步走向“知己”功夫的台阶。练习者要不断检验自己的动作是否规范？劲气是否通顺？一经发现有错谬之处要及时修正，不可一错再错，避免养成难以改正的坏习惯。

要进步提升，须加练推手。推手是提高技击功能和验证内力强弱，或者说是懂劲后精益求精必不可少的、有效的双人徒手对练方式，也是逐步进入“知人”神明功夫的必经途径，是太极拳运动中非常重要的组成部分。

何为知人功夫？即身体某一处与对手接触的刹那间，通过皮肤的触觉传导到神经系统反应至大脑的一种灵动，就能准确判断其力量大小、虚实及方向的变化，并能不丢不顶顺之、从之给其相应的引空、走化、发放或管、制、拿等劲法。就是所谓的随心所欲，斤对斤，两对两，不多不少，恰到好处。对方向何方跌出、摔出，跌摔的轻重都是由其自己失去平衡的劲力大小所造成的。这个功夫，术语叫作“懂劲”，如耳朵能听、眼睛能看一样，劲路总抢在前面，占有主动，又称为“听劲”。也就是常说的“人不知我，我独知人”之境界。但并非三朝五日能及，练习推手时必须严格按照轻、灵、圆、活，不丢不顶，粘、黏、连、随，跟拳论来练习，切忌丢、顶、抗、扁等急于求成之错误练法。须有几个志士同仁不断切磋交流才可及。功力越深、感官传导到大脑神经越快，取胜的机率越高。太极拳的快不是看到的外形肢体动作快，而是意识快，知道得早，劲路总能抢在对手的前面快零点几秒。

推手歌诀：

不丢不顶，黏连跟随，随曲就伸，讨得消息。
掌控虚实，缓急相随，得机得势，见缝扎针。
拳理明了，练功不辍，应心得手，化发顺遂。
光说不练，纸上谈兵，徘徊门外，难有其成。
日须三省，去欲添诚，静中有悟，损废求精。
炼精化气，炼气化神，神通筋络，再达原神。
神携信物，进入大道，物我两忘，无为不为。

各门派都有自己的推手方式，虽然在劲路上都遵循“掤捋挤按（四正），采挒肘靠（四隅）”“进退顾盼定”十三势拳论，但表现出来的身法、步法、眼法、手法、劲路在风格上各有千秋。

武当顾式太极拳同样有别具一格的定步、活步、大捋、四正、四隅推手。

四正手：不是两人正面相对，将掤捋挤按的打轮划圈范围涵盖整个上身，而是两人侧面相对，将掤捋挤按划圈集中于身体一侧。如欲练身体另一侧，则须换步，并采用小步，进退只有一脚长度。上肢手肘相黏，下肢膝相粘。但要特别注重腰的拧转幅度和两臂的轻灵圆活、穿插敏捷，具有圈小、步活、发人致远的技巧。

大捋：正确的大捋练习，起落弹跳幅度非常大。要求仆步时平仆小腿肚贴近地面，并能够迅速蹬地弹起，动作勇猛快捷，手、眼、身、法、步合为一体，推中带打，打中含推。蹿蹦跳跃，接手有声，噼噼啪啪，如同散手，但又不失周身弹簧力、粘黏连随跟、不丢不顶之拳理要义。

一、推手图解说明

（1）动作示范是武当顾式太极拳第十代传人于延浩（着白衣，称为甲方）与武当顾式太极拳第十代传人于金鲁（着黑衣，称为乙方）。

（2）大捋推手动作示范是武当顾式太极拳第十代传人于延浩（着白衣，称为甲方）与武当顾式太极拳第十代传人于金鲁（着黑衣，称为乙方）。

（3）甲方用虚线，乙方用实线。为使读者易于辨明位置和方向，甲乙双方由开始姿势起，始终不调换位置（活步推手除外）。

（4）活步推手法，先固定练习一面，熟练之后再换手、换步。经过一定时间的练习，就可达到彼此粘黏不脱、上下相随、进退自如，不拘形式和随意变化之境界。

二、平圆推手

预备姿势

甲乙双方相对站立，两脚与肩同宽，身体各部力求放松，舒适自然，四目平视。双方距离以双方两臂抬平、手指尖接触为标准（图3–1）。

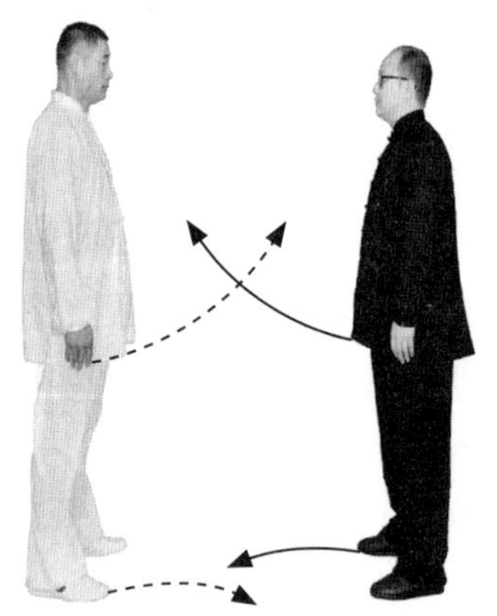

图3–1

动作一

甲乙双方各做半面左转；同时，提右脚前迈一步，两脚内侧相对，两脚之间距离20厘米左右。然后双方右掌各向前举，臂微屈，手背相靠，手腕相交，紧接双方各以左掌扶于对方右肘（图3–2）。

图3–2

要点

双方手腕接触后，应各含“掤劲”，既不可用力相抵，也不可软而无力。

动作二

乙方右手翻腕按在甲方右手腕上，并向前、向下推按；同时，左手在甲方右肘部同一方向推按，目的是逼迫甲方右臂贴于其胸前不得活动，谓“按劲”（图3–3）。

图3–3

动作三

甲方右臂则用掤劲承接按劲，左手在乙方右肘部顺势渐向后引，左腿微屈重心后移，上体微微含胸；同时，在腰的扭转带动下，身体右转，并用右臂尺骨将乙方来劲向右后方引，使乙方的按劲落空，谓“化劲”（图3–4）。

图3–4

动作四

乙方右手内旋变为掌心向下，回收到胸口；同时，右肘直顶甲方心窝，谓“肘劲”，左手用掌心轻托甲方右肘尖；甲方左手用掌心向上托乙方右肘尖，承接乙方肘顶劲，并顺势略含胸顺时针方向旋转左手腕，使乙方肘劲从自己胸口擦衣而过，而不触及肌肤；同时，左肘横击乙方右肩部，右手向前平推乙方右前臂（图3–5）。

图3–5

动作五

承上式不停。甲方右掌按乙方右手腕；同时，左手按在乙方右肘部，两掌前按微逼，并用右肘顶乙方心窝，其动作和目的与乙方用按劲进攻甲方时相同（图3–6、图3–7）。

图3–6

图3–7

动作六

乙方化甲方来势的动作要领，与甲方化乙方相同（参照动作二至动作四）。

动作七

甲乙双方各迈左腿，搭左手平圆推手法，与动作一至动作六要领相同，唯左右相反（图3–8～图3–14）。

图3–8

要点

“按”时，上体不可过于前倾；“化”时，应转腰缩胯，重心后移，上体切勿后仰；“肘劲”进攻时，先从慢开始，当熟练后双方都应接自如时可打爆发力，即进攻时肘劲迅猛撞击，但一定要注意安全，避免误伤。双方推手时，无论慢推还是快推，手臂要经常保持掤劲，屈伸相随，既不松软无力，又不僵硬顶劲；双方手、腕、肘相贴，如胶着相持不下，似滑轮灵活多变。

图3-9

图3-10

图3-11

图3-12

图3-13

图3-14

三、立圆推手

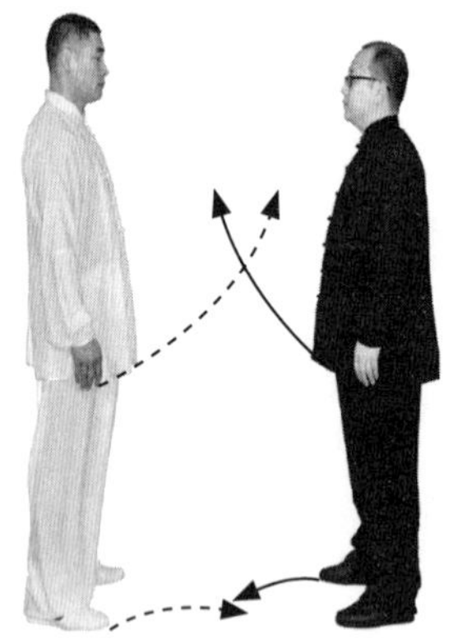
图3-15

预备姿势

甲乙双方侧对站立，即甲方的右脚尖与乙方的右脚尖相对，其他动作要领同平圆推手的预备姿势（图3-15）。

动作一

图3-16

甲乙双方各做半面左转；同时，提右脚前迈一步，各迈在对方右脚外侧，右脚外缘相对，似挨非挨，然后双方搭右手（图3-16）。动作要点同平圆推手动作一。

动作二

乙方翻转右掌用掌心向前、向上推按甲方之手腕部，意在推按甲方的面部；同时，右腿前弓，重心略向前移；甲方则随着用掤劲，以右臂承接乙方来劲，尺骨外旋顺势引臂上举，左掌心托住乙方右肘部，随动顺时针方向旋转掌心；同时，左腿微屈，重心略向后移，上体在腰向右旋拉的带动下右转，将乙方的右掌引向头部右侧，使之落空（图3-17、图3-18）。

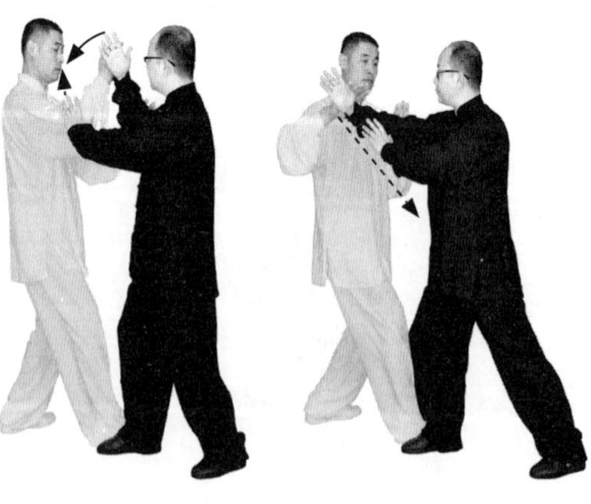
图3-17　图3-18

动作三

甲方顺势将右掌慢慢翻转向下、向前推按，意在按乙方右肋或小腹部；乙方同样用右臂掤劲承接甲方来劲，右臂顺势回收，以拇指压化甲方来劲；左手抚在甲方右肘部，随动逆时针方向旋转掌心；同时，屈左腿，上体在腰向右下旋拉的带动下右转，重心后移，将甲方右臂引向体之右侧，使甲方按劲落空（图3–19）。

图3–19

以上动作，甲乙双方要反复循环练习，可甲方走乙方的劲路，也可乙方走甲方的劲路。总之，无论是正转还是反转，划出的轨迹都成立圆。为提高身体协调性，保持左右阴阳平衡，还应左右手和左右腿轮流交换练习，动作要领相同，唯左右相反（图3–20～图3–22）。

图3–20

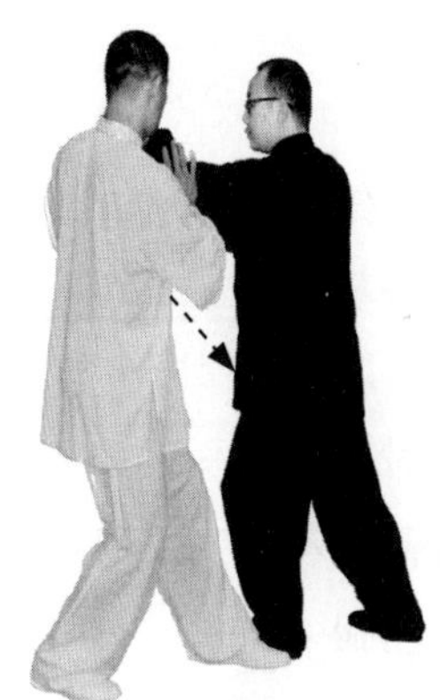

图3–21

图3–22

四、活步推手

预备姿势

与立圆推手预备姿势相同。

动作一

与图3–17动作相同。

动作二

挤劲：乙方顺甲方捋势，右腿微屈，重心略向前移下沉，腰向左转；同时，左手掌扶于右臂内侧，辅助右前臂向前、向上、向右挫挤甲方胸部。目的是使甲两手被迫于胸前失去作用，而向右后跌出（图3–23）。

图3–23

动作三

捋劲：甲方右手承接乙方右手臂之掤挤劲将右臂向后引，翻转手掌贴于乙方右手腕处，左手扶于乙方右肘；顺乙方来势，甲方以掌心对乙方肘尖做顺时针方向旋转，两手将乙方右臂向右上方引空，成为捋势；同时，屈左腿、收胯、向右转腰，提起右脚环转乙方右腿迈一小步（甲方第一步），落于乙方右脚内侧。此劲为上捋劲，即拳论中“仰之则弥高”。（图3–24）。

图3–24

动作四

按劲：甲方接捋势不停，屈右腿、含胸、向左转腰收胯；同时，右手向右下方走弧线按乙方右手腕；当乙方右手下落后，接着扶按在乙方左前臂上。左手在顺时针旋转捋的过程中，顺劲用手掌扣盖住乙方左扑面掌，然后两掌合力向前、向左推按，意在使乙方向右后方跌出（图3–25）。

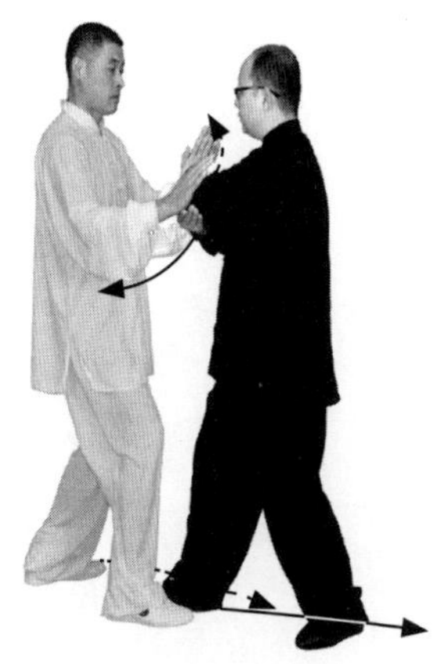

图3–25

动作五

乙方仍用右臂的掤劲承接甲方按势，用左手手指上顶甲方左手手掌，右手向下往回经胸前从左臂内侧再向前上绕出，承接住甲方右手；左手回抽由下向左绕出，扶于甲方右肘部；同时，重心后移，身体略向右转，右脚后退一步（乙方第一步），准备变捋势；甲方按劲不丢，左脚前迈一步（甲方第二步）黏跟，与乙方左脚相对应，但不要太紧，横宽距离40厘米左右为佳（图3–26）。

图3–26

动作六

乙方左脚再退一步（乙方第二步），以右臂掤住甲方按势，同样在拧腰旋拉下两臂将甲方右臂向右上方引空，即成捋势；甲方顺乙方的捋势为保持身体平衡，稳定重心，右臂外旋变掌心向内，指尖斜向右上方，两臂圆撑向乙方胸部挤去，成挤势；同时，右脚再前迈一步（甲方第三步），落于乙方右脚外侧，右腿前弓，重心下沉（图3–27、图3–28）。

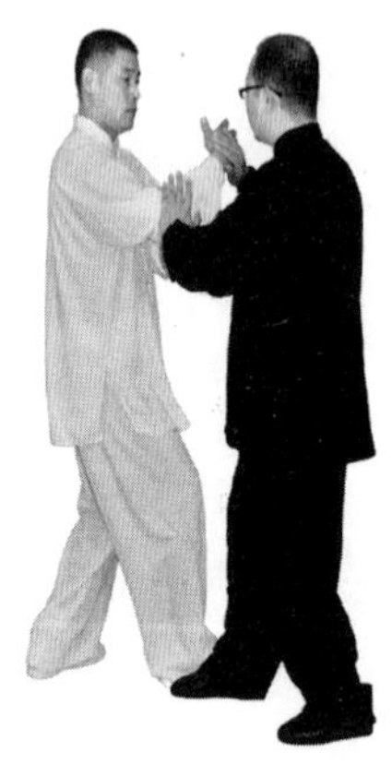

图3–27

图3–28

动作七

乙方顺甲方挤势，含胸收胯，向右转腰，两手扶按；同时，提起右脚环转甲方右腿前迈一小步，落于甲方右脚内侧，似挨非挨（图3–29）。

图3–29

动作八

动作及要领与动作五、动作六相同，唯甲乙双方相反，将甲解变为乙解、乙解变为甲解即可（图3-30、图3-31）。

图3-30

图3-31

动作九

动作及要领与动作一至动作八相同，唯甲乙双方左右相反，可参照练习（图3-32～图3-41）。

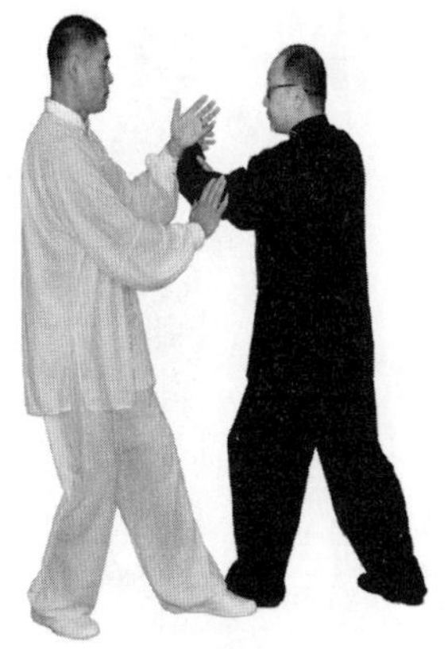

图3-32

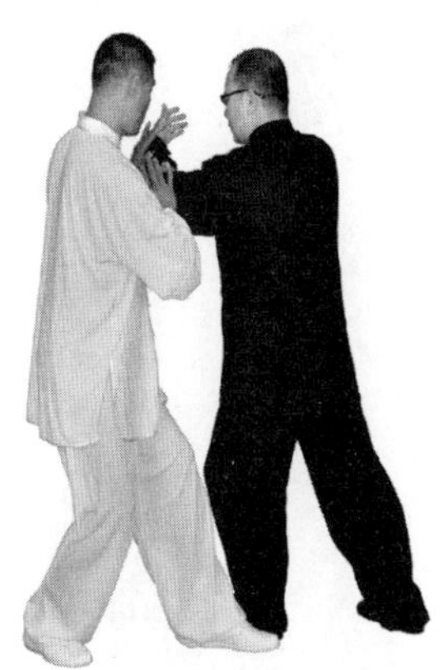

图3-33

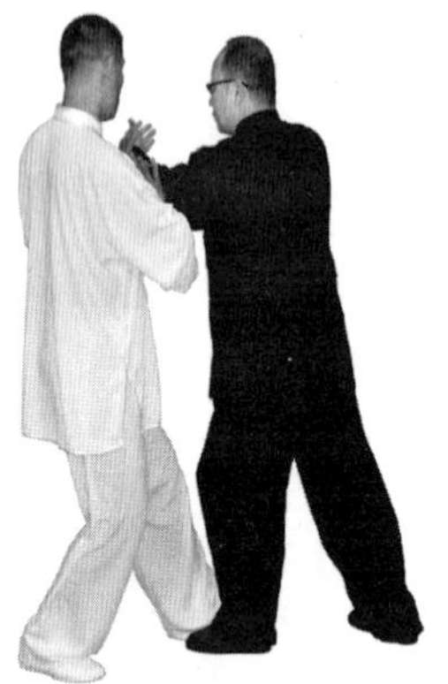
图3-34

图3-35

图3-36

图3-37

图3-38

图3-39

图3-40

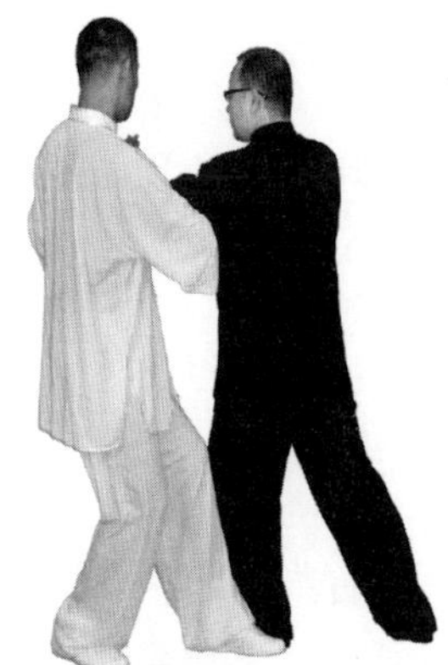
图3-41

此推手规律手法是甲捋乙挤，乙挤甲按，甲按乙再变为捋，乙捋甲再变为挤，甲挤乙变为按，乙按甲再变为捋；步法是进三退二，前进方由按变挤，后退者由掤变捋。

要点

因掤捋挤按交错在身体一侧练习，所以才能使腰的动作幅度加大，吞化对方来力，达到劲变快捷、虚实莫测、发人致远的境界。此外，无论进步或退步，都要迈成小步，步幅不能超过一尺，前进方第一步和第三步，后退方第二步，双方脚外缘或内侧都要似挨非挨，不得远离。做到不超前一分、不少到一分，相对相合，恰到好处。

双方进退变化中各含掤劲不丢，在粘黏连随跟的基础上反复练习，循环无穷。久而久之就会技艺上身，随机应变，缓急相随，得心应手，进入懂劲渐达阶及神明之妙境。

五、大捋推手

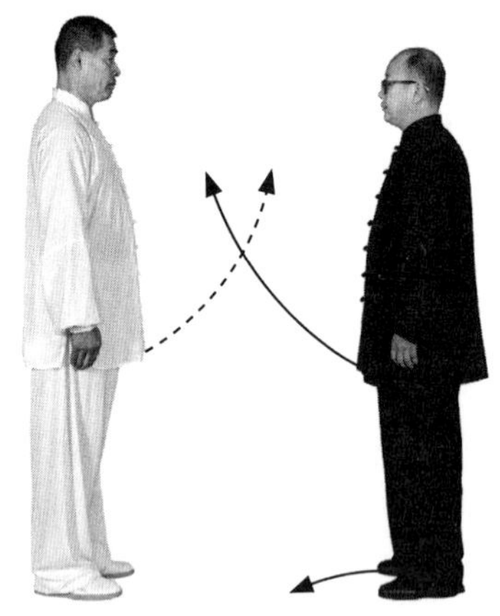

图3-42

预备姿势

与平圆推手的预备姿势相同（图3-42）。

动作一

乙方右脚前迈一步，成右弓步；同时，右手握拳由下向上直击甲方下颌；甲松腰胯，两腿微屈，气沉脚底；同时，右掌截拍乙方右拳背，左臂由下往上承接住乙方右手腕（两手合力有擒拿之意），使乙方右拳失去攻击作用（图3-43）。

图3-43

动作二

乙方右脚滑进半步，屈右臂，进右肘，以肘劲顶击甲方心窝；甲方身形不变，略含胸；同时，左手快速下落按扶住乙方右肘尖，避其锋芒（图3-44）。

图3-44

动作三

乙方在向左拧腰转身的带动下，以两脚掌为轴，脚跟前搓，由右弓步变成大马步；同时，旋转右臂由上往下、往前，用拳击打甲方裆腹部，左手轻扶在自己右胸处；甲方向右拧腰，带动右腿后退一大步，也成大马步；右手黏乙方右手腕，左手黏乙方右肘部，顺势下捋（图3–45）。

图3–45

动作四

乙方右脚再滑进半步，变成大弓步；用右肩靠撞甲方左胸，左掌贴于右胸前即可防护对方挒掌，又有攻击对方面部之意；甲方右脚根据乙方进步的距离长短，不多不少、恰到好处地疾速滑退，成左大仆步；同时，右手瞬间紧握乙方右手腕顺势下採，左手挒掌与乙方左手腕交接在一起，甲方退步为避，採挒为化，使乙方靠劲落空（图3–46）。

图3–46

动作五

甲方向左拧腰，两脚蹬地弹起，成左弓步；同时，左掌外挒乙方右臂，右手变拳由下向上、向前直击乙方口或下颌；乙方顺之右拧腰，右脚蹬地疾速起身成右虚步；同时，用左掌截拍甲方右拳背，使其失去作用（图3–47）。

图3–47

动作六

甲方提右脚向前迈一大步，插至乙方裆下，左转腰成马步；同时，右拳回收，右肘前冲，直顶乙方心窝；乙方不顶，顺势后退一步，成左虚步（身法要求松腰胯、含胸）；同时，右手往回抽，再经胸前向上翻转手腕叼扣住甲方右手腕，并与左手合力（有很强的擒技含义），左手再回收到胸前扶按住甲方肘尖，避化锋芒（图3–48）。

图3–48

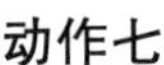

动作七

甲方肘劲落空后，向左拧腰，腰胯下沉，两脚掌为轴，脚跟前搓成大马步；同时，右拳由上向下、向前扣击乙方裆部，左手轻扶右胸前；乙方向右拧腰，两脚都以脚跟为轴（左脚先，右脚后）向右转成大马步；同时，右手黏甲方右手腕，左手黏甲方右肘部顺势下捋（图3–49）。

图3–49

动作八

甲方右脚前滑半步成大弓步，用右肩靠撞乙方左胸，左掌贴于右胸前，既有辅助靠劲之攻，又含防护之意；乙方右脚凭触感，为避甲之靠撞攻势，不多不少、恰到好处地疾速滑退成大仆步；同时，右手瞬间紧握甲方右手腕顺势下採，左手掌与甲方左手腕交在一起（图3–50）。

图3–50

以上动作，甲乙各进退一次，称为一循环。以此动作和方法，乙方又蹬地弹起，右拳击向甲方口或下颌；甲方再退步，含胸扶肘，两手捋、採、挒反复循环，以至无穷。熟练后，甲乙双方可变换身体左侧练习，训练左侧的採、挒、肘、靠等劲法，使周身更加协调，阴阳平衡。

动作九

甲乙双方互换位置攻防，可清楚地展示背面姿势，有利于练习者学习和掌握。动作要领参考动作一至动作八，将甲解变为乙解、乙解变为甲解即可（图3–51～图3–59）。

图3–51

图3–52

图3–53

图3–54

图3-55

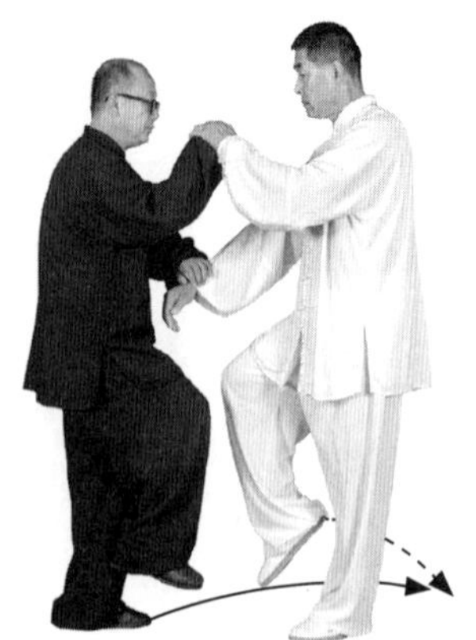
图3-56

图3-57

图3-58

图3-59

要点

大捋推手，结构严谨，爆发力极强，採挒肘靠手法、劲法清晰干脆，手臂交接时要噼啪有声。初练时应先慢后快，熟练后可蹿蹦跳跃，做到攻防有致，势法稳健；随着腰腿功力的提高，动作转换时，步法既要轻灵又要动迅静定，铿锵有力，粘黏不脱，随跟有序。大弓步时，上体切勿前俯；大仆步时，虚腿越低越好，小腿肚与地面似挨非挨为最佳状态。在出拳击下颌、肘击心窝劲法时，一定要慎重，更要先慢后快，以免误伤。

第四章

武当顾式太极拳拳诀与功理

一、武当顾式太极拳八字诀

武当顾式太极拳八字诀为：静、柔、松、连、圆、活、和、匀。

（一）静

行功之前，平心静气。静能生慧，慧能通理。
理能得道，道能生德。道能从容，容易神安。
神安气足，气足血旺。气血两旺，身体健康。
气沉不浮，底盘威固。如同大树，风摆杨柳。
上虚下实，扎地生根。合道易经，泰卦吉祥。
水火既济，心肾交融。损去人道，顺乎大道。
重为轻根，静为躁君。得道多助，失道寡助。
性命双修，谨慎不丢。持之以恒，不可悖论。

（二）柔

太极功夫，练柔为主。柔非纯软，内含阳刚。
此刚含韧，韧若弹簧。既能韧曲，又可伸张。

蝇虫难加，缥缈虚晃。变化莫测，防不胜防。
绵绵絮絮，浮沉随心。得机得势，落点集刚。
发劲干脆，如雷似电。不及反应，丈外腾空。
鹰立如睡，虎行似病。攫人噬的，以静制动。
习者模拟，切勿太急。站如处女，动似脱兔。
坚硬者死，柔弱者生。天下至柔，驰骋至坚。

（三）松

欲能静柔，务必求松。松非散漫，神意领先。
纯松无力，纯刚易伤。修炼太极，即是阴阳。
偏松为软，难当力强。偏紧为硬，茫然失重。
首先心松，外导体松。松紧对称，刚柔并行。
相吸相系，周身一家。彼此渗透，中和上乘。
氤氲脏腑，舒筋活血。魄强体健，益寿延年。
捕风捉影，凡者即仆。落点即刚，退者腾空。

（四）连

连绵不断，劲断意连。连中续连，缠绕无端。
外形似断，内劲缓缓。犹如折藕，藕断丝连。
气血通顺，心情舒畅。身心同修，惬意自赏。
遇到劲敌，随心所欲。进退自如，探听虚实。
站住中定，往开里打。如水攻坚，见隙必钻。
蓄小成大，似蚁毁堤。破坏重心，瞬间溃塌。
劲意若断，必漏破绽。给人之乘，失败自然。

（五）圆

盘架推手，处处求圆。无过不及，不可瘪扁。

塌扁死角，受制难解。过之倾斜，採捋必然。
圆有大圆，链接小圆。半圆不圆，轨迹弧线。
腰带走圆，周身形圆。手臂划圆，腿脚踩圆。
圈圈为母，匝匝为主。循经运动，百脉皆通。
逢敌交手，来力尽空。究其原因，切线滑行。
吾门学子，牢记心念。行功走架，不可丢圆。

（六）活

松柔圆连，四要俱全。周身灵活，随之即显。
处处灵活，百骸通顺。通则无恙，不通病生。
交手过招，快捷抢先。后发先制，胜在刹间。
欲求动疾，缓慢入手。日久去僵，节节贯穿。
由活变快，活灵活现。功夫无息，谁人能战？
养生技击，不可偏离。立如枰准，活似车轮。
默识揣摩，切莫间断。不断矫正，贯通活焉。

（七）和

和字意解，悟练结合。其中奥秘，不可小觑。
五阴五阳，半刚半柔。如同兑水，开水凉水。
如不中和，饮到口中。或凉或热，胃口难合。
只有中和，相互渗透。温度适宜，解渴健胃。
练习太极，道理相通。刚柔融济，切勿分行。
和为中和，阴阳和合。脱胎换骨，内劲自生。
内劲纯正，不软不硬。绵中裹铁，隐现沉轻。

（八）匀

顾式太极，一百零八。整套演练，韵味特清。

局部单式，快慢兼并。蹿跳起伏，皆载其中。
拳理讲匀，并非个中。意领在先，内含刚柔。
整体观之，如涛汹涌。波澜壮阔，均匀神通。
拓开眼界，放平心态。自始至终，一气呵成。
习拳明理，事半功倍。蛮连苦练，等于枉然。
吾辈努力，继承精髓。传承弘扬，惠泽众生。

二、武当顾式太极拳的特殊术语解

武当顾式太极拳除与其他太极拳拳理、拳诀相同外，还有它原始的、古老的、独特的、鲜为人知的术语，这是它的魅力所在，更是值得探究的奥秘！

（一）体厚身浑

习练到一定程度即可体悟拳论中的“体厚身浑”，举手投足间皆可有强大的气感，这种气感贯穿于整体而不是局部。如抬手开臂时有空气的阻力感，徐徐落手臂合劲时有气团似棉花包一样，既绵软又沉重直达地面；抬腿迈步如驾云腾雾，又似游泳健儿踩水搏浪，勇往直前。从始至终，一套拳下来看上去就是一气团在滚动。

这个滚力就是血液流动的原动力，就是元气，元气强弱是根本，强则“通则不痛”，弱则“痛则不通”。练习武当顾式太极拳是最好的“固元壮体”方式，因为它讲究牵一发触动全身，导引吐纳，外导内行，形神兼备；持之以恒行功走架即能达到由内而外，气遍周身，流畅无滞，体厚身浑，自然能补固充盈元气。

（二）藕断丝连

“藕断丝连”的意念在气势而不在架势，是在行功走架时对劲路的形象比喻。动作开合间，两手臂招式的变化犹如将一根藕被拧断一样，藕断了，但藕丝不断，或拉或合，始终如有藕丝相连不断，随曲就伸，浑然一体。具体到某个动作有不同的拉点，有以拇指拉、有以中指拉，还有以食指、小指乃至无名指拉，必须两手对拉，不但起到通经活络、扶正祛邪、健身养生的作用，且在技击中也凸显奇效。因其轻灵变化多样，常常使对手处处扑空，失去重心，露出破绽；又意念抢先主动，时时牵来力跌跌碰撞，怪态百出，不堪一击。这就要求习练者孜孜不倦，默识揣摩，入纯入微地研习，方可成就。

（三）柔似蛇　活如鱼

顾式太极拳中突出的“柔似蛇　活如鱼”，是指功夫达到一定程度行功走架时，内气充盈，两手之间好似有黏丝连接，相吸相系，对拉拔长，浑厚一体，外形缓慢松软，内含千钧之力。与人交手主动进攻时，如蛇一样，缠绕曲进，避实击虚；遇强敌来犯时，好似鱼儿般光滑，使其抓不着、击不中。

怎样理解拳论中的“柔似蛇　活如鱼”？

首先，柔似蛇：①它行动时不走直线，弯弯曲曲且快捷灵敏。遇有洞穴可钻可出，随高就下，屈伸自由，逢到障碍不顶不碰，绕转而过；②它天性内功高超，非其他动物可比。夏季雨汛期，遇到大雨倾盆，沟满河平，积水把地上的所有洞穴灌满，洞里的动物都会爬出来觅食。在农村常常看到蛇吸青蛙之玄景——蛇捕捉青蛙。蛇在与青蛙有一定距离时就处于静止状态，不去追赶，而是张开大口用内功吸青蛙，青蛙就会不由自主地蹦向蛇口，成为它的美味。但也有蛇小内力不足，且青蛙大，只能吸得青蛙呱呱地叫着向其蹦上几步，蛇一换气，青蛙就跑掉，如此多次，直到蛇精疲力尽时，才告结束；③到了冬天，天气寒冷，冰封大地，万物皆休时节，蛇就会发挥自己独特的“冬眠”作用，数月不吃不喝，藏于洞中。等待次年的春季到来，重新爬出来活动，并能褪一层皮，以示脱胎换骨。由此看到它的生命力和内功是多么的强大，所以人要效仿它，练太极拳也就有了“柔似蛇”之论。

其次，“活如鱼”：形容练到一定程度时，自己的手臂犹如水中鱼儿、淤泥里的泥鳅光滑灵活，就是被抓在手中也会一滑而脱，不受于制；当抓对方时，伸手即擒，令其动弹不得。这种功夫，只有练到体厚身浑、内气充盈，才能得心应手、随心所欲，否则，只空谈理论，实践不到位，岂可成就？所以要多与同道切磋摸劲，谦虚不躁，日积月累，方可水到渠成，即可达“人不知我，我独知人”的境界。在与人交手切磋时更为明显，只要身体的某一个部位一接触，甚至是似挨非挨，就能感知对方劲路虚实大小的变化，而抢先做出使“彼被我顺”的巧妙劲路来摆脱进攻，从而不失时机地攻其虚空薄弱之处，获得胜利。

（四）宽窄老嫩

顾式太极拳第四代宗师陈华（字老利）所著的拳论中“开合虚实，分宽窄老嫩”的意思是，无论盘架子或推手切磋都必须把虚实搞清楚，并且恰到好处。宽，即过也；窄，即不到也，应无过不及；老，即劲强硬也；嫩，即软散也。又如同蒸米饭，火候太大易将好米煮成糊饭，火候不到饭就会夹生，关键是掌握好火候。

（五）斤对斤 两对两

陈华，字老利。其拳论中的“斤对斤，两对两”寓意是与对手交手时，不可用全身蛮力以攻之，而是在接触点处似挨非挨来粘黏对手，引其劲路暴露。明确对手暴露的劲路大小，我即随之应对，你劲大，我亦大；你劲小，我亦小，不多不少，恰到好处。如多了容易被对手引空，小了也易被压扁。但是无论用斤劲，还是用两劲，都必须意念在先。这样就可以通过皮肤的触觉来听探对手劲路方向、大小、虚实等变化，并能抢先准确无误地顺其力的走向或化解、或发放，展现出太极拳中的以柔克刚、小力胜大力的独特魅力。

（六）入榫不榫

“入榫不榫，含擎灵之意”之解，如同木匠合木器时，将锯成的榫用锤子砸进已在另一块木质上凿好的眼一样，不可贸然下锤，以免歪斜，把即将成器的材料砸坏，所以要举起锤子试探地找准方位，方能一锤定音。同理，在与人交手时，应谨而慎之，凭擎灵之意探听触摸对方劲路变化，认准端的，不拖泥带水，一发即成。

榫卯图

（七）甩鞭劲

农民赶车会用鞭子对不老实、不卖力的牲口就扬手抽上一鞭，牲口就会服服帖帖向前拉套。一旦遇到非常调皮的牲口，尥蹶子、踢套绊，高手掌鞭人一鞭下去就将其打栽仆地，使其浑身哆嗦，兽性敛收，听从主人。这个劲路，是在手臂放松前提下，节节贯穿于鞭杆再经鞭绳传至梢节而成。这就是顾式太极拳里的甩鞭劲。

与此道理相同，在运用甩鞭劲时不可咬牙瞪眼，而是要放松，由腰劲带动驱使，通过背部、肩部、肘部、腕部最终传递到手掌，即拳论中“劲贯四梢”。坚持不懈地练习，瞬间劲点可集中到指端，不但能达落点，而且渗透力极强，犯者易遭内伤；这种劲路的练法，更有利于通经脉、活气血、心肾相交、水火既济的养生延年作用。

（八）弹簧力

太极拳习练时之所以重视节节贯穿、抻筋拔骨之要领，是因为只有拉长肌肉和韧带，才能将各个关节最大限度地拔开，以产生肢体的收缩力，这种力就是太极拳所追求柔中寓刚的“弹簧力”，功夫越深，这种力就越强。这个行功过程同儿时玩弹弓的道理一样，皮筋拉得越长，弹射出的弹丸就越远、越有力。

（九）跟劲

各派太极拳在推手中都讲究不丢不顶，粘、黏、连、随，唯独武当顾式太极拳推手时在这四个字之后还要加一个“跟”字。从字意上理解，这个“跟”字与前边的连、随差不多，都是黏贴不丢开对手，然而具体在技击中有着意念上的差别。这个意念不是被动地不丢，而是包含积极、主动地随曲就伸，顺势进攻。

（十）刚钩劲

顾式太极拳中讲究的“刚钩劲”，不但在技击中可起到抓筋拿脉、克敌制胜的作用，而且具有润养五脏的功能。这种劲是在练功中强调将意、气、力合一而产生的气敛入骨于手指上的表现。要领是，握空心拳，手心似有一个小气球，五指不可同时蜷曲，应从小指、无名指、中指、食指、大拇指依次蜷握，或由大拇指，沿食指、中指、无名指到小指翻转依次而握。长期这样练习，可增长劲力和灵活多变的手法，有利于用食指或中指的第二关节蜷曲后成尖形处点穴击要，五个手指的第一指肚掐截对手的脉道和穴位。从中医角度看，人的中指属心包经，食指属大肠经，大拇指属肺经，小指属心经，无名指属三焦经，通则不痛，痛则不通。持之以恒，合规合矩地练习“刚钩劲”劲路，逐步会百脉皆通，氤氲五脏，确保身体各器官功能正常，起到养生健身的作用。如歌诀：

行走坐卧不离拳，信手拈来刚钩蜷。
遇敌点打兼抓拿，养生保健效果显。

（十一）藏而不露

鹰立如睡，虎行似病，它们掩饰凶狠的本性来迷惑它们的猎物。事物外表与内在的本意，犹如鹰、虎一样，很难搞清楚，更难达一致。在纷繁复杂的社会中，对人、对事决不可掉以轻心，稍有不慎，跌落陷阱，任人宰割，后悔莫及。凡事格物致知，分析透彻，方为胸有成竹之智。与人交手，应学习鹰立如睡、虎行似病，藏而不露，方能出奇制胜。

三、练拳中易出现的错误及纠正方法

（一）低头哈腰

练习武当顾式太极拳最容易出现的错误是“低头哈腰”，原因是动作上下起伏大，左右仆步多，稍有不注意就会低头下视。常见有数年纯功未有建树者，已患此病，一经交手，空洞无物，如不及时纠正，不但徒劳无功，产生坏功，还会给身体健康带来负作用！欲避此病，不可太急，应根据自己的身体条件循序渐进地下蹲。开始时要保证躯干正直的情况下去做动作，宁可站得高一些，也不可硬追求架势到位而低头下视；目光必须随手环视，不可呆于一处死视，每到定势时，目光要平视且神气内含，威而不猛。持之以恒，不知不觉腰胯就会拉开，柔韧增强，拳自然合规合矩。

（二）呼吸不畅

造成呼吸不畅的原因是习练者没有遵照“导引吐纳”的顺序来练习，而是本末倒置地先求呼吸（即吐纳）后走动作（即导引），使动作所用的时间和呼吸所用的时间不合拍，违背了内三合的“气与力合”之原理，导致不利于健康的呼吸短促、憋气现象。正确的做法是，先导引（即先熟练招式），之后自然而然地引导出呼吸，使呼吸与动作毫厘不差地融合在一块，这样才能真正做到拳理中所要求的细、微、匀、长的呼吸，起到扩大肺活量、促进血液循环、提高代谢功能的作用。

（三）膝关节扭伤

造成膝关节疼痛、扭伤的主要原因是没有掌握好太极拳对下肢的要领。在练拳做弓步时，膝关节过于前倾；虚步时，负重腿小腿歪扭，这样就违背了人体的自然规律，使膝关节得不到周围肌群及韧带的保护而导致肿痛、刺痛。那么，要纠正这种错误就必须按照太极拳中的“无过不及”“膝松踝固涌泉通”之理论来练习。具体做法是，弓步时，前腿要保持与地面垂直，切不可弓“过”，更不能前倾甚至超过脚尖，或有外撑之意；坐身虚步时，一定使负重腿的膝盖与脚尖上下垂直，不可“不及”。只要将上述要领熟练掌握了，自然能达到膝关节放松、踝关节牢固、气血通于涌泉穴了。很多老拳师虽至耄耋之年但仍精神矍铄、步履轻盈，有力地证明了持之以恒地正确打拳，可起到对关节炎、老年腿痛等疾病的防治作用。

四、用意念的几个层面

各派太极拳有一个共同点就是用意念指挥行功、推手、散手、养生，如“用意不用力”，但用意又不能过，所以先人还告诉后学“意浓则滞”的弊端，提出“有意无意是真意”的警示，又有“意气君来骨肉臣”“凡此皆是意，不在外面”等。足见“意”在太极拳中的重要性。但由于历代宗师对“意”的高度概括，以致后学者一下难于领会其中之奥，因此在很多广场、小区等练习太极拳场合就出现了以音乐带领打拳。这种以音乐指挥打拳代替以意念指挥打拳的错谬方式，严重地违背了太极拳强身健体、益寿延年、以柔克刚、以弱胜强的初衷！

（一）太极拳为何强调用意不用力

太极拳是内家拳，是在精通“刚、直、快、猛”的外家拳基础上反而复从的一个以“柔、屈、慢、稳”为表现形式的内家功夫。这种功夫在理论上完全取之于道家思想。

老子的思想一以贯之，如“反者道之动，弱者道之用”“柔胜刚，弱胜强”“天下之至柔，驰骋天下之至坚”“坚强者死之徒，柔弱者生之徒”“强大处下，柔弱处上”“木强则折，物壮则老”等观点。这也是太极拳不产生在西方国家而产生在中国的原因所在。因为世界上只有中国博大精深的文化底蕴才能孕育出以柔克刚、小力胜大力的太极拳。

因此，太极拳的修炼及运用过程中都不能脱离道家思想。欲达到“益寿延年不老春”，必须遵循“柔弱者生之徒”之意。具体要意念在前，以意引领动作，松柔入手行功走架，有利于气血、经脉畅通，祛病健身。欲达在推手技击时胜刚、取强的目的，就必须遵循“柔胜刚，弱胜强”之意，以柔弱劲不丢不顶引化，使其落空，发放时意到力到节节贯穿，身合劲整。由此看到，意识上求得松柔是提高拳艺的先决条件，无论是养生还是技击都离不开正确的意识。

（二）太极拳练习如何用意

练习过程中根据不同进度基本上分为盘架子用“意”，养生用“意”，推手用“意”和散手用“意”四个阶段，各个阶段都有着不同的“意”，对此习练者需按部就班，循序渐进，才能更好地发挥“意”的作用。

1. 盘架子用“意”

盘架子时在做每一个动作前，首先是意想着该动作如何做，然后才有肢体的运动。拳论中：“差之分毫，谬之千里。”指每招每势都要做到位，包括手形、腕形、肘形、肩形、步形、身形、胯形、膝形、脚形乃至各块肌肉都要随不同动作跟上，不能有越过的动作，既要展现出节节贯穿，又要突出周身一家之整劲；意识上必须遵循这个原理，既要用意念指挥动作，也不能用意太重，偏一点犹离千里也。这也就是拳论所讲的以意导气，以气运身。针对初学或练习时间不长者有利于记忆，也称为“心记”。

其次，初学者为了尽快地掌握太极拳的要领，遵照“由招熟而渐悟懂劲”的原则，在走架时意想招式中的攻防含义，叫作“无人若有人”，由此渐渐提升到娴熟阶段。根据熟练程度可将一个完整的式子在脑海中形成一个轮廓。先意动再腰动，继而以腰带动四肢百骸来完成动作。意动连绵不断，肢体在意的引导下节节贯穿，环环相扣，周身一家。

这个过程犹如写书法完成一幅作品一样，先意动，想象出作品的成功轮廓，再落笔挥毫，最终完成作品。大家意想的作品和完成的作品是一样的，应为“意与形合，形神兼备”。相对水平差的一下子难于将意想的作品和落成的作品相一致，那么，就需要不断地努力，争取早日将意想与作品渐渐靠近而趋向一致。

2. 养生用“意”

“想推用意终何在，益寿延年不老春”，这是练习太极拳的终极目的。太极拳就是修道，就是性命双修，应把“静”字提到首要位置。每招每式皆在“静”的前提下，使精神放松，身体各处放松，徐徐而行，如春风杨柳，摇曳摆动，渐渐达到招招相连，势势相接，首尾无隙，混元一气。养生方面：柔固元气，扶正祛邪，百病克星；技艺方面：混混沌沌，形圆而不败也。那么，此阶段该怎么用意呢？要了解人体的气血经络走向，用意念导引吐纳，以气催血、催脉以便通经活络。“通则不痛，痛则不通”。坚持不懈地练习以逐步进入百脉皆通，进而达到脱胎换骨之清境。

3. 推手时用“意”

无论定步推手还是活步推手，都要将“意”贯注在肢体接触部位，也就是拳论中所讲的“彼挨我何处我意在何处”。不懈地练习触觉灵敏，反应快捷，对对手的来力虚实、大小、方向等一切变化皆了如指掌，从而达到“斤对斤，两对两”、不丢不顶、随曲就伸、缓急相随、粘黏不脱的境界。这里所说的“彼挨我何处我意在何处”中用“意”，不是松软得一点力也不用，而是要用巧力。这个力点是要用意念贯力的，不用多余的力，更不能用僵力、拙力。明白拳理，必须做到辩证分析，默识揣摩，无论任何运动都要用力，关键是怎么用得巧妙，既有利于健身，又在技击中发挥到得心应手。达此境界需要几个同仁志士长期交流切磋方可得心应手，变化起来已不再是意想之后而动，而是肢体本能的反应。犹如练绕口令一样，刚开始需要意想词句，待非常熟练了张口就能一口气将一个段子既快又清晰地朗诵出来。此时，意想已不重要了，叫作“口型记忆”。

4. 散手时用“意”

散手技击阶级也是太极拳的尖端功夫，变化多端，没有固定的动作。此时意料对方意欲何为，加上观察其虚实变化，准确判断对方劲力大小、方向并抢占主动，运用平时练习积累的综合技法，造成对方意料之外的结果，即使其劲力走空，身形失中，处于只有挨打之势，毫无还手之能。这为太极拳之上乘功夫，意念与肢体相融相合，意到气到力到，挨住哪招破哪招，不用多想，任其自然，随心所欲，已变成肢体条件反射，也可谓“肢体记忆”。尤其功力高超者一人对多人时，犹入无人之境，前后左右处处可化可发，触者即伤，达升“有人若无人之境”。

太极拳博大精深，初学者必须严格按照动作要领合规合矩地行功走架，不可逾越初级阶段去追求“重意不重形”“有人若无人”“肢体记忆”的高级阶段。急于求成，拔苗助长，断章取义，皆难有成就，更不要胶柱鼓瑟，生搬硬套。个人习练过程中阶段性的体悟往往会随着功力的增长而被自我否定，所以要不断地去感悟，去理解，灵活掌握，活学活用。

五、习练法则

（一）虚实阴阳

太极拳乃为天地、开合、虚实、刚柔、阴阳之练法。道曰：“天地大吾身，吾身小天地。”三丰曰：“天地人三才，皆在自己一身。”何解？首：头，百会穴为六阳之首，为天为阳，下颌为地为阴，鼻为人为中。四肢：手掌为天为阳，肩为地为阴，肘为人为中。脚为天为阳，胯为地为阴，膝为中为人。掌指为天为阳，掌根为地为阴，掌心为人为中。

“天地与我同根，万物与我一体”。所以，打太极拳效法天地将自身的小宇宙与天地大宇宙相容相合，才能真悟道家真谛。《易经》言：“天之道曰阴曰阳，地之道曰柔曰刚，人之道曰仁曰义。”故而，行功走架必须将自身处处分出阴阳、刚柔、虚实，才可以顺行大道，保证平衡，守住中定，灵活多变，立于不败之地。

只有分清虚实，转换才能灵活，动作才能圆活自然、舒展流畅，以达到通经活络、祛病健身、益寿延年之功效。这就要求习练者认真理解“虚实”的概念。拳论中“虚非全然无力，气势要有腾挪；实非全然站煞，精神贵在贯注”

"虚中有实，实中有虚，虚实转化，周而复始"。所以，必先领会"太极"中阴阳和合、阴中有阳、阳中有阴之理。严格检查动作的各部要领，是否掌握了虚实、阴阳的平衡。如阳盛阴衰即会导致刚力外漏，元气外泄，头重脚轻，根本难固；如阴盛阳衰即会导致疲沓松软，萎靡不振，头晕目眩，难敌外力。两者失衡，就犹如有春无夏或有秋无冬一样违背自然规律。

实践证明，在明师的指导下习练太极拳能坚持3年基本达到小成功夫，即透彻拳理、拳法，且熟练掌握劲路的虚实、轻重变化，合规矩而脱规矩，脱规矩而合规矩，但是又不墨守成规。再进一步提高，就要遵守法无定法、法无常法、有法无法、无法有法、顿悟为法的原则，去用力之久，不断获得豁然贯通之功效！直至大成也。

太极拳之所以被称为内家拳，也就是追求的内劲，那么内劲是怎样练的？这自然成了爱好者探究的话题。《拳论》中讲："阴中有阳，阳中有阴，刚柔并济。"已清楚地说明，练拳时不能单在阴阳、虚实、刚柔上下定义，更重要的是将它们混合起来，变成中和劲。如把一杯热水和一杯凉水兑在一起一样，产生既不热又不凉、适宜饮用的温水。

《拳论》曰："每当数年用功不能运化者，双重之病未悟耳。"简言之，双重即是僵力，习练者未彻悟处处分虚实之理，所以在与人交手时常被人制，处于被势。欲避此病，须知阴阳变化。阴极生阳，阳极生阴，阴不离阳，阳不离阴，阴阳并济，方能随心所欲，长占优势，立不败之地。可达引使对手跌仆，发将对手腾空而出。

（二）中和平衡

打太极拳就是追求无过不及、刚柔并济、消长与共、阴阳平衡之状态：身体平衡无病；练拳平衡稳定；处事平衡和谐；管理平衡力整；天地平衡无灾等。由此说明万事万物都不能离开平衡，顺者生，逆者亡。所以打太极拳不仅是一种肢体动作，因其拥有博大精深的文化内涵，更使习练者身心在冥冥之中得到双重修炼。

道，一阴一阳谓之道！太极拳就是在修道，道自然也分为正道和邪道。太极拳的道理是，正即刚，邪即柔，要中和平衡，不可偏颇；再复归到老祖先所说的“阴阳”之道，万事万物皆在其中，诸如，荣辱相随，阴阳互补，刚柔并济，长短有形，高低相衬，快慢相兼等。简单地理解，练拳要讲究处处对称，既有左右，又有前后，处处刚柔，处处阴阳，而且力求平衡中和状态，偏于任一方都会造成病态。

顾式太极拳中除此之外，还突出了一个特点——具备上下起伏，使气息在动作的引导下吐纳顺畅，节节贯穿，得气特别快。“修阴阳中和之气，练天地至柔之功”就是练习内家拳法之意和追求的目标，以提高人体的混元气。这个气，是由先天元气、后天水谷之气和天地灵气混合而成。换言之，人之混元气是天、地、人“三才”之气混浑为一体之气。但也并非虚无缥缈，而且其表现在两臂上浑厚圆撑，外示柔绵，内寓纯钢，一触即发。

“万物负阴而抱阳，冲气以为和。”这句话关键在于“和”字，和则生，不和则亡。太极拳更不例外，也特别强调阴阳调和，刚柔并济，如不调和阴阳、刚柔而将其机械地理解成五阴对五阳，就严重违背了太极拳原意。如开水代表阳，冷水代表阴，这两者必须通过调和才能产生适宜的温度，否则永远是开水和冷水。

“天地不可一日无和气，人间不可一日无祥气”。道家奉中和为大道，中和是天地大道、民族精神、为人处世之道，那么，中和当然是太极拳之道。练太极拳更应该将中和作为拳之魂，以求得处处和谐，动作的阴阳、刚柔平衡状态。换言之，太极拳的性质决定了自身的中和之魂，所以中和之魂是太极拳与生俱来的。

（三）导引吐纳

练拳时该怎样呼吸？这是初学者普遍存在的一个问题。要明了太极拳是多功能的人体文化，是自卫本能和攻防技术的升华，是天人合一的一种实践方法，是东方辩证思维、古代的导引吐纳和武术的完美结合，是演练起来“汗出而不气喘”的有氧运动。

那么，何谓有氧运动？是指由轻松柔软的行功走架，用动作导引出相应的呼吸，吸进的氧气不多不少，正好够身体的需要，就是有氧运动。

练习者应以“导引吐纳”为理论指导，按这个顺序持之以恒练习，就会水到渠成。具体做法即先将动作规范，进而做到连贯、顺遂、流畅，自然就会随动作的开合、起伏将吐（呼）纳（吸）引导出来，不多一秒、不少一秒与动作合拍。这样用动作引导出来的细、微、匀、长而且不能自闻的呼吸非常有利于身体保健。其优点是既可增强肺叶的弹性扩大肺活量，又能多吸进氧气排除淤潴内在的浊气，达到以充足正气来带动血液流通、百脉皆顺的效果。这种运动合乎中医“气为血之帅，血为气之母”的养生理论。因为气足则血旺，气血两者旺，身体定健康。反之，气不足则血淤，百病皆随之而生也。

欲达此阶段，必先熟练掌握动作要领，努力做到轻松自如，无凹凸处，无断续处，周而复始，循环无穷，合规合矩，不急于求成，更不可本末倒置。先求呼吸，以呼吸来带动作，这样容易出现动作与呼吸分离，不是动作快，就是呼吸快、难于合拍，有悖于太极拳要求的细、微、匀、长的呼吸基本原理，以致呼吸急促或憋气等不利于健康之弊病。

（四）练拳中的腰

拳谚有“练拳不练腰，终生艺难高”“腰为主宰，由腰而腿而脚，总须完整一气”等拳理，皆说明了腰在练习太极拳运动中的重要性。

腰结合各种招式有左转、右转、左上转、右上转、左下转、右下转，还有随逆腹式呼吸前后转等。那么练拳时必须做到在腰的带动下走得轻盈自如，那样打出的拳架才能稳若磐石。再结合开胯、松沉上下功夫，久之，方能浑圆一体，内气充盈。欲将太极拳水平尽快提高，除打拳盘架子外，行走立卧都要把太极拳的要领融入其中，举手投足间注重松腰松胯，只有腰松才能胯松，腰不松胯就紧，就影响到身法的灵动性和下盘的稳定性；腰松下来，胯自然也就松了，但要注意“敛臀”的外形姿势。

腰胯虽是一体，但要分开练习，是一种非常细微的要领。这就要求行功走架时，先意动后内动，继而腰动，使整个四肢百骸都在腰的带动下式式相连，衔接缜密，促使气血如九曲珠无微不至畅通全身，久之定达益寿延年之奇效！古训说得好，“千里之行，始于足下”。如只想快点长功夫，而不重视腰旋转的基本法则的训练，必导致走入瓶颈，难于上进！

好的习惯提升人生境界，成就事业；坏的习惯荒度人生，无所作为。习惯成自然，一旦养成就难以改变，可见培养一个好的习惯是多么重要！怎么才能有个好习惯？就是要有“定力”，这个“定力”就是肾气足。腰为主宰的太极拳固肾养肝功效明显，所以能坚持打太极拳，就能生定力，就能培育出“泰山崩于前而不惊”的英雄气概，有这样的好习惯定能担当大事！

六、习练要义

（一）行拳歌与保健歌

行拳歌：

太极拳包万象内涵精深，习练者需精研多读拳论。
先求形后倪神处处留意，既循规又蹈矩寒暑莫弃。
耐寂寞承枯燥铁杵磨针，天无邪道无亲常与善人。
进一步上一阶会有迷茫，拜明师找益友自有良方。
懂内劲达神明并非难攀，勤生智熟能巧无敌绝招。
内外兼恬淡虚性命双修，结缘人体魄好康泰幸福！

保健歌：

夜漱却胜朝漱，暮食不如早餐，
耳鸣需要补肾，目暗必须补肝。
节食自然健脾，少思必定神安，
汗出莫当风立，空腹莫饮茶穿。
四时起居有律，顺应天地自然，
心态虚无恬淡，一切皆是云烟。
生命在于运动，太极拳法勿断，
内外兼修沛然，健康快乐相伴。
生活质量提高，离苦得乐赛仙。
保健歌诀牢记，定会益寿延年！

（二）太极拳追求的“气”

太极拳追求的“气”，并非通过呼吸空气来达到，而是将无数汗毛孔与天地乃至宇宙间的气相合，称为天人合一的“混元气”。这种大气由阴气和阳气交合而成，上升为阳气，下降为阴气，两气相遇，不会硬碰，而是各自旋转互绕，形成阴阳互补、首尾相接的圆形太极图。所以打拳讲究走弧线，不走直线，以“圈圈为母，匝匝为主，半圆不圆，总走弧线”为习练主旨，是在意识引领下的细胞开合运动而产生的一种能量，细胞运动幅度越大，自然产生能量越大。所以，有的人气贯周身，有的人只有局部感觉，这是功力高低的表现。那么，不练功的人就没有气吗？非也！只是运动幅度小、速度慢一些而已，因为太极拳具有牵一发触及全身的锻炼效果，是其他运动所不及的。

欲得到太极拳中的“气”，练拳时就得先求静。只要静下来，自然就入定，全神贯注，意念驾驭整个动作的趋势走向，乃常应常静，身不妄动，处处顾道，气意合一，力由心出，达内三合之要诀。常年运功，必求中和：中则平衡无倾斜，和则从容达通顺。

之所以说太极拳是性命双修之功夫，是因为对人体精、气、神的修炼。程序为：炼精化气，炼气化神，炼神还虚。至关重要的是要明心见性，必须在“心”上下功夫。因为心为神之舍，心是根本，神由心而生；如果神离开了“心”这个根，就会出现平常所说的“六神无主”。所以要在收心、静心、存心、安心上下功夫。

古人修行都讲究“静地炼气，乱处养神”。即在山高林密、少无人烟之地动静双修，以求恬淡虚无，真气从之，天人合一，与日月同辉；欲达此境界，必须能固神不游，物我两忘，心神不被声、色、利、名所引动，这就要到闹市中去练静功，这种修炼方式，有时遭人嘲笑，有时会受外界干扰，是艰难的身心双修之法。中国道家隐逸思想“小隐隐于野，大隐隐于市”之句，既简明又高度地概括了修行的境界。

功力深浅，一望而知。简单的理论有：气主皮毛，皮毛光滑即肺气足；脾主肌肉，肌肉富有弹性即脾气足；心主血，血流畅顺旺盛即心脏功能强；肾主骨，骨质坚硬、密度高即肾脏功能好；肝主筋，筋收缩性越强，肝功能越好。

与以上相悖的即为病态。

（三）眼神

“了解一个人功夫深浅，一听其说话声音是否有丹田气，二观其眼是否有神，三看其脸上是否有光，不需看其打拳，就知道其功夫深浅，因为内功会表现在脸上。”这是少年时期学拳时师父常说的一句话，告诉我们眼神的重要性。

眼神是武术界必不可少的修炼项目，各派训练方法不同。太极拳更具一格。

（1）讲究“眼若垂帘”提示练习者勿怒目瞪眼，以免影响平静舒缓的飘逸外形，导致兴奋上升、性情浮躁、经络扭曲的现象。

（2）“威而不猛”要求行拳时尽可能藏而不露，既养精蓄锐，又在与人交手时不被其窥测到自己路术，以便克敌制胜。

（3）历代宗师都强调打拳时，眼要随手环视，既眼观六路、耳听八方，又不能死视、呆视，眼球要保证左右、上下不停地滚动。这样的练习可增加局部血液循环，提高视力，避免眼疾的产生。

这样对眼的训练符合《仙道正传》中“目之所至，心之所至；心之所至，气亦至焉”之理。符合《黄帝内经》中讲的“五脏六腑之精气，皆上注目而为精。精之窠为眼，骨之精为瞳子，筋之精为黑眼，血之经络，其窠气之精为白眼，肌肉之精为约束，裹撷筋骨血气之精而与脉并为系，上属于脑，后出于项中”。这句话清楚地说明了眼睛与五脏六腑的对应关系，五脏的精华皆发于目。所以，眼的训练对养生有着至关重要的作用。

太极拳的眼神训练同时是平心静气的修为。眼为心之苗，眼凶心则凶，眼慈心则慈。内心恶，眼神表现出来必凶恶；内心善，眼自慈面自善。人处环境不同，心境也会随之变化，近朱者赤，近墨者黑。

歌曰：

多交益友贵品质，仁慈修为恶变善，
双目威武而不猛，中正安舒不亢卑。
损人利己争不休，尔虞我诈毒蛇心，
太极拳法天天练，心平气和无争端。

（四）太极拳为何要慢练

经常会有人问到，打太极拳看上去慢悠悠的，在技击中有作用吗？这是不了解太极文化者普遍的看法。其实，太极拳是非常快的，它的快是意念快，而不是直观的外形快，是体内的气血流注而产生的内劲贯穿于身体各个部位，从而达到彼挨我何处，我意在何处并且总占领先将对手来力顺之、从之或化或发的先机。这样的特殊劲路随意念往返折叠游离于体内，自由自在，收放自如，在技击上出奇制胜，达到人不知我、我独知人的境界。

从制胜的角度做一个逻辑推理：要想制胜，就得速度快，要想速度快，就得灵活，要想灵活，就得放松，要想达到放松，就得由慢入手。这就是太极拳慢练的优点。太极拳慢练，但不可散、断，一般一遍顾式太极拳不得超过25分钟，不低于20分钟，掌握适度，可起到伸筋拔骨、畅经活络、增长浑厚力的效果。当达到一定功力时即可快练，但不可飘、乱，一般一遍拳不得低于8分钟（早年杨澄甫、吴鉴泉在北京同场表演快练时皆为8分钟）。练时应先热身到微出汗为最佳状态，可训练快捷反应。

（五）八种劲法

1. 掤劲

“掤劲”为太极拳中八劲之首，其他七种劲法皆是在此劲基础上发挥作用的，无论多少招数都以掤劲为基点，如脱离了这个劲，即不为太极拳。不但不能制人，且会被人制，所以，练习太极拳必须研究“掤劲”。具体讲，掤劲生于弹性，弹性生于肢体的放长，就是在意识引导下行功走架，使肌肉弹性和骨骼韧带合于一起自然而然形成的伸拉放长。这时精神能提得起，气敛能入骨，形成外松内紧的弹簧劲。

2. 捋劲

太极拳《打手歌》中的“捋在掌中要轻”，明确了使用捋劲时的要点。也就是说不可以用全力死抓对方手臂来捋，应把劲路藏在五个手指中，如同弹钢琴一样交替变换，让其在不知不觉中被引空前扑。如硬拉硬拽，不但不能做到引进落空，反而会给对方制造顺势挤、靠的机会，使自己变为被动局势。这就是双重之病啊！

功夫纯熟的技击家运用此劲，会将拧腰、滚臂、变颜、喝声同时完成，干净利索，不拖泥带水，将对手跌仆在地。

3. 挤劲

“挤在手臂要横”这句歌诀明确了习练太极拳推手时要把手臂撑圆，在运动中寻找对手捋、採自己时的有利机会，做到不早不迟顺势跟进将其发放出去。使用此技法时切忌手臂凹瘪，因手臂不圆撑而前挤无力，难见效果，甚至会被对手在捋、採不得势时用回按劲发出。所以，无论盘架子还是推手都应将手臂撑圆。运用此劲时切勿草率，需两臂圆撑，内含掤劲，静心屏气，意贯准中心，顺势发力，如雷霆之势，干净利落，克敌制胜，以改变被捋之背势，来达到“处危而后安”的效果。

4. 按劲

“按在腰弓要攻”意思是说腰就像射箭的弓把一样，将劲路上行背、肩、肘、腕以至于掌；下行胯、膝、踝以至于脚。这样在腰的带动下形成周身一家的整体爆发力，犹如出弦的箭发于对手，使其来不及反应腾空而出。按又分双按、单按、上按、下按、交叉按，练此劲必须带动步法，上下相随，做到眼到手到脚到。

5. 採劲

从太极拳论中理解捋劲与採劲之区别：捋在掌中要轻，採在十指要实；捋在轻，採在实；捋在动作拉长，採在动作短脆等。由此不难看出在用捋时不可抓得太实，应以轻灵劲顺势将对手引空，要警惕对手乘机挤、靠的进攻；而採劲要将意念贯注于手指瞬间发力，动作越小越好，使对手突然因受力而导致身体失去平衡。当然这里说的採在实，并非僵力、死力，而是含有柔和的掤劲在内，以求纯阳亨通。

6. 挒劲

“挒在两肱要惊”意指使用此劲时要用自己的尺骨部位，向左或向右在对方两肱肌、两软肋处找落点，运用惊弹劲瞬间发力，使其旋转跌出。在使用过程中要将手臂撑圆，腋下留有充足的活动空间，乘对方前来靠劲顺之横拨，以达到化解来力、破坏其重心之效果。练此劲须先练好轻灵圆活的粘黏劲，方能得心应手。

7. 肘劲

武术界有种说法叫“宁挨三拳不挨一肘”，从这里能充分看到肘在技击中的威力。太极拳中讲究“肘在屈使要冲”，是指在顺其用捋、採劲时，跟进屈肘前冲的一个劲法。分为顶心肘、横肘、侧肘、上挑肘、下砸肘、揉肘。尤其揉肘是太极拳里的特别练法，是区别外家拳中肘法的重要标志。它不但含撞击力，还可将对手来力用肘部的黏劲引空而使其失去平衡，给发力创造出得机得势的机会，提高打击力度。

8. 靠劲

“靠在肩峰要崩”这句歌诀阐明应用靠劲时，要突出肩在顺势瞬间的爆发力。靠劲又叫贴身靠，属于贴身短打中的最近身打法。大致分为迎门靠、侧靠、背靠、胸靠和胯靠，无论哪种靠都是在被对方捋、採自己时跟进发力的一种劲法。欲掌握此劲，必须在大捋推手上下苦功，努力做到上下相随、周身一家，方成妙手。

七、传统文化之共性

（一）太极拳之水性

水无常形，随圆就方，无所不能，且利万物而不争；兵无常态，虚实变幻，知己知彼，可百战不殆也。太极拳吸取水性，随曲就伸，循经而动，气血通顺而无恙，延年益寿养身心；相搏对阵圆融孙武之策，以静待动，避实击虚盱缝隙，虚实莫测，出其不意而制胜。养生悟流水之道，技击通用兵之计。现将水之六性与太极拳之拳理相对照以供参考讨论。

（1）水之包涵性，万物丢在水里皆被涵盖、吞噬、淹没；太极拳敷劲用之得法可将各方来力吞化其中，并使其欲进不能，欲退难脱，皆由己掌控。

（2）水之化解性，火遇到水被扑灭；太极拳遇到进攻可引进落空，化险为夷。以拳击水，拳进水空，拳退波平。犹敌之劳师袭远，我因势利导，高下立判。

（3）水之柔韧性，泥土遇水变得柔弱；太极拳松柔入手，化刚为柔。

（4）水之渗透性，水渗到木材里木材会腐烂；太极拳挨其皮毛意其骨髓，具有穿透力，所谓“入木三分”。

（5）水之浸蚀性，钢浸到水里会生锈；太极拳站住中定，往开里打，伺缝而钻，可将坚硬之徒化为乌有。

（6）水之平等性，不管在什么地方，它随遇而安的本性，绝对不会改变；太极拳采取随遇平衡，任由动作千变万化，皆如不倒翁保持平衡，立于不败之地。

上善若水任方圆，随容器状态改变自己；水低于0℃结成冰，高于100℃可沸腾；无声无息之际能滴水穿石，排江倒海之间可颠覆一切，至柔至刚也；水自始至终往低下流，所到之处可滋养万物而不居功；在阳光的作用下可化气成云，云重成雨，周而复始循环不断。伟大的水性融入太极拳中，招招可见复也。

歌曰：

水性无常任方圆，随形就器法自然，
穿石裂岸天工力，遨游驰骋至柔坚。
无无有有临渊步，逆来顺受针藏绵，
百炼太极消永日，乾坤正气度华年。

（二）粘黏劲

技击之法中论：“伸手击人易，摔人难；摔人易，发人难；发人易，化人难；化人易，黏人难。”这一段递进话充分说明了太极拳“粘黏劲”为至高境界，那么，什么是黏劲呢？拳论中说“走即是黏，黏即是走”，由此看出，粘黏劲不是固定的劲，而是在运动中灵活牵制对手的一种巧妙劲法。

具体操作要放松手臂去轻引对手，如同拍篮球不可用蛮力，使球随着手逐渐弹起。反之，用僵力、拙力强迫拍打篮球，篮球只会在地上打转转而不可能弹起离地，所以无论是盘架子或推手都必须在放松的前提下去练习。但太极拳中讲究的放松，不可孤立、武断地理解为一味地放松，这里所追求的“松”而不是懈，所追求的是“刚”而不是僵，这是习练者最难掌握的尺度。欲透彻理解，切勿断章取义，必须全面学习拳论，要明白松与紧是相对而言的，没有紧何有松？所以一味地求松而忽视其紧，势必会走向疲沓、散、瘫等脱离太极拳原意的歧途；练刚劲时如不注意松柔环节，自然会出现生硬僵力。放松的终极目的是更好地在技击中发挥瞬间爆发力，这个爆发力就是通过放松，由内而外自然得到的——紧。如果失去紧，就没有刚；失去松，就没有柔。所以必须掌握好阴阳转化、互补、平衡，才能达到刚柔并济！

（三）勤为真理

任何一个行业中的精英，没有一个不是通过“勤”来获得成功的。勤能补拙，勤能生智，只有勤才可逐渐得以提升，离开“勤”，外因条件再好都等于零！

习练太极拳同样注重“勤”，讲究四勤：勤练、勤看、勤问、勤琢磨。

（1）勤练：合规合矩练，可整套或单式练，纠正错误，磨励自己，不放过任何一个细微小节，精益求精。

（2）勤看：看师长，看师兄弟练，从中对比找差距。

（3）勤问：问老师、师兄弟中水平较高的拳友，虚心求教，谦则受益。所谓“三人行必有吾师”，即使自己有一定的成绩，也不可骄傲。

（4）勤琢磨：就是要用心去悟，如拳论“由招熟渐悟懂劲”，要勤练加琢磨，用心去悟其中之奥，探索其中之秘。

学者还必须清楚四勤是学习的方法，诚心、精心、耐心、细心是学习的态度，成长、成才、成熟、成名是学习的目的。总而言之，深厚的功底，精湛的技艺，是通过虚心地学习、真诚地请教、刻苦地练习而达到的。任何投机取巧，推崇快餐文化，皆为急功近利、拔苗助长，是难成正果的，只不过是哗众取宠罢了。

在长期教拳过程中发现，有的学生虽然接受比较慢，但练功刻苦，既读教材，又看光盘，既温故，又纳新，还常常留意观察老学生的练习，听其言，仿其形，有不清楚的动作或拳理就不耻下问。数月后无论行拳神韵，还是精神面貌总令人刮目相看，明显超越于刚开始学得快、说得多、行动少的“聪明”者。真理即是一个“勤”字。

（四）书法与太极

常有人将练习太极拳与练习书法相比较，发现其中诸多相似相通之处。笔者坚持了近十年的书法练习，觉得很有道理，多少能从中悟出一点儿书剑同道之寓意。学书人均知，学书先临帖，提笔就想到要中锋行笔，笔断意不断，意先、笔行、字成等书法要领，先追求“形似”，学颜像颜，学柳像柳，甚至初学的描红，都是依葫芦画瓢。日久，就要追求“神似”，写出的字不死板，有精神，刚柔并济，曲中有直，外方内圆，阴阳错落，乃至笔走龙蛇，一气贯穿，看上去既有江河湍流奔腾之势，又含山岳稳固磐坚之态。

练习太极拳也一样，套路中的每招每式代表形，起承转合，虚实变化，犹如点、画、撇、捺，中锋行笔，讲究尾闾中正，不偏不倚，劲断意不断，藕断丝连，合规合矩的“形似”；书法“藏锋”与太极拳含而不露“绵里藏针”的特点对应；书法的总体布局与拳架，书写动作与行拳，疏密有致、缓急有序，实有异曲同工之妙。进而，按照先意动再内动，然后外动，最后达到一动无有不动之处的次序，形成完整一气的拳势，打出太极拳的精、气、神，打出太极拳的圆、匀、静、柔、松、连、活、和来，上升到“神似”境界，展现出太极拳动如江河、静如山岳的刚柔并济、轻灵沉稳的气势。故形容书法与太极拳：写楷书如练拳架，写行书如练推手，写狂草如练散手。

晚清书法家何绍基，执笔姿势与众不同，他曾不止一次地讲：“每一临写，必回腕高悬，通身力到，方能成字，约不及半，汗浃衣襦矣。”又曰：“如写字用中锋然，一笔到底，四面都有，安得不厚？安得不韵？安得不雄浑？安得不淡远？这事切要握笔时提得起丹田功，高著眼光，盘曲纵送，自运神明，方得此气。当真圆，大难，大难！”由此可得，传统文化触类旁通啊！

八、第四代传人陈华拳论

（一）残缺的古拳谱

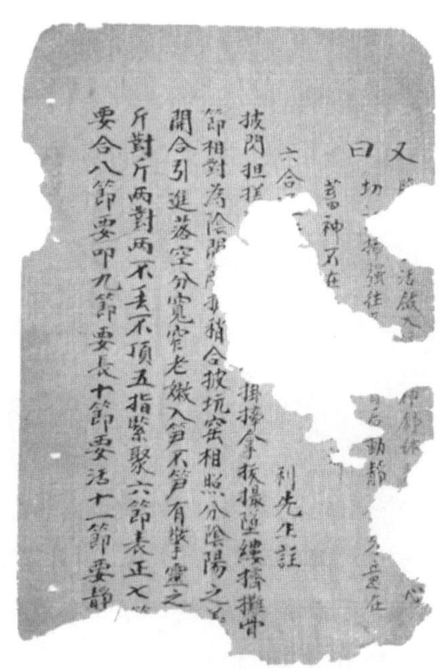
利先生註
披閃担搓
担掛拿扳撮墜縷擰攤帶
節相對為陰開
扳稍合披坑窑相照分陰陽之
開合引進落空分寬窄老嫩入笋不笋有擎靈之
斤對斤兩對兩不丢不頂五指緊聚六節表正七
要合八節要叩九節要長十節要活十一節要靜

古拳谱图

（二）拳论原文

披（劈）闪担搓歉（兼）沾粘（粘黏），随钩搂拘挂牵拿，拨撮坠缕（捋）掤挤摊。

（注：拳论原文为历代拳师口口相传，而残缺的古拳谱中漏掉了“掤”字。）

骨节相对为阴开劲，扳稍（梢）合披坑窑相照分阴阳之义，开合，引进落空分宽窄、老嫩，入笋不笋（榫），有擎灵之意。

斤对斤，两对两，不丢不顶。

五指紧聚，六节表正，七节要合，八节要叩（扣），九节要活，十节要长，十一节要静，十二节抓地。

三尖相照：上照鼻尖，中照手尖，下照足尖，能顾元气不跑不滞，妙灵其熟，牢牢心记。

能以望手望健，不动如山，动如雷霆。数十年论拳，皆言天下无敌手，果然信手，高来高打，低打低应，跟进跟打，开进未定，沾粘（粘黏）不脱，拳打立根。

（三）拳论译释

第一段是五字经诀的前一个字。

经诀全文：

披从侧方入，闪展五全空，担化对方力，搓磨试其功。

歉含力蓄使，粘黏不离宗，随进随退走，拘意莫放松。

拿闭敌血脉，扳挽顺势封（捋），钩非用拙力，掤臂要圆撑。

搂进圆活力，拨坚戳敌锋，掩护进攻手（挂），撮点致命攻。

坠走牵挽势，继续莫失空，挤他虚实现，摊开即成功。

（注：因拳论译释为历代拳师口口相传而来，与古拳谱前后次序略有不同。）

骨节相对为阴、为合、为蓄劲。行功走架，扳梢（扳梢即劲贯两手两脚四梢，属于阳劲）合披（合披为阴、为蓄、为敛劲）要分清虚实、阴阳，如同凹凸的坑窑有相照之义；在与人较技运用开合引进落空时，务必分清宽窄老嫩，做到无过不及，如同木工用锤凿榫入榫时一样，不可贸然下锤，要含擎灵之意，找准力点才一击完成。

推手时要做到斤对斤、两对两，不多不少，不贪不欠，力道恰到好处。彼浮我随，彼沉我松，彼退我跟，彼有力，我亦有力，我意在先，彼无力，我亦无力，我意仍在先。从此深刻领悟劲不如气、气不如意的神明阶段。

五指紧聚，指五个手指（即五节）要紧聚，但不是紧握。六节表正，指手腕部要表正，不可上下左右歪斜，保持前臂与拳或手平直。七节要合，指肘部要有向下沉合之意，不可以向外翻肘或向上抬肘。八节要叩（扣），指肩部要有向前向下松扣之意，切勿上耸如寒肩状。九节要活，指腰胯部要灵活，意即立似平锥，活如车轮。十节要长，指颈部要有上长之意，百会穴领意，虚项上顶，头部端庄，不上仰下俯、左右歪斜。十一节要静，指膝部在行功走架时要注意放松，严禁扭曲，以免日久伤及膝部。十二节抓地，指在脚踝灵活的前提下，脚趾抓地，涌泉穴上提，体现出实中有虚。

三尖相照，即上照鼻尖，中照手尖，下照足尖，只有这样才能周身一家，不会出现身法散乱，能顾元气不跑不滞，气如九曲珠连绵不断，使身体气血顺畅又富弹性，既柔软又坚硬。以上要领要牢牢记住，潜心体会。

经过长期修炼，感悟其中之妙，就能做到身手矫健，习拳时意到形到、手到脚到，静时稳如泰山，动时快如雷霆。都说练拳数十年，可以天下无敌手，果然不虚。此时对敌信手拈来，高来高打，低来低应，跟进跟打，当开则开，须合则合，开中有合，合中含开，粘黏不脱，收放自如，进退由我。以上这些拳论就是修炼此拳的根本。

第五章

武当顾式太极拳养生保健

一、太极拳之修身修心

几百年前张三丰祖师就告诉后学，太极拳“详推用意终何在，益寿延年不老春”“愿天下豪杰延年益寿，不徒作技艺之末也”！这是练习太极拳的终极目标。道家的养生主张“性命双修”。性，乃天赋之性，包含人的精神、气质、品性、情趣；命乃客观之命，表现在人的生死贫富和时运等。道家养生，在于炼心性、精气神，所谓“性之造化系乎心，命之造化系乎身”。修性，重于习练内养功法，修命，重于习练外动功法。

笔者在长期的顾式太极拳教学中发现，有很多慢性病患者通过坚持不懈地练习顾式太极拳而得以改善以往的病态，获得了强健的体魄，提高了工作效率，构建了和谐家庭，提升了幸福指数。他们的成功皆来于道家“我命在我不在天”“丹药不必外求，人体即是炉鼎”思想。笔者由此启发而感，提出“要做健康的主人，不要做健康的乞丐”之论点。

说到乞丐，人们想到是要饭的叫花子。他们这个群体多是因为物质上没有保障，吃不上饭才走上了乞讨之路，以求生存。但是，如果自己不努力，一味地乞讨或将外来援助作为生活来源的话，是永远脱离不了贫穷困境的。只有自立、自强，寻找适合自己的工作，无论是做生意也好，打工也好，总之乐于奋斗就会有收获。这样不断创造财富，久而久之，积少成多，就自然而然地摘掉贫困的帽子，也就告别乞讨的生涯了。

健康同样是这个道理。身体健康出问题了，犹如物质上贫穷一样，一方面要求助医治，但更重要的是应积极主动地寻找一个提高自身免疫力、增强体质的方法，不能一味地求医问药。是药三分毒。治好了这边，那边又出问题了，就是俗话说的“按下葫芦，浮起瓢”；另一方面，要相信世上没有什么灵丹妙药，身体有一点不舒服，只向外求医问药，而于内不强身健体，只治标不治本，就好像物质上贫穷，总靠乞讨和依附于外力的援助，以求改变贫穷面貌一样来改变健康状况，而缺乏独立自主、自立自强的精神，很难达到健康的目的。

科学地坚持不懈地锻炼，使身体整体素质得到提高，我的身体我做主，变被动求健康为主动找健康。自己的免疫力增强了，在同样的环境中，即使在应对恶劣环境侵袭时，也同样能立于不败、不病之地，将病魔拒之门外。当然，不是说非要让大家打太极拳，可以找自己喜欢的运动去锻炼，但是作为太极拳传人在这里不能不告知大家，太极拳是健身运动中的“阳春白雪”，是一种较好的健身运动！

太极拳乃为性命双修之功夫，修心更为重要，故附修行歌一首，共勉！

致虚守静，清心寡欲，一切有为，梦幻泡影；
荣观燕处，豪宅名车，高官利禄，超然视之；
一切名利，过眼烟云，如露如电，转瞬即逝；
内心明了，不为所缚，清净稳重，毫不动摇；
多积阴德，广结善缘，损之又损，以求圆满；
无为不为，不为有为，要想得道，苦修谨慎；
逆水行舟，不进则退，如履薄冰，不可粗心。

二、练功“秘笈”

“要当英雄汉，需出几缸汗”。这是本门历代宗师口口相传下来的练功“秘笈”。要求习练者不轻信捷径速成的谬论，而是锲而不舍，勇往直前，寒暑不辍，挥汗如雨，不投机取巧，逐渐达到身清体透、脱胎换骨的境界。欲达到此境界，就得经过三层汗的过程。

（一）三层汗

（1）第一层汗，气味发臭、发酸。特别是体态肥胖的人较为明显，因为他们皮下脂肪多，经过运动起到了燃烧脂肪的作用，使大量的脂肪随汗液排出体外，所以异味就大。经过长期锻炼，脂肪逐渐减少，肌肉纤维变粗，身体越来越结实，以达到强健体魄之效。

（2）随着功力的增长，体力越来越强，在第一层汗出来后仍不觉疲劳，精力充沛，这时可加大运动量，到一定强度时就会有第二层汗的出现，体内多余的糖也随汗排除，臭味较小甚至发甜。

（3）在前两层汗的基础上体力依然很足，可再加强度，此时的汗液较少，已处无味状态。需说明，此时人体中的大量盐、糖随汗水排出，练完后马上要喝盐水、糖水来补充，避免脱水。具体饮用数量可根据运动强度灵活掌握。达此境界，非三朝五日之功，最低也要经过两三年的苦练。

能练到以上三层汗功夫的人完全可用身清体透、脱胎换骨来形容。此时整个人体百脉皆通，肌体内外都有与常人不同之处。内部感觉为五脏六腑各尽其责，功能超常，气血畅通；外部表现为皮肤光滑富有弹性，面色红润，精力充沛，以达延缓衰老、延年益寿之功效。

以上所谈的练功程度，不仅仅局限于练拳架上，也可以与推手交叉进行，但是这种强度只适合身强力壮的青少年或中年人，老年人或慢性病人是不适宜的，因其机体功能退化，难以支撑高强度运动。老年人或慢性病人群更适于《黄帝内经》中讲的“沾濡汗出”之理论，既要活动又不能出大汗。

《黄帝内经》中又讲，“久坐伤肉”，即伤脾，脾主运化，如脾功能不正常，运化功能减弱，导致吃饭不香睡觉不甜；“久卧伤气”，有人说超大运动量会损耗人体元气，其实久卧不动更损耗元气。因为人吃饭后如不运动，肚里的湿气像沼泽地、一潭死水一样堆积不动，这时候如不运动就得靠元气来控干、燥干，可见这样所耗的元气就比运动耗的大得多。

可能也有人说，大汗淋漓不就违背了养生之道吗？这种说法并非科学，有悖春生、夏长、秋收、冬藏之大道！这个大道不仅指四季，也指人生历程，如20岁前为春生、20~40岁为夏长、40~60岁为秋收、60岁以上为冬藏。由此可得，春生、夏长年龄的人就要大量排汗，促进新陈代谢更利健康，“沾濡汗出”只适用于秋收冬藏的老人或慢性病人群，不可一概而论。

我们应该具体问题具体对待。“沾濡汗出”的运动方式是指老年人或体弱者而言，并不能代表中青年，更不能代表少年。从青少年就坚持锻炼更有利于正常的生长发育，会受益终生。犹如四季春生、夏长、秋收、冬藏变化一样，适宜于藏的只是老年或体弱的群体，而正在生长的青少年则同春夏的禾苗一样，必须多浇水、多施肥，不但要大量地吸收阳光和养分，而且要经得起暴风雨的侵袭，这样才能茁壮成长，否则就会像温室里的花朵中看不中用。所以练习太极拳就应当从小抓起，越早受益越大，身体就会有超出常人的功能。这种出大汗的运动方式必须掌握好强度，当你不疲劳时，说明你适应这种方式的运动，当你有疲劳感的时候就应少练。

歌曰：

顾式太极妙无穷，坚持锻炼莫放松。
每天三遍不要少，将汗出透体自清。

（二）出汗的好处

从现代医学、生物学、生理学角度看，出汗有以下几点好处。

（1）排除毒素。主动运动出汗能加快人体的代谢功能，将体内的乳酸、尿素、氨等毒素排出，还能保障鼻子、皮肤、脏腑、大肠等系统畅通。

（2）有效控制血压。高血压是一种由于血管内径变窄、变硬，血流量受到一定限制而出现的一种现象。运动出汗可以扩张毛细血管，加速血液循环增加血管壁弹性，达到降低血压的目的。

（3）促进消化。不运动不出汗，自然不能消耗体能，导致气血运行缓慢，影响消化系统、神经系统的正常功能，使之吃不香、睡不甜。

（4）预防骨质疏松。不少人以为出汗会导致体内钙质随汗流失。对此，专家经过论证后指出，只有水溶性的维生素才会随汗流失，钙虽然溶解于水，但溶解度很低，不但不会随汗液排出，相反通过运动出汗更有利于钙质的保留，起到防止骨质疏松的作用。

（5）增强记忆力。很多人运动出汗后都有同感，就是头脑清楚，反应敏捷，记忆力好。

（6）护肤美容。总不出汗的人，皮肤代谢缓慢，一些废弃物存于皮下，容易积结成疮。如经常主动运动，自然就将体内的污浊的废弃物随汗排出，皮肤变得光滑有弹性，人显得格外年轻、精神。

三、武当顾式太极拳对高血压的特殊疗效

高血压患者无论是由于遗传，还是紧张的工作压力或生活节奏太快，其反映出来的症状都是因血管硬化、狭窄造成血流不畅引发血压升高。练习武当顾式太极拳可以起到软化血管、输通血流、促进代谢功能的作用，对高血压患者有很好的改善效果。

（1）该拳动作柔似蛇，活如鱼，绵绵不断，神意合一，轻松圆活，外合天地之自然规律，内合生理机体之节律，自然对软化血管有相当的辅助作用；且气沉丹田，使胸虚腹实，降低兴奋点，避免气冲胸冠，又劲贯四梢，周身气血通畅，持之以恒地锻炼可达到一通百通，对于降低血压效果是非常明显的。

（2）高血压患者大多是缺乏运动或是缺乏科学运动的人，身体有百分三十或更多的肌肉群一直处于睡眠状态得不到锻炼，那么这些肌肉中的毛细血管就堵住了相应的血液流动，其周围的血液处于静止状态，这样给主血管也增加了压力。顾式太极拳非常讲究“一动无有不动之处”，每个动作都分阴阳虚实、上下内外、对拔相争，使全身每块肌肉、骨骼都参加运动，这样令全身的毛细血管都起到了疏通血液流通的作用。

举个例子，如在主干大路上发生了堵车现象，一方面需要交警疏导；另一方面周围的小路也要利用起来，将一些车辆疏通，减轻主干道的负担，解决堵车难行的问题。主血管即是行车的主干道，静脉血管、毛细血管就是周围的小路、小胡同，只有都发挥作用，问题才会迎刃而解。所以太极拳对防治高血压有较为明显的效果。

四、原始古朴拳韵　健身养生奇效

武当顾式太极拳架势低，起伏大，且有蹿蹦跳跃、弹抖爆发；行功走架柔似蛇，活如鱼，伸筋拔骨，藕断丝连，具有很好的强身、养生功效。

（1）长期练习，不仅可以使人体各个系统、各个器官功能得到改善、提高，也可以使精力保持充沛，使全身肌肉关节活动灵活。而且，可以有效地增强大脑及以下部分的各个神经系统功能，提高大脑兴奋与抑制过程的协调性，推迟老化过程，延缓衰老。医学、生理、生化、解剖、心理、力学等多学科的研究证明，太极拳对防治高血压、心脏病、肺病、肝病、关节炎、胃肠病、神经衰弱等慢性病有很好的疗效。当代社会，人们常常从事着高节奏的工作，全身心于繁忙紧张之中，因此，十分需要一种宁静的方式加以平衡，对自己的心态进行有效的调整。顾式太极拳作为中国传统养生的瑰宝，紧紧抓住了人的精、气、神三宝，坚持长期练习可以平衡阴阳，调节精神，改善机能，使身心受益。

（2）顾式太极拳是中国传统文化的综合载体，是将古代的辩证思维与武术的完美结合，故而可称为“思想拳”“哲学拳”。通过正确地修炼，可陶冶情操，改变气质，同时，拳中的欲左先右、欲前先后、柔极生刚、阴阳和合、随曲就伸、不丢不顶、舍己从人等思想，有助于提高人们的辩证思考能力，树立正确的世界观、人生观和价值观。

（3）顾式太极拳一动无有不动之处，且起伏大，柔似蛇，活如鱼，通过锻炼不但可增强耐力，提高身体的协调度与灵活性，更能使全身各部肌肉、骨骼得到顺遂合理的发育，免疫力得到全面提高。因是在意念指挥下打拳，可使中枢神经得到良好的训练，能改善血液循环，促进新陈代谢，增进大脑供氧，改善大脑生理机能，所以有增强记忆、开发智慧的功效。

（4）太极拳是“文化拳”，为习练者领略传统文化打开了一扇窗。在拳理、拳诀中可以找到周易之经、老庄之言、孙武之策、三十六计；招式中体现五行八卦、动静相兼、虚实消长、有生于无的辩证思维；还可以感悟到道家之虚静、儒家之中正、佛家之空灵、兵家奇正虚实之术、中医气血经络之说、养生吐纳导引之功、技击蓄发提放之巧。

（5）太极拳演练起来，举手投足，轻灵圆活，开合有序，刚柔并济；动如“行云流水，绵绵不断”，既自然又高雅。可从中体悟到古典思想的内涵、美的造型、诗的意境，习练者在高级的享受中达到疾病消失、身心健康的目的。

勤修歌：

当今太极拳，风靡全球转，各派争辉映，著书又立说。
书积能成山，光盘市上传，门内诸绝技，早已无神秘。
展示显正宗，慷慨皆公然，究因不用功，触手等于零。
正宗不正宗，靠嘴负使命，唯有刻苦练，更要揣摩研。
同门好友间，切磋莫间断，理论经实践，纠错求正点。
勤练加巧练，铁杵磨绣针，厚积能薄发，成功必自然。

五、健身歌诀

明理歌（一）：

上班开汽车，楼宇电梯坐，走进办公室，趴伏老板桌。
应酬饭局多，天天吃喝过，回家没有时，睡眠规矩破。
生活无规律，饮食乱章法，违背自然道，惩罚定难错。
轻者亚健康，松散神落魄，工作效率低，大业难承托。
重者进医院，痛苦又花钱，生活质量低，名利皆空说。
劝君快改变，按时要锻炼，善告成功者，动静要结合。

明理歌（二）：

都市白领，位尊薪高，进出豪门，衣着华荣。
香车相伴，左右随从，生有双腿，毫无作用。
久不运动，肌肉萎缩，失去弹性，无力病生。
气血不通，蹒跚难行，客户往来，应酬必定。

推杯换盏，超量饮用，先天再健，难当病生。
轻则伤胃，重则伤肝，明了之士，虚无淡定。
性命双修，动静相间，离苦得乐，逍遥赛仙。

修心歌：
不图名利，不贪钱财，盖一草房，安身即好。
食有三餐，不求佳肴，粗粮淡饭，果腹为妙。
鸿儒往来，诵经对弈，泼墨挥毫，静学圣贤。
流水不腐，户枢不蠹，太极拳法，挥动潇洒。
长寿秘诀，养心思过，阴阳和合，扶正祛邪。
远离闹市，何有尘鸿，乐在其中，神仙难能。

六、春季太极拳养生

阳春三月，暖意融融，万物复苏，群芳皆绿，自然界充满了勃勃生机，是令人惬意的好时光，也是人们外游踏青以及参加一些运动的好时节。传统文化太极拳备受人们喜爱，其普及率之高、参加人数之多是其他任何运动都无法企及的。但是，练习太极拳除合规合矩地掌握动作要领外，还必须顺应季节变化，那么，怎样才能合理、适度、科学地去练习太极拳达到强身健体的效果呢？应注意以下几个方面。

（一）循序渐进

虽然春季的气温开始回升，但人体刚刚经历了寒冷的冬季，肌肉、韧带都还是比较僵硬的，身体内的各个器官都处于逐渐复苏阶段，在器官如此“懒惰”的情况下，人体自然会出现人们常说的“春困”。显然在这时侯，身体对运动的承受力还不是最强的，因此要注意打拳的运动量不能过大，也不能太剧烈地练爆发力。所以，练拳前要充分做好热身活动，以避免肌肉、韧带的拉伤。

（二）防寒保暖

春天气温回升很快，但也变化无常，在这种情况下，人体的免疫调节功能比较弱。所以练拳时更要注意保暖，一定遵循“春捂秋冻”之古训，不宜穿得太少，即使在运动中穿得单薄一些，收功后也应马上穿上外衣，避免病邪乘冷气进入体内引起疾病。

（三）空气质量

春季微暖而湿润，各种病菌处于活跃的繁殖期，很容易弥漫于空气中。另外，清晨太阳没出来的时候，由于植物的呼吸作用，空气中氧气的含量比较低。所以，切忌在风天、雨天、雾天和太阳没升起时练拳，一定要选择在阳光明媚、空气清新、氧气充分的地方行功走架，方可达到强身健体之效。

春季武馆见闻：

温度上升，天气变暖，草木发芽，春意盎然。
武馆厅内，学生爆满，行功走架，灵活多变。
挥汗如雨，乐儿心甜，相互切磋，笑声连连。
增进友谊，身心双健，劳逸结合，小憩交谈。
环保场地，个个争先，数百平面，霎时扫完。
花草移放，有条不乱，上下楼梯，往返数遍。
摆放布局，有序井然，一派生机，映入眼帘。

七、夏季太极拳养生

夏季是一年中阳气最盛的季节，人体阳气最易发泄。这三个月，天阳下济、地热上蒸，天地之气上下交合，各种植物大都开花结果，繁茂秀丽，阳气浮长，气候炎热，酷暑外蒸，长夏兼湿。另外夏季炎热的气候使人体新陈代谢格外旺盛，人体阳气外发，伏阴在内，气血运行亦相应地旺盛起来，并且活跃于机体表面。那么，如何做到心静自然凉？“调息静心，常如冰雪在心，炎热亦于吾心少减；不可以热为热，更生热矣”。这里介绍的武当顾式太极拳可为你排忧解难。下面将夏季给人们带来的困惑乃至生病的特性与顾式太极拳的优势对比阐述，望读者能从中受益。

首先，炎热的克星就是清凉。在顾式太极拳历代师传中都强调将“一伏顶三冬”“要当英雄汉，需出几缸汗”来作为长功进成的秘笈。意思是在夏季练功就要苦练多出汗，定可事半功倍，也正符合《黄帝内经》中所讲的“夏长”理论。通过练拳来适应气候，外泄发汗，使皮肤毛孔张开，汗液排出，调节体温，进入心静自然凉之意境，以适应暑热的气候。但是，这种大强度的练习方式一定要注意多饮水，还要适当地喝淡盐水、糖水来加以补充，以防脱水给身体造成负面影响。

其次，夏季属火，又因火气通于心、火性为阳，所以，夏季的炎热干扰心神，使心情不宁，热上加热，引起心烦，甚至情绪激昂，脾气火爆。而心烦就会使心跳加快，血压升高，心跳加快就会加重心脏的负担，这也是夏季心脑血管、高血压、肺心病发病率明显增高的主要原因。在太极拳理中尤为强调气沉丹田、胸虚腹实，将心火下降与肾水相交，达到水火相济的效果，随呼气促使气血畅通于四肢百骸，再在合、曲、蓄等动作的引导下吸气，带动气血回流心脏，往返复始，一通百通，自然对心脑血管疾病起到防治作用。长期气沉丹田锻炼就会降低兴奋点，控制胸中火气上冲头冠，使火气下行小腹乃至脚底涌泉穴，必然能达到平静心态、降低血压的效果。

再次，夏季气温高，湿度大，往往使人精神萎靡不振，倦怠乏力、胸闷、头晕、失眠、食欲不振等。之所以有这些表现，是因为夏季暑盛湿重，既伤肾气又损脾胃。武当顾式太极拳多采取细、微、匀、长的逆腹式呼吸，既能提高肺活量，又在运动中自然而然由外及内带动五脏六腑随之蠕动，起到良好的自我按摩作用，促进了血液循环，增强了免疫力；也有习练者的小腹会出现咕噜咕噜的响声，功夫到一定程度时，腹部会有一股热流，也就是过去道家所谓的“炼丹”。其实是横膈肌随呼吸上下摩擦通过神经系统传至大脑的一种感觉。实践证明，这种功法对调节脾胃及脏腑有着特殊的效果。

最后，博大精深的太极文化是无为无所不为之功夫，包罗万象，是一座取之不尽、用之不竭的宝库。只要坚持练习定会强健体魄，避免酷暑的侵扰，快乐度过夏季，并为度过秋冬季打下良好的健康基础，打造一条通往益寿延年的光明大道！

歌曰：

天气炎热，养心为本，外阳易显，藏阴于内。
饮食起居，不可随意，晚卧早起，夏季牢记。
顺应自然，健康自显，冷饮少吃，保养肠胃。
打拳强体，祖师早训，夏练中伏，冬练三九。
黄金时期，错过后悔，莫图安逸，不要颓废。
行功走架，推拿进退，挥汗如雨，毒素排尽。
燃烧脂肪，降低体温，如同冰雪，藏于身心。

八、秋季太极拳养生

（一）秋季太极拳养生益处

进入金秋时节，自然景象渐渐发生了变化，酷暑给人们带来的浑身黏糊糊、湿漉漉难受的感觉也随之消失，迎来的是天高云淡、秋高气爽、空气清新、景色怡人。放眼望去，果实丰硕，满目金黄，层林尽染，充满着诗情画意，仿佛一幅幅精美的画卷展现在人们视野中，令人陶醉。这时出游、户外锻炼将是令人十分惬意的事。

然而，进入深秋时节后，季节的变化导致人的情绪、身体不良情况甚至旧有疾病也随之表现出来。以下将此季易发症与练习太极拳对人体之益处相并阐述。

（1）秋季万物干枯凋零，阳气渐收，阴气渐长，是阳消耗的过渡阶段。又由于秋分以后日照减少（阴阳相伴昼夜均），气温渐降，草枯叶落，花木凋零，到处都是一派秋风萧瑟的景象。特别是阴雨连绵时，人们也会随着情绪低沉而多愁善感，甚至导致抑郁症的萌发。然而，久练太极拳可以心平气和，陶冶情操。太极拳动作轻灵柔活、节节贯穿，在运动过程中又包含着“动中有静，静中有动”的意识作用，能使性急或性慢的人在练拳时无形中受到影响，矫正原有的习惯。因为太极拳一面讲究灵敏，能使人提高敏感性；另一面又讲究沉静，能使人抑制浮躁。尤其在推手时，虽然两个人功力相当，但好勇斗狠的一方往往受到更多或更重的打击；相反，性格柔弱内向的人常常被对方刚力袭击，自然激起反抗精神，拼力保护自己。这样在潜移默化中达到粗暴者收敛、内向者迸发的效果。由此看到太极拳对平衡心态、预防抑郁症能起到良好的作用。

（2）秋天天气干燥，易伤人阳津，容易出现皮肤干涩、鼻燥、唇干、咽痛、干燥脱屑、大便干结等现象，这便是人们常说的“秋燥症”。对此，太极拳中的咽津法是预防、缓解这种症状的最佳方式。打太极拳对口部要求两唇微闭、舌顶上腭，这样长时间地练习就会使口中产生大量唾液。这种唾液在练拳时不要吐出去，而要分数次咽下，唾液中的免疫球蛋白具有杀菌免疫作用，可加强消化系统黏膜的免疫力。唾液还有助于润滑口腔黏膜，对口腔疾病都有良好的改善作用。同时，唾液还是重要的消化液，有利于肠胃的蠕动，对改变大便干结有着明显的效果。所以，古人称为“金津玉液”。

（3）历代医学专家认为秋季重在养肺，以降肺燥，只有温养肺气，鼓舞阳气，才可真正起到养肺的作用。太极拳要求的腹式呼吸对养肺有事半功倍的效果。太极拳的腹式呼吸尤其是逆腹式呼吸，可使横膈升降幅度加大，提高肺活量，使呼吸功能得到改善，保证气体交换和代谢的正常进行。

腹式呼吸对防治肺气肿、支气管哮喘、慢性气管炎以及咳嗽多痰等疾病都有非常重要的作用，可有效增强肺组织弹性。呼气时，使肺泡得到充分收缩，能消除肺泡长期处于的过度扩张状态，减少肺内积存的大量残余空气，减轻二氧化碳潴留现象，有益于氧的摄入。同时，腹式呼吸对膈肌也是一种锻炼，膈肌会由薄变厚、由无力变有力，活动幅度由小到大，从而可有效改善呼吸功能。

综上所述，秋季坚持打太极拳，既可强健体魄、提高机体的抗寒能力、养肺润肠、增强心血管系统的功能，又能保持头脑清醒、精力旺盛，调节情绪，有效地缓解秋伤，把身心的压抑和负担全部卸下，以平静的心态对待身边的一切事物，保持良好的情绪来顺应“秋收”需求，平静地度过“多事之秋”。

（二）秋季打拳注意事项

（1）防寒保暖。秋季的清晨气温稍凉，如出汗较多，稍不注意就有受凉感冒的可能。所以，刚开始不要直接穿单衣到户外活动，要给身体一个适应空间。一旦觉得出汗较多，千万不可在风中逗留，否则容易伤风感冒。

（2）准备充分。因为人的肌肉和韧带在秋季气温较低的情况下会反射性地引起血管收缩，关节的活动幅度相对减小，韧带的伸展度降低，神经系统对肌肉的指挥能力在没有准备活动的情况下也会下降。所以打拳前不充分做好热身活动，会引起关节韧带、肌肉拉伤等，锻炼反而伤身。

（3）循序渐进。秋季练拳和其他季节同样要量力而行、循序渐进，根据自己的身体情况进行锻炼，若练后感觉不太疲惫，而是轻松愉快，是最佳的标准。如果锻炼后觉得十分疲惫，甚至出现胸闷、心悸、食欲不振等情况，那就是运动量过大而引起的，要注意减小运动量。

（4）勿空腹练。打拳需要消耗大量能量，所以不能在早晨饥肠辘辘的时候练拳，因为经过一夜的消化和新陈代谢，一般情况下前一天晚上吃的东西已经消化殆尽，身体中基本没有可供消耗的能量了，这个时候活动量稍大就容易引发低血糖。所以起床后在运动前应适当地吃点水果或喝些糖水，会更有利于健康。运动结束后，需要休息半个小时，让心肺和肠胃功能恢复稳定后再进食。

（5）注意补水。秋天气候干燥，温度骤降，人体内容易积一些燥热，而且空气中湿度减少，容易引起咽喉干燥、口舌少津、嘴唇干裂等“秋燥”症状。再加上运动时出汗丧失水分会加重人体缺乏水分的反应，所以运动后应该多饮水，多吃水果、新鲜蔬菜等含水分较多的食物，来保持上呼吸道黏膜黏液的正常分泌，防止咽喉肿痛等疾病。

歌曰：

夜风刮起，深秋更凉，外出活动，定带衣裳。
稍有不慎，身体受创，轻者感冒，重者肺伤。
一旦成病，求医找方，四处奔波，良医迷茫。
如同乞丐，要食和装，奴颜婢膝，到头空枉。

明智之举，未患先防，饮食注意，辛辣少量。
多吃水果，润肺利肠，既不口干，大便也畅。
太极拳法，习练健康，秋燥多事，与我无妨。

秋雨有感：

每天起床，走架三遍，冲洗换衣，定时早餐。
窗外雨声，牵我遥望，淅淅沥沥，地下流淌。
风雨交加，树叶摇晃，零零星星，离枝飘扬。
乌云压低，难寻日光，心情压抑，倍感秋凉。
调节情感，不容迟缓，离开空巢，快到武馆。
拳友相见，幽默寒暄，笑声朗朗，切磋练拳。
动静相兼，虚无恬淡，阴阳平衡，抑郁不见！

九、冬季太极拳养生

冬季，天寒地冻，草木枯萎、凋零，阴盛阳衰，是自然界万物闭藏的季节，人受寒冷气温的影响，身体各方面的功能都会发生变化。此时，人的阳气也要潜藏于内，否则，就会使新陈代谢失调而产生疾病。那么，“流水不腐，户枢不蠹”的理念在这个季节里怎么来体现呢？其实，针对这个问题，古代的养生家早就提出“冬练三九，夏练三伏”之理论。只要练功方法适当，就会收到益处，起到强身健体的作用，否则，就会适得其反，带来负面影响，乃至产生疾病。

（一）打拳时间

《黄帝内经》中讲，冬季应早卧晚起，以太阳初升起床为宜。那么，打拳更应该在太阳升起以后练习，最好以上午8~11点、下午2~5点、晚上7~9点为宜。冬季早上一般比较冷，而且公园里的树木也需要新陈代谢，排出二氧化碳、吸收氧气，导致空气中的二氧化碳增多，因此，冬季不适宜过早晨练；而晚上

9点之后再行功走架容易使肌肉兴奋，影响睡眠，所以也不宜太晚练习。

（二）环境的选择

有条件最好在室内练习，如厅内面积小，可以化整为零分段、分式来练习。有一定基础的人还可以将套路变成原地练习，即古训“拳打卧牛之地”的练习方法，只要持之以恒同样能收到良好的效果。室外练习时，一定要根据天气情况而定，禁忌风天、雨雪天、雾天在室外练习，因为太极拳是导引、吐纳与武术的完美集合，讲究细、微、匀、长的呼吸，此时寒冷、污浊的空气一旦随呼吸进入体内，轻则感冒，重则呼吸道感染，甚至引起多种疾病。所以必须在阳光明媚、氧气充足、空气清新的地方练习。

（三）运动强度

为防止冬胖，冬季应加大运动强度和力度，发出汗来。但锻炼间隙应缩短，练后就要及时换上干衣服保暖。尤其在室外更要避免长时间站立于冷空气中，以免冷空气直接刺激咽喉，引起上呼吸道感染。但是，并非运动量越大越好，要适度。如出现疲乏、食欲不振、有厌倦感觉时，可能是运动量过大引起的，此时应缩短锻炼时间。这个度要因人而异，灵活掌握。

养生歌：

健康最可贵，养生应为先，饮食要有序，不可随心欲。
早饭要吃好，午餐应吃饱，晚饭不可多，过则酿病祸。
起居必随季，违道等自毙，春秋两季同，早卧早起明。
夏天应晚卧，凉快睡眠从，又因白昼长，午休养神良。
冬季应晚起，必待有日光，太极坚持练，修身切莫松。
自己不受罪，儿女不受累，节省医疗费，造福全社会！

第六章

武当顾式太极拳实修感悟

一、我与武当顾式太极拳之缘

——武当顾式太极拳第十代传人李永忠

古都邯郸是杨式太极拳、武式太极拳、武当顾式太极拳的发源地。作为邯郸太极拳三张名片之一，武当顾式太极拳以它原始古朴的风格和独特的魅力越来越受到人们的喜爱。

与武当顾式太极拳结缘是在2003年秋，经人介绍，我与武当顾式太极拳第九代掌门人刘登信相识，并受其指点，当时就被他超凡脱俗的气质、广博的知识和深厚的太极功夫所折服。同年年底，趁刘登信大师南下教拳返乡空闲之机，我向其学习武当顾式太极拳和推手。学习期间，他总是不厌其烦将该拳拳理、拳法及推手耐心示范讲解，手把手教，并不断给我喂劲和在其身上试劲。在刘登信大师的悉心指导下，我很快学会了武当顾式太极拳和推手的基本路术。此后，不论寒冬酷暑，风雨无阻，经过持之以恒地练习，我的技艺有了质的飞跃。刘登信大师看到我虚心好学，于2007年9月收我为徒，我荣幸地拜在刘登信大师门下成为第十代传人。刘登信大师到青岛传拳后，每次回邯郸都不断对我进行指点，期间还带我参加推手比赛和南下河南信阳传拳，使我的拳法和推手水平逐渐进步，在多次比赛活动中取得了一些成绩。如2005年，在永年太极拳年会上获套路比赛银牌；2008年9月，在邯郸古武当山杯推手擂台赛获男子C组70公斤级推手第一名；2019年，在邯郸市武术协会第1届太极推手、散手比赛获男子中年组75公斤级第一名；2023年，在河北省太极拳公开邀请赛获套路比赛一等奖。本人被邯郸市太极拳委员会评为高级拳师，被邯郸市武术协会评为高级教练。2018年9月至2019年10月先后担任邯郸市武术协会太极拳推手研究会副会长、会长。

李永忠拳照

武当顾式太极拳具有快慢结合、高低结合、刚柔并济、蹿蹦跳跃、身似游龙、臂如藤鞭、轻灵快捷、长功快、实战性强等特点，有着独特的身法、步法、手法和推手，是集健身养生和技击于一体的“原生态”太极拳。习练武当顾式太极拳使我受益匪浅，不但治愈了我的风湿性关节炎、滑膜炎、强直性脊柱炎等陈年痼疾，还使我的太极功夫日益精进。师父常说：“自己健康了，也要让更多的人受到惠泽！”自2011年开始，我谨遵师命，先后在邯郸市鑫港广场、丛台广场、赵苑公园、丛台公园、邯郸大剧院、河北工程大学等场所义务授拳，所学者多为国家工作人员、教师、医生等。

李永忠带领弟子练功1

李永忠带领弟子练功2

在2019年、2021年邯郸市太极拳“六进”活动中，我分别在邯山区、丛台区、邯郸市一中等地教授机关工作人员、教师和学生太极拳。截至目前，已累计教授400余人。通过习练武当顾式太极拳，他们均不同程度得到益处。如一名在邯郸市人社局工作的郭姓女士从年轻时就对风和太阳过敏，畏风怕晒，习练武当顾式太极拳一年多症状完全消失，她高兴地说：“我再也不怕风吹日晒了！”又如，一名在市传输局工作的许姓男士跟我说：“以前我每晚失眠，面色灰暗，精神不振，浑身没劲，血压还高，通过习练太极拳一年多，我的睡眠质量提高了，面色红润了，血压稳定了，精神矍铄，工作效率也提高了。我们单位领导看我变化如此之大，就号召单位职工习练太极拳，还让我担任单位太极拳协会会长！”还如，一位丛台区某中学郑姓女教师在微信群中分享学习心得：“不知不觉学习顾式太极拳已有月余，收获颇丰，以前总感觉眼前有一只蚊子（大概是飞蚊症早期），最近居然没有了，体重也下降了。非常感谢李老师的悉心教导，共享美好！”如此例子甚多，不再一一列举。

邯郸武当顾式太极拳还有一个最大的特点就是夫妻共练居多，《易经·系辞》曰：“一阴一阳之谓道。”夫妻共练太极拳，不但能互相监督、互相促进、互帮互学、共同提高，还能互相理解、增进感情，将太极阴阳平衡之理运用到生活和工作中，构建了和谐家庭，提升了幸福指数，提高了工作效率。目前，已有21对夫妻同修太极。

如今，武当顾式太极拳正如太极拳百花苑中一支奇异的花朵，绚丽多彩，散发着沁人心脾的花香，令人耳目一新。目前，到授课现场咨询的人络绎不绝，习练武当顾式太极拳蔚然成风，已成为被誉为太极之乡的邯郸的一道亮丽风景线。

二、武当顾式太极拳练学之我见

——武当顾式太极拳第十代传人于延浩

武当顾式太极拳是道家武术，为明末清初的武当云游道长顾殿一所传，至今有近400年的历史，至今未经删改，完整地保留了功理功法及技击修炼方式方法。其拳理参契天人合一的思想，蕴含着丰富的道家理论与技击攻防的武学之本。这一切都体现在举手投足、行拳走架、导引调息、防卫祛辱中。

于延浩拳照1

武当顾式太极拳拳架编排，依据《易经》中“戴九履一，左三右七，二四为肩，六八为足，以五居中”的原则，暗合道教步罡踏斗的禹步。三为东、为木，可升发万物之气，所以起势面向东方；七为西、为金，鸣金乃收兵，所以拳分七节结尾。

行拳中的起势要求“虚灵顶劲、气沉丹田”，上虚下实，心中不着一物，指尖领意、两臂缓缓上升，由“无极”进入“太极”状态，抱月象征着“太极”，左右云手象征着“两仪”，此为无中生有。盘拳走架中，躯干肢体的导引、分合、升降、缠绕、震荡始终在“盘球”——丹田、太极球，这是拳理的根。

行拳中的“采”“灌”功法，“左右抱月”，指尖拔高、采撷，意在采撷日月之精华，蜷曲下行，节节贯穿，意在灌溉自身；“白鹤亮翅”两臂探抱，意在搂抱中汲取大地风水之灵气，补益丹田；有些招式配合“呵”“呼”发声，也是道家吐纳修炼的功法。

法天象地、天人感应、天人合一的思想，奠定了传统武术的理论基石，

“文”指导，“武”实践，这是拳理上的文武相通。

太极拳的八法五步，处处践行着阴阳辩证思维。升中有沉、沉中有升，上下相随；进中有退、退中有进，前后兼顾；刚中有柔、柔中有刚，刚柔并济。上下左右，导引对拉，外练筋骨皮，内炼丹田气！于外、于形是开合虚实，于内、于中是平和氤氲。

阴阳交感、阴阳互根、阴阳消长、阴阳转化、阴阳自和，既是技击格斗的指导思想，同时也是祛病养生的医家理论，这是拳法上的文武相通。

武当顾式太极拳质朴浑厚、中正雄奇，动势稳健飞扬，定势凝神透劲，仿佛书法中的魏碑！康有为评价魏碑有十美：“一曰笔力雄强，二曰气象浑穆，三曰笔法跳跃，四曰点画峻厚，五曰意态奇逸，六曰精神飞动，七曰兴趣酣足，八曰骨法洞达，九曰结构天成，十曰血肉丰美。”顾式之美，毫不逊色；“一曰体厚身浑，二曰藕断丝连，三曰气敛入骨，四曰身软如绵，五曰骨如铁坚，六曰外导内行，七曰形神兼备，八曰鱼蛇之活，九曰虎豹之行，十曰天地人和。”此为顾式太极拳十美。从外形到韵味，书法与拳法异曲同工！

拳法不离身法，中正安舒，不偏不倚，意到、气到、力到。笔法同样注重身法，或正襟危坐，或拂袖直立，悬臂回腕，意领笔行，力达笔端，如牛耕地，浸透纸背。“武”指导，“文”实践。

“书之妙道，神采为上”，拳法亦然，前式之末为后式之始，一气贯之，打的是拳，练的是心，乃神韵上的书拳相融、文武相通也。

其实，文武交融，很难一一拎清。正如《尉缭子·兵令上第二十三》所说：“兵者，以武为植，以文为种。武为表，文为里。能审此二者，知胜败矣。”故，互为体用乃文武之道也！

技可进乎道，艺可通乎神。拳心不二，循道而生！

清朝中晚期，邯郸涌现了很多太极拳大家，是杨式、武式、顾式太极拳的发源地。此地现在更是高手如林，皆对弘扬太极拳、传播太极拳做出了突出贡献，使太极拳成为全球参与人数最多的一种运动。但是，好的文化要有优秀的传承人脚踏实地地去撒种、去传播，这些种子只有受到适宜的土壤呵护和适时的阳光滋润才能生根发芽、开花结果。

被誉为“杨无敌”的杨露禅就是邯郸永年人，他凭着高超的太极功夫走向京城，多次比武，战无不胜，名声大振，赢得王宫贵族、贝勒王爷的敬慕，使众多太极拳爱好者纷纷拜于其门下学习太极拳。

想要练好、练精拳法，就应对自己有清晰的定位。

“胜人者力，胜己者强”“知人者智，知己者明”，充分认识自己，不夸大、不缩小，正确定位自己，这也是深化太极拳事业发展的品德理念，其实，这种品德理念在传统文化中早有定数。古人用“奴、徒、工、匠、师、家、圣”七个层次来划分人生道路，太极拳也不例外。以下请对照自己所在层次。

（1）奴的阶段——非自愿，需要监督鞭策甚至带有压迫性。无论哪种门派都有初始，在老师的严格指导下按部就班地去练习。这个阶段需要反复练习，是枯燥无味、寂寞难耐的过程，如武术基本功的压腿、踢腿、基本步型、基本手型，每个招式成百上千遍地练习，然后贯穿成一整套拳。这个阶段一般需要一年时间的苦练。

（2）徒的阶段——天资聪慧，自愿学习，为人厚道，练功刻苦，勤奋努力，持之以恒，精益求精，从形似渐渐转到神似，进而形神兼备，身心合和，视为门徒。再加上推手、散手对练和长短器械练习，牢固身法、步法、手型等，同时熟读拳理、拳法、拳诀、名师大家著作以提升理论指导。这个阶段需要两年左右，加上“奴”的阶段也叫“三年一小成”。

（3）工的阶段——在师父的指导带领下能够打出合规合矩的拳路，推手、散手圆活自然，粘黏不脱，随曲就伸，不留空隙。与人切磋交流也能进退有术，胜负从容，斗勇不斗狠，能化解怨恨，且处事得当，心态平和，取长补短，共同提高。这个阶段在以上阶段基础上需要两年左右。

（4）匠的阶段——离开师父可以独立完成以上内容，并对拳理、拳法、拳诀理解透彻，用拳理指导行功走架、推手、散手、器械练习；反之，再通过实践来验证拳理的正确与否，从中汲取适合自己的“精华”，排除不适合自己的“糟粕”。因为同样的拳理可能适合别人而不适合自己，也可能适合自己而不适合别人，所以有了灵活运用、不拘一格的风格。这个阶段在以上阶段基础上需要两年左右。

（5）师的阶段——“师者，传道授业解惑也”。不能只空谈理论而没有实践，或只有实践而没有理论，而是讲练相结合，动静兼具，见解独到，在业界有较大影响，具备教学生、带徒弟的素养。不仅要教人练拳做事，也要唤醒人们的内在优良品德以及智慧。师有老师、导师、大师、宗师之分。这个阶段在以上阶段基础上需要两三年，可谓太极“大成”也。

（6）家的境界——太极文化融入生活，艺伴终生。家庭、社会、工作、社交、康养、处事等皆在太极拳文化理念驱使下，有意无意、恰到好处地形成一种独立、健全的人格魅力，这种魅力不怒自威，位尊无傲，人近之喜悦，离之念记，善者和之，恶者惧之，弱者敬之，强者抑之。著书立说，影响社会，惠泽世人，广种福田，启迪后人。

（7）圣的境界——人生的最高境界。“圣”，通也，通向治国之道、治人之道、治家之道，通达万物，大公无私，“为生民立命，为天地立心，为往圣继绝学，为万世开太平”。古代把生前为人类做出巨大贡献的人物尊为“圣人”，如孔子和佛陀。“圣人”有文圣、武圣之分，如今太极拳武学文化遍及全球，可谓“为万世开太平”的真实写照。武当派太极始祖张三丰、杨式太极拳鼻祖杨露禅对创造太极拳、传播太极拳的贡献可谓不世之功，瞩目共赏。那么，“太极武圣”这个神圣的尊位自然非张三丰、杨露禅莫属了。

于延浩拳照2

太极拳文化是健身运动中的阳春白雪，是奉献给人类的瑰宝！既然是优秀的文化，就得有优秀的传承人去传播，发扬光大，服务众生。这就要求，优秀的传承人除具备扎实的太极拳文化功底和高尚的品格外，还必须有一整套科学且接地气的教学方法。

（1）因人施教，因材施教。在教学中老师要根据学生自身素质、认知水平、接受能力，选择适合每个学生特点的学习方法来有针对性地教学。老师能慧眼识才，选对路术，充分发挥学生的长处，教学方法得当，弥补学生的不足，激发学生学练的兴趣，坚定学练信心，定能成就学生，使他们在不同程度上受益，从而促进其全面发展。

（2）因地施教，因时施教。老师要指导学生如何利用好场地、时间练习相应的功法，持之以恒，同样受益颇多。场地上，武当顾式太极拳门内有“五间房能打满，一领席也能练”“拳打卧牛之地”之说，意思是在五丈长、三丈宽的房屋内挥拳润身，行九宫，走八卦，到处都是人影晃动，占满整个空间；两米长、半米宽一领席或卧下一头牛的地方也能照样行功走架、推手问劲，提高技艺。时间上，有“行走坐卧皆可练，神意从之功不散。时间充盈闭关修，事务缠身积零整”之说，告诉弟子、学生刻刻留意，与功相融，终身受益。

（3）多方教学，全方开花。“栽下梧桐树，引得凤凰来”。树立尊位，开设拳馆，自有贤才结缘，共享太极文化！馆中有专职老师全天候教学、单个教学、集体教学、馆内馆外相结合教学，使男女老幼以及慢性病患者都能不受时间限制，不受风、寒、暑、热、燥、雨、雪、雾等恶劣气候的影响，受益于太极拳文化。

弘扬中华优秀传统文化，振奋中华民族精神。让我们一同在古圣贤光辉思想照耀下与时俱进，蓬勃发展，为把原汁原味的传统太极拳文化发扬光大，渗透到各个民族乃至世界不同种族、不同肤色的血液中，给人类健康带来更多的恩惠、更大的希望而努力！为尽早实现中华民族伟大复兴的中国梦而奋进！

三、简析顾式太极拳对人体“增氧”的作用

——武当顾式太极拳第十代传人陈永资

大家都知道，氧气是人类维持生命必不可少的元素，吸入的空气通过气管、细支气管到达肺泡的微气囊，微气囊上有很多毛细血管，氧气通过毛细血管进入血液；血液带着氧气，从肺部到达心脏，再通过心脏动脉泵输送到全身，人体细胞通过血液进行气体交换，溶入氧气，排出二氧化碳，这是一个物理过程。氧气在细胞内参与生化作用，分解体内的有机物，产生二氧化碳和水，释放出能量，满足人体生命活动的需求，这是一个化学反应的过程。

陈永资拳照1

陈永资拳照2

2019年10月7日，3名科学家发现了对人类生命活动至关重要的“氧气感知通路”，该研究认为细胞可以通过感知氧气并对HIF（低氧诱导因子）进行调节，实现对细胞中基因表达的控制，来应对机体氧含量的变化。由于HIF蛋白调控的一个非常重要的下游生理过程是血管生成，在没有氧气的时候，机体会生成更多的血管来增加血液供应，促进氧气传递。也就是说，假设人体在癌症病理条件下，肿瘤会向机体索取大量营养，从而使癌细胞增殖。

这项研究成果揭示了氧气对人体新陈代谢、免疫、呼吸等的重要作用，“增氧”一词被一夜刷屏。

那么，如何帮助身体有效“增氧”呢？

众所周知，太极拳是有氧运动，长期坚持习练可以舒筋、活血、通络。武当顾式太极拳，原始古朴，内涵深厚，拳架低，起伏大。行功走架，犹如蛇行柔软而节节贯穿，又如鱼儿戏水往返折叠，刚柔并济，快慢相间，内功明显，长功快捷。外导内行，逆腹式呼吸，循经通络，对人体健康的作用更加明显。

长期习练武当顾式太极拳，可增强肺泡的活性，增大氧的摄入量，提高细胞的新陈代谢功能，燃烧体内脂肪和垃圾，达到身体通透的境界，百脉畅通，疾病远离。据武当顾式太极拳第九代掌门人刘登信老师讲，古人练拳时，唯恐山不高，唯恐林不密。山高则静，林密则幽，负氧离子含量高。我们在练拳时宜选择适当的场所，在松静的状态下，导引吐纳，循经通络，使血液在周身游走，直达神经末梢。一趟顾式拳下来，汗如雨下，便是燃烧了体内脂肪和垃圾的佐证。

按照五行相生相克理论，金生水，水生木，木生火，火生土，土生金。肺属“金”，肾属“水”，肝属“木”，心属“火”，脾属“土”。太极拳运动之所以能够提高氧气在人体两个过程的效能，首先是提高了五脏中“肺脏”的功能，促进了人体呼吸系统的健康发展，进而对其他系统和器官的健康发展起到了良性循环的作用。

坚持习练武当顾式太极拳，使身体持续“增氧”和“减负”，能大大提高氧气在人体物理和化学过程的效能，这就是武当顾式太极拳带给我们的正能量。生命在于运动，周而复始，生生不息！

四、武当顾式太极拳与心理健康

——武当顾式太极拳第十代传人于金鲁

于金鲁拳照1

人体健康是指生理和心理都要健康，随着现代社会的快速发展，人们面临着学习、就业、工作、家庭等多方事务，生活节奏越来越快，压力越来越大，诱发了很多心理问题和心理疾病，严重影响了人们的正常生活。

预防和治疗心理问题和心理疾病有多种方法，在此仅阐述武当顾式太极拳对心理问题和心理疾病的预防与治疗作用。

（一）武当顾式太极拳的特点

武当顾式太极拳由明末清初武当山云游道长顾殿一传到河北邯郸，历经近400年，本门派授徒要求严格，长期以来仅在邯郸地区单传秘传。近20余年来，在第九代掌门人刘登信老师的努力推广下，现已遍及100多个国家和地区。可谓“古老的拳种，晚开的奇葩”。

武当顾式太极拳108式，分7个小节，节节贯穿，连绵不断。起于无极，无极生太极，太极生两仪，阴阳互生、互换，无断续，无凹凸，合为太极，复归于无极。整个套路遵循《易经》中的阴阳互换之理，与天地相融，原始古朴，内涵深厚。其架势低，起伏大，且有蹿蹦跳跃及弹抖发力，刚柔并济，快慢相间的特点。行功走架，犹如蛇行柔软而节节贯穿，又如鱼儿戏水折叠往返。推手听劲，周身犹如浑厚圆球而处处滚转，又如藕断丝连，谨慎进退，意念不断。

于金鲁拳照2

（二）对心理健康的作用

武当顾式太极拳外导内行，逆腹呼吸，由内而外，循经通络，不但有助于身体健康，还有助于心理健康。

1. 提高专注力

“五色令人目盲；五音令人耳聋；五味令人口爽；驰骋、畋猎令人心发狂。”当下，电子设备功能强大，掌上一部手机就可以让人们尽情享受娱乐和生活，商场超市里琳琅满目的商品，各种美食美味应有尽有，让人迷恋，导致人们精神不专注，学习和工作的效率低。究其原因，均为专注力太差。

太极拳是内在的精神活动与外在的躯体活动有机结合的运动，太极拳是在意念的引领下带动腰动，腰动又带动四肢百骸运动，从而意到气到力到。武当顾式太极拳共108式，打完一套拳约25分钟，整个套路阴阳结合，快慢相间。其独特的身法和步法，使练习的整个过程必须注意力集中，否则就会出现停顿、串乱动作的情况。练功时讲究“眼前无人似有人”，模拟有人在对招拆招，不能有丝毫懈怠，长期习练能够提高专注力。

很多人认为太极拳缓慢、柔和，只适合老年人习练。武当顾式太极拳不但适合老年人练习，更适合学生和中青年人练习，因其有蹿蹦跳跃及弹抖发力的动作，如二起脚、双击掌、盖马三捶、狮子张嘴、跨虎、缠身、摆莲脚、猛突手等，这些动作使衣带与空气剧烈摩擦，有虎虎生风的感觉。斜中带直的身法，对人体腰部肌肉有较强的刺激作用，按标准打完一套拳有很大的难度，这就更要求练习者注意力高度集中才行。而长期习练武当顾式太极拳，能够提高人们的专注力，促使人们进行有意识的活动和理性的行动，提高学习和工作的效率。

2. 带来愉悦感

那么，习练武当顾式太极拳是不是非常辛苦乏味？欲达到顾式太极拳高层次“神明”的境界，是需要下一番苦功夫的，本门有“要当英雄汉，需出几缸汗”之说，但却并不乏味，相反，还会产生明显的愉悦感。研究已经证实了，运动能够刺激人体释放一种令人振奋的内啡肽物质，让人产生愉悦感。武当顾式太极拳因其原始古朴、内功明显，练习一段时间会有麻胀感、针刺感、热流感，这就是练拳产生的明显气感，这种感觉让人非常舒服，增加了人体的愉悦感。武当顾式太极拳有“三层汗”之说，第一层汗，燃烧了体内脂肪，去除体内垃圾负担，身体越来越结实；第二层汗，燃烧体内多余的糖分，汗臭味小甚至带有甜味；第三层汗，已达无味的状态，以致身体通透，百脉皆通，气感更加明显，抬手开臂时有空气的阻力感，徐徐落手臂合劲时有气团似棉花包一样既绵软又沉重的奇妙感觉，让人精神愉悦。

3. 达到心静从容

太极拳来源于道家思想，讲求天人合一，道法自然。习练太极拳符合道家思想的天道观、人道观、治道观，易形成虚静、柔和、寡欲的个性，正如《道德经》云："致虚极，守静笃。"其根在"静"，习练太极拳应从"静"字上入手。《武当顾式太极拳探究》中对"静、柔、松、连、圆、活、和、匀"八字诀进行了详尽的论述。其中，"静"字诀歌云："行功之前，平心静气。静能生慧，慧能通理。理能得道，道能生德。道能从容，容易神安……"久而久之，形成宠辱不惊、恬淡虚无的性情，在名利面前保持良好的心态。

太极拳讲究虚实、阴阳，《拳论》说："虚非全然无力，气势要有腾挪；实非全然站煞，精神贵在贯注。"虚中有实，实中有虚，阴中有阳，阳中有阴，达到中和平衡、天人合一之境界。我们在日常生活、工作中，常常遇到不平衡的事情，这些事情容易导致我们内心不平静，或喜或怒、或愁或忧、或恐或惊，如不及时调整平衡，极易造成心理问题。经常练习太极拳，体悟中和平衡之理，一旦遇上不平衡的事情，能自我寻找心理平衡点，消除烦恼，保持内心的平静，有助于调节心理平衡。

"每临大事有静气，不信今时无古贤"。静气需要修持，习练武当顾式太极拳是一种有效的方法。

4. 缓解焦虑紧张情绪

现代生活节奏快，竞争激烈，压力大，人们经常会感觉到焦虑、紧张，严重的甚至影响身心健康。当焦虑紧张时，一般表现为心跳加快，呼吸急促，习练武当顾式太极拳可以有效缓解焦虑紧张的情绪，因其内功明显，能够很快地调节人的气息。习练顾式太极拳一年左右，气息会有明显的改善，气息顺畅，五脏各安其位，有机协调运作，心火下降，肾水上升，水火交融，中和安舒。

《黄帝内经》开篇即说："恬淡虚无，真气从之，精神内守，病安从来。"武当顾式太极拳正是遵循这一思想，是有利于身心健康的良方，是中华武术层林中的一朵奇葩，是一座取之不尽、用之不竭的宝库。

五、习练太极拳感悟

——武当顾式太极拳第十代传人张桂莲

太极拳是中华民族的文化瑰宝，是修心正德、强身健体的宝藏，是健身运动中的阳春白雪。2007年，我有幸跟随武当顾式太极拳第九代掌门人刘登信老师学习太极拳，至今16年余，对传统太极拳强身健体的功效有了一些体会，对太极拳阴阳辩证理念有了一定的理解，身心也得到了很好的滋养。在此，通过分享自己习练太极拳的感悟，殷切希望更多的朋友了解太极拳，认识太极拳，汲取中华民族优秀传统文化营养，以强身健体，正心养气，天人合一，延年益寿。

张桂莲拳照1

（一）坚持习练太极拳对身心两方面都具有很好的调理作用

通过多年坚持习练太极拳，我的感悟有三。一是增强体质，太极拳的运动特点是缓慢、温和，系有氧运动，长期习练可增强心肺功能，使心血管系统富有弹性且更加通畅；二是提高身体免疫力，习练太极拳能增强身体的协调性和灵活性，使肌肉更加结实有力，从而调和内分泌系统，增强抗病能力；三是养气提神，太极拳是“一动无有不动”的功夫，不仅肌肉、骨骼在运动，经络和气血也在流动，从而使气血两旺，达到养颜益寿的效果。我通过十余年习练武当顾式太极拳，原有的心肌缺血情况得到了很好的改善，对疾病的抵抗能力和身体综合素质也大幅提升了。

“知止而后有定，定而后能静，静而后能安，安而后能虑，虑而后能得”。随着练拳时间的不断积累，我已初步达到神情专注、缓慢入静、人拳合一的状态，能够与自身生命体深层对接，进入身心愉悦、益智开慧的境界。行拳走架，绵绵絮絮，缓解了压力，凝心静虑，淡定从容，原有的神经衰弱症状也得到了很好的调理，提高了生活质量。

（二）习练太极拳对古琴弹奏具有很好的辅助作用

太极拳、书法、国画、古琴是中国传统文化的重要组成部分，四者习练的原理和结构相通。通过多年习练太极拳和弹奏古琴，我感觉练习太极拳者比常人能更快进入松沉的习琴状态，而且太极拳和古琴的弹奏具有很高的相似度和关联度，均可导养神气、宣和情志、畅通气血、舒活经络。习练太极拳和古琴讲究定神，习练太极拳时要求虚领顶劲，气沉丹田，不偏不倚，沉肩坠肘，行功连绵不断；弹琴时讲究端坐中正，神情自然，不仰不俯，不偏不倚，虚腋、坠肘，琴声气韵绵长。习练太极拳和古琴都讲究三合，太极拳内三合为心与意合、意与气合、气与劲合；古琴三合为指与弦合、弦与音合、音与意合。二者的练习要领和养身理念有异曲同工之妙。“气”和“意”的契合，也是我多年追求的不二境界。习练太极拳和古琴都讲究松沉守静得内劲，太极拳讲究动静、刚柔、虚实、方圆、开合的攻防；弹古琴通过初始的调弦、启机、得静守静，静坐调整气息，气润四梢，心神安定、妄念不生，弹琴时才能方圆有度、虚实结合，琴声纯净饱满。习练太极拳和古琴均讲究中正安舒、刚柔相济、虚实相参、阴阳平衡，习练二者都可调理自身心态，达到中正平和的状态，以此调整自身与外界的关系，实现身心愉悦、健康和美的境界。故习练太极拳可以更好地促进古琴、国画、书法等传统文化的学习。

（三）传承与发扬太极拳意义重大

我深刻体会到，长期习练太极拳能够促进人类生命体的延续和精神境界的提升，深刻领悟了太极拳魅力所在，故，传承与发扬太极拳对提升人们身体素质、延年益寿具有重要的意义。庆幸太极拳已作为重要体育运动被广泛推广，我作为武当顾式太极拳弟子，当尽我辈责任，努力将这支珍贵的道家文化发扬光大，让更多人了解它、练习它、受益它！

张桂莲拳照2

六、我与武当顾式太极拳

——武当顾式太极拳第十代传人何基原

我自幼活泼好动，尤喜舞枪弄棒，初中时学过拳击，高中时又练习过散打，但一直未入传统武术之门。

何基原拳照1

1992年，我考上了东南大学，在学校里跟一些同样爱好搏击的同学经常在一起锻炼。其中，跟我同年级的傅明盛是中长跑运动员，身体素质非常好，我们经常在一起交流。1994年暑假过后的一天，傅明盛跟我说他暑假期间在南堡公园的一家武馆跟一位老师学习太极拳，这位老师的功夫非常了得，言语之中尽是崇拜之情。我当时对太极拳的印象就是老头儿、老太太练的一种健身操，根本不相信太极拳能练出格斗功夫，所以当时并未在意。又听他说这个武馆也教授散打，我才有了点兴趣。于是，某个周末的下午，我跟傅明盛来到了南堡公园里的“精武武术馆”。走近武馆，我看见大树下坐着一个身材壮硕的男人在看旁边训练场上的学员训练，另一边的树荫下，有个头缠毛巾、身材瘦削的男人在练武术套路，看他打拳时而轻柔舒缓，时而窜蹦跳跃，很是精彩。走到近前，傅明盛首先给我介绍了树下坐着的男子，这就是他的太极拳师傅刘登信。刘师傅当时30岁，长得仪表堂堂、气宇轩昂，他带着浓重的北方口音问了一些我的情况。这时候，树荫下练拳的男子练完拳也走了过来，傅明盛给我介绍说这是张寿年师兄，我赶紧上前寒暄几句。初见张师兄，第一印象是黑、瘦，眼睛小而有神，说话特别有意思。我问刘师傅刚才张师兄练的什么拳，刘师傅回答这是顾式太极拳，这个拳有明确记载的最早传人是顾殿一道长，传到他已是第九代了，这个拳当时只在河北邯郸一带流传。闲聊了一会儿，武馆学员开始实战训练，刘师傅让我也上去试试，我正有此意。于是，我上场打了一个回合，刘师傅对我的身体素质表示了赞赏，也稍微点评了一下我的不足之处。又玩了一会儿，时间已近傍晚，夕阳西下，我们告别刘师傅和张师兄准备回学校了，我跟刘师傅的第一次见面在夕阳的余晖中结束了。这次见面我大概了解了这个拳的来历，也见到了张师兄打拳的风采，但是没有见到刘师傅展示功夫，因为当时我对太极拳不感兴趣，后面几个月也没有再去武馆。

时间一晃到了1994年年底。有一天，傅明盛跑来跟我说学生会体育部要请刘登信师傅来学校教太极拳，傅明盛当时是学生会体育部部长，这事是他操办的，我肯定要去捧场的。一天晚上，刘师傅来到了东南大学，在学校的操场上给我们做了一次功夫展示。刘师傅先是简单介绍了太极拳的原理，并演示了掤、捋、挤、按、採、挒、肘、靠八种打法和进、退、顾、盼、定五种步法。当时在场的学生有20多人，大家七嘴八舌地提了不少问题，核心问题就是一个——太极拳能打吗？刘师傅说："太极拳既然是武术，肯定有培养格斗能力的训练方法，但拳是死的，人是活的，拳能不能打得看练拳的人，你练得好，自然能打；练得不好，自然不能打。太极拳只是一套训练方法，它有自己独特的格斗逻辑和训练手段。但太极拳不是万能的，它有优点，也有缺点。"最后是功夫展示环节，刘师傅说："你们刚才不是问太极拳能不能打吗，我现在可以让你们感受一下太极拳的技击功夫，你们可以派个代表来体会一下。"一阵谦让之后，跟傅明盛一起在校队练习中长跑的一位同学站了出来，说体会一下。该同学身高1.75米以上，虽然不是很壮，但非常结实、灵活。刘师傅说你随便出招打我，该同学也不客气，一个右直拳向刘师傅面门打去，只见刘师傅一抬右手架住该同学右臂，同时左手贴上他的肋部，两手向前轻轻一送，该同学如炮弹一样飞出去五六米远后被后面的同学挡住，随后连带着扶他的两位同学一起倒在地上。这一幕当时深深地震撼了我，我没想到，看似柔弱无力的太极拳竟然也能有如此大的威力。我当即想亲身体验一下，于是我跟刘师傅说我想试试，刘师傅爽快地说来吧。我摆出拳击格斗式，用左刺拳向刘师傅胸口打去，刘师傅用右手轻轻一拍我的左拳，我感到一股强大的力量让我整个人向右转了半圈，变成了背对着刘师傅。我又连打两拳都是这种结果，我当时觉得非常不可思议。拳击中也有拍击的防守方法，但拳击中的拍击只是把拳头拍歪，对身体没有任何影响。但是刘师傅的拍击却能够顺着你的反应把力传递到你的身体，给你一个强大的旋转力矩，让你身不由己地旋转身体。我当时身高1.65米，体重75公斤，属于底盘非常稳的体型。这一试，我被刘师傅的太极功夫深深折服。自此，我拜入刘师傅门下学习武当顾式太极拳直到现在。

何基原拳照2

1995年之后刘师傅就不常住南京了，偶尔会来南京住一段时间教教拳。跟我们一起在东南大学学拳的王辉师兄大学毕业后去了青岛工作，2003年，他邀请刘师傅去青岛开馆授徒，自此“登信太极会馆”扎根青岛，培养了一大批优秀的武当顾式太极拳传人，为这一优秀拳种的发扬光大作出了巨大贡献。

初练此拳，我觉得此拳架子低，步子大，长功快，特别适合年轻人练。当时我在大学里一有空就去操场上练拳，师兄弟们也互相比着看谁练的遍数多，数九寒天也能练得满身大汗，夏天更是挥汗如雨，往往地面都会被汗水打湿。刘师傅在教我们套路的同时也教我们练习推手。他是“中国邯郸（永年）国际太极拳联谊会”推手比赛蝉联多界的重量级推手冠军，他的太极推手功夫是超一流的，鲜有敌手。刘师傅教套路一般是自己带着我们打拳，打一遍拳要25分钟左右，他经常带着我们一打就是四五遍，很多人打不了那么长时间，中途下去休息，只有少数人能坚持到最后。听说他自己练习时经常一次打10遍拳，可见刘师傅当年体力之好。刘师傅教推手也是亲自带我们推，他经常说教学互长，他带我们推手实际上也是在训练自己，而我们能得到这种机会在武术界也是非常难得的。经常被刘师傅各种角度摔打，后面再跟别人推手，一般人根本推不动我，所以我感到那个时期遇到刘师傅是我们的幸运。经过两年的学习，我基本掌握了武当顾式太极拳套路和推手的训练方法，在刘师傅离开南京后我也能自己训练，不断提高。

掐指一算，我练习武当顾式太极拳已经有29个年头了。大学毕业后我留在了南京工作，虽然工作后为了事业和家庭奔忙，花在练拳上的时间越来越少，但我一直在坚持，从没想过放弃，太极拳已成为我生活的一部分。每当我工作紧张、压力大的时候，我就会去练拳，让身体放松，让肢体舒展，在开合旋转中慢慢进入一种忘我的境界，把一切烦恼抛空，我还是那个快乐的青年。长期坚持练拳使我一直拥有旺盛的精力，对人和事都能保持豁达的态度，很多人都说我看起来比实际年龄要年轻。

何基原拳照3

岁月是把杀猪刀，我已从当年的毛头小伙子变成了中年大叔，虽然体重在增长，精力也不如从前，但是我对太极拳的热爱丝毫未减，这份热爱将一直延续到我生命的终点。

附录一

心诚才有得

“诚心正意”“心诚则灵”，这些脍炙人口的词语人人皆知，适用于各个行业领域。没有“诚”就没有成就，更难变得优秀、卓越！

太极拳是承载着中华民族传统文化综合载体的太极文化，在历届政府倡导和各门派传人的辛勤努力下，已作为中国传统文化的一张名片飞向世界各地，誉满全球。外国人看到太极拳就会竖起大拇指说“中国功夫”，想学习太极拳真功夫者就必然想到中国，中国——太极拳，太极拳——中国，形成两个可以互代的名词。这一切都源于历代宗师无私传拳，为人类健康作出的杰出贡献啊！作为当今太极拳传人，在由衷地为老祖先之伟大智慧感到骄傲的同时，怎能不为自己是中国人而自豪呢！

然而，一些利欲熏心者将太极文化商品化、快餐化、高端化和所谓的“正宗”化，到处忽悠，承诺几日就可学到太极之精髓，其结果是一事无成，既浪费钱财，又无健身之效；利用一些事业上稍有成就、虚荣心极强的人，为其提供所谓的高端、热情服务，动辄消费逾万元，殊不知太极拳是要靠自己勤学刻苦练出来的，与商品不同，是买不到的；还有人利用所谓正宗传人的品牌，来愚弄一些追求一步到位的太极拳爱好者。当然有明师指教，可少走弯路，但要清楚是“明白”师，而不是“有名”师，因为有名气不一定有真功夫，学生不验证一下所谓的正宗传人，岂不误入歧途?

这是为师之不“诚”，久之，徒弟幡然醒悟上当受骗后自然也不会尊重这样的“师”。

古来自有“天地君亲师”之说，师者应该有自己的尊严和原则，对待真心求艺的弟子、学生，要把自己所掌握的太极拳之规矩、规律和精髓毫无保留地倾囊相授，不夸大其词，不故弄玄虚，更不要因自己的私心和错谬的误导而误人子弟，如此才是真正的名师、良师。做人是人生中最大的学问，自己在做人方面差之尚远，岂敢妄言教他人做人呢！先哲老子有言：“不自见，故明；不自是，故彰；不自伐，故有功；不自矜，故长。”先哲之言不得不令人思考。

作为师者，“传道受业解惑也”，有义务让真心追求者明白其中之奥秘（规矩），而不要招摇撞骗。

学者渴求的是太极拳的技艺精髓，在要求老师毫无保留传授技艺的同时，应该为老师做些什么？做学生、弟子的应该考虑清楚这个问题。然而现在的情况是很多求学者对老师要求极高，却对自己要求极低。学不学是个双向选择的问题，很多拳师为传播太极拳付出了极大精力和心血，当然也有得到酬劳的权利。练功一个最简单也是最重要的道理就是不可急于求成，要循序渐进，不能跳跃某个阶段来练习。只有这样定下心来，慢慢去探索、去理解，才能逐步领悟。应当明白老师的永远是老师的，自己能得到多少还是要靠自己，如只追求老师的成果，而不去走老师的苦练过程，岂能有所成就？天道是酬勤不酬懒的。

“大匠诲人，必以规矩”。老师能够给你的仅仅是拳中的规矩和练习方法，其他的还是要靠自己去找。这就是教人以规矩、不教人以巧的道理。学者不可以只有五分钟热度，找新鲜感，不肯用功，达不到自己所想达到的目标，就去挑周围师兄弟甚至老师的毛病，说些不利于团结的话，做出诋毁门派的事情。

这是学生、弟子的不“诚”，不尊师重道，酿成的后果自然是被淘汰。

太极拳的传承，历来讲口授心传，对祖国传统文化薪火延续起到了实际作用，这种传承方式并没有因为现代科技时代图书和视频影像资料的产生而失去它的存在价值。好多爱好者因没有拜上好的师父，穷攻数年仍徘徊在外不得入门，最终放弃，殊为可惜。由此可见，学习者能拜上一个明师，师父能收一个品学兼优的徒弟是多么重要。然而随着时代变迁，传统观念急剧滑坡，这种以口授心传为纽带建立的师徒关系也在经受着商业大潮和人文情怀的冲击。

拜明师、收高徒是多少太极拳爱好者和传人的美好愿望，但这种师徒关系的特殊性和意义在当下很大程度上犹如大棚蔬菜，看外形似乎像，但已变了味道。

不诚之学习者表现：

（1）受快餐文化影响急于求成，对太极文化认识不到位，将其理解成简单的肢体动作，忽视了其中文化、思想内涵，能练一套拳架就以为了不起。然后好为人师，说多练少，行内称为“嘴把式”，在同门师兄弟中甚至在师父面前夸夸其谈，总以为懂得很多，宁可胡说也不能不说，哗众取宠，试问：你自己没有亲身体会，再去说给别人听，是否误己误人？

（2）有点成绩就沾沾自喜，高傲自矜，目中无人，离心离德，更有甚者在理论上东拼西抄凑篇文章，在动作上破规破矩改几个动作，还美其名曰：这是我的发明、我的专利。甚至还杜撰一些莫须有的故事诋毁同门，干脆欺师灭祖，自成一家，大力宣传，却数典忘祖，不知饮水思源。

（3）好大喜功。作出一点贡献，生怕别人不知道，到处显摆自己帮助师门做了什么事，将本应感恩回报师门的做法变成帮扶他人来看待，好像师门还要感谢你一样，颠倒伦理，不知感恩。

（4）心浮气躁，急功近利，热衷于追星，喜欢看表面文章，不求深入了解，一听说某人是大师、是名家等，则如蝇逐臭般趋之若鹜。也不管真假，就是为了能沾上点名气，提高"辈分"，就盲目磕头拜师。其结果是没学到任何东西，数千元甚至几万元在短短的几天内就"慷慨"了，最后悔恨难当！

不诚之为师者表现：

（1）沽名钓誉。挖空心思，投机取巧，找关系出重金买名誉，然后招摇过市、炫耀自己，使一些不明真相的人上当受骗。其实空洞无物，有朝一日总会露出鄙劣之嘴脸。

（2）造假侵权。有些人为标榜自己是正宗传人，采取一些不正当手段造假墓、修祠堂、改史实，侵吞历代祖师传下来的知识产权，说是自己家某一个人创造的。不知感恩，反而做出隔断历史、不尊重历史甚至故意制造混乱以达毁灭历史的目的，妄想独占知识产权的鄙劣行径，是不得人心的。传统的真实是在不知不觉中浸透到骨髓血液中的一种客观的思维逻辑，而不是也不可成为主观臆断刻意装饰的伪装品。

树叶的茂盛离不开树身，树身的粗壮也离不开树根，失去了根，必然枯萎。练太极拳也是同理。在传承关系上，不可为追求眼前利益，利令智昏，随意标新立异，弄虚作假，甚至做出欺师灭祖的事情。应心存感恩，既不能隔断历史，也不能淡化列祖列宗，因为自己只是一片"树叶"，失去了树身、树根，就会随风飘落。

于志钧先生在其《中国太极拳史》中有个旗帜鲜明的立论："历史上有很多人为太极拳的发明创造作出过贡献，有思想上的，有理论上的，有技术上的，有实践上的。他们都是太极拳的创造者。太极拳不是某个人一时心血来潮编造出来的。”“太极拳圣地是沃土神州，创始人是中华民族”这个理论是他用了20余年的心血考察、论证得出的，引起太极拳界的共鸣！

（3）设托诱徒。有一些拳师利用短期办班形式招收入室弟子，骗取巨额钱财。他们的具体诱骗方式是，有一内托单独与受骗者谈，意思是你要磕头拜师，否则学不到真功夫，你只要拜师了，咱们就是师兄弟等。受害者只想快点得到所谓的“真功夫”，听后还有点求之不得的感觉。这样在引师（托）的举荐下就开始了拜师仪式。首先给师父磕头敬茶，然后亲手写拜师帖。在拜师帖最后有一条是：先交上十万元钱，以表寸心（这是纸托）。有一些经济条件好的人写到此时为了在众人面前不失面子也就索性慷慨解囊了；但经济条件差的人有点为难，没有那么多钱咋办？此时在一旁的引师（托）告诉你，只要你“表心”即可，钱多少无所谓，根据自己的能力随心吧。事已至此，谁都要面子，在众目睽睽之下岂能退却，只能硬着头皮勒紧腰带如同从身上割肉一般往外掏钱。别人都拿十万元，自己怎么也得拿出三五万元吧。

这种前后不足一周时间的拜师授徒方式一场下来多逾百万元，少则数十万元，轻松地装进了“师父”囊中。

双方在私欲驱动下而建立起来的师徒关系不仅不长久，还容易恶化为反目成仇。徒弟埋怨师父没教真功夫或直接说师父没有功夫；师父骂徒弟练功不刻苦，忘恩负义，没良心。全国有很多地方出现了这种情况，在武术界闹出笑话来。

导致这样的尴尬局面，究其原因是师徒双方皆被眼前利益所诱惑而做出了错误的举动。别忘了“诚心”不能失去“正意”，更不能失去前面的“格物致知”。做任何事之前都应将事物的本质彻底搞清楚，而后再“诚心正意”地行动。

这样学习者如同到饭店吃饭一般，有酸、甜、苦、辣等不同菜种，你如果喜欢吃辣的，点了一个高级厨师做的甜食，自然也不合口味；反之亦同，喜欢吃甜食，点了辣菜，能说厨师水平差吗？只能说不合你的口味。学生拜师前必须考虑到自己的身体条件、经济条件、时间的付出以及老师的优点能否继承，然后才能作出决定，避免误入歧途，要找到适合自己的师父。所以古训有“徒拜师需三年”之说。

为师者要因人施教、因人而异，细致观察学生的特点，学生是否具备掌握的能力，不可千篇一律，更不能赶鸭子上架，逼着老牛与马赛跑，扬短避长，毁灭其优点，误人子弟。所以古训有“师择徒需三年”之说，通过对学生的才能和品质考查，纳进“桃李”，排除“蒺藜”，使祖先留下来的太极拳得到有序、健康的发展，为人类带来更多的恩惠！

心诚才有得。但心诚不能脱离“正意”，如脱离了“正意”是不会长久的，得到了很快就会失去，而且是可悲地、丧志地、丢掉人情地失去。

附录二

武当顾式太极拳流派考

一、同门内对比考

该拳由明末清初武当云游道长顾殿一传至邯郸魏县，至今历经十代，有近四百年的历史，代代相传，薪火不断，且历代都有出类拔萃的高手。但由于门规严格，故只在赵国古都邯郸区域内几个县里传播，地域上没有大面积向社会上公开传播。又因历史悠久，各地传人在长期的演练过程中对该拳的称谓有所不同，分别称“顾式太极拳”“龙虎太极拳”“通背太极拳”“六合滑拳”“卢式太极拳”等。作者为求证脉系变迁情况，从20世纪90年代开始走访有关传人和反复观摩他们的演练以及当今的音像视频，将同门之间相互对比看到以下三方面。

第一，从外形看动作要领大同小异，并无特别的变动。只是有一些因个人体质、年龄、功力强弱等身体差异而做出的动作有些出入，但拳内在的精髓是贯穿于每招每式中，不会因个人意志而能随意改变。犹如写字一样，各人都有自己的笔迹，但改变不了文字的含义，更改变不了创造文字时起源于绳结、甲骨文的象形之根本。

第二，从各方传人留下来的拳谱、资料、书籍中看，脉络清楚，这套拳法被公认是由顾殿一祖师始传的。有关对各个时期记载的传人留下的练拳心得或对拳理、拳法的解释理解，皆为传承这套拳作出了杰出的贡献，作为后学理应膜拜顶礼！但是要明白顾殿一传下来的这套功法是一座取之不尽、用之不竭的宝库，每个人在不同时期、不同阶段研练自有不同感悟。这种感悟是拳中固有的，是在修炼中明白的，而不是练习者所谓“创造的”，犹如《论语》《佛经》一样，不因为弟子的整理、发展而改变孔子、释迦牟尼至尊的地位。这是个尊师重道的问题，按现在说法是个知识产权问题。享有这一“知识产权”者是以顾殿一为主的那个时期的宗师，我们后学都应当是这个“知识产权”的捍卫者。

第三，马希平著的《龙虎太极拳》一书的第4页中讲到顾式太极拳第二代传人刘丙（刘老柄）跟随师父顾殿一学艺大成后立下了百日擂台，来者不拒，战无败绩。就在摆擂到第99天快要鸣锣收兵金时，来了一位老者上擂挑战。“第一场徒手比赛，双方打平；第二场比器械，刘老柄选择了他平时最拿手的长枪，而老头从腰带上取下了一根长烟袋杆。双方走了几趟，老头儿倒表现得十分镇静，不慌不忙，只见一个‘滑步’跟进，烟袋锅正点在了刘老柄的脑门上”。刘老柄器械败于这一老者后，知遇高人，立即磕头拜师学习器械。后来得知老者叫王承恩，就是《明史·王承恩传》记载的人物王承恩，明末宦官。

从这个讲述中可以清晰地看到，刘老柄继承师父顾殿一所传的拳术并不亚于宦官王承恩，至于后来又拜师王承恩提高器械水平，对拳不会有什么影响。也就是说，拳术高超不等于器械水平也高；反之，器械精妙不等于拳术也精。因笔者是邯郸市鸡泽县双塔镇西申底村人，往南距离杨式、武式太极拳圣地——永年广府城十五公里；往西距永年大北汪镇十五公里；往北距鸡泽县城十五公里；往东距曲周县十五公里，居鸡、永、曲三县中心地，只要听说哪里有高手，都要骑自行车前去拜访，所以对于精通器械而不一定精通拳术这一观点有着亲身体会。

20世纪80年代，河北省永年县大北汪镇高岳村有一位叫刘广福的老拳师，当时65岁左右，是永年县政协委员。他习练二郎拳，擅长“奇枪”，曾给国家体委及中国武术院写信，要求派出精通枪术的拳师到永年切磋交流。此信后传批给河北省体委。河北省体委于1983年派了两位年轻力壮的枪术运动员，在永年县体委人员陪同安排下于永年县招待所展开了长枪切磋。为安全起见，双方各持一长竹竿，两个队员轮流上阵，都被刘广福娴熟地用枪不是点手就是点头而狼狈败退。永年广府有几个练太极杆的听说后慕名而至，也难挡刘广福的“奇枪”化、崩、点、穿、弹劲法。此枪讲究劲不如意、意不如气之练习方略。处处跟随粘黏，挨化即破，口诀是：要问此枪怎样破，挨住何枪破何枪；对阵不听响，响声见阎王。

笔者自幼习练多种器械，有幸在通背拳师兄赵天民引领下前去拜访以求一试，结果是防不胜防，处处被动，毫无还手之能，只有挨打之态，不得不心服口服！在我们的诚心恳求下，刘广福师傅答应教我们“奇枪”。但刘广福师傅听说笔者练习太极拳就要徒手一试，其结果与枪术交流一样，只是输赢换了个位置，笔者赢得很轻松，刘广福师傅输得很心服。刘广福师傅很大度地说道：“你虽年轻，但太极拳技艺很好。我教你‘奇枪’，你教我孙式太极拳如何？”笔者求之不得，爽快地答应，达成了君子协议。

综观以上几个方面的考证，不难看出顾殿一祖师传下来的这套拳是原始古朴并未经过历代传人特别改动的道家内部功法，保持了它的特有“风格”。这个“风格”为太极拳研究提供了珍贵依据，如同考古学家找到隐匿民间的古文物一般，有着不可估量的价值。

二、该拳与其他门派对比考

首先，从拳风格上来看，武当顾式太极拳以其独特的起伏腾挪、原始古朴与现在流行的气势宏伟、美观大方的杨式太极拳，刚柔并济、快慢相兼的陈式太极拳，短小灵敏、如同干枝老梅的武式太极拳等门派相比较，在套路上和身、步、意、形法上都没有相近之处，看不到丝毫演变的痕迹，如同汉语与英语、西班牙语一样，纯粹是不同的文化，虽都是语言，之间却没有任何关系。

其次，从各代传人生卒年代上看，武当顾式太极拳更显得独树一帜。根据马希平先生著的《龙虎太极拳》书中第2页所述“顾殿一在河南省洛阳授拳之间（明朝后期，崇祯年间，约1630年），被处以‘流放民间，终生不准入寺庙’的重罚……顾殿一被定为罪僧时已是花甲之年……到了秋后，顾殿一由邺城（现河北省临漳县）进入魏郡大呼村一带（古漳河南，现属河北省魏县境内）……”从这段话来看，顾殿一于1630年进入魏县境内时已是一位花甲之年的老者，最起码五十岁开外了，由此推算，他的出生日期应为1580年左右，而所谓的太极拳“创始人”陈王廷（1600—1680），两者对比可清楚看到顾殿一最起码要大陈王廷20余岁，他们各自传下来的功夫皆别具一格。再从下往上对比，顾式太极拳第五代传人卢鸣金（1830—1901）基本与杨式太极拳第二代传人杨班侯（1837—1892）同时期，推算起来，顾式太极拳第四代传人陈华应该和杨式太极拳鼻祖杨露禅（1799—1872）基本同时期。顾式太极拳第三代传人杨老凤和陈长兴（1771—1853）基本同时期。顾式太极拳第二代传人刘丙（刘老柄）（1621—1699）享年78岁，基本与陈王廷同时期。按照唐豪、顾留馨等人的考证，太极拳始于陈氏九世陈王廷，一直在陈氏家族内秘传，直到十四世，陈长兴才将拳传于外姓杨露禅。也就是说，在杨露禅以前，陈家沟以外的地方是不可能流传太极拳的。那么，对顾殿一传下来的这一支派太极拳又作何解释呢?

再次，应当说唐豪、顾留馨是新中国武术史研究的开拓者，他们的论点都是有一定史料基础的。但是，随着新资料的不断发掘，客观真实的拳派露出水面，足以证明他们的观点是有缺陷的。今天之所以给这套拳法定名为“武当顾式太极拳”，是为纪念顾殿一从武当山到河北魏县后，将这套独具特色的拳法传下来，才有我们今天这笔宝贵的武学财富，同时也给太极拳正本清源提供了新的证据。

复次，张祖意合太极拳中的“第十代传人顾殿一”与顾式太极拳祖师顾殿一是否同一人？关于这个问题有以下几个方面论证。

（1）从拳的外形展现风格上看，二者是截然不同的两个拳种；从动作名称上看，90%以上的叫法存在差异，难于找到相似之处，且套路长短也存在着明显的差距。在科技时代的今天，两种拳路在网上都可查到，一望即明。

（2）根据《武当》杂志2010年第5期刊登的谭大江采访报道中对“张祖意合太极拳”传承人生卒年份的分析，两者根本不是一个时代的人。文章介绍说，“张祖意合太极拳”第十三代传人张兴州自幼随父亲张其发习武，于1945年拜入虚无道长门下深造，1975年前后才正式跟师父学习道门内部的太极拳。2010年春，张兴州接受谭大江采访时说：“虚无道长现100余岁，隐居青岛崂山。虚无道长的师父是自然道人张鹤亭（谭大江考证可能是音误，应为武当金龙门派第十六代弟子张合亭），张合亭的师父是顾殿一。”由此可以推算，虚无道长应为1910年左右出生，他的师父张合亭以年龄相差50岁来算，出生在1860年左右。张合亭与其师父顾殿一相差多大年龄呢？我们往最大距离想——60岁，那顾殿一顶多是1800年以后出生。

在本文第二部分第二段已清楚地考证了“武当顾式太极拳”祖师顾殿一是1580年左右出生，两者相比较跨了两个世纪，如果说是同一人，真是笑话。

（3）作者为解开此疑团曾于2003年去邯郸拜访过张兴州先生，请求看一下留下来的古谱，张兴州先生说古谱藏于青岛崂山虚无道长处，只能让你看一下近期的手抄本。既是手抄本，可信度能有多大呢?

（4）2004年夏，《武当》杂志社当时的主编谭大江、副主编柯超前来青岛对笔者进行了为期一周的采访，了解武当顾式太极拳的来龙去脉。采访之余，一同登上崂山太清宫观光游玩，忽有一胡须飘胸道士迎面而来，出于记者编辑职业习惯，谭主编就问这位道士：“请问，能否引见一下虚无道长？”道长听后只摇头，说：“没听说过这个人啊！”谭主编紧接着又问：“你是新来的吧？”道士说：“我在山上待了30年啦！”对完话后，笔者看到谭大江面部神态很惊讶。这个惊讶里包含着一个疑团，那就是张兴州说他的师父虚无道长现已百余岁，隐居崂山，怎么会没有这个道长呢？

综上考证很明显，两个顾殿一绝不是同一个人，不可混淆。

最后，从整个中国武术发展史来看，明末清初应该是武术的成熟期。顾式太极拳与其他拳种一样，也应该定型于这个时期。而顾殿一道长就是承上启下、继往开来的一代太极宗师。对我们这些当今太极拳的继承者来说，应该怀着一颗感恩的心去明了历代祖师传承之脉系及付出的艰辛，同时，更迫切的任务是把前人的功夫学到手，更深刻地研究、推广太极拳文化，让更多的人受益。任重而道远啊！

附录三

走进“登信太极会馆”

——《青岛早报》记者访谈录

十余年前，多家媒体相继报道了市南区晓望路的“登信太极会馆”如何高档，太极大师刘登信先生武功如何精湛，培养的弟子在国内外如何夺金夺银，上千名学生如何脱胎换骨得到健康体魄，出于记者职业敏感，为探访其中之究竟、虚实、真伪，日前来到了“登信太极会馆”采访了武当顾式太极拳第九代掌门人刘登信大师。

走到晓望路17号，随之映入眼帘的是一个古式琉璃瓦架起的飞角房檐，朱红的大门镶有两排铜钉，门上悬挂着“登信太极会馆”横匾，门两边柱子上是一幅字体雄浑有力的对联——秉阴阳承武当尊德崇道，怀太极师顾祖培李育桃。使人不觉就进入了道教文化的意境，想不到在此闹市区竟还有如此妙地！

刘登信大师得知我们前来采访，热情地从二楼快步下楼迎了出来，握手寒暄后，就开始将会馆情况一一介绍。他指着柱子上的对联说：我们秉承的道家武学文化，由四百年前云游道长顾殿一所传，一直为道教内部健身防御之绝技，从不轻易授人。何故呢？因过去修道之士，唯恐山不高，唯恐林不密，他们炼丹成道之地，几乎都选择在深山老林、少有人烟、与世隔绝之地。一旦生病，无法求医问药，就要靠此拳的功力祛疾养身；如遭受野兽袭击，就要靠此内功防御并反击。

为何此拳能有如此奇效？

刘登信大师谈到此处，更是两眼神光四射，兴致高昂。内家功法是导引、吐纳与武术的完美结合，外导内行。外合乎天地自然之规律；内合机体生理之节律。处处求圆、求松、求活、求灵、求柔、求通。《黄帝内经》中讲，“通则不痛，痛则不通”，只有打通经络才能百病皆无。因道家内功要求一通百通，所以百病皆治、百病皆防。

经过长久不懈的练习可达体厚身浑，内力充盈，柔中寓刚，刚柔并济，四两拨千斤，以小力胜大力。这种高深的技击功能符合力的作用时间和速度变化的规律，符合物体惯性的规律，符合合力的原理，符合力偶的原理，并采取随遇平衡、变换虚实稳定自己的重心，处于不败之势。

刘师父一番引经据典、抑扬顿挫、妙语连珠，既符合科学又符合返璞归真的拳理拳法介绍，道出了祖师张三丰遗训“详推用意终何在，益寿延年不老春”“愿天下豪杰益寿延年，不徒做技艺之末也”之真谛！

随着采访的深入，我们走上了二楼，大厅共占面积700余平方米，四面环窗，通风透气，优雅高档。墙上挂满了弟子们在国内外大型比赛时的获奖照片及荣誉证书，并设有教学区、练功区、电教室、茶室、更衣室、淋浴间及实战区。

恰逢有二十多位会员在练功，有的在行功走架，有的在推手过招，有的则静坐修心，都是三四十岁的中年人。他们说平时工作压力太大，挤时间到这里学练道家功夫，是一种非常好的缓解方式，改变亚健康状态，有利于工作！

刘登信大师在学员的强烈要求下，展示了太极球绝技。只见他双手卡住一百多斤重滚圆的石头球抛向头顶，如是3次，然后使石球不触及身体的状态下，由小腹处往左往上环至头顶，再从右侧方缓缓落下，构成一个360°的大圆，连走3圈，稳稳放下。笔者也亲试了一下，石头球在地上丝毫未动。

更使记者感兴趣的是实战区，周围墙壁上装有30cm厚的海绵防护，地上铺有厚厚的毛毯，以免练习者受伤。“要想知道梨的滋味，必须亲口尝一尝”，既是采访的需要又出于好奇，记者提出与刘师父“过过招”，刘师父微笑着说：“那你就进攻吧。”第一回合，试探性地进攻，没想到一接触，记者如遭电击，被掷出丈外，摔在墙上；第二回合，使足劲猛力出手，没想到一下跌扑在地。真是莫名其妙不可思议！刘大师解释，第一回合在拳论上叫作“仰之则弥高”，也叫“引进落空合即出”，所以你会腾空而出。第二回合叫作“俯之则弥深”，也叫“应手即扑”，所以你会扑空倒地。

采访在愉快的气氛中顺利进行，不知不觉两三个小时过去了。通过刘大师的身演口述，来时所带的一切疑惑都迎刃而解了。

记者觉得用“太极巨擘”“一代宗师”来形容刘登信大师一点也不为过！

本文原载于《青岛早报》

附录四

武当顾式太极拳问答

自20世纪80年代末至今30余年，笔者都在致力于传播推广武当顾式太极拳，曾在邯郸、信阳、南京、石家庄、北京、山东及部分高校办培训班、开武馆、巡回教学顾式太极拳。2003年又在青岛创建了全国第一个以太极命名的“登信太极会馆”和“青岛武术运动俱乐部”，让武当顾式太极拳进学校、进社区、进机关、进部队、进企业等作了大幅度的推广，习练者都在不同程度上获益受惠。鉴于“登信太极会馆”成绩显著，青岛市政府于2010年2月授予其“海外华裔青少年中华文化传承基地”，为更多的国外留学生和出国留学的学生搭建了一个学习交流太极文化的平台。至目前，直接、间接受众数十万人次，遍及50余个国家和地区。学生当中有很多高级知识分子、企业家、大学教授、政府官员，以及捍卫祖国领空、领海、领土安全的指战员和一些社会名流，他们在受益的同时也提出学术方面的问题，内容涉及武当顾式太极拳的历史渊源、流派形成、门规延续、健身养生、推手散手技击训练的方式、方法等。为此，我走访了资深考古专家、全国道教独具影响力的崂山道长，武术专家，中医专家和地方文化研究专家，再结合师门里代代相传的拳谱和功理、功法，本着不曲解古人、不欺骗世人、不贻误后人的原则，以严谨的态度予以详尽解答，同时也愿与更多的同仁志士携手进一步探究武当顾式太极拳之奥秘。

一问：为何叫“武当顾式太极拳”？

答：这套完整的功理功法，在明末清初由武当山云游道长顾殿一近四百年前始传于河北省邯郸地区的魏县境内小户村（今张辉屯村）。为了纪念祖师，让后学者代代不忘祖师传拳之功德，珍惜这笔宝贵的古朴的武学财富，所以叫顾式太极拳。又因为祖师来自道教圣地湖北武当山，经人民体育出版社资深编辑斟酌后加上了“武当”两个字，叫“武当顾式太极拳”，使人一目了然。这样既可排除武当山没有武术的错谬说法，又可避免与近代在太极拳界有影响的顾姓人士相混淆。

二问：武当顾式太极拳为何用“式”而不用“氏”？

答：从字意上讲，“式”指样式、模式；“氏”指家族或个人在某些领域出类拔萃。本门太极是师承武当道家，并非是顾殿一所创，但顾殿一往上的师承关系模糊不清，后学历代传人都严格秉承顾殿一祖师模式、样式不折不扣代代相传，保留了原始古朴的拳韵风格。所以不用家族姓氏的“氏”。

三问：关于您说的明末清初云游道长顾殿一祖师，有原始史料记载吗？

答：没有，宗师代代相传，各派别皆公认这个事实。

四问：都有哪些派别？

答：“顾式太极拳”“龙虎太极拳”“滑拳”“六合通背太极拳”“卢氏太极拳”。其实，后面的四种称谓都是顾殿一祖师的一个分支。

五问：既然没有原始史料，您怎么能证明顾殿一祖师是近四百年前将此拳传于邯郸魏县的？

答：有很多佐证足以说明这个问题。

第一，各派别皆口口相传，不可能都传错话。

第二，顾殿一云游到魏县小户村（今张辉屯村）时就白须飘胸，应该在50岁左右。

第三，顾殿一教授的徒弟刘丙（刘老柄），苦练8年后，功力大成，摆百日擂比武，并在擂台上方大书“谁能打赢刘老柄，输与骡子三挂，地两顷！”口气之大，惊动了方圆百十里的武林高手纷至沓来，但其皆败北而归。擂台撑到第99天中午时分，还没有人能赢刘老柄，眼看擂台比武就要鸣金收兵，这时一位外乡老者执意要打擂。刘丙怕有误伤，好言相劝无效，被迫与其交起手来，几个回合过后，刘丙觉得老者非常了得，最终打了个平手，未见输赢。紧接着比起器械，刘丙用大枪，老者用烟袋杆，一来二去刘丙败于老者。事后得知，老者是明末崇祯皇帝的心腹太监，叫王承恩，他武功高强，常独往各地传旨下令。刘丙为提高自己器械方面的不足，遂又拜王承恩为师学习枪械术，但拳还是继承顾殿一所传的拳理拳法，没什么变化。

拳艺高超并不等于器械也高超，反之，器械高超同样不等于拳艺也高超。

这一点我有亲身体会。20世纪80年代，有一位二郎拳传人，精通“奇枪”，河北省永年县大北汪镇高岳村人，叫刘广福，是永年县政协委员。他曾给国家体委及中国武术管理中心写信，要求派精于枪术的拳师前来交流切磋。

此信后被转批给了河北省体委。省体委于1983年派了两位年轻力壮的枪术运动员，在永年县体委人员的陪同和安排下，于永年县政府招待所与刘广福展开了长枪切磋。为安全起见，双方各持一竹竿，两个队员轮流“上阵”，都被刘广福娴熟地用枪不是点手就是点头而狼狈败退。永年广府有几位习练太极杆的听说后慕名而至，也难挡刘广福师傅“奇枪”的点、弹、崩、化、穿等劲法。此枪讲究：劲不如意，意不如气，处处粘黏，挨化即破之练功方略。口诀：要问此枪怎样破，挨住何枪破何枪，对阵不听响，响声见阎王。我自幼学过多种器械，有幸在一位拳友的引领下前去拜访刘广福老师傅以求一试，结果是防不胜防，处处被动，毫无还手之能，只有挨打之态，不得不心服口服！在我的诚恳请求下，刘广福师傅答应教我“奇枪”。但刘广福师傅听说我习太极拳就要徒手一试，其结果是我赢得很轻松，刘广福师傅输得很心服。刘广福师傅很大度地说：“你虽年轻，但太极拳技艺很好。我教你‘奇枪’，你教我顾式太极拳如何？”我求之不得，爽快答应。这样我有缘继承了这套“奇枪”，但仍然研练的是不折不扣的武当顾式太极拳。

第四，从前面讲的代代相传和相关史料中可以清晰地看到，王承恩到魏县与刘老柄比武是在崇祯十七年（1644年）之前，应在1640年左右。因王承恩是崇祯皇帝的心腹，不可能远离主人，崇祯十七年三月明都北京就被李自成率起义军攻破，明朝以崇祯吊死煤山告终，在此前后几年里大仗小仗战乱不断，期间不可能有民间的搭擂比武（实际就是现在的武术交流会）这种闲情逸事，只有在1640年左右天下太平时才能举办大规模的武术交流会。武术界有“太极十年不出门”之说，刘老柄跟顾殿一学拳的时间不能低于10年，甚至时间还要长一点。那么，就是说从刘老柄与王承恩比武这个时间减去刘老柄10年的习武时间来推算，顾殿一在魏县传拳于刘丙的时间应在公元1630年左右，至今390年左右，所以说此拳有近四百年的历史。再者，顾殿一到魏县传拳时就是白须飘胸的老者，以50多岁推算，他应该是公元1580年左右出生。

六问：至今经历了多少代传人？

答：有十代传人。

第一代：顾殿一。

第二代：刘丙（刘老柄）。

第三代：杨老凤。

第四代：陈华（字老利）人称利先生。

第五代：卢鸣金。

第六代：张奇。

第七代：张明芹。

第八代：张斌（字敬贤）。

第九代：刘登信。

第十代：一百多位，不再一一列名了。

七问：顾殿一道长传授的功理功法从传到河北魏县算起，至今就有近400年的历史，您前边也说了，在漫长的岁月中形成了好几个派别，之间区别大吗?

答：有些区别，只是功夫细节上差异，没有脱体离根之别。顾殿一祖师传下来的内在的精髓贯穿于每招每式中，不会以个人意志而随意改变的。犹如写字一样，各人都有各人笔迹，但改变不了文字的含义。严格的门规也不允许随意改动，所以历代传人把毕生精力都放在技艺传承上，没做过大的删减。

八问：您所继承的顾式太极拳没有改动吗?

答：没有。

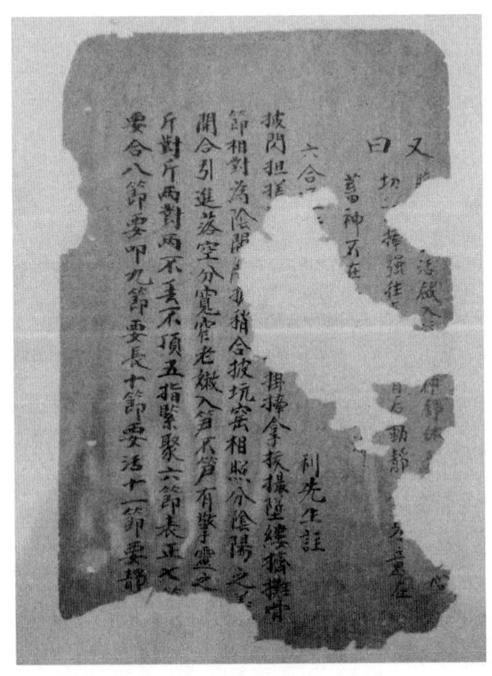
又曰
蓄神不在
六合
利先生註
開合引進落空分寬窄老嫩入筍不筍有掌靈之
斤對斤兩對兩不丟不頂五指緊聚六節表正七
要合八節要叩九節要長十節要活十一節要靜

古拳谱图

九问：怎么能证明没有改动？

答：首先，从传留下来的古拳谱中可以清晰地看到顾式太极拳第四代传人陈华(字老利)，人称利先生，对拳的“注”，注意不是著作的“著”，也足以说明他“注”释的是他的师父、师爷或再往上的宗师的拳论（现在还没有足够的资料确定古拳谱的作者是谁），而不是利先生他自己著作的拳论，更不可能是他的徒子徒孙的拳论。

其次，任何事物的形成都会受时代的影响，成为是相应时代的产物。这套从道家传出来的功夫自然受到深厚的道教文化影响，会留下不因为时间变迁，人类更迭而改变的烙印。大家都知道明代前中期是道教的兴盛高峰期，道家讲究象、数、阴、阳综合一体来践行天人合一的理念，其成为浸透到人们骨髓里的一种信仰。这种信仰融进人们生活的方方面面，自然在顾式太极拳中显示得也非常清楚。

（1）顾式太极拳是在这种信仰驱使下产生的，其构思之巧妙，结构之严谨，气势之宏伟，内涵之丰富，无不使人击节赞叹！各式动作，原始古朴，象形逼真。整套108式，暗合了三十六天罡七十二地煞共108个星辰；七星决定了拳分七节，而且，每节都以七星捶结尾。北斗星由天枢、天璇、天玑、天权、玉衡、开阳、瑶光七星组成，由此对应人体的七个攻防部位，即头、肩、肘、手、胯、膝、足，连线组合出来的七星捶非常像天空中的北斗七星。顾式太极拳之所以分为七节，共108式，都是基于北斗星。北斗七星在道教文化里形成了一个非常庞大的神的体系，是古代人非常尊崇的星辰。它可定方位指方向，还可确定四季变化，告知播种收割之时节，帮助人们生活生产。如斗柄指东，天下皆春；斗柄指南，天下皆夏；斗柄指西，天下皆秋；斗柄指北，天下皆冬。又如，说某人是某个领域的权威叫“泰山北斗”、说某人尊贵叫“北斗之尊”、说某人很富有叫“钱过北斗”等。这就是拳中涵有的“时空”元素。

（2）道家命名的理论依据。比如，“三光”，日、月（左右包月）、星（七星捶）；“四大”，地、火、风（追风捶）、水（海底捞月）；六种动物，猿猴敬桃、狮子张嘴、跨虎、白鹤亮翅、盖马三捶、金鸡独立；还有“人”，玉女穿梭；“心意”，心（通心捶）。天人合一是拳势命名的理论依据。套路中第一节2、3、4式分别出现云、月、星。因云、月、星位居天上，所以第一节就暗合天意；其他六节以人和六种动物命名，因人和六种动物位居地上，所以说暗合“地”之意。第一节第2式本应含有“日”，与3、4式组成日、月、星三光，因道教里非常讲究敬天畏地，不可手指太阳，故用云代替。

（3）顾式太极拳讲究起势面向东方，分七节，每一节都以七星捶结束，突出“七”数。这并非偶然形成的一种拳风，而是包含着中国传统文化的一个承载体。《易经》上提到过一本书，叫《洛书》，《洛书》上面没有文字只是一些数字排列，口诀表示如下：左三右七，戴九履一，二四为肩，六八为足，五占中宫。

左三属木，木指东方，主生发，所以三代表“生”，“一生二，二生三，三生万物”就是这个道理。正因左三属木，代表“生”，所以，打顾式太极拳一开始就要求面向太阳冉冉升起的东方，开左步，取意紫阁生辉之象。右七属金，金主收敛，结束，就是平常说的“鸣金收兵”。七这个数字代表着结束，结束后又意味着开始，循环无穷，生生不息。这就是顾式太极拳为什么分七节，每节都以七星捶结束，并且特别注重“七”数的理论依据，这个理论依据定于道教兴盛时期的明朝。

再次，这套拳架势低，起伏大，且有蹿蹦跳跃及爆发力，难度大。行功走架柔似蛇，活如鱼，伸筋拔骨，藕断丝连，动静兼修，内力明显，长功快，技击性强。几趟拳下来，鞋里都能倒出汗来，令一些体质差的太极拳爱好者望而生畏。我师父常说：“好难，好难，要想好，就得经过难！”今天，太极拳的水平已远远不如古人，再降低难度功夫还能继承下来吗？同其他太极拳比，武当顾式太极拳的特别之处就在于它的古朴，它的难。如果降低训练难度，那是在让求学者买椟还珠。

最后，从对以上这套拳谱、拳理、拳法、拳式和其所形成的完整武学体系来看，处处显示出明朝中、前期道教兴盛时期的、不会被时间抹去的文化烙印，足以说明“武当顾式太极拳”自顾殿一祖师传于在邯郸地区至今历经390多年并没有大的删改，犹如在民间深藏上千年的古文物一样，有着不可估量的学术研究价值。

本文原载于《武当》杂志2021年第5期

后记

看着《武当顾式太极拳》（修订本）一书完稿，想想几十年的教学生涯，我心绪万千，百感交集！为做好一个真正合格的“传道、受业、解惑”者，对弟子、学生以及朋友提出的关于太极拳的一切问题，我都能科学、严谨地一一解答，每在教学、讲座前我都会做大量的功课。我和弟子、学生在练拳方面是师徒关系，但在生活中则是益友，遇到难以理解的练拳问题，能不耻下问，听取多方意见，待观点确定后记入博客中，如此长期的积累形成了一个资料库，成书才水到渠成。因此，书中的一些观点也是本门派集体智慧的结晶，将永载史册。

在此书出版之际，衷心感谢青岛亚东建筑工程有限公司董事长廉法吉先生、青岛方圆盛新型建材有限公司董事长于水勇先生的慷慨资助，使本书得以顺利付梓。所有这一切，我将铭记心中，定当锲而不舍，不负众望，穷毕生精力为弘扬这支珍贵的道家文化贡献力量。

刘登信

2024.8.28